Aprender
3ds Max 2013
con 100 ejercicios prácticos

Aprender
3ds Max 2013
con 100 ejercicios prácticos

marcombo
ediciones técnicas

Aprender 3ds Max 2013 con 100 ejercicios prácticos

Primera edición, 2013

Gran Via de les Corts Catalanes, 594
08007 Barcelona
www.marcombo.com

En coedición con:

C/ Pitágoras 1139 - Colonia del Valle
03100 - México D.F. (México)
www.alfaomega.com.mx

Diseño de la cubierta: NDENU DISSENY GRÀFIC

ISBN por Marcombo: 978-84-267-1899-0

ISBN por Alfaomega: 978-607-707-596-7

D.L.: B-32985-2012
Printed in Spain

Presentación

APRENDER 3DS MAX CON 100 EJERCICIOS PRÁCTICOS

100 ejercicios prácticos resueltos que conforman un recorrido por las principales herramientas de creación y edición de 3ds Max 2013. Una vez realizados los 100 ejercicios que componen este manual, el lector será capaz de diseñar modelos sencillos y editarlos después con las múltiples herramientas y modificadores que ofrece 3ds Max para crear las formas más espectaculares. Sepa que las funciones más avanzadas del programa (creación de efectos atmosféricos y escenas animadas, aplicación de materiales, adición de luces y cámaras, etc.), se describen con detalle en el segundo volumen de la colección dedicado a 3ds Max, Aprender 3ds Max 2013 Avanzado con 100 ejercicios prácticos.

LA FORMA DE APRENDER

Nuestra experiencia en el ámbito de la enseñanza nos ha llevado a diseñar este tipo de manual, en el que cada una de las funciones se ejercita mediante la realización de un ejercicio práctico. Dicho ejercicio se halla explicado paso a paso y pulsación a pulsación, con el fin de no dejar ninguna duda en su proceso de ejecución. Además, lo hemos ilustrado con imágenes descriptivas de los pasos más importantes o de los resultados que deberían obtenerse y con recuadros IMPORTANTE que ofrecen información complementaria sobre los temas tratados en los ejercicios.

Gracias a este sistema se garantiza que una vez realizados los 100 ejercicios del manual, el usuario será capaz de desenvolverse cómodamente con las principales herramientas de 3ds Max.

LOS ARCHIVOS NECESARIOS

En el caso de que desee utilizar los archivos de ejemplo de este libro puede descargarlos desde la zona de descargas de la página de Marcombo (www.marcombo.com) y desde la página específica de este libro.

A QUIÉN VA DIRIGIDO EL MANUAL

Si se inicia usted en la práctica y el trabajo con 3ds Max 2013, encontrará en estas páginas un completo recorrido por sus principales funciones. Pero si es usted un experto en el programa de modelado tridimensional, le resultará también muy útil para consultar todas las mejoras incorporadas en esta versión o repasar funciones específicas que podrá localizar en el índice.

Cada ejercicio está tratado de forma independiente, por lo que no es necesario que los realice por orden (aunque así se lo recomendamos, puesto que hemos intentado agrupar aquellos ejercicios con temática común). De este modo, si necesita realizar una consulta puntual, podrá dirigirse al ejercicio concreto en el que se trata el tema y llevarlo a cabo sobre sus propios documentos.

3DS MAX 2013

3ds Max es una completísima aplicación para modelar, animar y renderizar objetos tridimensionales en poco tiempo. Su interfaz gráfica y las avanzadas herramientas de diseño y edición lo convierten en uno de los programas más utilizados en todo el mundo por profesionales del desarrollo de juegos, de la creación de contenidos para la televisión y el cine, del diseño de espectaculares ambientes digitales en 3D para juegos...

Con 3ds max 2013 es posible, pues, modelar objetos 2D y 3D, animar personajes en 3D, renderizar rápida y fácilmente, desarrollar juegos con los efectos más impresionantes, crear ambientes digitales tridimensionales, generar contenido para la televisión y el cine, controlar y añadir efectos de renderización, diseñar escenas complejas y muy reales en 3D, entre otras muchas acciones. Con este primer manual dedicado al programa, el usuario tendrá una primera toma de contacto con sus herramientas de diseño principales. Una vez haya aprendido a crear y editar modelos, no podrá evitar el desear ir más allá y conocer el modo de añadirles efectos especiales y materiales, animarlos, colocar luces en la escena, etc. Para ello, dispone de un segundo volumen, dedicado a las herramientas avanzadas de 3ds Max.

Cómo funcionan los libros "**Aprender...**"

El título de cada ejercicio expresa sin lugar a dudas en qué consiste éste. De esta forma, si le interesa, puede acceder directamente a la acción que desea aprender o refrescar.

Los ejercicios se han escrito sistemáticamente paso a paso, para que nunca se pierda durante su realización.

El número a la derecha de la página le indica claramente en qué ejercicio se encuentra en todo momento.

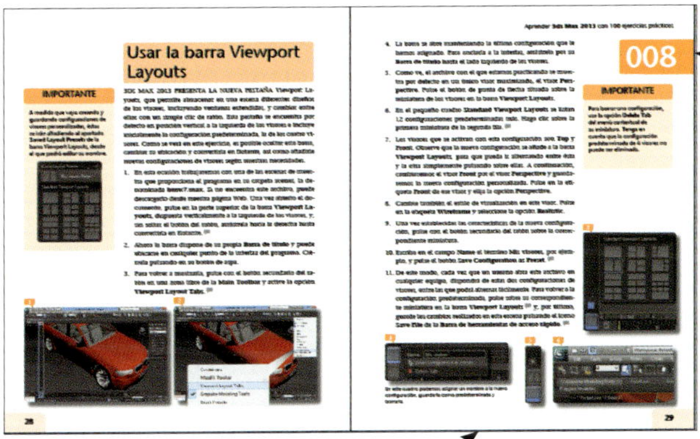

Los recuadros Importante incluyen acciones que deben hacerse para asegurarse de que realiza el ejercicio correctamente y también contienen información que es interesante que aprenda porque le facilitarán su trabajo con el programa.

En la parte inferior de todas las páginas puede seguir el ejercicio de forma gráfica y paso a paso. Los números de los pies de foto le remiten a entradas en el cuerpo de texto.

Índice

Índice

Conocer la interfaz de 3ds Max 2013

EN 3DS MAX 2013 la interfaz de usuario mantiene la funcionalidad y sencillez en cuanto a la localización de las herramientas. Los elementos de conocimiento imprescindible del programa son el Botón de aplicación, que incluye las principales acciones que se pueden llevar a cabo con los archivos, la Quick Access Toolbar, con una serie de iconos que permiten ejecutar otras habituales acciones de trabajo, y la cinta Graphite Modeling Tools, que aglutina todas las herramientas de trabajo con mallas poligonales.

1. Para acceder a 3ds Max 2013, haga doble clic en el icono de acceso directo del Escritorio. [1]
2. La **Barra de herramientas de acceso rápido** (**Quick Access Toolbar**) muestra los iconos adecuados para crear y abrir escenas, guardarlas, deshacer y rehacer acciones y buscar carpetas. Presenta también como novedad en esta versión del programa un práctico **selector de espacios de trabajo**. Pulse el **Botón de aplicación**, situado a la izquierda de esta barra. [2]
3. Este menú incluye las acciones más habituales que se llevan a cabo con los archivos (crear, abrir, guardar, importar y exportar, etc.). Además, muestra en la parte derecha el acceso directo a los archivos abiertos recientemente y los botones **Options** y **Exit 3ds Max**. Cierre el menú pulsando en la **Barra de título**.
4. En el extremo derecho de la **Barra de título**, la barra **InfoCenter** permite buscar fácilmente información acerca del programa. La **Barra de menús**, por su parte, incluye todas las funciones y subfunciones de que dispone el programa. Las que no están disponibles, aparecen sombreadas. Para comprobarlo, abra el menú **Modifiers** y pulse en el comando **Selection**. [3]

IMPORTANTE

Al abrir por primera vez 3ds Max, el programa carga una ventana de bienvenida, denominada **Welcome to 3ds Max**. Desde esta ventana, los usuarios que se consideren principiantes encontrarán material en formato de vídeo en el cual se recogen acciones fundamentales de navegación, de creación y edición de objetos, de asignación de materiales y luces, etc., además de tutoriales.

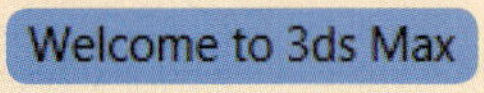

1

Si no dispone del acceso directo al programa en el Escritorio, deberá acceder al programa localizándolo en la carpeta de instalación correspondiente.

2

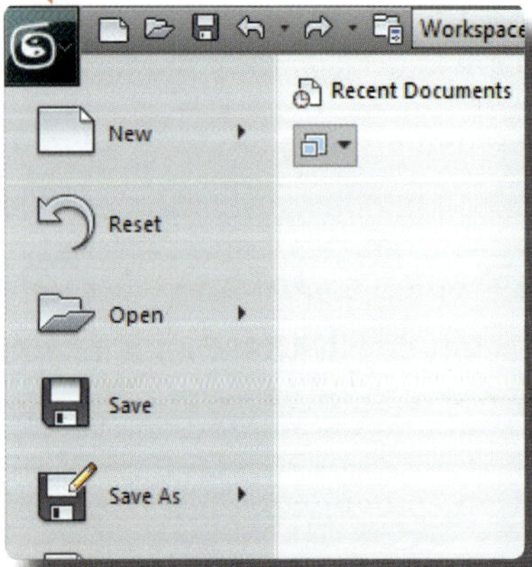

En la parte inferior del menú de la aplicación, el botón **Options** abre el cuadro de preferencias del programa y el botón **Exit 3ds Max** cierra la aplicación.

3

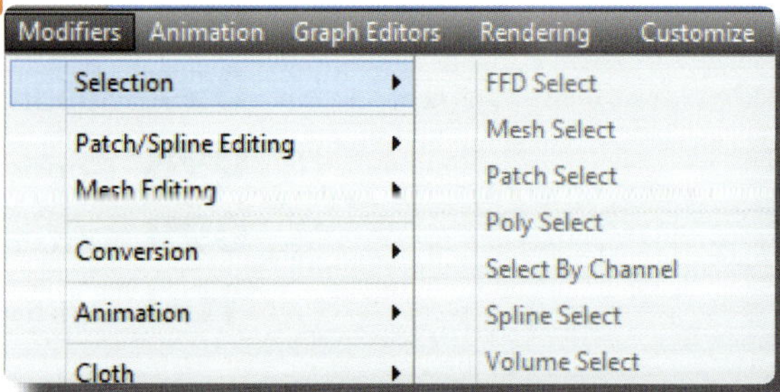

5. Bajo la **Barra de menús** se ubica la Barra de herramientas principal, **Main Toolbar**, con las herramientas de gestión del dibujo. 4 Bajo ésta se halla la cinta **Graphite Modeling Tools**, elemento sensible al contexto y personalizable que cuenta con cuatro fichas: **Graphite Modeling Tools**, **Freeform**, **Selection** y **Object Paint**. 5 Cada una de ellas incluye diferentes herramientas que se podrán usar en función del elemento seleccionado y que sólo estarán disponibles para el modelado de polígonos. Para mostrar el contenido de la primera pestaña de esta cinta, pulse el botón de punta de flecha con fondo blanco. 6
6. La cinta se maximiza, aunque, puesto que no tenemos ningún polígono editable seleccionado, sus herramientas se muestran inactivas. 7 Para mostrarla a modo de pestañas con panel, pulse de nuevo en el mismo comando.
7. Los cuatro visores muestran diferentes vistas del objeto. Para activarlos, sólo debe hacer clic sobre ellos (el que está activado aparece enmarcado en amarillo). A su derecha puede ver el **Panel de comandos**, en el que se seleccionan las funciones de creación y edición de objetos. Sus opciones varían dependiendo de la función seleccionada. Compruébelo pulsando en la pestaña **Display**, la segunda empezando por la izquierda. 8
8. A la izquierda de los visores se encuentra la nueva barra **Viewport Layout**, con la que practicaremos en otro ejercicio, y bajo éstos, el **Regulador de tiempo** y la **Barra de pistas**, con los que se controlan el tiempo y el proceso en las animaciones. Por último, encontramos la **Barra de estado** y la **Línea de mensajes, coordenadas y ajustes** y, junto a ellas, los **Controles de animación**. En el extremo inferior derecho de la ventana del programa encontramos la **Barra de herramientas de visualización**. Para poner a cero el entorno, pulse el **Botón de aplicación**, elija la opción **Reset** y, en el cuadro de diálogo, pulse el botón **Yes**.

IMPORTANTE

La cinta **Graphite Modeling Tools** puede ocultarse por completo desde la **Main Toolbar**, mediante la pulsación del icono **Graphite Modeling Tools**.

8

Desde el **Panel de comandos** puede llevar a cabo las principales funciones de creación y modificación de objetos.

4

6

La cinta **Graphite Modeling Tools** puede mostrarse en tres modos diferentes.

7

5

La cinta **Graphite Modeling Tools** fue presentada como novedad en 3ds Max 2010 y en la versión siguiente, 3ds Max 2011, se incluyó la pestaña **Object Paint**.

Personalizar la interfaz del programa

IMPORTANTE

Además de utilizar la opción adecuada del menú **Customize**, también es posible abrir el cuadro **Customize User Interface** seleccionando la opción **Customize** del menú contextual de cualquiera de las barras de herramientas.

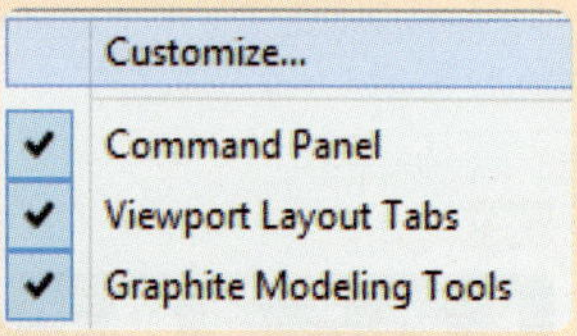

EL USUARIO DE 3DS MAX PUEDE PERSONALIZAR según sus necesidades la interfaz del programa. Para ello, debe acceder al cuadro Customize User Interface, incluido en el menú Customize, que cuenta con diversas fichas en las que se pueden personalizar desde los atajos de teclado hasta el aspecto de las barras de herramientas o los colores del programa.

1. Para empezar, cambiaremos el esquema de la interfaz de 3ds Max 2013. Abra el menú **Customize** y elija la opción **Custom UI and Defaults Switcher.** 1
2. Elegiremos un esquema con las mismas herramientas que el predeterminado pero organizadas en pequeñas barras. Mantenga la opción **Max** en el apartado de la izquierda, seleccione el esquema **ModularToolbarsUI** 2 y pulse el botón **Set.**
3. Los cambios en las características del programa se aplican al instante, al tiempo que aparece un cuadro de diálogo en el cual se indica que el aspecto elegido se mantendrá al reiniciar 3ds Max. Pulse el botón **Aceptar.**
4. En las fichas que componen el cuadro **Customize User Interface** se encuentran todos los elementos configurables de la ventana de trabajo. Para acceder a este cuadro, abra el menú **Customize** y elija la opción **Customize User Interface.**
5. El cuadro incluye seis fichas correspondientes a los diferentes elementos de interfaz configurables. 3 Sepa que la ficha Mouse es una novedad de 3ds Max 2013. Active la ficha **Toolbars.**

Para que una barra de herramientas personalizada quede almacenada en el programa una vez se salga de éste, se deben usar los comandos **Load** y **Save**, guardándola en la carpeta adecuada con la extensión .cui.

1

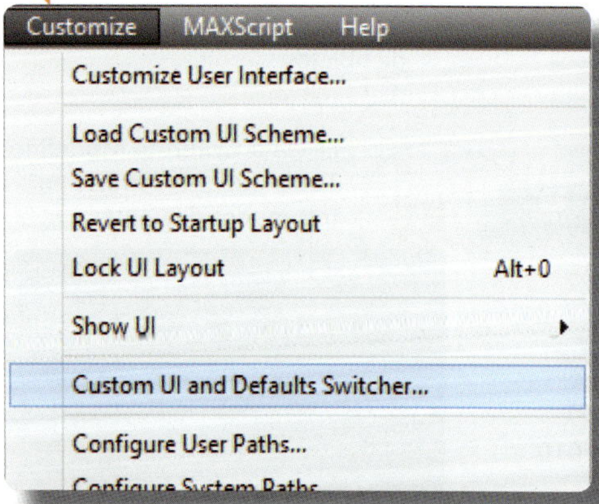

2

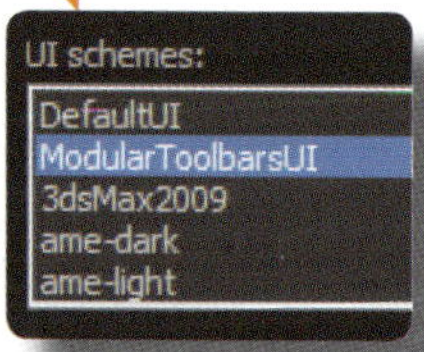

Al elegir un esquema, el cuadro muestra una descripción del mismo acompañado de una imagen que la ilustra.

3

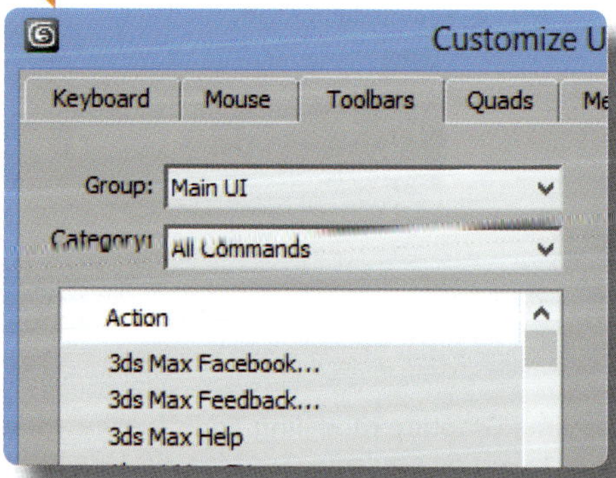

002

6. En esta ficha se pueden añadir nuevas barras de herramientas con los comandos que considere necesarios u ocultar las barras que no vaya a usar en su sesión de trabajo. Además, puede personalizar la Barra de herramientas de acceso rápido (**Quick Access Toolbar**) reorganizando sus iconos o quitando los que no vaya a utilizar. Para crear una barra de herramientas personalizada, haga clic en el comando **New**, escriba el término **prueba** en el campo **Name** y pulse **OK**. 4
7. Vamos a añadir un botón a esta nueva barra. 5 Haga clic en el botón de punta de flecha del campo **Group** y seleccione, por ejemplo, la opción **Material Editor**.
8. Elija una de las acciones y arrástrela hasta situarla dentro de la nueva barra de herramientas. 6
9. Haga clic en el botón de punta de flecha del campo situado sobre los botones **New**, **Delete** y **Rename**, elija la barra **prueba** y pulse el comando **Delete** para borrarla. 7
10. Acceda ahora a la ficha **Menus**.
11. En esta ficha puede personalizar las barras de menús, añadiendo o eliminando aquellos elementos que crea conveniente, creando nuevas barras de menús a su medida o renombrando las existentes. Para eliminar una opción de menú, sólo tiene que seleccionarla y pulsar la tecla **Suprimir** o bien el comando **Delete**. Acceda a la ficha **Colors**.
12. En esta ficha puede cambiar los colores de todos los elementos de la interfaz del programa. Localice y seleccione en el cuadro superior la opción **Material Editor**, por ejemplo, haga clic sobre la muestra del campo **Color**, 8 elija otro color en el cuadro **Color Selector** y pulse el botón **OK**.
13. Para aplicar la nueva configuración de colores, haga clic en el botón **Apply Colors Now** y cierre el cuadro **Customize User Interface** pulsando el botón de aspa de su **Barra de título**.

IMPORTANTE

Es posible editar los comandos de las barras de herramientas personalizadas para que, en lugar de mostrar la etiqueta de la acción, aparezca su correspondiente icono.
Para ello hay que acceder al cuadro **Edit Macro Button** seleccionando la opción **Edit button Appearance** de su menú contextual. Desde ese cuadro, se puede cambiar el botón de texto por un botón de imagen usando el comando **Image Button**.

7

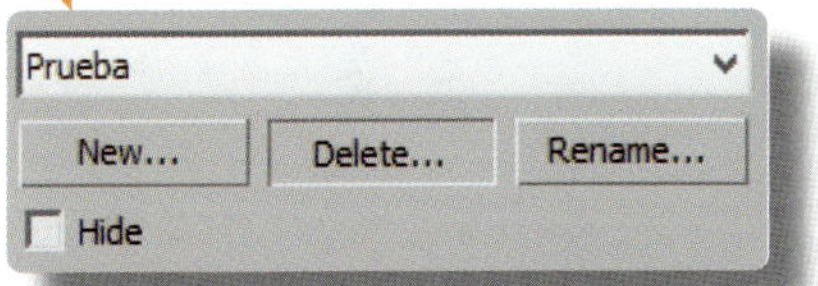

Para ocultar una barra que permanece activa, selecciónela y marque la casilla de la opción **Hide**.

8

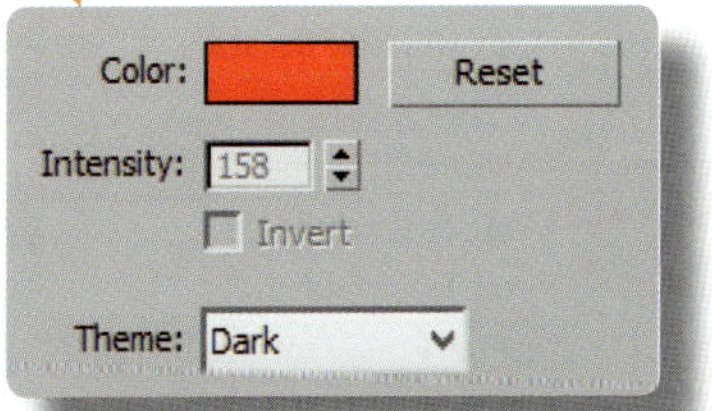

Si no le convence el color y prefiere mantener la configuración original, utilice el comando **Reset** del cuadro de personalización.

4 5

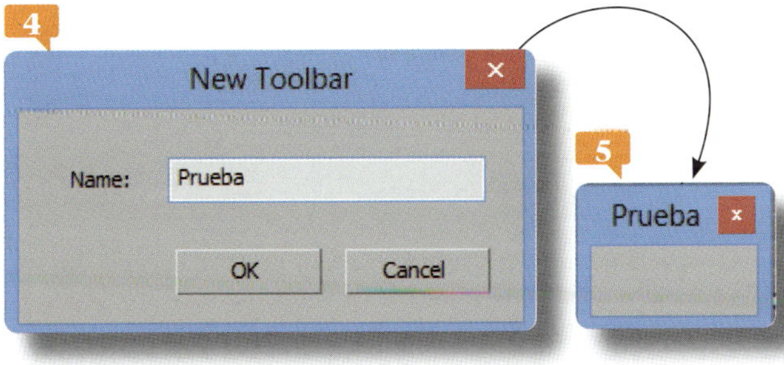

6

Crear y gestionar espacios de trabajo

EN 3DS MAX 2013 ES POSIBLE DISPONER de múltiples espacios de trabajo personalizados en una sola sesión. Para alternar entre ellos se debe utilizar el nuevo conmutador de espacios de trabajo de la Barra de herramientas de acceso rápido. En el cuadro Manage Workspaces se listan los espacios de trabajo disponibles y se encuentran las herramientas necesarias para guardar nuevos espacios personalizados, eliminarlos y establecer qué elementos de cada uno de ellos se desea cargar en 3ds Max.

1. 3ds Max 2013 dispone de tres espacios de trabajo con diferentes características entre los que podemos alternar. Para ello, disponemos de un nuevo conmutador de espacios de trabajo en la **Barra de herramientas de acceso rápido**. Pulse el botón que muestra el espacio de trabajo **Default** y active, por ejemplo, el espacio **Alternate Layout**. [1]
2. Vea cómo cambia el aspecto de la interfaz del programa. [2] Despliegue de nuevo el menú de espacios de trabajo y recupere el espacio predeterminado.
3. A continuación, realizaremos algún cambio sencillo en la interfaz para después guardar esta personalización y tenerla siempre disponible. Pulse el botón de punta de flecha del extremo derecho de la **Barra de herramientas de acceso rápido**

IMPORTANTE

La posibilidad de crear **espacios de trabajo personalizados** en los que se muestre una distribución concreta de las barras de herramientas, una disposición determinada de los visores, unas opciones específicas en los menús, supone un gran avance para que los usuarios expertos de 3ds Max puedan disponer de su propia configuración de la interfaz, según sus necesidades en función del tipo de trabajo que realizan con el programa.

1

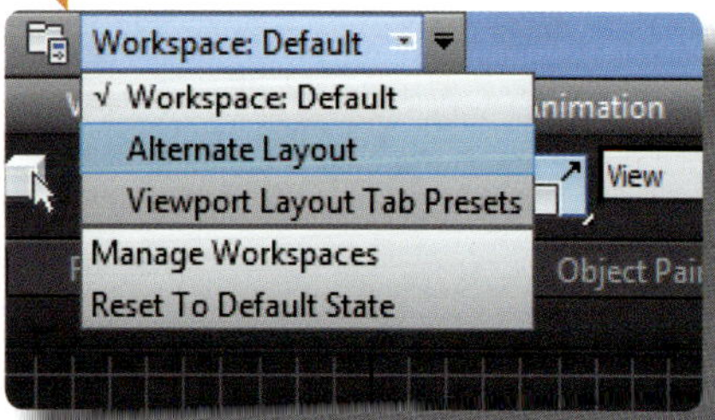

Desde el nuevo conmutador de espacios de trabajo también es posible acceder al cuadro de gestión de espacios de trabajo, **Manage Workspaces**.

2

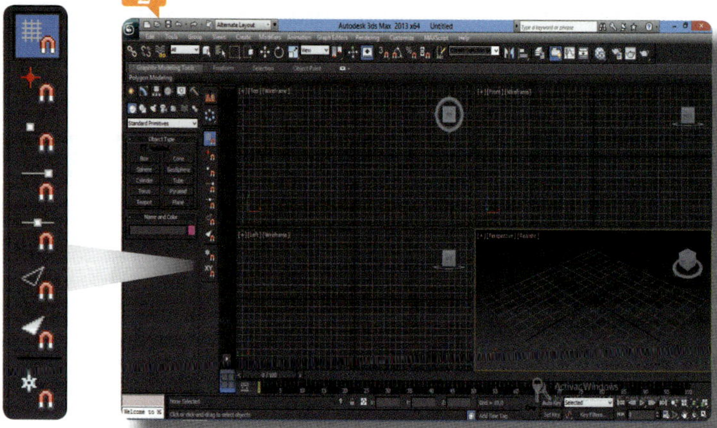

El espacio de trabajo **Alternate Layout** muestra el Panel de comandos en la parte izquierda de la interfaz e incluye las barras **Extras** y **Snaps**, ocultas en el espacio predeterminado.

003

y, en el menú de personalización de este elemento, elija la opción **Show Below the Ribbon**. [3]

4. La **Barra de herramientas de acceso rápido** se sitúa debajo de la ficha **Graphite Modeling Tools**. Abra el menú **Customize**, pulse sobre la opción **Show UI** y elija **Show Floating Toolbars**.
5. Aparecen así todas las barras de herramientas flotantes, ocultas en la interfaz predeterminada. Pulse en el conmutador de espacios de trabajo y elija la opción **Manage Workspaces**.
6. En el cuadro **Manage Workspaces** podemos ver la lista de los espacios de trabajo disponibles. Desde aquí es posible almacenar el espacio de trabajo actual como nuevo espacio personalizado, guardar la nueva configuración en el espacio seleccionado actualmente o restaurar al estado predeterminado. Pulse el botón **Save as New Workspace**. [4]
7. En el cuadro **Create New Workspace**, haga clic en el campo **Name**, escriba **Mi espacio de trabajo** y pulse **OK**. [5]
8. El nuevo espacio se añade a la lista de espacios disponibles. Compruebe sus propiedades en el apartado **Active Workspace Properties**. También el conmutador de espacios de trabajo muestra ahora el nombre de nuestro espacio personalizado. Seleccione de nuevo el espacio **Workspace Default** en el cuadro **Manage Workspaces** y pulse sobre el aspa del espacio **Mi espacio de trabajo**. [6]
9. El espacio personalizado desaparece. Cierre el cuadro **Manage Workspaces** pulsando el botón de aspa de su **Barra de título**, oculte las barras de herramientas flotantes desactivando la opción **Show Floating Toolbars** del submenú **Show UI** del menú **Customize** y coloque de nuevo encima de la **Ribbon** la **Barra de herramientas de acceso rápido**.

3

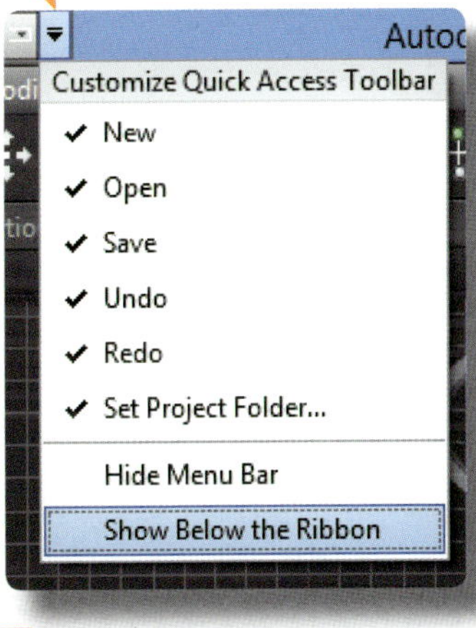

4

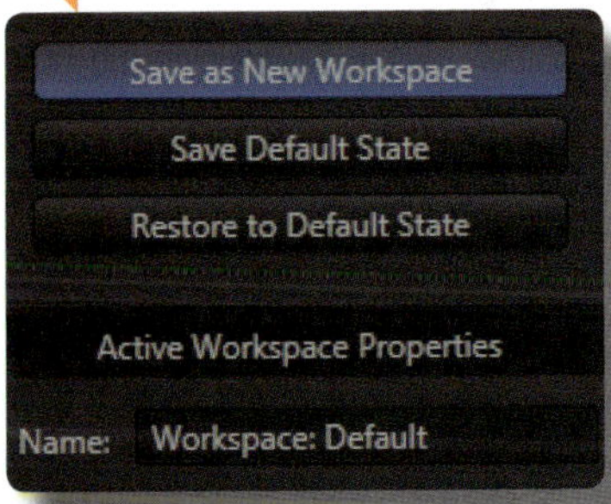

5

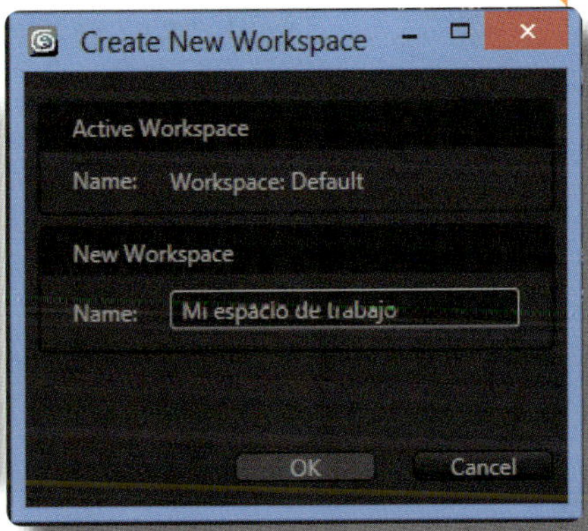

6

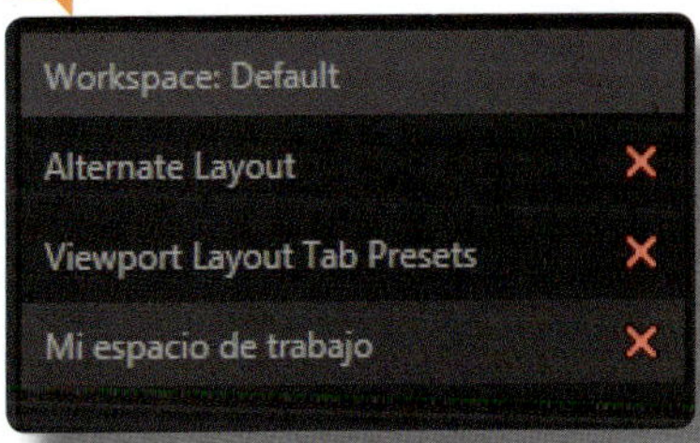

Junto a cada uno de los espacios de trabajo (excepto junto al predeterminado) aparece un aspa roja que nos permite eliminarlos.

Trabajar con los menús cuad

IMPORTANTE

Por defecto, el visor activo en el área de trabajo de 3ds Max se muestra resaltado de color amarillo.

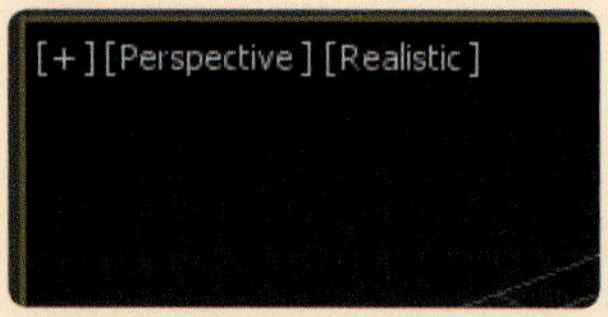

LOS MENÚS QUE APARECEN al pulsar con el botón derecho del ratón sobre el visor activo se denominan menús cuad. Los comandos que se incluyen en estos menús dependen del objeto seleccionado y están divididos en categorías. Desde la ficha Quads del cuadro Customize User Interface, puede elegir los comandos que desea que aparezcan en estos menús.

1. Para empezar, veamos cuál es el aspecto de un menú cuad. Haga clic con el botón derecho del ratón en el visor activo.
2. La última acción que se ejecuta desde cualquier menú cuad queda marcada en azul para que el usuario la pueda identificar rápidamente al volver a acceder a dicho menú. Pulse, por ejemplo, sobre la opción **Unhide All** del menú cuad **Display**. [1]
3. Al seleccionar una acción, los menús cuad se cierran automáticamente; también puede ocultarlos sin activar ninguna opción simplemente pulsando fuera de ellos. Pulse de nuevo en el visor activo con el botón derecho del ratón y compruebe que la opción **Unhide All** aparece de color azul. [2] Después oculte los menús cuad pulsando en una zona libre del visor activo.
4. Los menús cuad pueden personalizarse desde el cuadro **Customize User Interface**. Pulse con el botón derecho del ratón en una zona libre de la **Main Toolbar** y elija la opción **Customize** del menú contextual que se abre. [3]

1

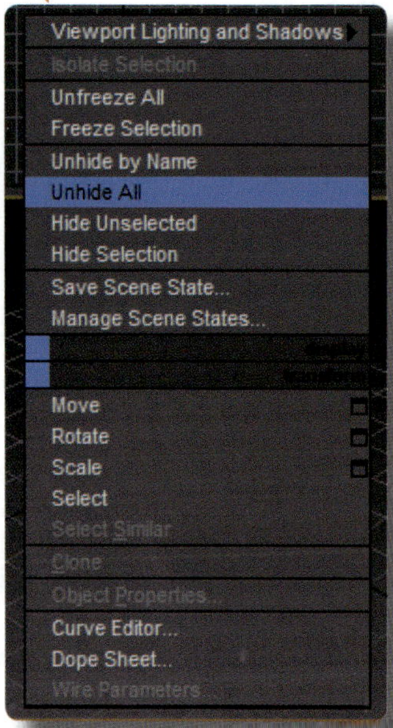

Las opciones incluidas en los **menús cuad** por defecto ponen al alcance de su mano las funciones más utilizadas y principales.

2

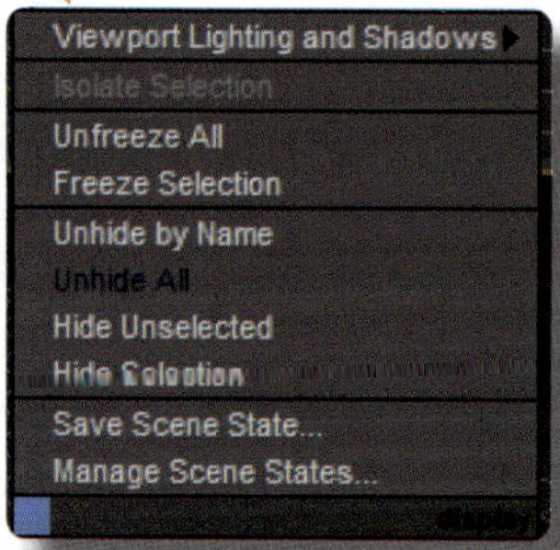

3

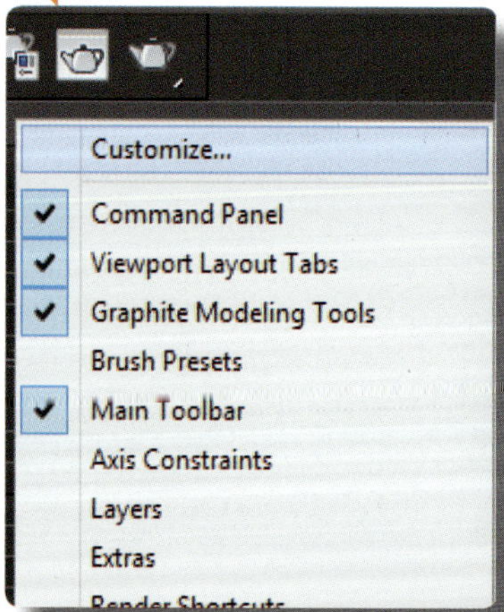

5. En el cuadro **Customize User Interface**, pulse sobre la pestaña **Quads**.
6. Puede añadir separaciones, acciones o menús enteros a los menús cuad, así como eliminar o renombrar elementos. Veamos cómo añadir una separación entre las opciones del menú cuad **Transform.** Dicho menú se encuentra seleccionado por defecto en el campo **Label**; si no fuera así, haga clic sobre el cuadrado inferior derecho del grupo de cuadrados que aparece en esta ficha. 4
7. Haga clic sobre la línea de puntos discontinuos que aparece en el campo **Separator** y arrástrela hasta situarla, por ejemplo, debajo de la acción **Scale**, en la lista de la derecha. 5
8. Automáticamente el separador se inserta; 6 de este modo, al acceder a los menús cuad, podremos distinguir claramente los tipos de acciones que contienen. Haga clic sobre el separador que acaba de añadir y pulse la tecla **Suprimir** para eliminarlo.
9. Para acceder al cuadro de opciones avanzadas, pulse el botón **Advanced Options**.
10. En el cuadro **Advanced Quad Menu Options** puede determinar los colores de los diferentes elementos de cada uno de los menús cuad, así como especificar cuál de ellos desea que se muestre en primer lugar al desplegarlos, qué fuentes utilizan o su presentación y colocación en la pantalla. Además, en el apartado **Animation**, 7 puede seleccionar el estilo de animación que se usará cuando los menús cuad aparezcan. Pulse el botón de aspa de la **Barra de título** de este cuadro para cerrarlo y cierre también el cuadro de personalización.

004

IMPORTANTE

Si la opción **Show All Quads** está activada, todos los menús cuad aparecerán al pulsar con el botón derecho del ratón sobre el objeto en el visor activo, mientras que si la desactiva, sólo aparecerá uno, pero podrá ir mostrando el resto con sólo situar el puntero del ratón en la esquina del menú.

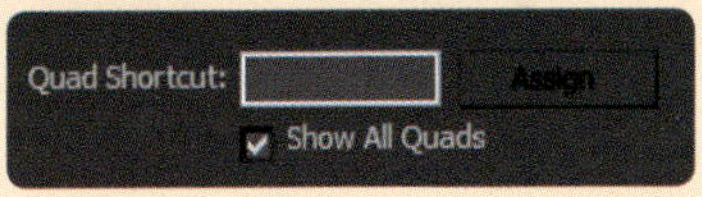

4

Los cuatro menús quad disponibles son: **tools1**, **display**, **tools2** y **transform**.

5

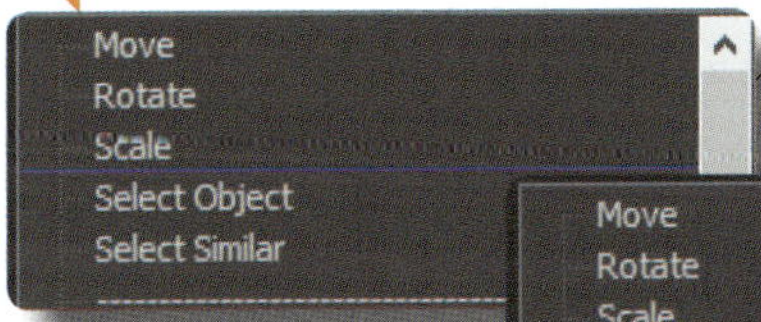

6

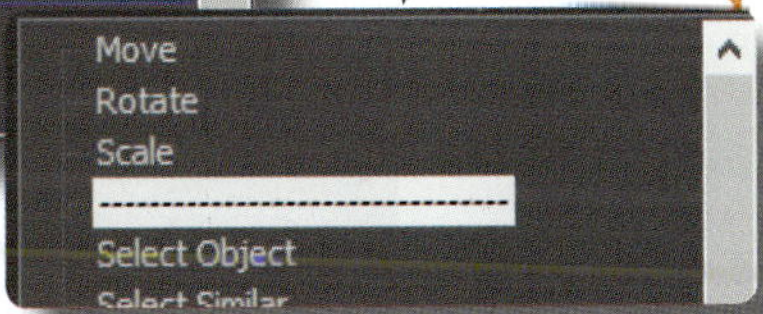

Los tipos de animación disponibles para los menús cuad son **None** y **Fade**. Debe tener en cuenta que la aplicación de alguno de estos efectos de animación afecta a la velocidad en que aparecen los menús cuad.

7

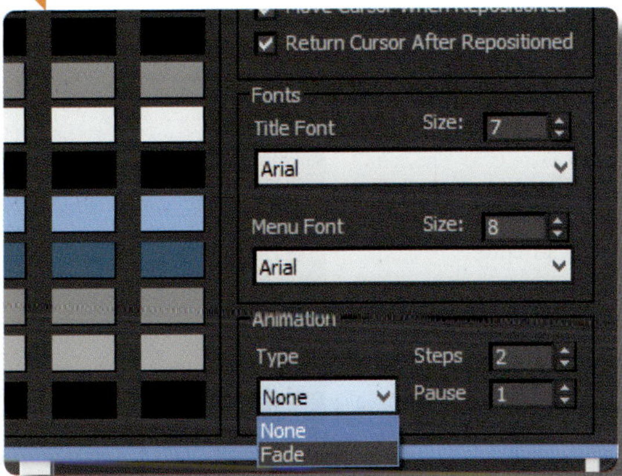

Manejar el sistema de coordenadas de 3ds Max

IMPORTANTE

La apertura de escenas en 3ds Max se describe más adelante en este libro. En este ejercicio, pulse el Botón de aplicación y haga clic en el comando **Open**; en el cuadro de diálogo **Open File**, localice y seleccione con un doble clic el archivo con el que va a trabajar.

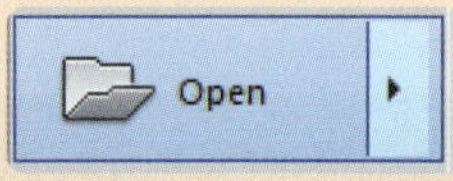

3DS MAX PERMITE ELABORAR magníficos objetos y espectaculares animaciones en tres dimensiones. Estos dibujos se desarrollan sobre unos visores correspondientes a las tres vistas diédricas fundamentales, esto es, alzado, planta y perfil, y a una vista en perspectiva. En los cuatro visores se trabaja utilizando el sistema de coordenadas convencional, en el que la letra X corresponde a la coordenada horizontal, la letra Y a la vertical y la letra Z a la profundidad. En la esquina inferior izquierda de cada visor puede ver, identificados por diferentes colores, estos ejes de coordenadas.

1. En el siguiente ejercicio trabajaremos con la escena **005.max** que puede encontrar en la zona de descargas de nuestra página Web. Si desea utilizar un archivo propio o crearlo directamente, no dude en hacerlo. En primer lugar, vamos a comprobar que al seleccionar un objeto con la herramienta **Select and move** aparece sobre éste, en todos los visores, el llamado gizmo de movimiento. Abra el archivo, active la herramienta mencionada, representada en la **Main Toolbar** por dos flechas que se cruzan formando un aspa [1] y pulse sobre la tetera en el visor **Perspective** para seleccionarla.
2. Aparecen sobre ella tres flechas, correspondientes a los ejes de coordenadas. [2] El gizmo de movimiento muestra también unas zonas resaltadas en amarillo denominadas **asas de plano y caja** que permiten limitar el desplazamiento sobre el plano seleccionado. Pulse en la flecha de color rojo, correspondiente al eje horizontal y arrastre un centímetro hacia la derecha. [3]

1

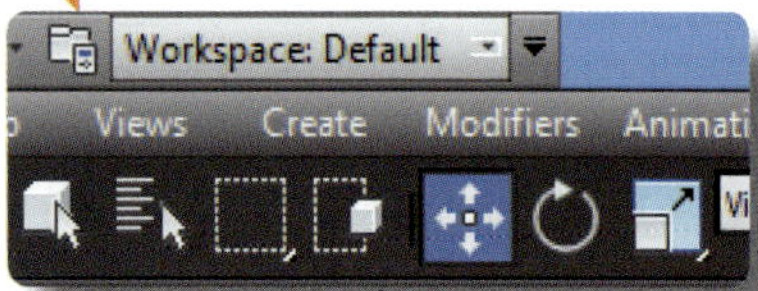

2

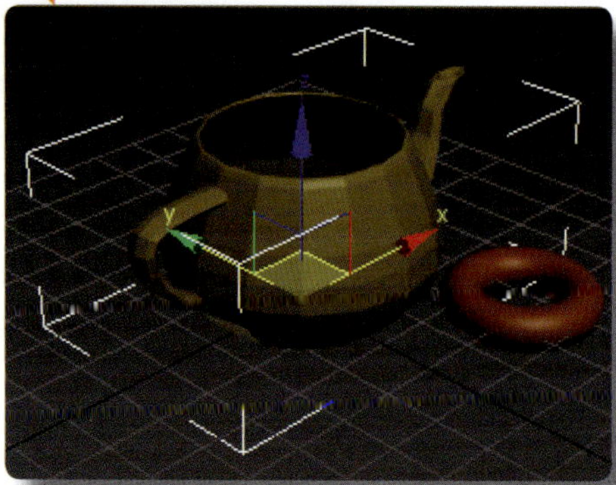

3

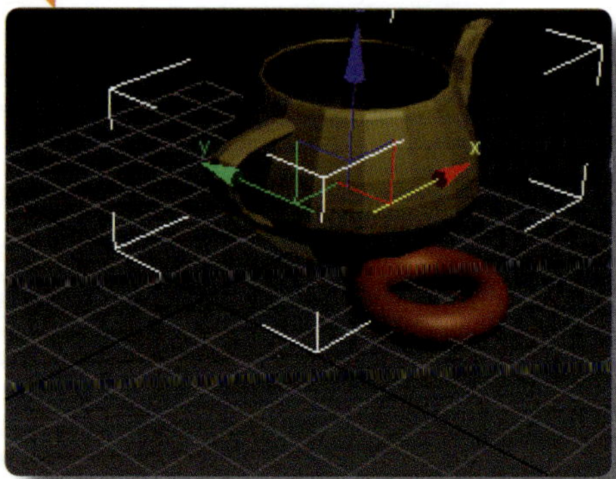

Lógicamente, dependiendo del **eje de coordenadas** sobre el que se desplace el objeto, el movimiento se apreciará en unos o en otros visores.

005

3. La función del gizmo consiste en marcar los direccionamientos del movimiento sobre el plano seleccionado. Sin embargo, existe una barra de herramientas con la que puede restringir el desplazamiento a los ejes que indique. Pulse con el botón derecho del ratón en una zona libre de la **Main Toolbar** y elija la opción **Axis Constraints** del menú contextual. [4]
4. Aparece así la barra de herramientas flotante **Axis Constraints**, en la cual puede seleccionar el eje o plano sobre el que desea que se desplace el objeto. [5] Haga clic sobre la pequeña punta de flecha que aparece en el comando **XY** de esta barra y mantenga pulsado el botón durante unos segundos para ver qué opciones se incluyen en este pequeño menú.
5. Vamos a comprobar que al seleccionar un eje en esta barra, éste se activa también, mostrándose de color amarillo, en los visores del área de trabajo. Haga clic sobre el botón que muestra la letra **Y** correspondiente a la opción **Restrict to Y**.
6. En los visores en que el eje de coordenadas vertical es visible, éste se ha seleccionado. [6] En el visor **Perspective**, haga clic sobre la punta de flecha correspondiente al eje Z, el de color azul, y compruebe que éste se activa de manera automática en la barra de herramientas **Axis Constraints**.
7. Cierre la barra de herramientas **Axis Constraints** pulsando el botón de aspa de su **Barra de título**.
8. Para acabar este ejercicio dejaremos el área de trabajo en blanco sin guardar los cambios que hemos realizado en la escena. Pulse el **Botón de aplicación** y elija la opción **Reset**.
9. Aparece un cuadro de diálogo que le informa de que se han realizado cambios en la escena. Haga clic en el botón **No** de dicho cuadro y, en el siguiente, haga clic en **Yes** para confirmar que desea reiniciar la escena.

IMPORTANTE

También se puede desplazar objetos introduciendo los valores pertinentes en la **Barra de coordenadas**, situada en la parte inferior de la ventana del programa. El cuadro informativo de la derecha de esta barra nos informa del espaciado entre cuadrículas, mientras que el de la izquierda lo hace del número de objetos seleccionados.

4

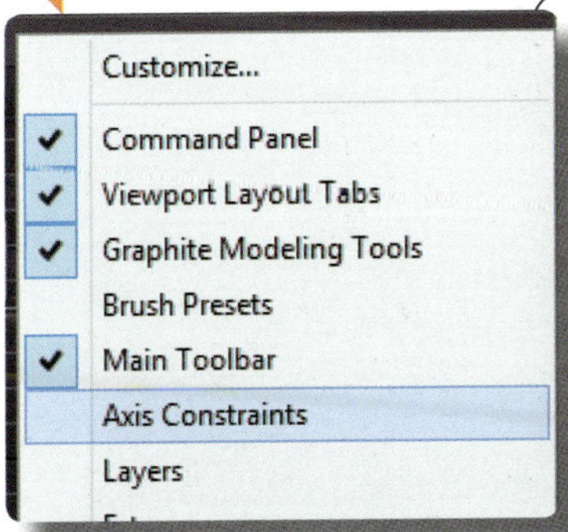

5

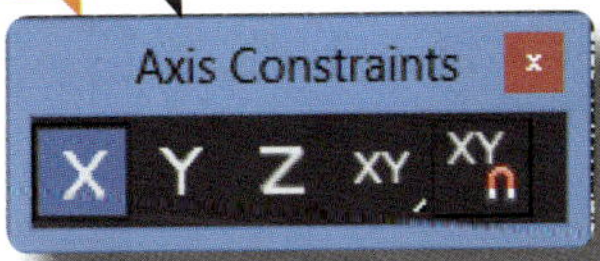

Los **gizmos** pueden personalizarse desde los cuadros **Customize User Interface** o **Preference Settings**.

6

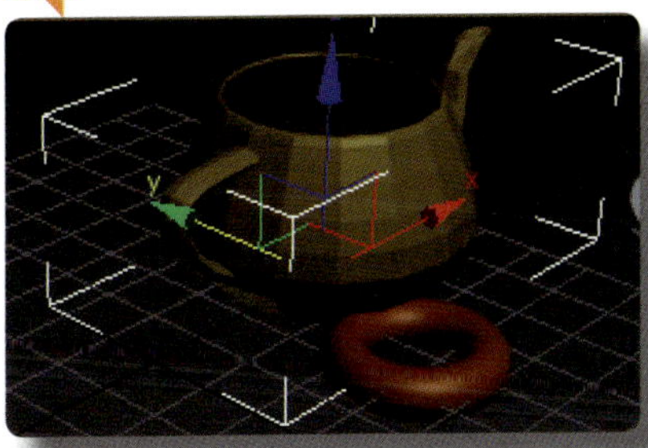

Para aumentar o disminuir las dimensiones del gizmo, utilice las teclas + y - de su teclado alfanumérico.

Configurar los visores del área de trabajo

LOS CUATRO PANELES en que se divide el área central de la interfaz de 3ds Max se denominan visores o ventanas. En ellos se desarrollan y se visualizan los objetos y se muestran diferentes vistas diédricas (alzado, planta y perfil) y una vista en perspectiva de la escena. El visor resaltado en amarillo es el que está activo; para pasar de uno a otro, simplemente se debe pulsar sobre el que interesa activar. Para modificar algunas de sus características se debe acceder al cuadro Viewport Configuration.

1. Aunque el entorno de trabajo que presenta 3ds Max suele ser el más práctico, puede resultar útil modificar el formato u otros atributos de los visores. Para acceder al cuadro **Viewport Configuration**, elija la opción **Configure Viewports** del menú que incluye la etiqueta con el signo + de los visores. [1]
2. El cuadro se compone de nueve fichas. [2] En la ficha **Visual Style & Appearance** se establecen los parámetros para la representación; tenga en cuenta que al aplicar nuevos factores, la velocidad de cálculo de las operaciones que realiza el programa para la presentación puede verse afectada. Pulse en la nueva pestaña **Background**.
3. Como novedad en 3ds Max 2013, el visor **Perspective** tiene ahora de manera predeterminada un fondo degradado de gris oscuro a gris claro. El usuario puede personalizar este degradado desde

IMPORTANTE

Los apartados **Lighting And Shadows** y **Lighting And Shadows Quality**, el primero de ellos incluido en versiones anteriores del programa como pestaña en el cuadro de configuración de los visores, permiten configurar las preferencias para la iluminación y las sombras de objetos.

También se puede acceder al cuadro de **configuración de los visores** seleccionando la opción con el mismo nombre del menú **Views**.

1

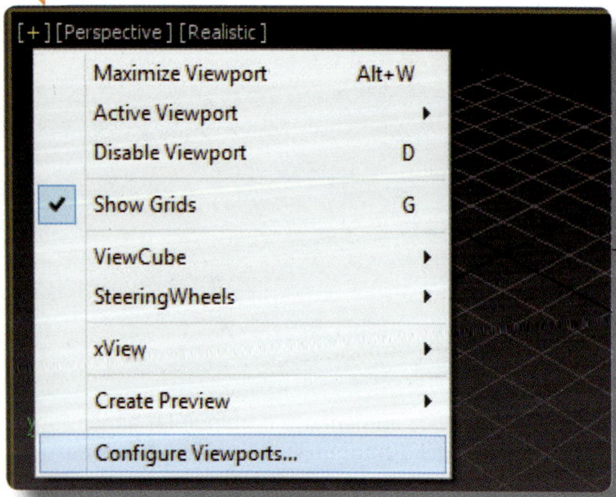

2

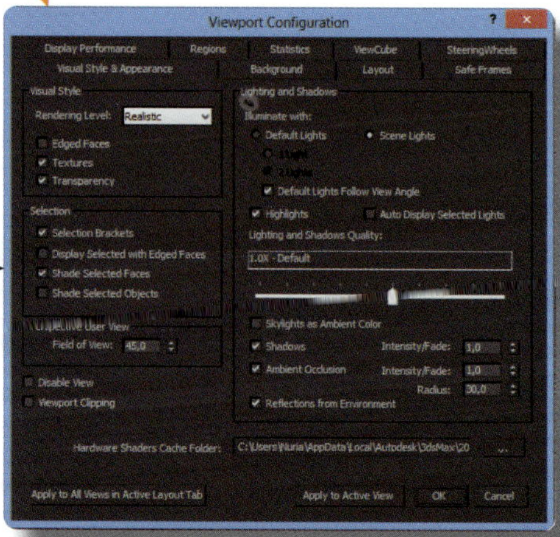

la ficha **Colors** del cuadro **Customize User Interface**. Desde esta ficha, como ve, es posible cambiar el fondo por un color sólido, por la luz ambiental o incluso por una imagen de archivo que tenga almacenada en el equipo. Pulse en la pestaña **Layout**.

4. Desde este panel se puede modificar el formato de los visores. Haga clic sobre la segunda muestra de la primera fila.
5. A continuación, debemos escoger los visores que queremos mostrar en el área de trabajo. Haga clic sobre la etiqueta del visor **Top** y, en el menú con todas las vistas disponibles pulse, por ejemplo, sobre la opción **Perspective.**
6. Haga clic en la pestaña **Safe Frames**.
7. En esta ficha se pueden configurar las opciones de establecimiento de zonas de seguridad para que la representación final sea lo más correcta posible y se eviten defectos en la salida. Si tras realizar modificaciones, descubre que prefiere utilizar los parámetros establecidos por defecto, pulse el comando **Default Settings**. Haga clic sobre la pestaña **Regions**.
8. En esta ficha se definen los tamaños de selección **Blowup Region** y **Sub Region**. La subregión muestra la ventana de renderización en negro excepto en la zona especificada, mientras que la región muestra la renderización ocupando la ventana completa. Pulse el botón **Cancel** para cerrar el cuadro de configuración.
9. A través del menú de las etiquetas de los visores también puede realizar algunas modificaciones importantes. Active el visor **Front** y haga clic sobre la etiqueta con su nombre.
10. Para obtener otra vista en el visor, puede utilizar las opciones de este menú. Elija la opción **Bottom**.
11. Utilizando los menús de las etiquetas de los visores puede mostrar u ocultar la cuadrícula y modificar el modo en que se muestran los objetos creados, entre otras acciones. Para acabar, abra el menú **Views** y elija la opción **Undo View Change**.

3

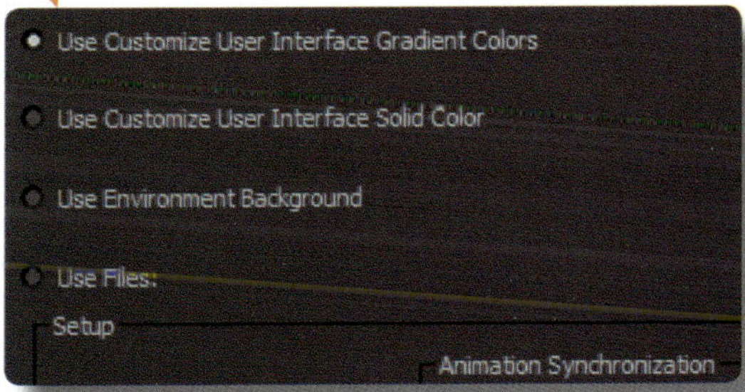

El cambio de disposición de los visores también puede llevarse a cabo mediante la pulsación de las letras que aparecen junto a su nombre en el menú de opciones de cada visor.

006

IMPORTANTE

En la ficha **Statistics**, puede obtener distinta información acerca de la configuración del objeto seleccionado en pantalla, información referente al recuento total o por selección de vértices, lados, figuras geométricas, etc. Se trata de un contenido del todo recomendable en aquellos casos en que la escena se encuentre repleta de objetos.

5

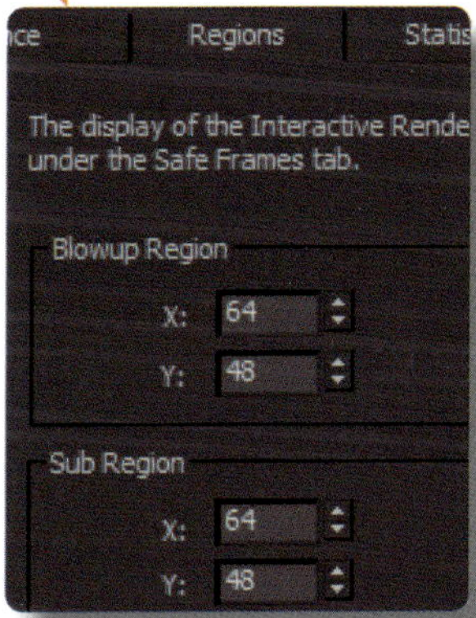

4

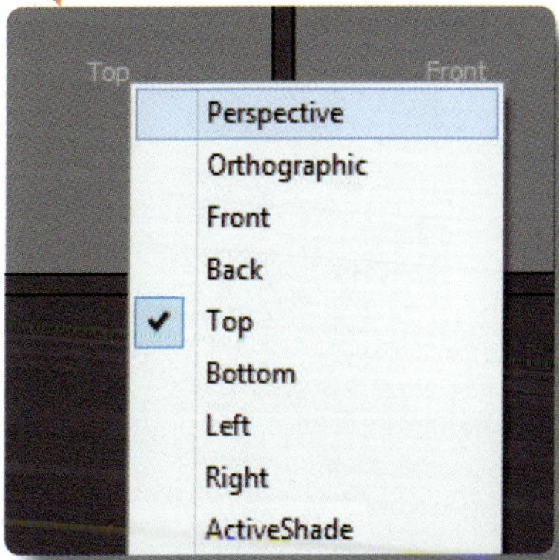

Personalizar el degradado de los visores

UNA DE LAS NOVEDADES QUE PRESENTA 3ds Max 2013 en cuanto a la configuración de los visores consiste en la posibilidad de personalizar los colores del degradado de fondo de los mismos. De manera predeterminada, ese degradado va de un tono gris claro a un tono gris oscuro.

1. En este ejercicio veremos cómo cambiar los colores que componen el degradado de fondo de los visores. Active el visor **Perspective**, abra el menú **Customize** y pulse sobre la opción **Customize User Interface**.
2. En el cuadro **Customize User Interface** active la ficha **Colors** y asegúrese de que la opción **Viewports** está seleccionada en el campo **Elements**. [1]
3. Desplácese por la lista de elementos de los visores y compruebe que existen dos relativos al degradado predeterminado del visor **Perspective**: **Viewport Gradient Background Bottom** y **Viewport Gradient Background Top**. Seleccione el primero de ellos. [2]
4. Como sabe, el degradado que se muestra de manera predeterminada en el visor **Perspective** va de un tono casi negro en la parte superior a un gris más claro en la inferior. Vamos a cambiar estos colores por otros más llamativos. Pulse en la mues-

1

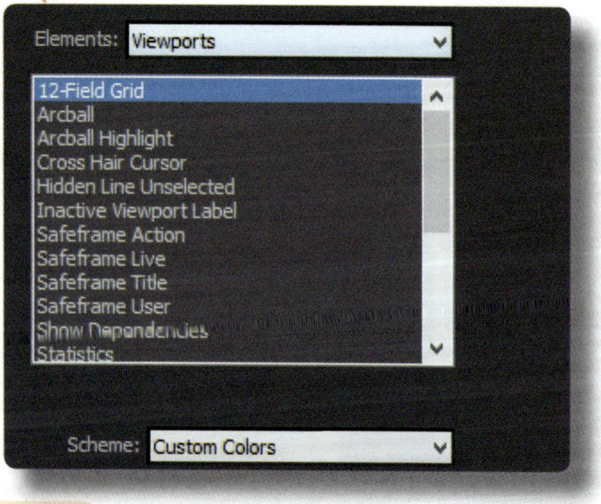

2

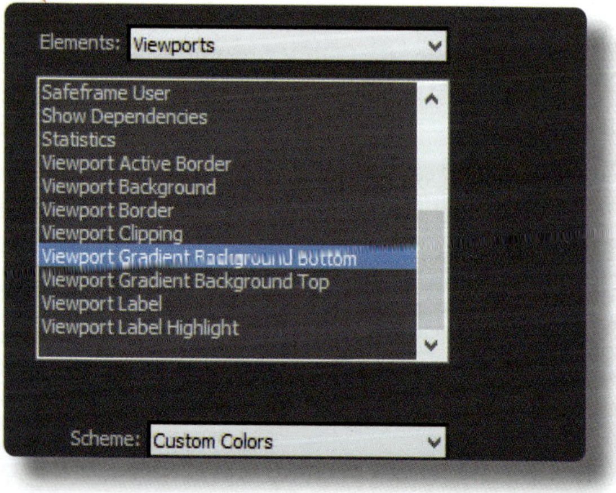

007

tra gris oscuro del campo **Color** correspondiente al elemento **Viewport Gradient Background Bottom**. [3]

5. Aparece así el cuadro **Color Selector**, donde elegiremos el primer tono del degradado, el de la parte inferior del visor. En el campo **Red** inserte el valor **253** y pulse después el botón **OK**. [4]
6. Elija ahora el elemento **Viewport Gradient Background Top** y pulse sobre su correspondiente muestra de color para acceder al selector de color.
7. Escriba el valor **218** en el campo **Red** y pulse la tecla **Retorno**.
8. En esta ocasión reduciremos la saturación del color. En el campo **Sat** inserte el valor **65** y pulse el botón **OK**. [5]
9. Una vez establecidos los dos nuevos colores para el degradado de fondo, compruebe el efecto que se consigue pulsando el botón **Apply Colors Now**.
10. ¿Qué le parece? [6] Pulse el botón **Reset** de la parte inferior del cuadro de personalización para restablecer toda la configuración de colores predeterminada.
11. Confirme que desea revertir a los colores originales pulsando el botón Sí del cuadro de diálogo que aparece en pantalla y, para acabar, cierre el cuadro **Customize User Interface** pulsando el botón de aspa de su **Barra de título**.

3

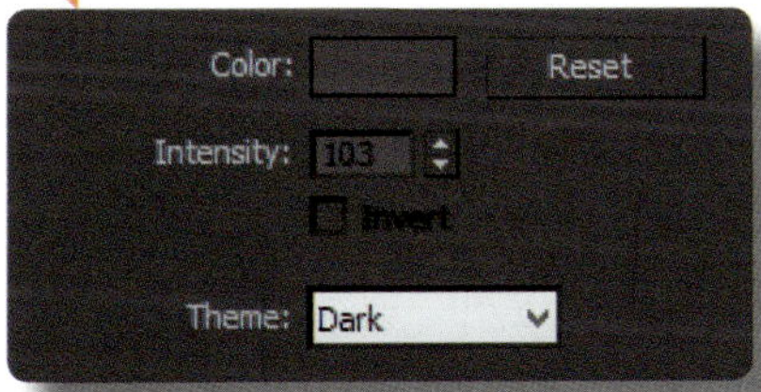

Recuerde que puede recuperar los colores originales tras cada cambio pulsando el botón **Reset** situado junto a cada muestra.

4

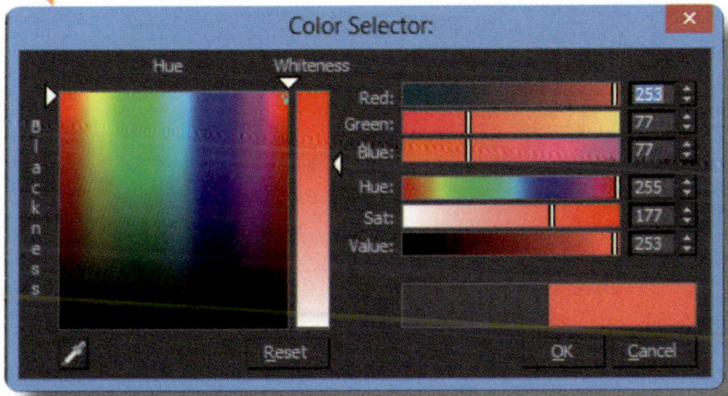

5

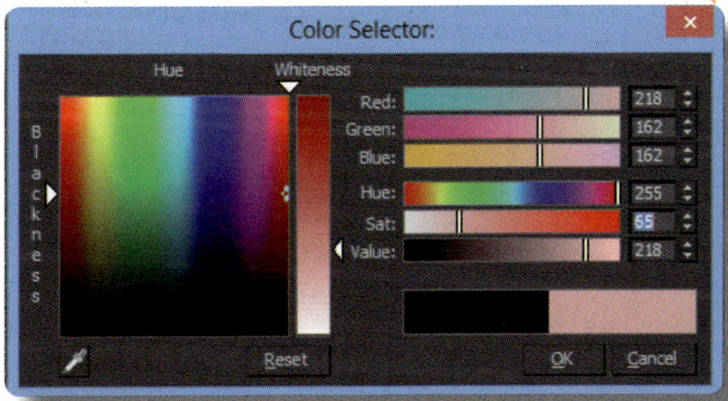

6

Usar la barra Viewport Layouts

IMPORTANTE

A medida que vaya creando y guardando configuraciones de visores personalizadas, éstas se irán añadiendo al apartado **Saved Layout Presets** de la barra Viewport Layouts, desde el que podrá editar su nombre.

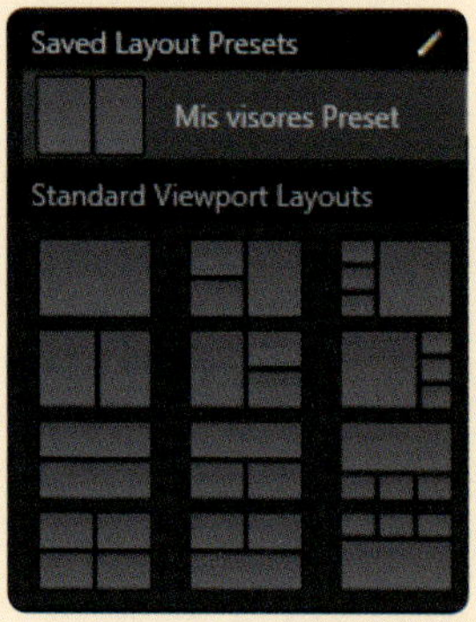

3DS MAX 2013 PRESENTA LA NUEVA PESTAÑA Viewport Layouts, que permite almacenar en una escena diferentes diseños de los visores, incluyendo ventanas extendidas, y cambiar entre ellos con un simple clic de ratón. Esta pestaña se encuentra por defecto en posición vertical a la izquierda de los visores e incluye inicialmente la configuración predeterminada, la de los cuatro visores. Como se verá en este ejercicio, es posible ocultar esta barra, cambiar su ubicación y convertirla en flotante, así como añadirle nuevas configuraciones de visores según nuestras necesidades.

1. En esta ocasión trabajaremos con una de las escenas de muestra que proporciona el programa en su carpeta **scenes**, la denominada **bmw7.max.** Si no encuentra este archivo, puede descargarlo desde nuestra página Web. Una vez abierto el documento, pulse en la parte superior de la barra **Viewport Layouts**, dispuesta verticalmente a la izquierda de los visores, y, sin soltar el botón del ratón, arrástrela hacia la derecha hasta convertirla en flotante. 1
2. Ahora la barra dispone de su propia **Barra de título** y puede ubicarse en cualquier punto de la interfaz del programa. Ciérrela pulsando en su botón de aspa.
3. Para volver a mostrarla, pulse con el botón secundario del ratón en una zona libre de la **Main Toolbar** y active la opción **Viewport Layout Tabs.** 2

1

2

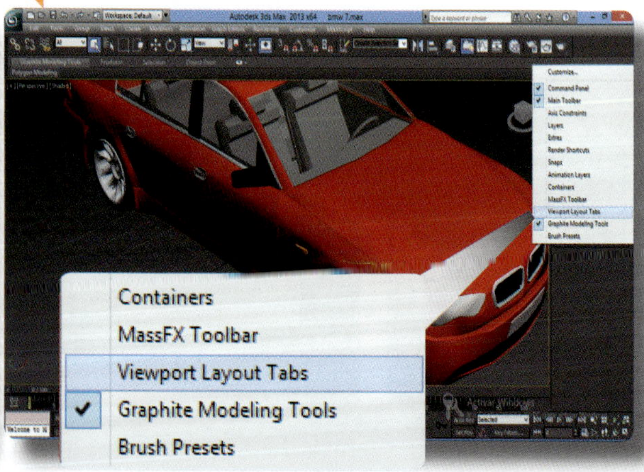

008

4. La barra se abre manteniendo la última configuración que le hemos asignado. Para anclarla a la interfaz, arrástrela por su **Barra de título** hasta el lado izquierdo de los visores.
5. Como ve, el archivo con el que estamos practicando se muestra por defecto en un único visor maximizado, el visor **Perspective**. Pulse el botón de punta de flecha situado sobre la miniatura de los visores en la barra **Viewport Layouts**.
6. En el pequeño cuadro **Standard Viewport Layouts** se listan 12 configuraciones predeterminadas más. Haga clic sobre la primera miniatura de la segunda fila. 3
7. Los visores que se activan con esta configuración son **Top** y **Front**. Observe que la nueva configuración se añade a la barra **Viewport Layouts**, para que pueda ir alternando entre ésta y la otra simplemente pulsando sobre ellas. A continuación, cambiaremos el visor **Front** por el visor **Perspective** y guardaremos la nueva configuración personalizada. Pulse en la etiqueta **Front** de ese visor y elija la opción **Perspective**.
8. Cambie también el estilo de visualización en este visor. Pulse en la etiqueta **Wireframe** y seleccione la opción **Realistic**.
9. Una vez establecidas las características de la nueva configuración, pulse con el botón secundario del ratón sobre la correspondiente miniatura.
10. Escriba en el campo **Name** el término **Mis visores**, por ejemplo, y pulse el botón **Save Configuration as Preset**. 4
11. De este modo, cada vez que un usuario abra este archivo en cualquier equipo, dispondrá de estas dos configuraciones de visores, entre las que podrá alternar fácilmente. Para volver a la configuración predeterminada, pulse sobre su correspondiente miniatura en la barra **Viewport Layouts** 5 y, por último, guarde los cambios realizados en esta escena pulsando el icono **Save File** de la **Barra de herramientas de acceso rápido**. 6

IMPORTANTE

Para borrar una configuración, use la opción **Delete Tab** del menú contextual de su miniatura. Tenga en cuenta que la configuración predeterminada de 4 visores no puede ser eliminada.

3
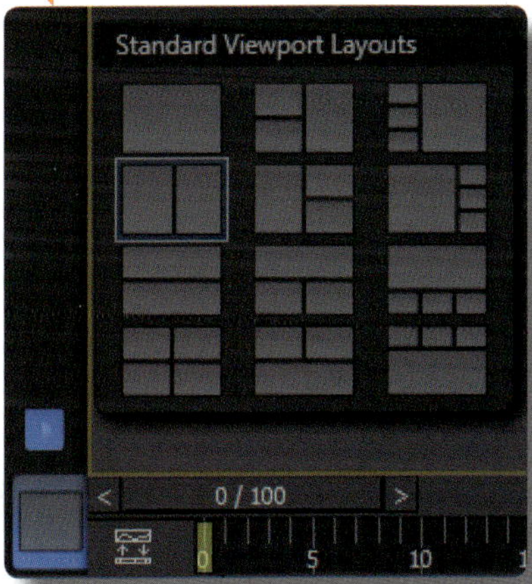

4
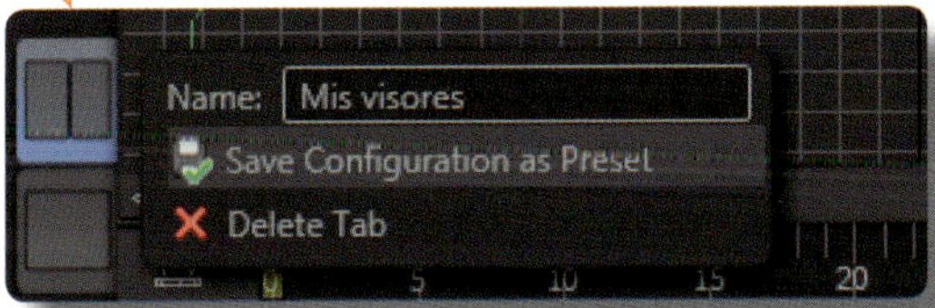

En este cuadro podemos asignar un nombre a la nueva configuración, guardarla como predeterminada y borrarla.

5

6
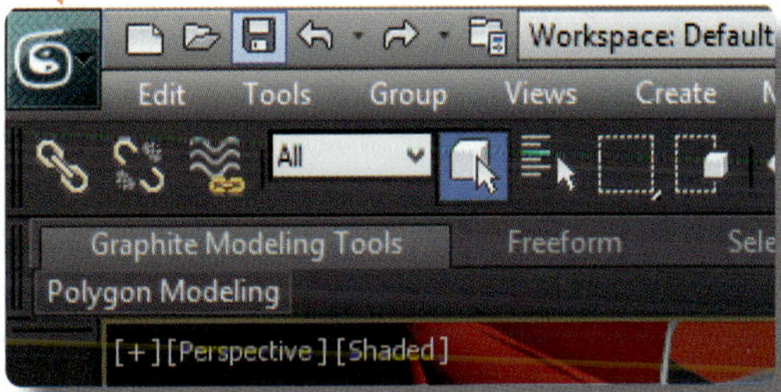

Usar la herramienta de navegación ViewCube

IMPORTANTE

El **ViewCube** se incluye en todos los productos de Autodesk como una herramienta común para trabajar con modelos 3D.

VIEWCUBE (CUBO DE VISTAS) es una herramienta de navegación configurable. Se trata de un pequeño cubo localizado en la esquina superior derecha de los visores que permite ver un objeto modelado desde vistas ya programadas por defecto. El ViewCube se muestra superpuesto a la escena y en estado inactivo (transparente). Para activarlo basta con situar el puntero del ratón sobre él.

1. En este ejercicio utilizaremos de nuevo el archivo **005.max** que puede encontrar en la zona de descargas de nuestra página Web. El **ViewCube** se muestra por defecto en la esquina superior derecha de los visores y su principal función es mostrar la orientación de la escena basada en el Norte de la brújula que aparece bajo él. Haga clic en el visor **Perspective** para activarlo.
2. El **ViewCube** ofrece 26 áreas definidas, clasificadas en los grupos esquina, borde y cara, sobre las que se puede pulsar para cambiar la vista del objeto. De esas áreas, seis representan las vistas estándares ortogonales del modelo: superior, inferior, frontal, trasera, derecha e izquierda. Pulse sobre la cara **Top**. [1]
3. Compruebe que al hacer clic manteniendo pulsado el botón del ratón sobre el **ViewCube**, el modelo rota libremente. [2]
4. Para volver a la posición original del cubo podemos pulsar el botón **Home**, cuyo icono muestra una casa, o elegir esa opción en su menú contextual. [3] Ejecute una de esas acciones.

1

Al situar el puntero del ratón sobre alguna de las caras del cubo de vistas, ésta aparece resaltada en un tono más oscuro.

2

El **ViewCube** no aparece en visores de cámara, de luces o de sombras.

3

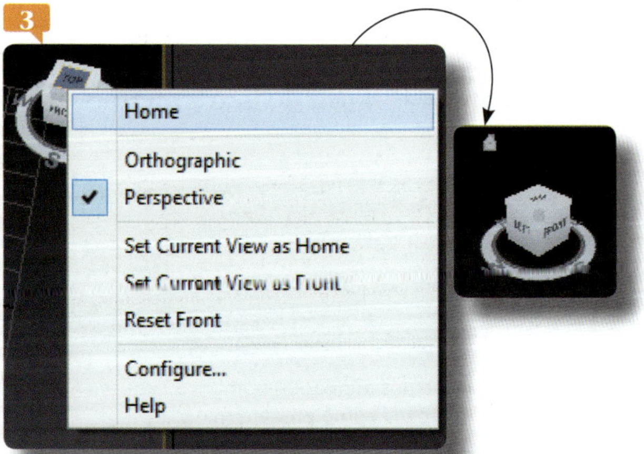

5. Desde la ficha **ViewCube** del cuadro de configuración de los visores es posible establecer las propiedades de esta herramienta. Para acceder directamente a esa ficha podemos utilizar la ruta de menú **Views/ViewCube/Configure** o la opción **Configure** de su menú contextual. Realice una de las dos acciones.
6. Los cuatro apartados la ficha **ViewCube** permiten controlar el modo en que se muestra este elemento en los visores, cómo actuará al arrastrarlo y al pulsar sobre sus diferentes áreas y si debe aparecer o no la brújula debajo de él. Para que el **ViewCube** sólo aparezca en el visor activo, pulse en el botón de opción **Only in Active View.**
7. También es posible escoger el tamaño del cubo, que por defecto es **Small**. Haga clic en el botón de punta de flecha del campo **ViewCube Size** y seleccione la opción **Normal.**
8. Para cambiar la opacidad del cubo cuando se encuentra inactivo, pulse el botón de punta de flecha del campo **Inactive Opacity** y elija la opción **25%**.
9. La opción incluida en el siguiente apartado hace que el visor ajuste automáticamente la vista del objeto a uno de los puntos fijos del cubo cuando su ángulo está cercano a éste. La opción **Keep Scene Upright**, por su parte, evita que la escena parezca moverse de un tirón al cambiar la visualización. Y en el último apartado, es posible activar o desactivar la brújula que aparece bajo el cubo y establecer su orientación. Haga clic en la casilla de verificación de la opción **Show the Compass below the ViewCube** para desactivarla y hacer que la brújula no aparezca y aplique los cambios realizados pulsando el botón **OK.**

009

IMPORTANTE

Las opciones del apartado **When Clicking on the ViewCube** de la ficha de configuración del cubo permiten especificar su modo de actuación al pulsar sobre él. Si se activa la primera opción, al pulsar en él se aplicará un zoom a la vista para ajustar la selección. La segunda opción de este apartado, activada por defecto, hace que al pulsar sobre el cubo, el objeto cambie su visualización mediante una breve animación. Si se desactiva, el cambio se producirá directamente. Para usuarios novatos se recomienda mantenerla activada, ya que ofrece una mejor orientación sobre la escena.

4

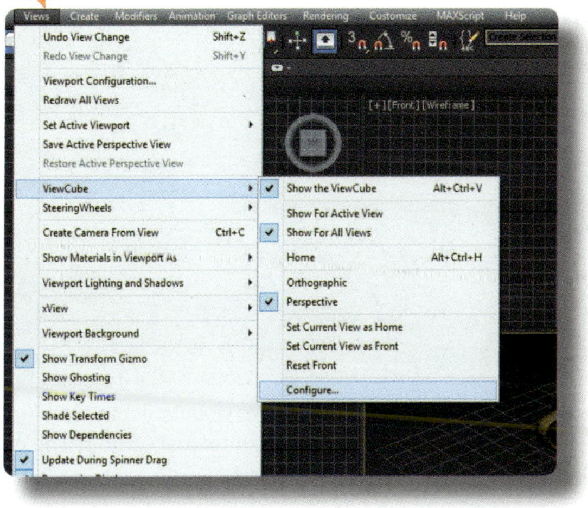

5

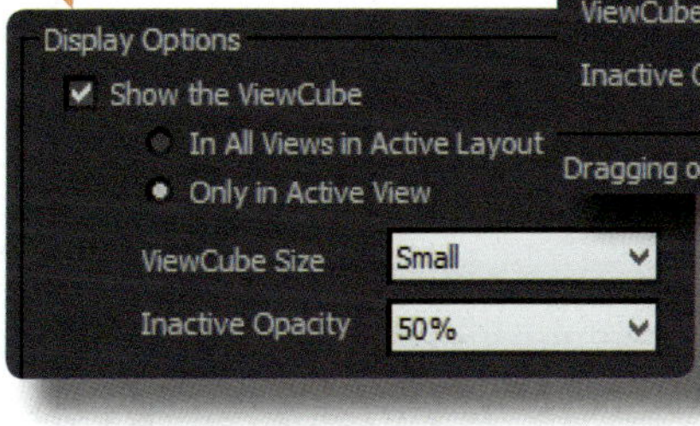

Si desea que el ViewCube siempre esté visible, incluso cuando esté inactivo, deberá seleccionar un **porcentaje de opacidad** del 100 %, mientras que para que sólo se muestre cuando el cursor se encuentre en su zona, se deberá aplicar un porcentaje de opacidad del 0 %.

6

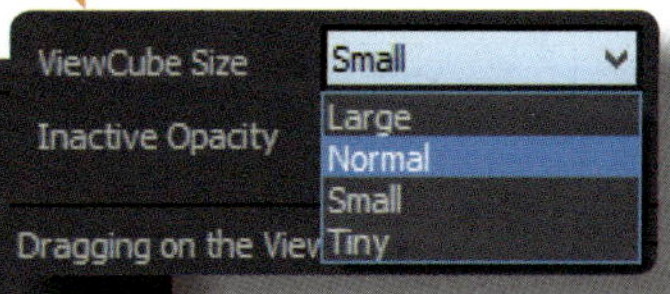

Tenga en cuenta que en el tamaño más pequeño, **Tiny**, el cubo no muestra sus etiquetas.

Trabajar con el control SteeringWheels

IMPORTANTE

Si lo desea, puede indicar a 3ds Max que la rueda de navegación aparezca de forma predeterminada al abrir el programa. Para ello, deberá acceder al cuadro de configuración de este control, desde el menú Views, y activar la opción **Always Show the Pinned Wheel on Start**.

STEERINGWHEELS (RUEDA DE DIRECCIONES) es un práctico menú de tracking que permite el libre desplazamiento por el espacio 3D ya que incorpora las herramientas de navegación 3D más comunes. Es posible hacer zoom, pan, orbitar o moverse por la escena como si se caminara por ella. Dispone de una ficha propia en el cuadro de configuración de los visores, desde la que es posible establecer su tamaño y su porcentaje de opacidad cuando está inactivo, su comportamiento ante determinadas acciones, etc.

1. El control SteeringWheels permite acceder a diferentes herramientas de navegación 2D y 3D desde una única ubicación. Por defecto, se encuentra oculta, por lo que empezaremos este ejercicio mostrándola en el área de trabajo. Abra el menú **Views**, pulse sobre el comando **SteeringWheels** y elija la opción **Toogle SteeringWheels**.
2. La rueda aparece y se mueve junto al ratón sólo en el visor activo. [1] Haga clic sobre la sección correspondiente a la herramienta **Zoom** y, manteniendo pulsado el botón del ratón, arrastre por el visor para aumentarlo. [2]
3. Para recuperar el aspecto original de la **SteeringWheels**, pulse en la rueda de navegación sobre la sección **Rewind**.

1

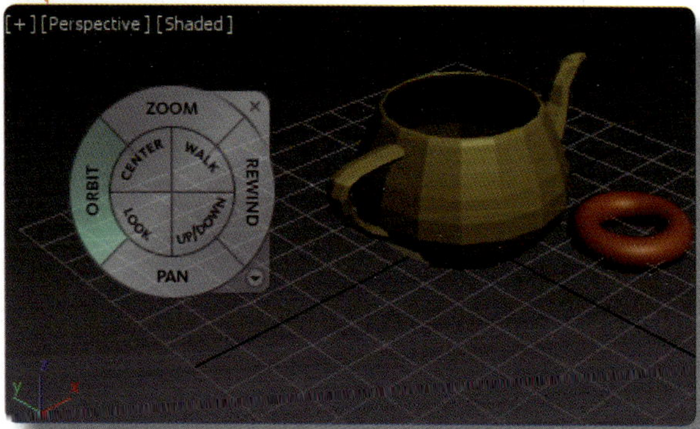

Cada sección de la **SteeringWheels** corresponde a una herramienta de visualización y navegación concreta.

2

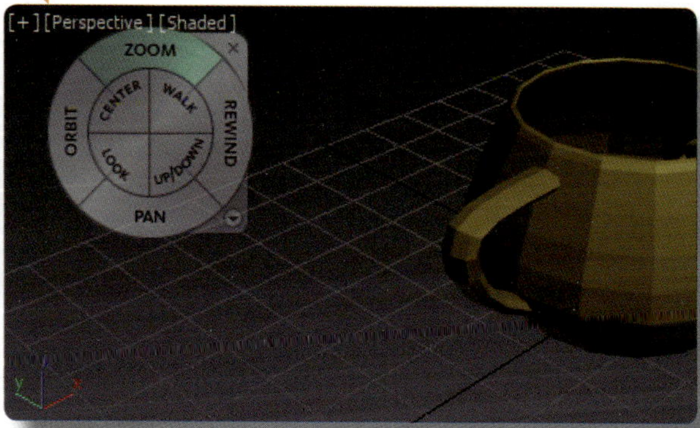

La rueda está disponible en **dos modos**, grande y mini, que se pueden activar tanto desde su menú contextual como desde el submenú **SteeringWheels** del menú **View**.

4. Podemos ocultar la rueda pulsando la tecla **Escape** o el botón de aspa de su esquina superior [3] o pulsando sobre ella con el botón derecho del ratón. Ejecute una de estas acciones.
5. Para configurar la herramienta, abra el menú **Views**, pulse sobre el comando **SteeringWheels** y elija la opción **Configure**.
6. Aparece el cuadro **Viewport Configuration**, mostrando la ficha **SteeringWheels**, desde la que es posible cambiar el tamaño y la opacidad de la rueda. Pulse a la derecha del botón deslizante del control **Size** del apartado **Big Wheels** [4] para que la rueda sea más grande; y para que sea más transparente, pulse a la izquierda del botón deslizante del control **Opacity** de ese mismo apartado. [5]
7. Haga clic en la casilla de verificación de la opción **Always Show the Pinned Wheel on Start** para activarla para que la rueda se abra cuando se inicie el programa y pulse el botón **OK**.
8. Para mostrar nuevamente la rueda de direcciones y comprobar que los cambios se han aplicado correctamente, pulse en la etiqueta con el signo + del visor **Perspective**, haga clic en **SteeringWheels** y elija la opción **Toggle SteeringWheels**. [6]
9. Por último, cierre la rueda de navegación pulsando su botón de aspa. [7]

010

IMPORTANTE

La opción **Show Tool Messages** del apartado **Display Options** de la ficha de configuración de la SteeringWheels hace que se muestre un mensaje informativo sobre cada herramienta, mientras que la opción **Show Tools Tips** hace que se muestre el nombre de la herramienta al situar el puntero del ratón sobre la rueda.

3

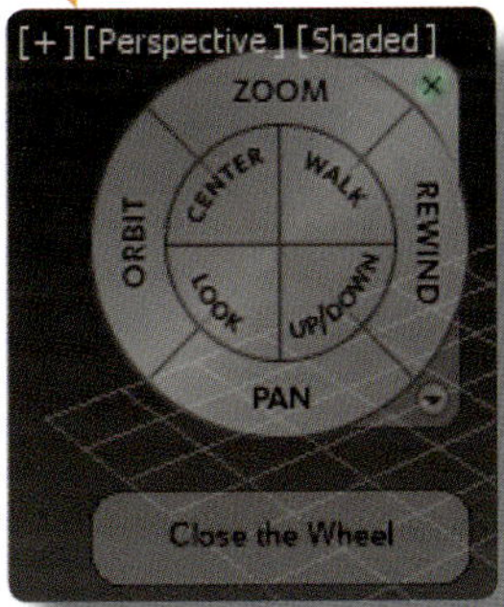

6

Es posible cambiar el **tamaño** y la **opacidad** de la rueda tanto en el modo grande como en el modo mini.

7

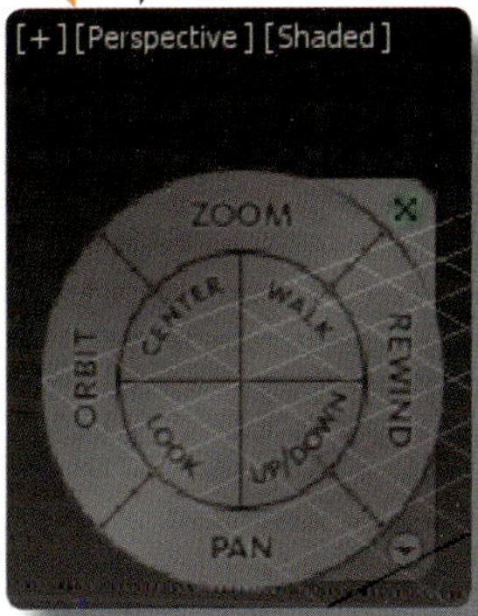

También puede mostrar y ocultar la SteeringWheels pulsando la combinación de teclas **Mayúsculas+W**.

4

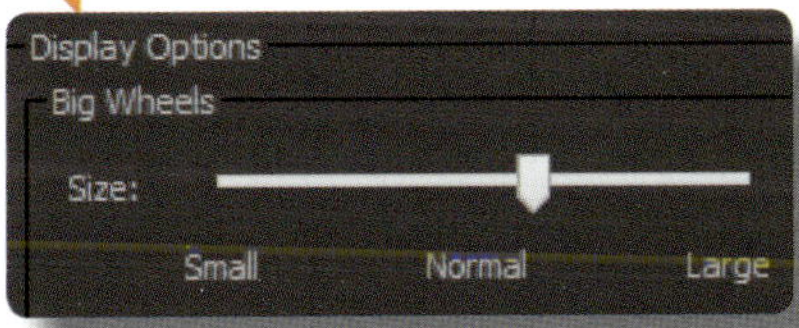

5

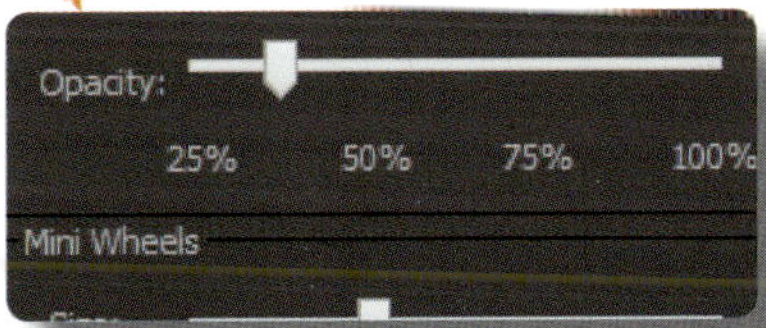

Buscar ayuda con la herramienta InfoCenter

LA HERRAMIENTA INFOCENTER, incluida también en otros productos de Autodesk, ofrece un sistema de acceso a información y ayuda sobre las diferentes funciones de 3ds Max 2013. Se ubica en el extremo derecho de la Barra de título, junto a los botones Minimizar, Restaurar y Cerrar. InfoCenter no puede ocultarse por completo pero sí pueden configurarse las diferentes opciones de búsqueda.

1. Con InfoCenter podemos buscar información de todo tipo, desde novedades del programa, hasta combinaciones de teclado, etc., e incluso localizar archivos concretos. En el cuadro de texto de esta barra, escriba el término **primitives** y pulse el botón que muestra unos prismáticos o bien la tecla **Retorno**. 1
2. La búsqueda conduce a la ayuda online de Autodesk, en la cual aparece una lista de resultados que coinciden con el término introducido. Haga clic en la opción **Standard Primitives** del panel de la izquierda. 2
3. Una vez realizada la consulta pertinente acerca del término buscado, cierre el navegador Web pulsando el botón de aspa de su **Barra de título**.
4. El botón **Communication Center**, que muestra una antena parabólica, permite buscar información en el panel del mismo nombre, que muestra enlaces a actualizaciones y noticias del producto y permite además suscribirse a noticias RSS, obtener archivos de apoyo, etc. Pulse dicho botón. 3

IMPORTANTE

En el apartado **Communication Center** del cuadro de configuración de InfoCenter podemos indicar que se deben ocultar los artículos que tengan más de un número determinado de días en el panel Communication Center, y en el apartado **Autodesk Channels** podemos seleccionar los canales que aparecerán en ese panel. En la sección **RSS Feeds**, por su parte, es posible añadir o eliminar suscripciones a fuentes RSS.

Si **InfoCenter** no encuentra el término introducido en el campo de búsqueda, propone sustituirlo por otro similar.

1

2

3

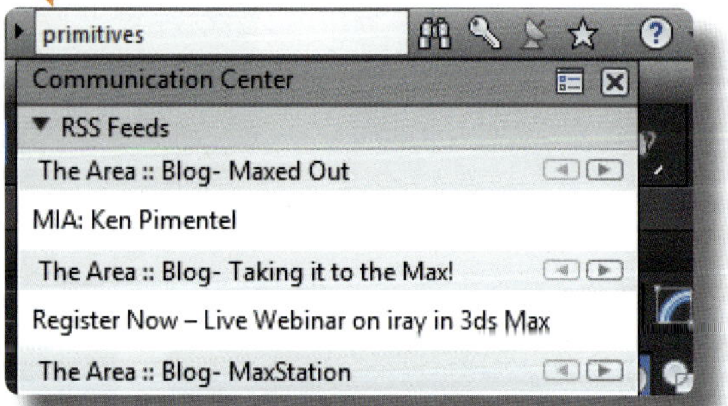

El campo de búsqueda de InfoCenter puede ocultarse; para ello, es preciso pulsar en el botón de punta de flecha situado en el extremo izquierdo de dicho campo.

5. El icono que muestra una estrella [4] en la barra **InfoCenter** permite acceder a los temas que usted marque como favoritos y el que muestra una llave nos permite acceder al centro de suscripción para hacernos miembros y obtener así una serie de beneficios que se describen al pulsar el vínculo **Learn More About Suscription**. Por su parte, el icono que muestra un interrogante da acceso directo a la ayuda de 3ds Max 2013. Pulse sobre el icono **Favorites** y, tras comprobar que, lógicamente, no cuenta con ningún tema guardado como favorito, haga clic en el icono **InfoCenter Settings**, situado a la izquierda del botón **Cerrar** del panel desplegado. [5]
6. Se abre el cuadro **InfoCenter Settings**, mostrando las opciones de la categoría **General**. Desde aquí podemos indicar la ubicación en la que nos encontramos, así como cada cuánto tiempo se deberá actualizar la información online y si se usarán efectos de animación en los paneles. Desactive la opción **Use animated transition effects for panels** [6] y acceda a la categoría **Balloon Notification**. [7]
7. En este apartado podemos activar el globo de notificaciones para nuevas actualizaciones, para productos de apoyo, para fuentes RSS, etc., así como establecer los segundos que se mostrará y su porcentaje de transparencia. Aplique las nuevas propiedades de InfoCenter pulsando **OK** dando así por terminado este ejercicio.

4

5

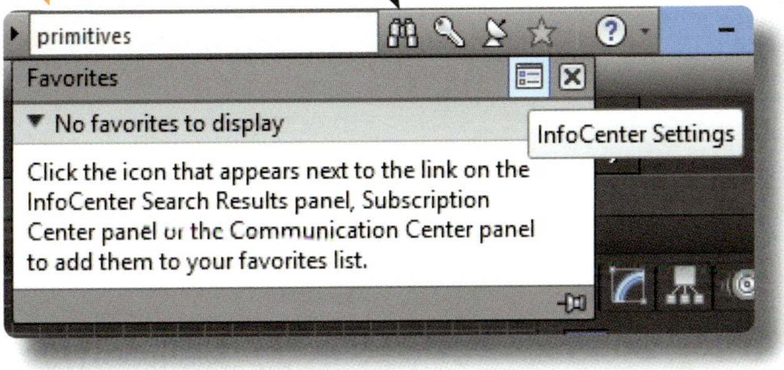

6

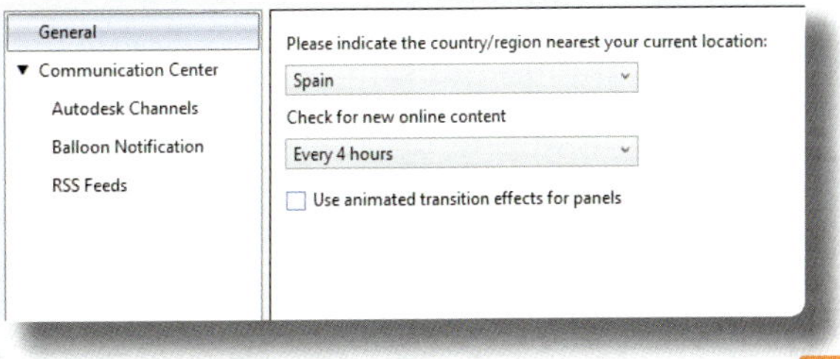

7

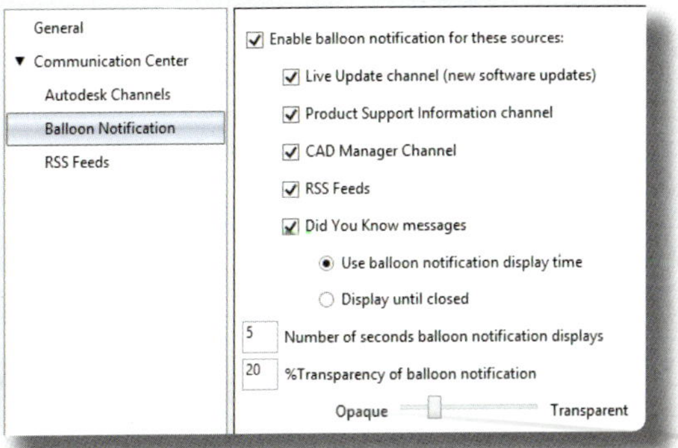

En versiones anteriores de InfoCenter, el cuadro de configuración contaba con una categoría más, denominada **Search Locations**, que permitía indicar dónde era preciso realizar las búsquedas de las palabras clave.

Abrir, guardar y cerrar documentos

IMPORTANTE

3ds Max cuenta también en el menú del Botón de aplicación con un panel de documentos utilizados recientemente en el programa. Esta lista también supone un acceso directo a los últimos documentos con los que se ha trabajado.

UTILIZANDO LA OPCIÓN NEW del Botón de aplicación o de la Barra de herramientas de acceso rápido se abre una nueva escena. Para abrir una escena que tenga guardada en su equipo debe acceder desde la opción Open del Botón de aplicación o de la Barra de herramientas de acceso rápido al cuadro de diálogo con el mismo nombre y localizarla. Conviene que, para evitar pérdidas accidentales de datos, guarde a menudo los cambios que vaya realizando en la escena. Deberá seguir la ruta Botón de aplicación/ Save o Save As o utilizar el icono Save de la Barra de herramientas de acceso rápido.

1. En este ejercicio practicaremos con la escena **012.max** que puede descargar desde nuestra página Web y guardar en su equipo. Empezaremos abriendo esa escena. Pulse el **Botón de aplicación** y haga clic sobre la opción **Open**. 1
2. En el cuadro **Open File**, pulse sobre el botón de punta de flecha del campo **Buscar en** y, en el menú que se despliega, seleccione la ubicación en la que haya almacenado el archivo que va a abrir. Después, selecciónelo y pulse el comando **Open**. 2
3. Para abrir un documento nuevo debe pulsar el comando **New Scene** del **Botón de aplicación** o de la **Barra de herramientas de acceso rápido**. 3 Al hacerlo, el programa le preguntará si desea mantener en la nueva escena algunos de los elementos de la actual. A continuación, guardaremos este archivo con otro nombre. Pulse de nuevo el **Botón de aplicación** y haga clic en el botón de flecha de la opción **Save As**. 4

1

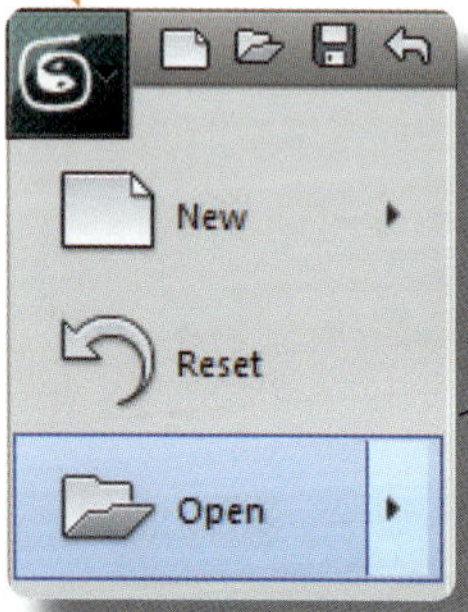

2

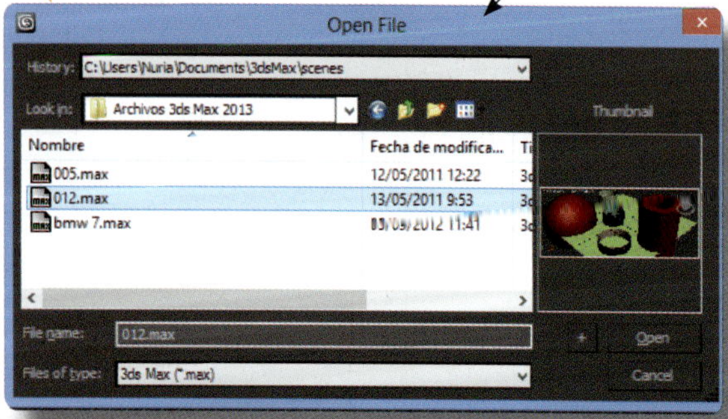

3

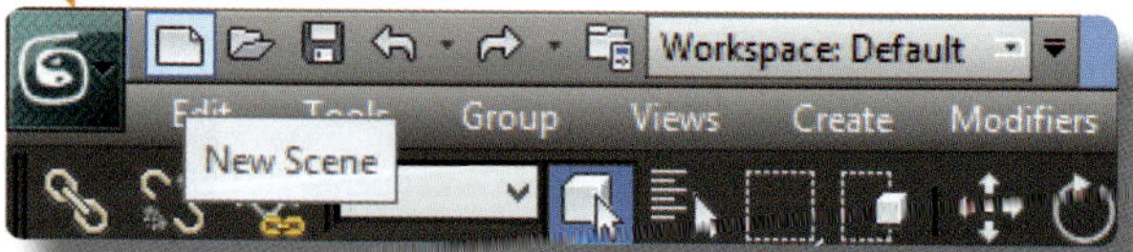

4

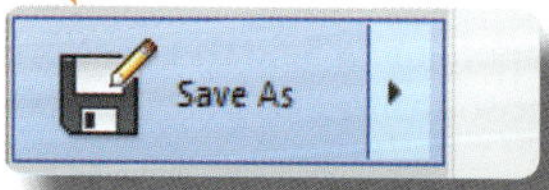

Si la escena se guarda por primera vez, aparecerá el cuadro **Save File As**, en el que debe indicar el nombre y la ubicación para el nuevo documento.

012

4. Este comando incluye diversas opciones para crear copias de un archivo de 3ds Max. El comando **Save Copy As** permite almacenar la escena con la que está trabajando en un archivo con otro nombre, pero manteniendo el de la escena original. Por su parte, el comando **Save Selected** guarda sólo los objetos seleccionados en un nuevo archivo con otro nombre y el comando **Archive** crea un archivo comprimido a partir del actual. Haga clic en la opción **Save As.** [5]
5. En el campo **File name** del cuadro **Save File As**, haga clic detrás del nombre de la escena, escriba la combinación **_01** y, para almacenar la nueva escena, pulse el botón **Save.** [6]
6. Compruebe que el nombre aplicado a la copia de la escena aparece ya en la **Barra de título** del programa. Imagine que está preparando una animación y desea almacenar progresivamente las versiones de la escena para poder volver a visualizarlas siempre que lo necesite. Pulse nuevamente el **Botón de aplicación** y haga clic sobre la opción **Save As.**
7. El botón **Guardar incrementalmente** muestra un signo +. Al pulsarlo, se añade un número al nombre del archivo. Si ahora guardamos incrementalmente esta escena, adoptará el nombre **012_02**, y así sucesivamente, pero recuerde que podrá recuperar siempre que lo desee el archivo **012**. Pulse el botón **Guardar incrementalmente** [7] y compruebe el cambio en la **Barra de título.** [8]
8. Para cerrar el documento en curso e iniciar una nueva escena en blanco, pulse el **Botón de aplicación**, elija la opción **Reset** [9] y haga clic en el botón **Yes** del cuadro de confirmación. [10]

IMPORTANTE

La extensión con que se almacenan los documentos de 3ds Max es **.max**, aunque el programa también puede abrir archivos con la extensión .chr, correspondiente a archivos de caracteres y con la extensión .drf propia de los creados con la aplicación VIZ Render.

10

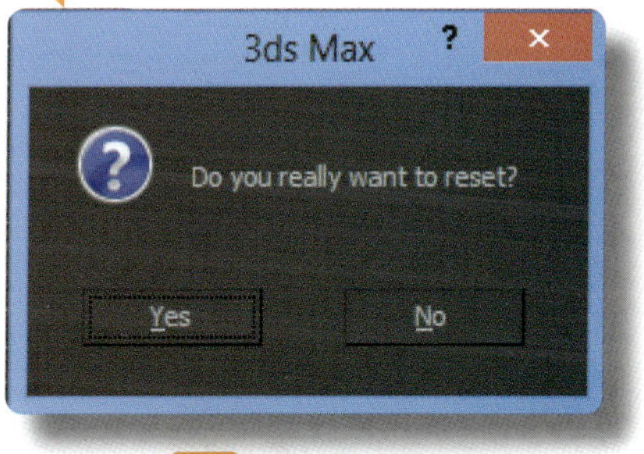

7

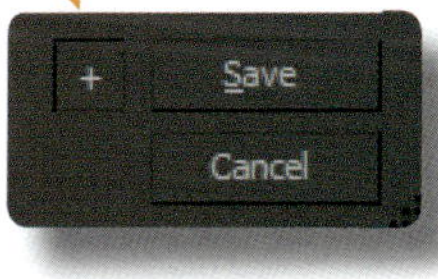

5

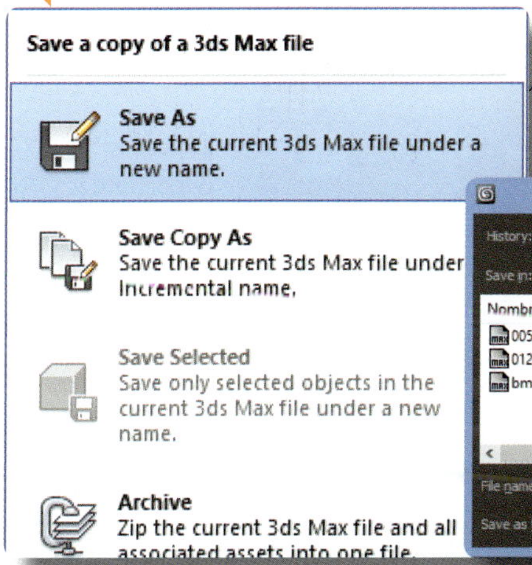

8

6

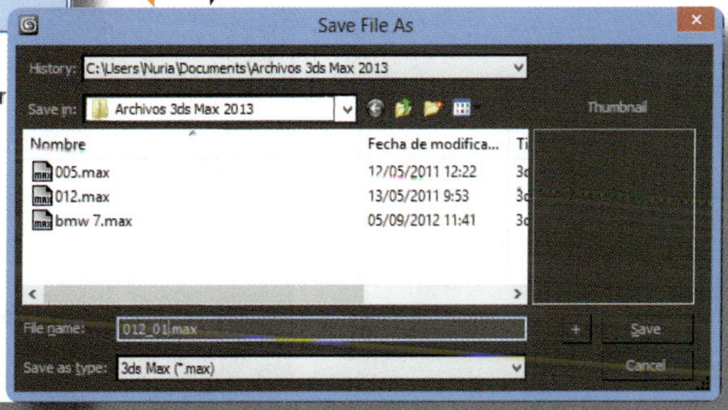

9

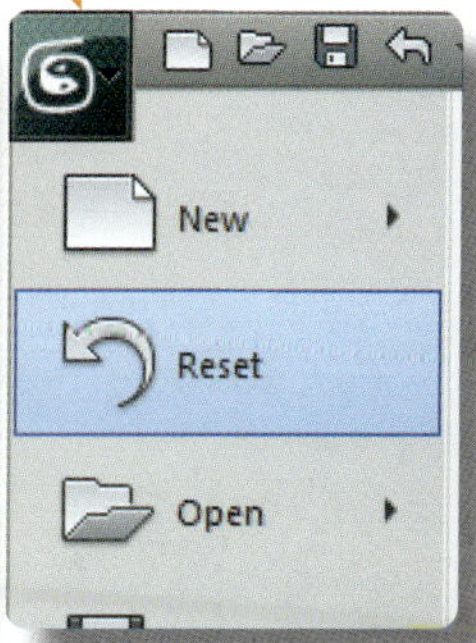

Seleccionar objetos

IMPORTANTE

Cuando la escena está compuesta de **muchos objetos**, lo que puede dificultar su selección individual, el programa pone a disposición del usuario algunas herramientas que permiten seleccionarlos por color, por nombre, etc.

VARIOS SON LOS ICONOS de la Main Toolbar que permiten seleccionar objetos, pero sólo uno, el que muestra una flecha sobre un cubo blanco, se utiliza para seleccionar directamente. También el menú Edit contiene varios comandos con los que se pueden seleccionar objetos. Si el usuario necesita seleccionar varios objetos a la vez, puede usar la tecla Control o la herramienta Selection Region, con la que designará una región que abarque los objetos deseados.

1. En este ejercicio vamos a practicar de nuevo con la escena **012.max** (recuerde que si no dispone de ella puede descargarla desde nuestra página Web). Sobre esta escena vamos a mostrarle el funcionamiento de la herramienta **Select Object** de la **Main Toolbar**. [1] Puesto que ya está activada, pulse sobre la esfera en el visor **Perspective.** [2]
2. Al seleccionar un objeto con esta herramienta queda resaltado en los cuatros visores. Para deseleccionarlo, pulse en cualquier zona libre del visor.
3. En caso de que necesite seleccionar varios objetos a la vez, lo más práctico es trazar una región definida con la herramienta **Select Object**. La región de selección puede adquirir diversas formas, que se encuentran contenidas en el icono **Selection Region**. Haga clic sobre ese icono, representado en la **Main Toolbar** por un cuadrado de puntos y, manteniendo pulsado el botón del ratón unos segundos, suéltelo después de situarlo sobre la forma circular. [3]

1

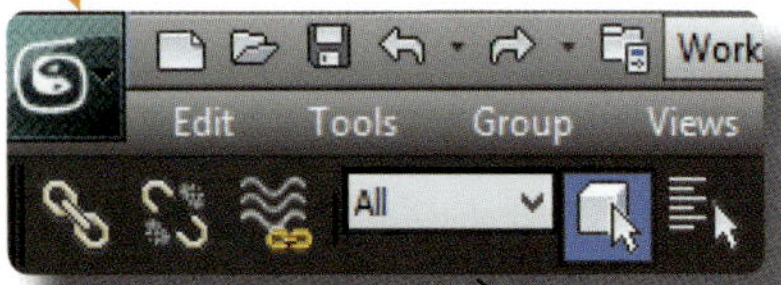

2

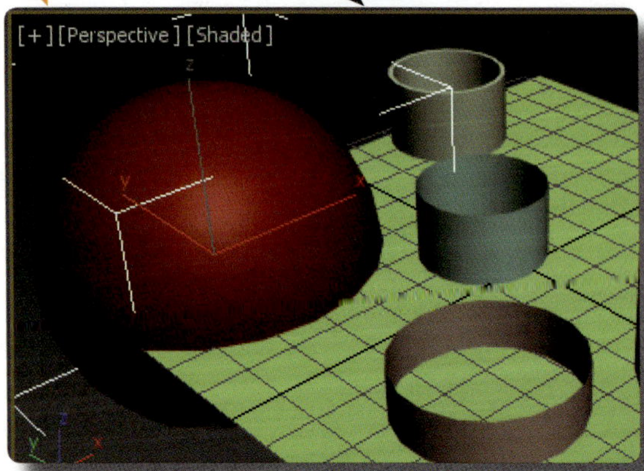

3

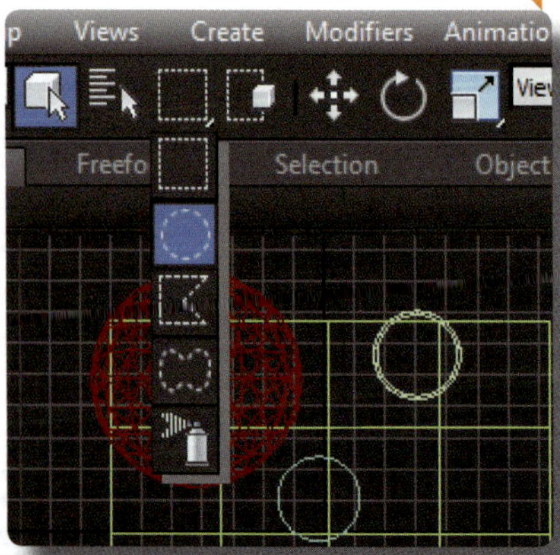

La región puede tener cuatro formas geométricas, además de aplicar la herramienta **Paint Selection Region**, que permite crear intuitivamente selecciones con una interfaz basada en pincel.

013

4. Haga clic en cualquier punto del visor **Perspective** y, sin soltar el botón del ratón, arrastre hasta trazar un área de selección que abarque varios de los objetos de la escena.

5. Cuando dibuje una región de selección debe tener en cuenta si la selección será completa o parcial. Si desea que todos los objetos que se encuentran en el área de selección, tanto los incluidos completamente en ella como los cortados por aristas, queden seleccionados, deberá tener activada la herramienta **Crossing**, cuyo icono muestra un cuadrado de puntos y un cubo en uno de sus lados. En cambio, si únicamente desea que queden seleccionados los objetos incluidos totalmente en la región de selección deberá activar la herramienta **Window**. Pulse sobre la herramienta **Crossing**.

6. Ahora está activada la herramienta **Window**, de manera que, al dibujar una región de selección, sólo se seleccionarán los objetos que estén completamente en su interior. Haga clic en cualquier zona libre del visor **Perspective** para deseleccionar los objetos, active la herramienta **Rectangular Selection Region** y, en el visor **Perspective**, trace un área de selección que abarque un objeto completo y parte de algún otro.

7. También utilizando la tecla **Control** de su teclado puede seleccionar varios objetos a la vez. Pulse esta tecla y, sin soltarla, haga clic sobre los objetos que no están seleccionados.

8. Para eliminar la selección de todos los objetos, haga clic en cualquier zona libre del visor **Perspective** y, por último reinicie la escena sin guardar los cambios.

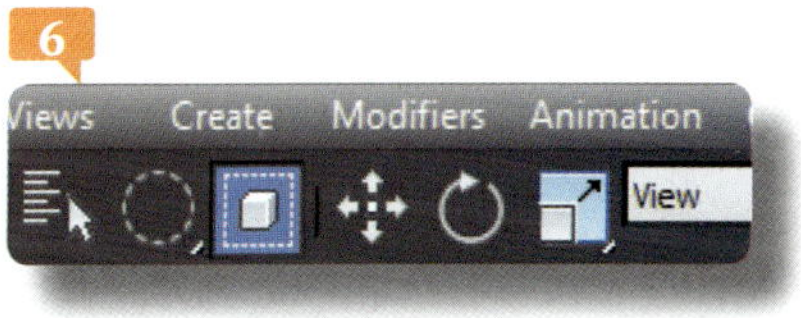

Con la herramienta **Window**, aunque la región de selección corte a varios objetos, sólo quedará seleccionado el que se encuentre entero en su interior.

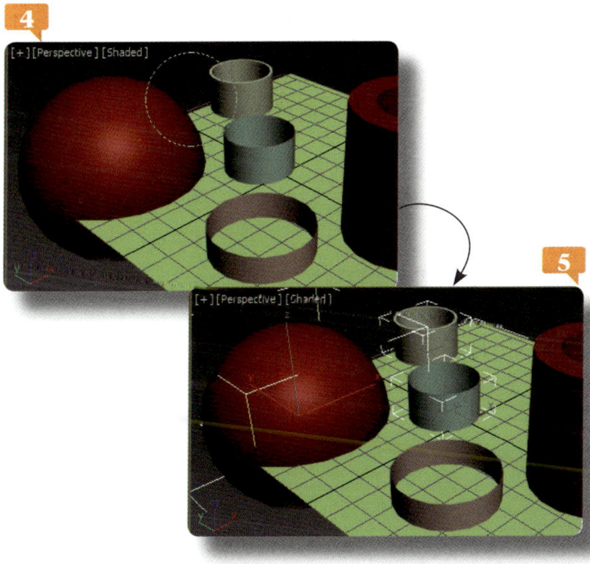

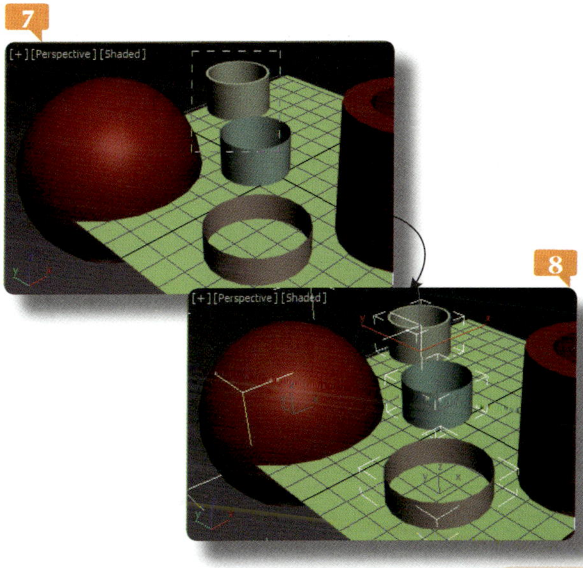

Filtrar objetos para su selección

IMPORTANTE

El **conmutador de bloqueo de selección (Selection Lock Toggle)**, representado por un candado en la parte inferior de la ventana del programa, bloquea la selección del objeto y evita así que se puedan seleccionar y modificar otros. Puede desactivar el conmutador haciendo clic de nuevo sobre él o bien pulsando la tecla espaciadora.

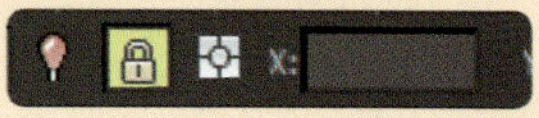

EL CUADRO SELECT FROM SCENE permite filtrar el tipo de objeto que quiere seleccionar. Para acceder a este cuadro, puede escoger cualquiera de las opciones del comando Select By, incluido en el menú Edit, activar la herramienta Select By Name o pulsar la tecla H. Si desea que desaparezcan momentáneamente todos los objetos de una escena excepto el seleccionado, puede usar la opción Isolate Selection y para congelar un objeto de manera que no pueda ser modificado deberá usar la opción Freeze Selection.

1. Abra de nuevo el archivo **012.max**, despliegue el menú **Edit**, pulse en el comando **Select By** y elija la opción **Name.** [1]
2. El cuadro **Select From Scene** muestra una lista de los objetos y elementos que componen la escena. Pulse sobre el primer icono de la barra **Display**, correspondiente a la opción **Display Geometry**, para desactivarlo. [2]
3. Puesto que nuestra escena sólo contiene formas geométricas, la lista se muestra vacía. Pulse sobre ese mismo icono para que se vuelvan a mostrar todos los elementos del documento.
4. Para seleccionar en los visores uno o varios objetos, debe seleccionarlos antes en la lista de este cuadro. Lógicamente, si desea seleccionarlos todos, deberá pulsar el comando **Select All**, junto al campo **Selection Set.** [3] En esta ocasión, imagine que sólo quiere seleccionar tres de los tubos. Haga clic sobre el objeto **Tube002** y, tras pulsar la tecla **Mayús**, haga clic también sobre el objeto **Tube004**. [4] Después, pulse el comando **OK**.

Puede ordenar la lista del cuadro **Select From Scene** de varias maneras pulsando sobre las cabeceras, así como mostrar todos los tipos de objetos o sólo algunos.

1

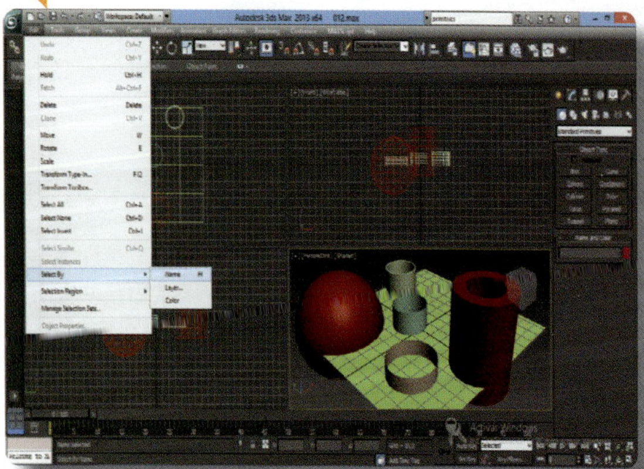

2

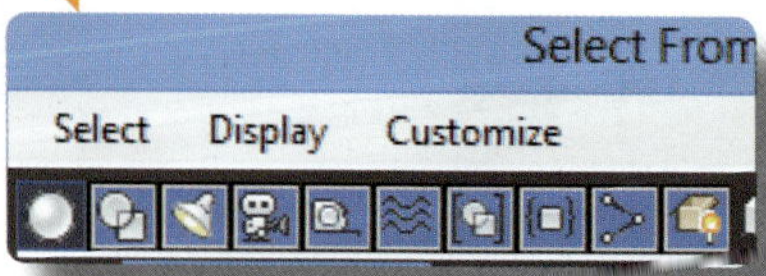

3

4

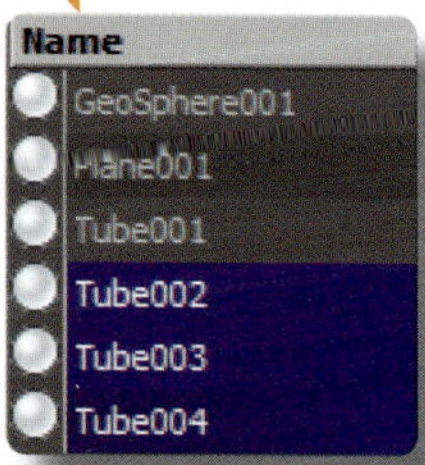

014

5. Pulse la tecla **H** para acceder de nuevo al cuadro de selección.
6. Abra el menú **Customize** de este cuadro y elija la opción **Configure Columns**.
7. El cuadro **Configure Columns** muestra una lista con todas las columnas que se pueden añadir al cuadro de selección. Haga clic sobre uno de los botones y arrástrelo hasta situarlo junto a la columna **Name**. 5
8. De este modo puede ir configurando el cuadro según sean sus necesidades. Cierre el cuadro **Configure Columns** pulsando el botón de aspa de su **Barra de título** y repita la operación con el cuadro **Select From Scene**.
9. Para aislar un objeto puede pulsar la combinación de teclas **Alt.+Q**, seleccionar la opción **Isolate Selection** del menú **Tools** o bien la opción con el mismo nombre del menú cuad. Ejecute una de estas acciones.
10. Se ocultan todos los objetos excepto los seleccionados, 6 a la vez que se activa el conmutador correspondiente al estado de aislamiento en la **Barra de estado**. Pulse dicho conmutador, cuyo icono muestra una bombilla roja, para salir del modo de aislamiento. 7
11. A continuación, despliegue el menú cuad pulsando con el botón derecho del ratón sobre el tubo de color verde y haga clic en la opción **Freeze Selection**. 8
12. Ahora los tubos se han deseleccionado y son de color gris, lo que indica que no pueden ser editadas hasta que se descongelen. 9 Haga clic con el botón derecho del ratón en el visor **Perspective** y, en el menú cuad, elija la opción **Unfreeze All**.

5

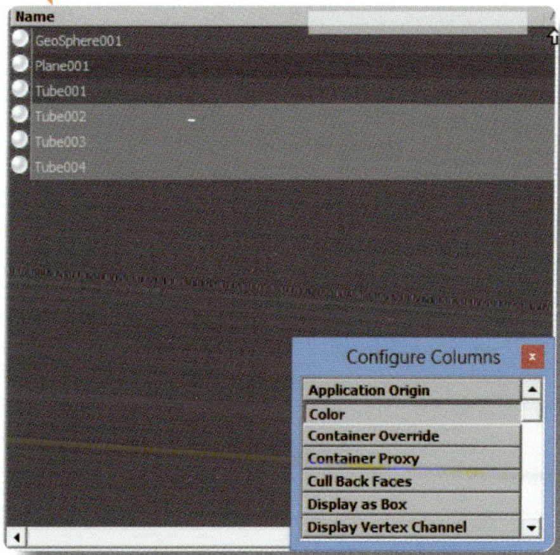

6

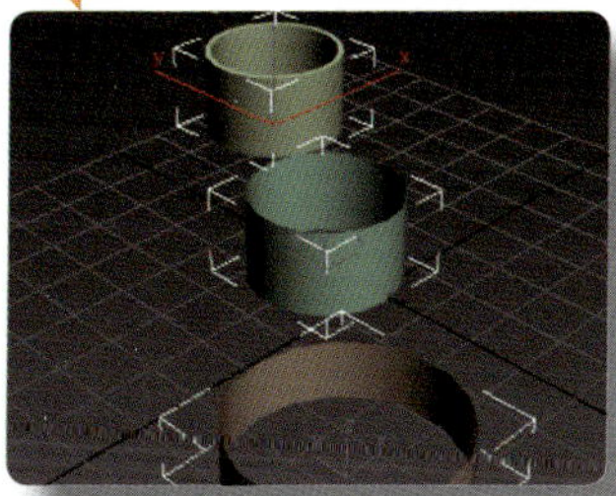

7

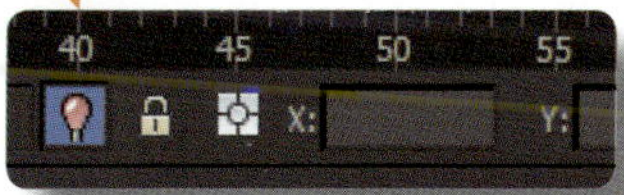

IMPORTANTE

Existe una herramienta que permite mantener el cuadro de diálogo abierto mientras realiza las acciones de edición de los objetos. Se trata de la función **Selection Floater**, que sólo se puede utilizar si se añade a un menú desde el cuadro de configuración de la interfaz de usuario.

En este menú existen otras opciones de selección, como **Hide Selection** o **Isolate Selection**.

8

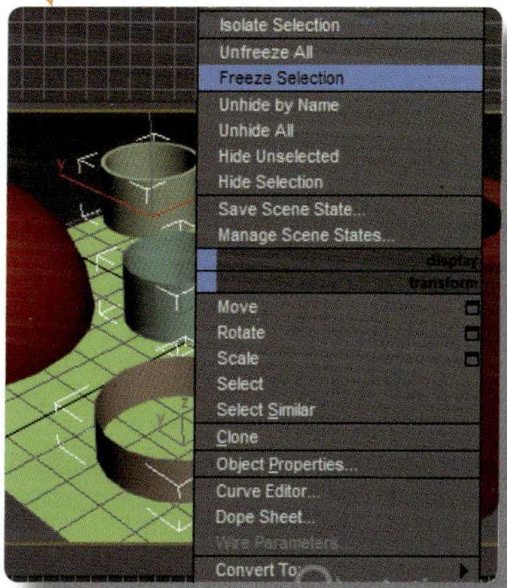

9

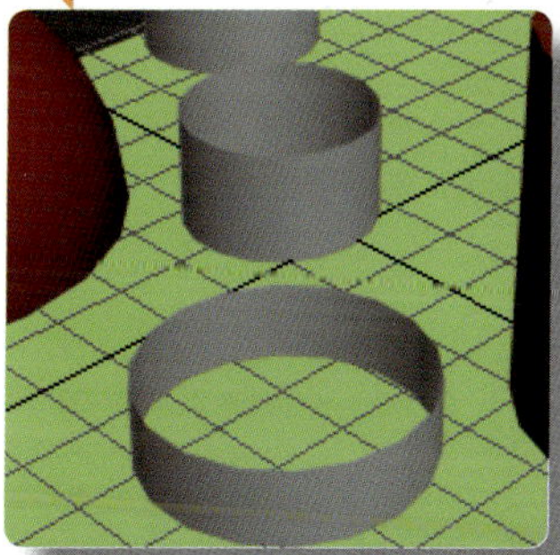

Ocultar objetos

LOS OBJETOS CONGELADOS no se pueden seleccionar y, por lo tanto, no pueden ser modificados. Con las herramientas de ocultación, se pueden ocultar objetos en los visores para prevenir así un posible desplazamiento o cambio accidental mientras se trabaja con el resto de componentes de una escena.

1. Con la herramienta **Select Object** activada, haga clic sobre la esfera de la imagen en el visor **Perspective.** [1]
2. Abra el menú **Edit** y elija la opción **Object Properties**.
3. En este cuadro se especifican los principales atributos del objeto elegido. Como puede ver, en el apartado **Interactivity**, dispone de dos opciones que le permiten ocultar y congelar el objeto para impedir su manipulación. Haga clic en la casilla de verificación **Hide** [2] y pulse el botón **OK**.
4. Automáticamente la esfera desaparece de la escena. [3] Volver a mostrarla es muy sencillo. Aunque existen varias técnicas, en esta ocasión acudiremos al menú cuad. Haga clic con el botón derecho del ratón en el centro del visor **Perspective**.
5. En el menú cuad **display** se encuentran todos los comandos necesarios para ocultar, mostrar y congelar objetos. Para que aparezca de nuevo la esfera que hemos ocultado, haga clic en el comando **Unhide All**.

1

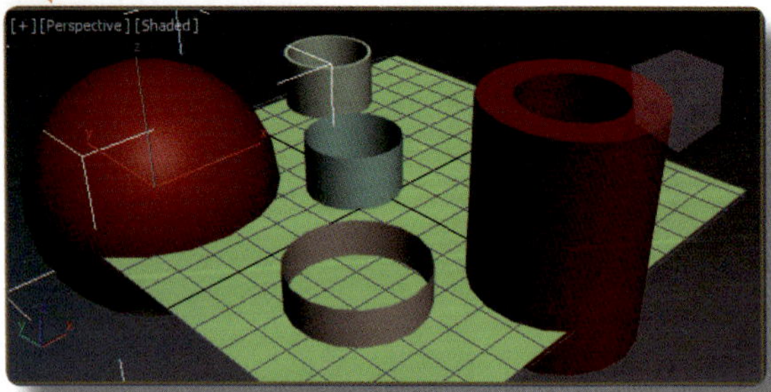

También puede acceder al cuadro de propiedades de un objeto seleccionando la opción **Object Properties** de su menú cuad **transform**.

2

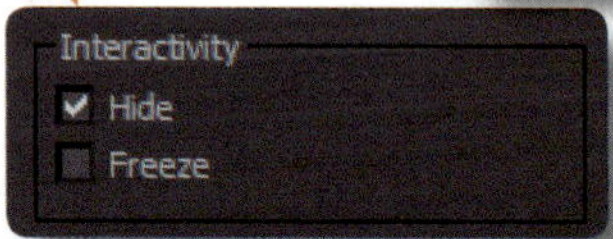

3

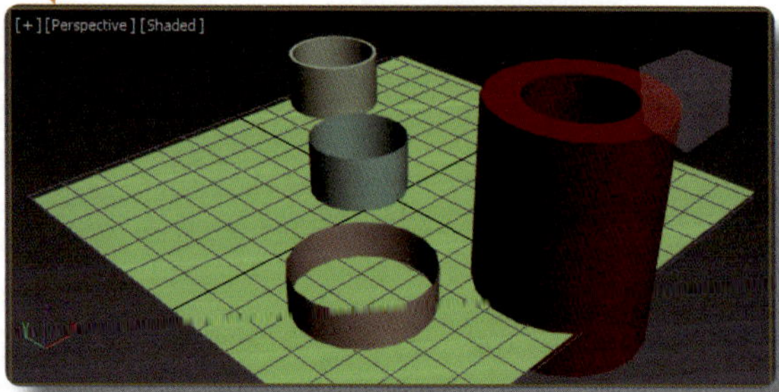

La **acción de ocultar** quita el objeto seleccionado de la visualización en los visores.

015

6. También puede ocultar, si lo necesita, todos los elementos que no se encuentran seleccionados. Deseleccione la esfera, pulse de nuevo con el botón derecho del ratón en el visor **Perspective** y, en el menú cuad **display**, haga clic sobre la opción **Hide Unselected.** 4
7. En este caso, como no teníamos ningún objeto seleccionado, todos ellos han desaparecido y la escena ha quedado vacía. 5 Para volver a mostrarlos, pulse con el botón derecho del ratón en el visor **Perspective** para que aparezca de nuevo el menú cuad.
8. Ya sabe que si pulsara la opción **Unhide All**, se mostrarían en la pantalla todos los objetos de la escena que hasta ahora estaban ocultos, pero ¿para qué sirve el comando **Unhide by Name**? Vamos a averiguarlo. Pulse sobre él. 6
9. Se abre el cuadro de diálogo **Unhide Objects**, en el que se listan todos los objetos ocultos. Puede utilizar este cuadro para mostrar sólo aquellos objetos que le interese; para ello, basta con seleccionarlos en la lista y pulsar el comando **Unhide**. En este caso, para dar por concluida esta sencilla lección, dejaremos la escena tal y como estaba al principio haciendo que aparezcan todos los objetos ocultos. Despliegue el menú **Select** de este cuadro y pulse sobre la opción **Select All.** 7
10. Se seleccionan todos los objetos de la lista. Para acabar, haga clic en el comando **Unhide** y compruebe que la escena vuelve a su estado original. 8

IMPORTANTE

Tenga en cuenta que **si oculta luces o cámaras**, sus efectos de iluminación o enfoque se seguirán apreciando en la escena.

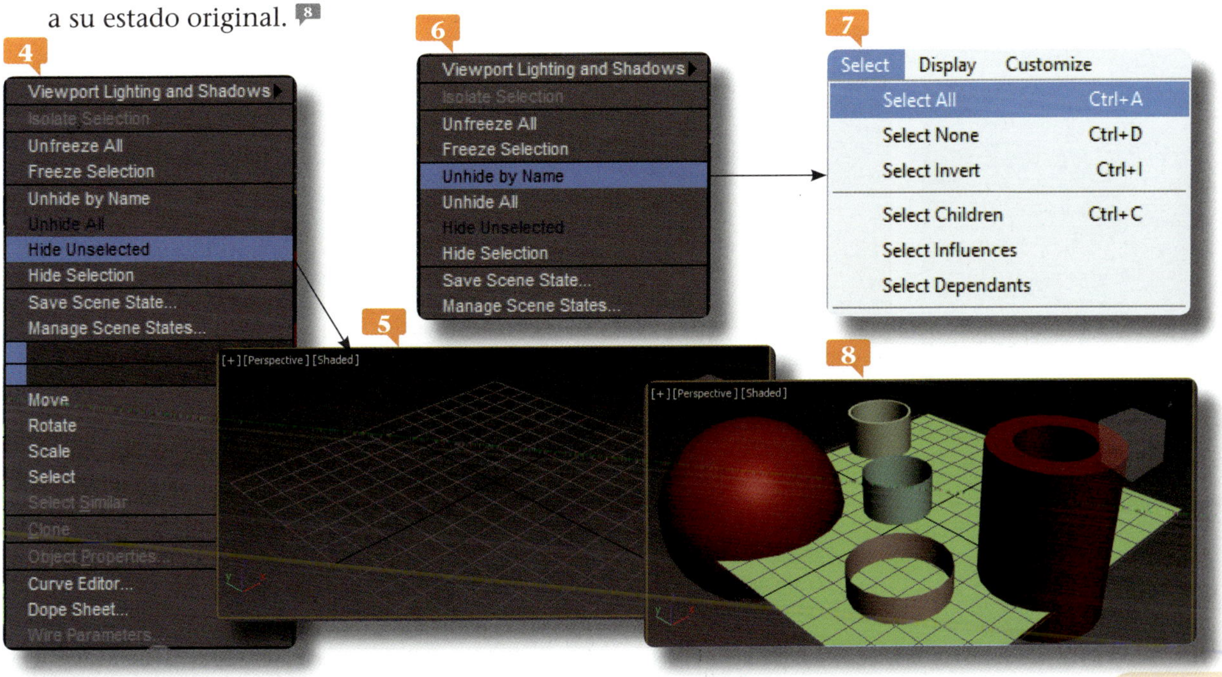

Ocultar objetos desde el panel Display

IMPORTANTE

Las opciones para ocultar y mostrar objetos del panel **Display** también forman parte del cuadro **Display Floater**. Para acceder a este cuadro, despliegue el menú **Tools** y elija la opción **Display Floater**.

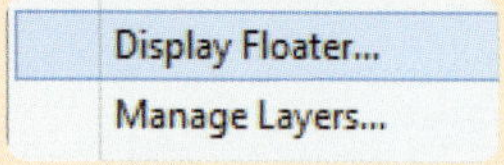

ADEMÁS DE LAS OPCIONES incluidas en el cuadro Object Properties y en el menú cuad, también puede utilizar los comandos de las persianas Hide by Category y Hide, incluidas en el panel Display, para ocultar objetos.

1. Seguimos practicando con la escena **012.max**. En esta ocasión, le mostraremos la funcionalidad del panel **Display**. Pulse en la pestaña **Display**, cuyo icono muestra una pantalla en el **Command Panel**. [1]
2. En esta ficha existen varias persianas en las que se distinguen diferentes categorías tanto de ocultación como de congelación. En la persiana **Hide by Category** aparece una lista con los diferentes tipos de objetos que pueden desarrollarse en una escena. Para ocultar cualquiera de ellos sólo debe activar su correspondiente casilla. En este caso, active la casilla **Geometry**. [2]
3. Automáticamente desaparecen de los cuatros visores todos los objetos pertenecientes a esta categoría, que en este caso son todos los de la escena. [3] Haga clic sobre el comando **None** de esta persiana para que vuelvan a aparecer. [4]

1

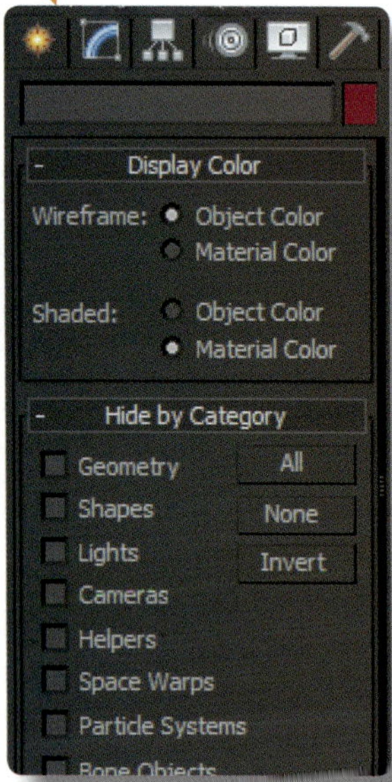

Si la persiana **Hide by Category** está cerrada, haga clic en el signo + situado a su izquierda para abrirla.

2

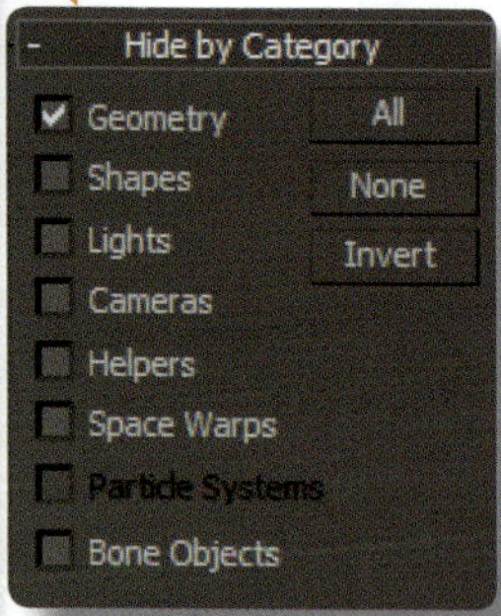

Recuerde que puede ocultar tanto objetos como luces, cámaras o cualquier otro componente de la escena.

3

4

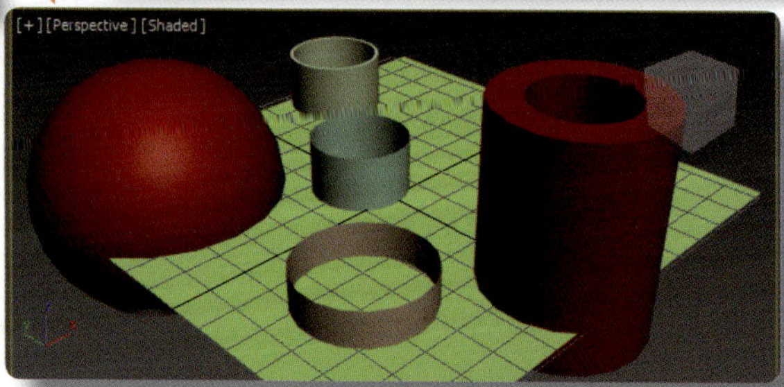

016

4. Las opciones de la persiana **Hide** permiten ocultar objetos por nombre o por selección. Si activa el comando **Hide by Name** aparecerá en la pantalla un cuadro de diálogo en el que deberá seleccionar el nombre de los objetos que quiere ocultar. Pulse sobre el comando **Hide by Hit**. [5]
5. Una vez activada esta opción, debe pulsar en el visor sobre los objetos que desea ocultar. En el visor **Perspective**, pulse sobre el tubo de color verde y luego sobre el de color rojo.
6. Los objetos seleccionados quedan ocultos. [6] Para volver a mostrarlos todos debe utilizar el comando **Unhide All**; si lo que desea es mostrar sólo alguno de ellos, debe acceder al cuadro **Unhide Objects** y seleccionarlo en él. Pulse sobre el comando **Hide by Hit** para desactivar esta opción.
7. Seguidamente, despliegue el menú cuad del visor activo y haga clic en el comando **Unhide by Name**. [7]
8. En el cuadro **Unhide Objects**, en el cual se listan todos los objetos de la escena que en estos momentos se encuentran ocultos. Haga clic en la lista sobre el objeto **Tube001** [8] y pulse el comando **Unhide**.
9. De esta manera puede ir mostrando sólo aquellos objetos que le interese. Haga clic ahora en el comando **Unhide All** del menú cuad para que aparezca en la escena la figura que sigue oculta. [9]

5
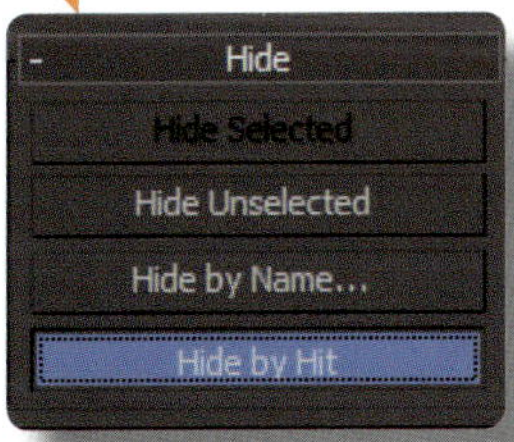

7
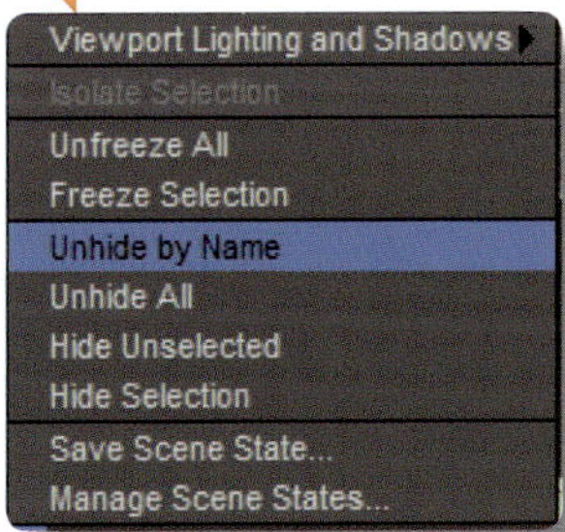

8

6
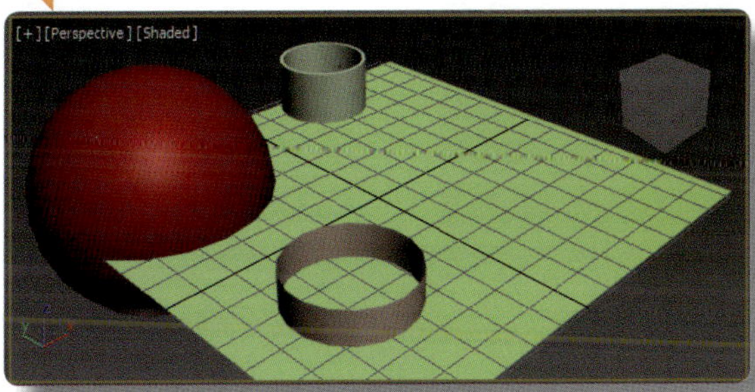

9
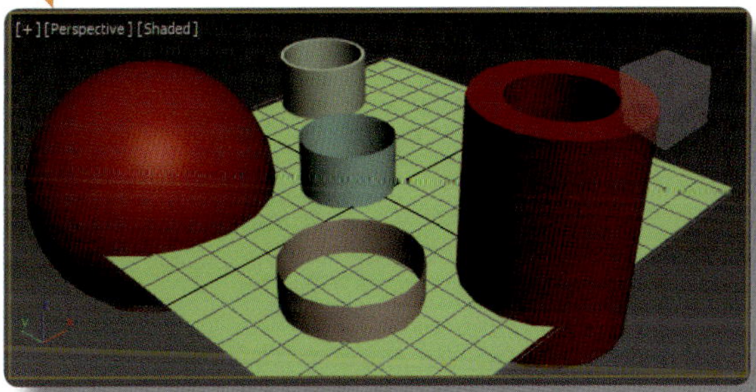

Organizar objetos en grupos

IMPORTANTE

Una vez agrupados, los objetos se comportarán como uno solo; así, si se efectúan modificaciones en un grupo, todos los objetos que lo componen se verán afectados.

LAS FUNCIONES INCLUIDAS en el menú Group permiten agrupar y desagrupar los objetos de una escena. Con ellas, el usuario puede agrupar múltiples elementos y aplicar al nuevo grupo un nombre que lo identifique claramente. Una de las características que presenta este menú es el submenú de ensamblaje, que permite agrupar objetos con atributos personalizados. Los grupos de objetos se diferencian del resto de objetos unitarios en cuadros como Select Objects o Unhide Objects porque muestran el nombre que se les ha asignado entre corchetes.

1. En el siguiente ejercicio aprenderá a agrupar varios objetos de la escena **012.max** para poder manipularlos o modificarlos como si de uno solo se tratara. En primer lugar, debemos seleccionar los objetos que vamos a agrupar. Active la herramienta **Select Object**, representada, como ya sabe, por una flecha sobre un cubo en la **Main Toolbar**. 1
2. En el visor **Perspective**, haga clic sobre el tubo de color verde y, pulsando la tecla **Control**, haga clic sobre el de color marrón situado en primer plano para seleccionar ambos objetos a la vez. 2
3. Vamos a agrupar estos objetos. Despliegue el menú **Group** y haga clic sobre la opción **Group**. 3

1

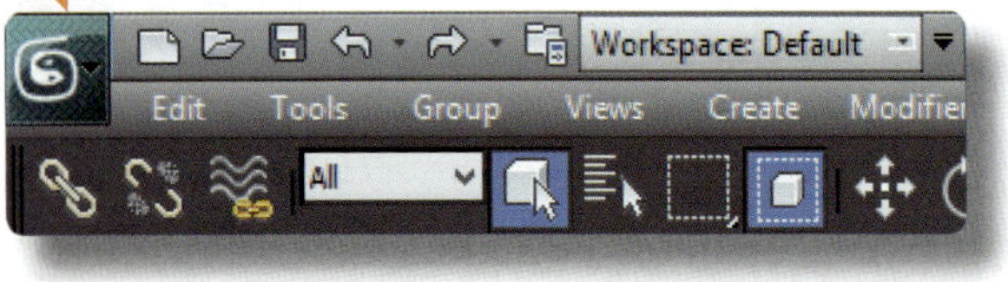

2

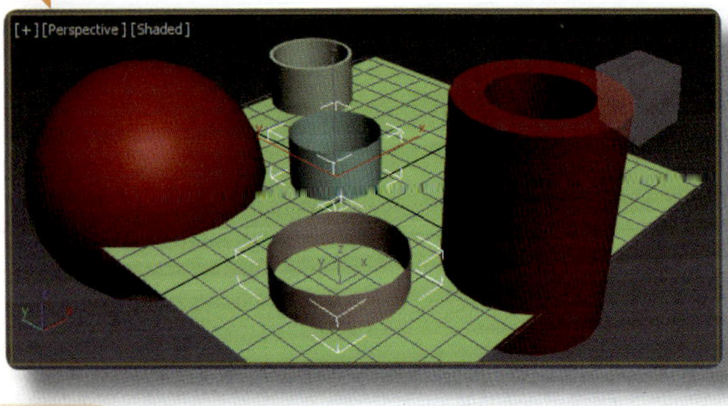

3

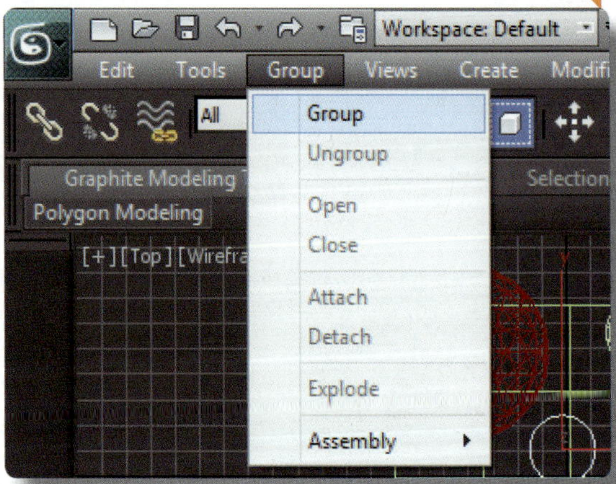

El hecho de que todavía no haya en la escena ningún grupo de objetos hace que la mayoría de opciones del menú **Group** estén inactivas.

017

4. Se abre el cuadro **Group**, en el que debemos especificar un nombre para el grupo de objetos que vamos a crear. En el campo **Group name** escriba, por ejemplo, la palabra **tubos**.
5. Pulse el botón **OK** para aplicar el nuevo nombre al grupo de objetos.
6. A partir de ahora, las dos cajas actuarán como un solo objeto, es decir, se seleccionarán a la vez, se modificarán a la vez y se desplazarán a la vez. Vamos a comprobar la primera de estas afirmaciones. Haga clic en cualquier zona libre del visor **Perspective** y pulse sobre el tubo de color verde.
7. Como ve, no sólo se selecciona el tubo verde, sino también el marrón. Observe además que en el campo **Name and Color** del **Command Panel** aparece el término **tubos**, con el que hemos identificado al grupo. Antes de acabar, desplazaremos ligeramente el grupo para comprobar una vez más que, efectivamente, actúan de forma unitaria. Active la herramienta **Select and move** de la **Main Toolbar**, haga clic en la punta de flecha de color rojo, correspondiente al eje de coordenadas X, y, sin soltar el botón del ratón, arrastre hacia la izquierda.
8. Ambos tubos se mueven a la vez. En la siguiente lección continuaremos practicando con las opciones de agrupación que, como ve, pueden ser muy útiles en escenas complejas que contengan muchos objetos. Para acabar, deseleccione el grupo de objetos pulsando en una zona libre del visor **Perspective**.

4

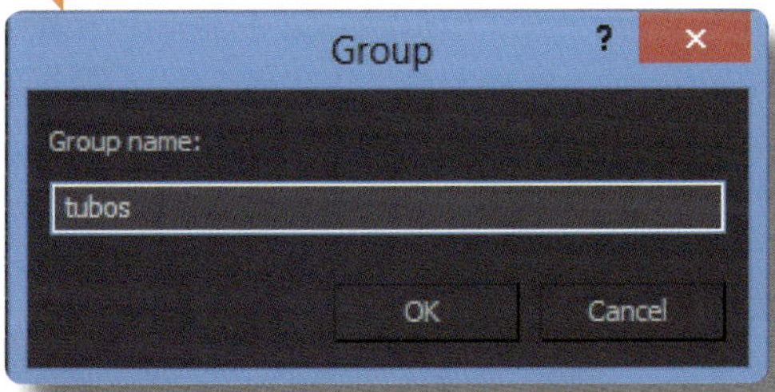

6

7

Recuerde que el eje X corresponde al plano horizontal, el eje Y, al vertical y el eje Z, a la profundidad.

5

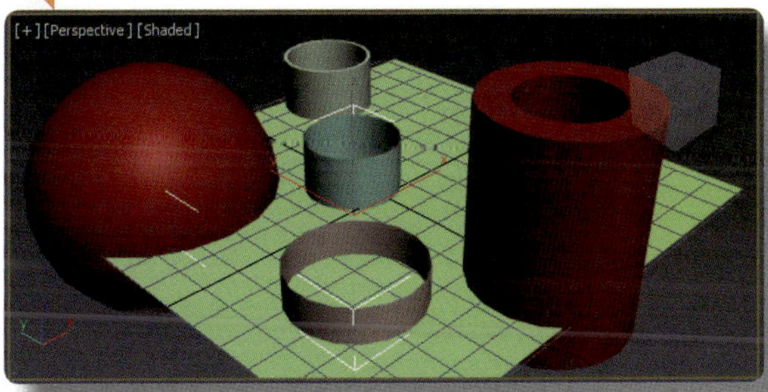

8

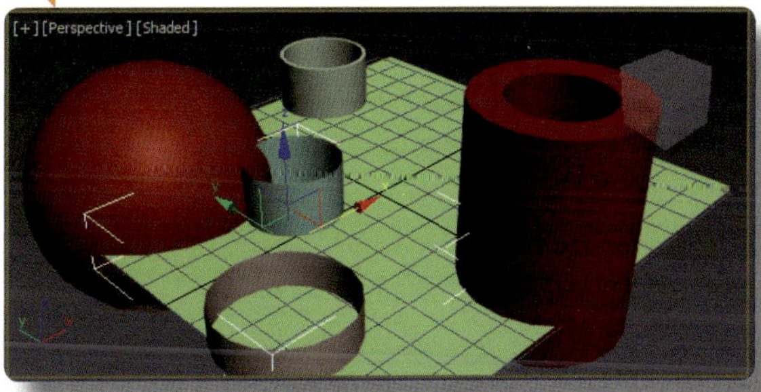

Gestionar grupos de objetos

IMPORTANTE

Si un grupo está compuesto de varios grupos de objetos, la función **Explode** del menú **Group** elimina tanto el grupo seleccionado como el resto de grupos, mientras que la función **Ungroup** sólo desagrupa el grupo al que está asociado y mantiene agrupado el resto.

PUEDE SUCEDER QUE se necesite manipular un objeto de manera independiente al grupo al que pertenece. Para ello puede efectuar un acceso temporal al grupo utilizando la función Open. Una vez finalizada la modificación individual, se cerrará de nuevo el grupo con el comando Close. Con las funciones Attach y Detach podrá añadir o extraer elementos de un grupo. Para extraer un objeto de un grupo, primero debe abrirlo con la función Open, después debe seleccionar el objeto en cuestión y por último usar el comando Detach. No olvide cerrar el grupo con la herramienta adecuada al finalizar la operación.

1. En esta lección le mostraremos cómo se desagrupan objetos, cómo se abre y se cierra un grupo y cómo se extraen elementos para manipularlos individualmente. Seguiremos trabajando con el grupo de objetos creado en el archivo **012.max** al que hemos denominado **tubos**. Si necesita manipular uno de los objetos del grupo debe abrirlo, seleccionar dicho objeto, aplicarle los cambios y volver a cerrar el grupo. Con la herramienta **Select Object** [1] pulse, en el visor **Perspective**, sobre cualquiera de los tubos que conforman el grupo para seleccionarlo, [2] abra el menú **Group** y elija la opción **Open**. [3]
2. Ha creado un acceso temporal a cada uno de los elementos del grupo, para poder manipularlos de manera individual. [4] Una vez abierto el grupo, debemos seleccionar con la herramienta

1

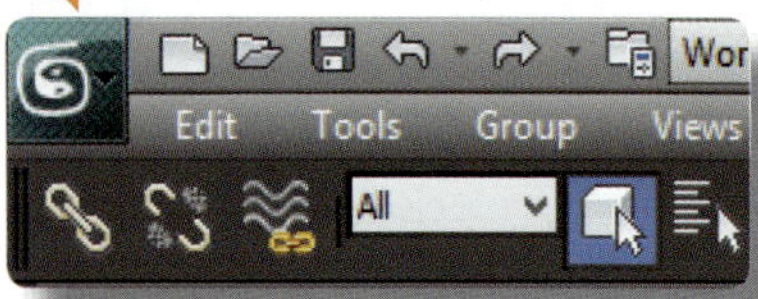

2

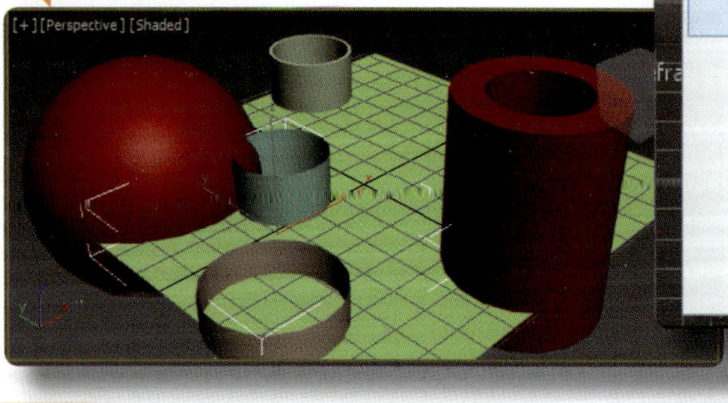

3

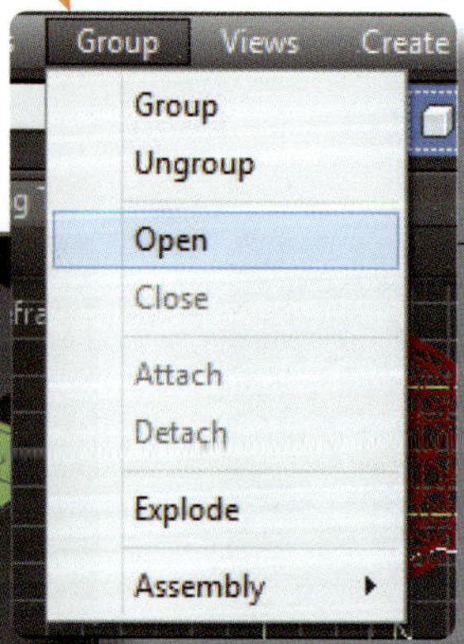

4

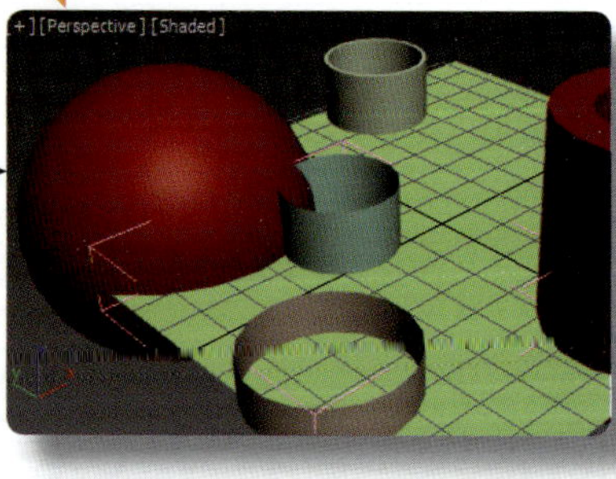

Al abrir el grupo, cada una de las cajas que lo componen queda **enmarcada** con una línea rosa.

018

adecuada el objeto que queremos modificar. Active la herramienta **Select and move** pulsando la tecla **W** y seleccione con ella el tubo de color marrón.

3. Efectivamente, el gizmo de movimiento aparece sólo sobre ese tubo. Haga clic en la punta de flecha de color verde del gizmo de movimiento, correspondiente al eje Y, y, sin soltar el botón del ratón, arrastre ligeramente hacia la derecha.
4. Sólo se desplaza el tubo seleccionado y no el grupo entero. Para cerrar el grupo una vez acabada la modificación, abra el menú **Group** y haga clic en el comando **Close**.
5. A partir de ahora el grupo compuesto por los dos tubos volverá a actuar de manera unitaria. Imagine que quiere añadir un objeto al grupo. Seleccione, por ejemplo, el tubo de color gris, abra el menú **Group** y pulse sobre la opción **Attach**.
6. Sólo queda señalar el grupo al que queremos asociar el tubo. Pulse sobre uno de los tubos que conforman el grupo.
7. Para extraer un objeto de un grupo, el proceso es igual de fácil: despliegue de nuevo el menú **Group** y pulse en **Open**.
8. Una vez abierto el grupo, ya puede seleccionar individualmente sus componentes. Haga clic en el tubo de color marrón, abra el menú **Group** y haga clic en **Detach**.
9. El tubo indicado ya no forma parte del grupo. Para cerrarlo, haga clic sobre el tubo verde, abra el menú **Group** y elija **Close**.
10. Acabaremos el ejercicio deshaciendo el grupo para que los objetos vuelvan a ser independientes. Abra una última vez el menú **Group**, pulse sobre la opción **Ungroup** para deshacer el grupo **tubos** y haga clic en una zona libre del visor **Perspective** para que no quede ningún objeto seleccionado.

5

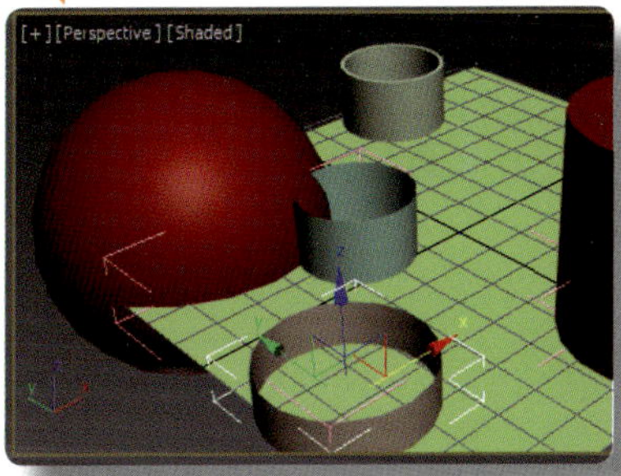

6

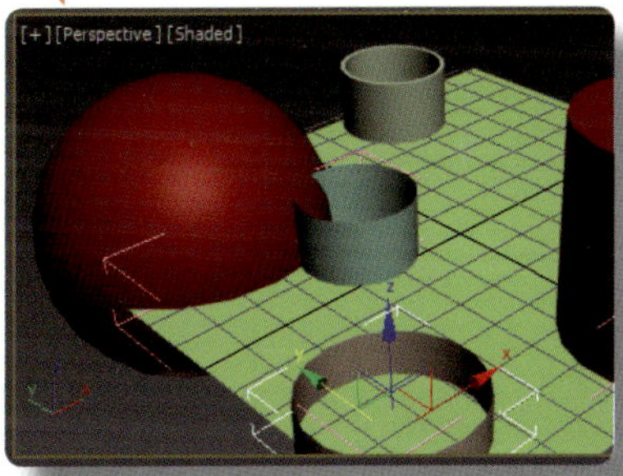

7

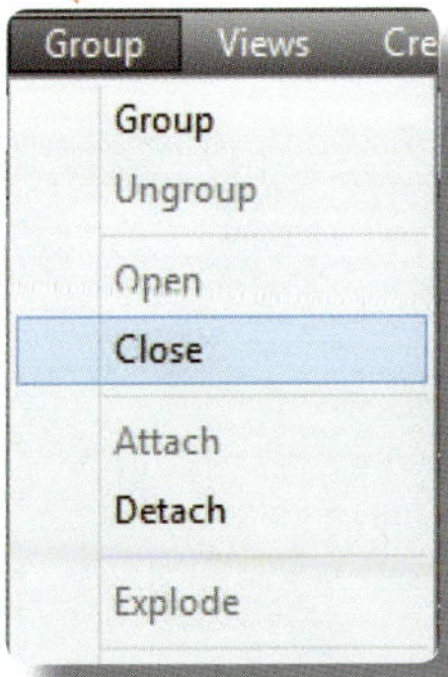

8

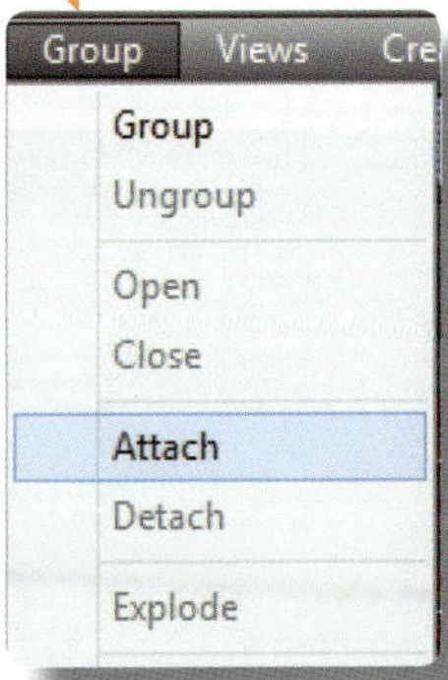

9

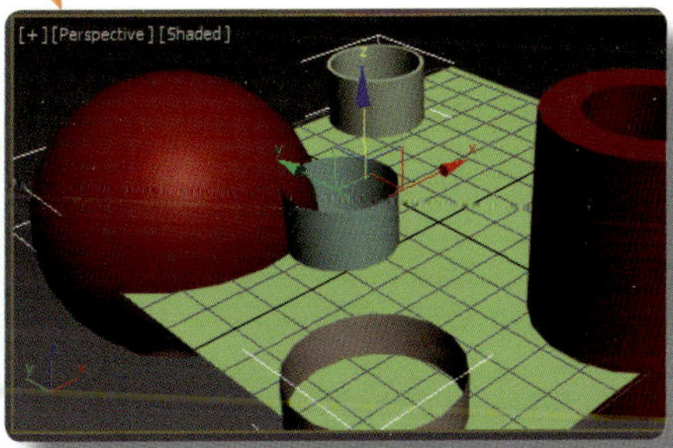

10

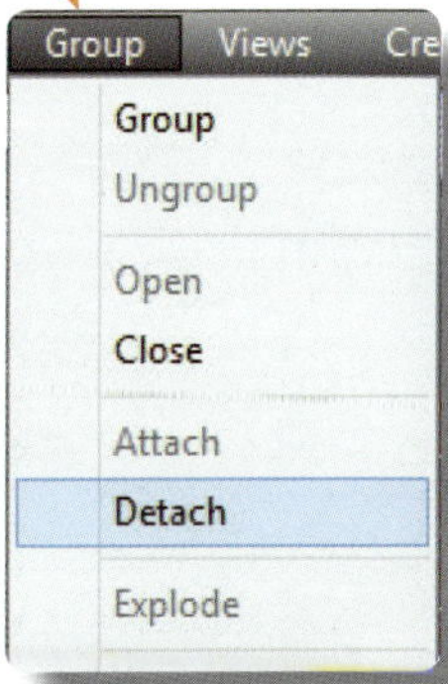

Crear capas

IMPORTANTE

También puede visualizar la barra de herramientas **Layers** y el resto de barras flotantes seleccionando el comando **Show Floating Toolbars,** incluido en la opción **Show IU** del menú **Customize**.

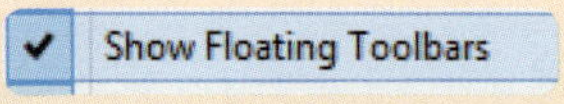

LAS CAPAS SON HOJAS TRANSPARENTES e individuales que permiten separar los objetos de una escena para facilitar así las labores de agrupación, selección y organización de los mismos. La herramienta Layer Manager ha ido mejorando en las distintas versiones de 3ds Max, ajustándose a las necesidades del programa, y está especialmente destinada a los trabajos de arquitectura que generalmente requieren una clara y definida disposición de todos los elementos de una escena.

1. Seguiremos utilizando el archivo de ejemplo **012.max**. Para empezar, haga clic con el botón derecho del ratón en cualquier zona libre de la **Main Toolbar**, y en el menú contextual que se despliega, pulse sobre la opción **Layers.** [1]
2. La barra de herramientas **Layers** [2] contiene las opciones necesarias para gestionar las capas existentes y crear nuevas. A medida que vaya creando nuevas capas, esta barra le permitirá saber cuál de ellas está activa en cada momento. Vamos a crear una nueva capa y a situar en ella únicamente el tubo granate. Active la herramienta **Select Object** y seleccione el mencionado tubo en el visor **Perspective.** [3]
3. Para añadir una nueva capa, pulse sobre el icono **Create New Layer**, representado en la barra de herramientas **Layers** por tres hojas y una estrella.

La capa en la que se sitúan los objetos por defecto en 3ds Max es **la 0**.

1

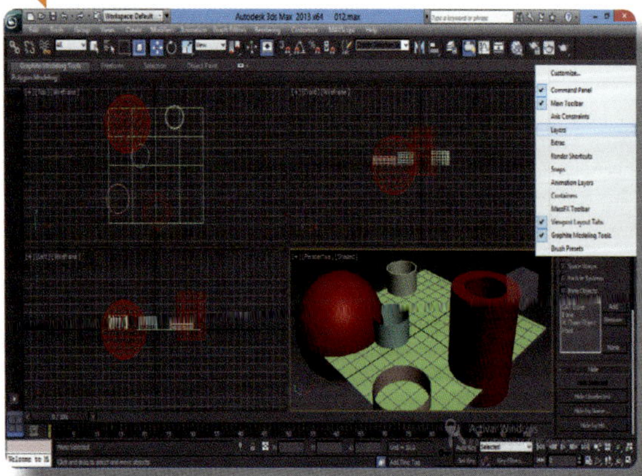

2

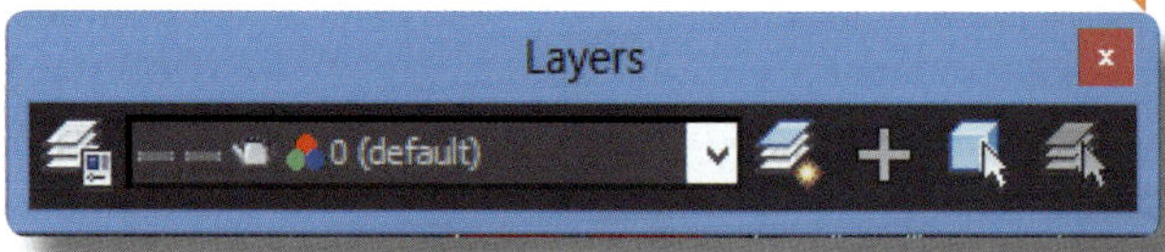

3

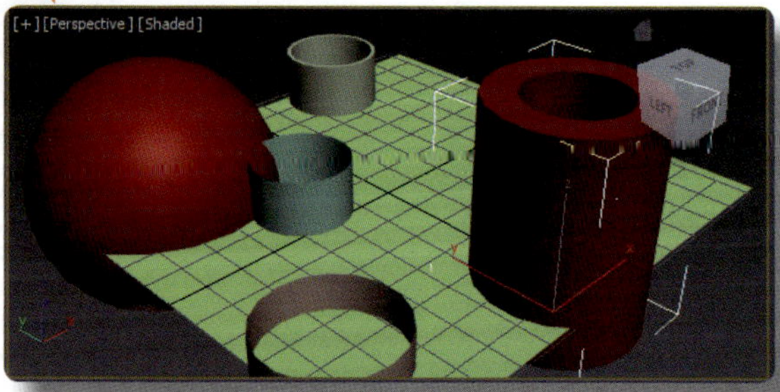

019

4. En el cuadro **Create New Layer** debemos indicar el nombre que queremos aplicar a la capa y especificar si los objetos que están seleccionados en estos momentos se deben mover a la nueva capa. En el campo **Name** escriba la palabra **prueba.** 4
5. Para que el objeto seleccionado se copie en la nueva capa, mantenga la opción **Move Selection to New Layer** y pulse **OK**.
6. El nombre de la nueva capa aparece ya en la barra **Layers**. Para saber cuáles son los objetos desarrollados en ella, active la herramienta **Select Objects in Current Layer**, cuyo icono muestra una punta de flecha sobre un cubo. 5
7. Se mantiene seleccionado el tubo granate. Ahora vamos a devolver este objeto a la capa predeterminada dejando vacía la capa **prueba**. En la barra de herramientas **Layers**, pulse sobre el botón de punta de flecha para ver la lista de capas y haga clic sobre la opción **0 (default)** para activar esa capa. 6
8. Pulse sobre la herramienta **Add Selection to Current Layer**, representada por un signo + en la barra **Layers**. 7
9. Para comprobar que el objeto que hemos seleccionado se ha añadido a la capa predeterminada, haga clic de nuevo sobre la herramienta **Select Objects in Current Layer**.
10. Como ve, todos los objetos de la escena se encuentran ahora en la capa 0 8 y disponemos además de una capa vacía, llamada **prueba**. Pulse en cualquier zona libre del visor **Perspective** para deseleccionar los objetos de la capa predeterminada.

IMPORTANTE

Todas las opciones que aparecen en el menú contextual de la **Main Toolbar**, excepto **Customize**, corresponden a barras de herramientas que se abrirán en modo flotante pero que se pueden acoplar a la interfaz de 3ds Max.

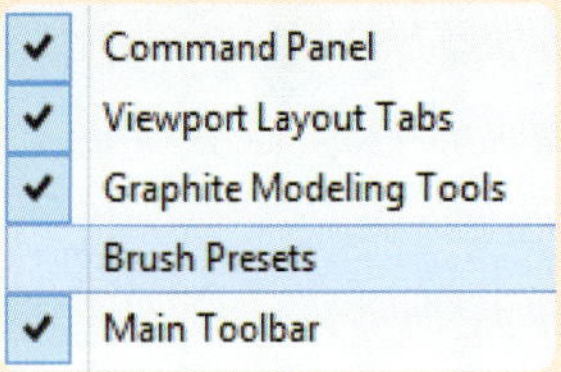

4

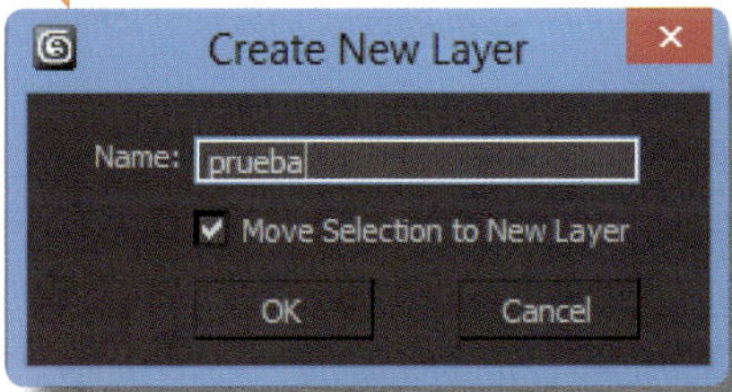

5

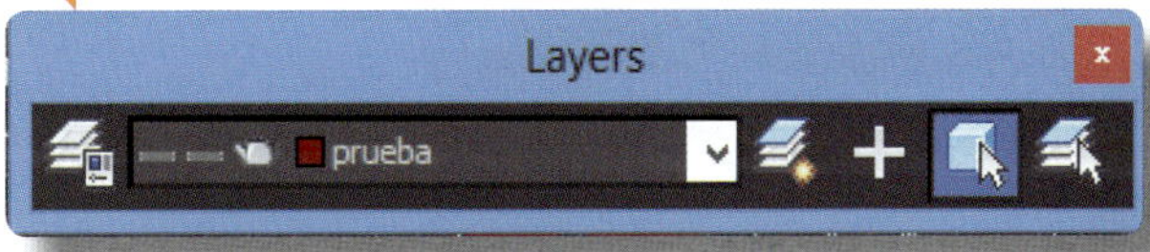

6

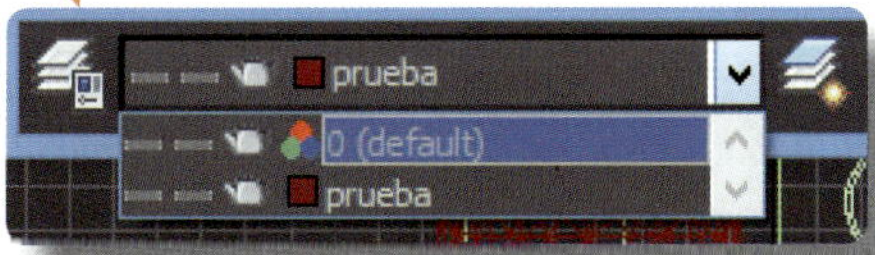

7

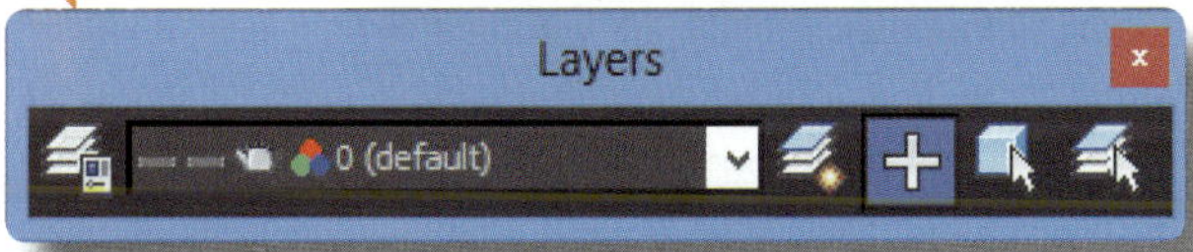

8

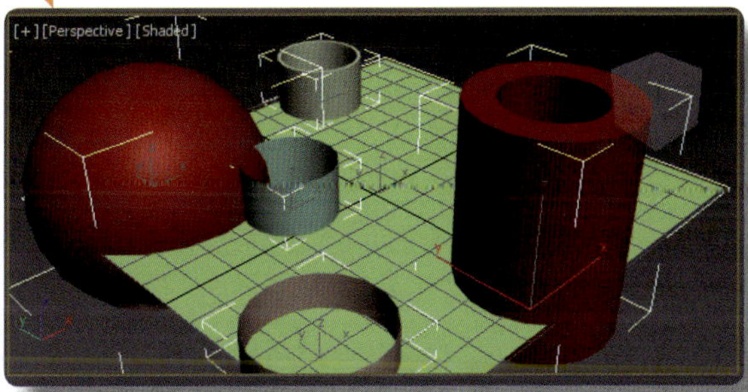

Gestionar las capas de una escena

IMPORTANTE

El cuadro **Layer** es un cuadro flotante que puede permanecer abierto mientras se trabaja con los objetos en los visores.

Layer: 0 (default)

A TRAVÉS DE LAS COLUMNAS e iconos del cuadro Layer se gestionan las diferentes capas de una escena. Para acceder a este cuadro puede activar la herramienta Manage Layers o seleccionar la opción Layer Manager del menú Tools. El cuadro le permite conocer las propiedades de cada una de las capas y las de los objetos en ellas desarrollados. Asimismo, con sus iconos es posible modificar aspectos como el color y la radiosidad de las capas o bien añadir objetos, eliminar capas y ocultar o congelar los objetos que forman parte de la capa seleccionada, entre otras acciones.

1. En esta lección seguiremos practicando con el archivo **012.max**. En primer lugar, vamos a abrir el cuadro **Layer**, desde el cual se gestionan las capas de una escena. Pulse el icono **Manage Layers**, el primero de la barra **Layers**. [1]
2. Se abre el cuadro en cuestión, mostrando en su **Barra de título** el nombre de la capa seleccionada, en este caso, la predeterminada. Pulse el signo + situado a su izquierda. [2]
3. Con un clic en las diferentes columnas de este cuadro puede ocultar, congelar, desactivar el objeto ocultando el renderizado, modificar el color y activar o desactivar la radiosidad de los objetos. En el cuadro **Layer**, haga clic sobre el elemento **GeoSphere001** y pulse en la línea horizontal de su columna **Hide**.
4. La línea queda sustituida por una bombilla [3] que indica que el objeto está oculto, a la vez que dicho objeto desaparece de

Es imposible **cambiar el nombre** de la capa predeterminada y eliminar una capa seleccionada o con objetos.

1

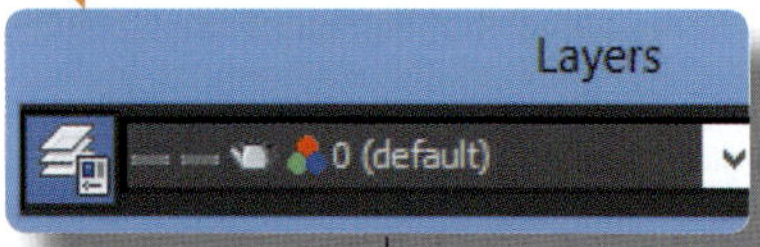

2

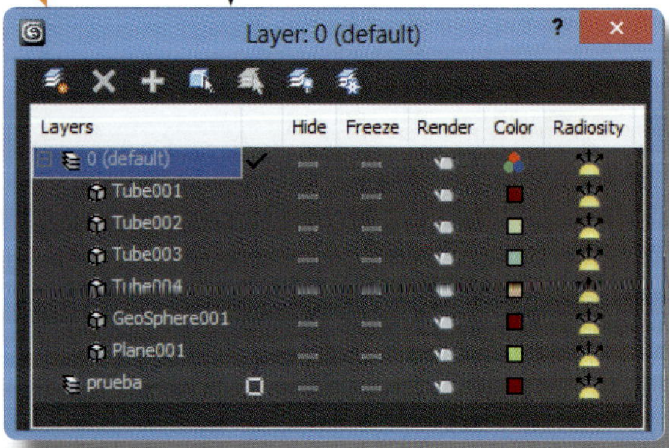

3

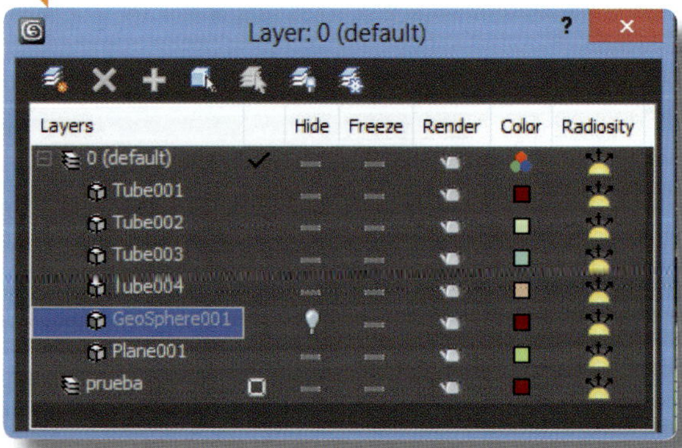

020

los visores. Para volver a mostrarlo, haga clic sobre el icono que ha aparecido al ocultarlo.

5. Con los iconos de la parte superior del administrador puede crear nuevas capas, añadir objetos, mostrar u ocultar todas las capas o bien congelarlas. Haga clic sobre el icono **Freeze/Unfreeze all Layers**, el último de la barra de herramientas. 4
6. Ahora todos los objetos incluidos en las capas están congelados y no pueden manipularse. 5 Para devolver todas las capas a su estado original, debe volver a pulsar ese icono; pero si desea descongelar sólo los objetos de una de las capas, puede usar el icono que se muestra en la columna correspondiente de la lista de capas o bien acceder al cuadro **Layer Properties** y desactivar la opción **Freeze**. Pulse el icono que muestra varias hojas situado a la izquierda del número 0 en la lista de capas y, en el apartado **Interactivity** del cuadro **Layer Properties**, desactive la opción **Freeze**. 6
7. Los objetos de la capa predeterminada dejan de estar congelados. Cierre el cuadro **Layer Properties** pulsando el botón **OK**.
8. Veamos ahora cómo renombrar y eliminar una capa. Pulse con el botón derecho del ratón sobre la capa **prueba** y elija la opción **Rename**. 7
9. Escriba el término **capa01** 8 y pulse **Retorno**.
10. Para eliminar esta capa selecciónela y pulse el icono **Delete Highlighted Empty Layers**, representado por un aspa en el cuadro **Layer**.

IMPORTANTE

También puede **cambiar el nombre de una capa**, siempre y cuando no sea la predeterminada, pulsando directamente sobre él en la lista del administrador de capas y escribiendo el nuevo nombre.

6

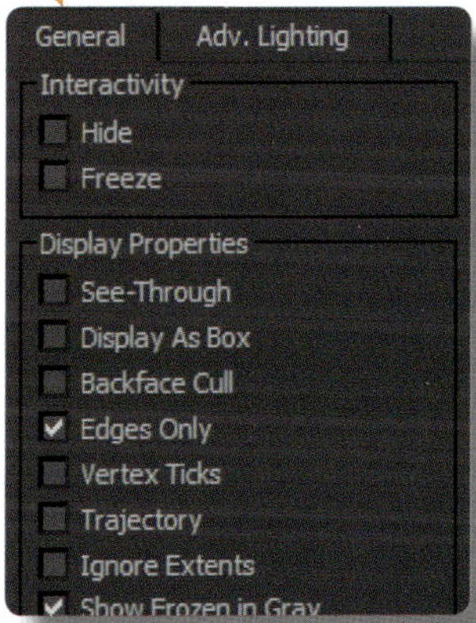

8

4

5

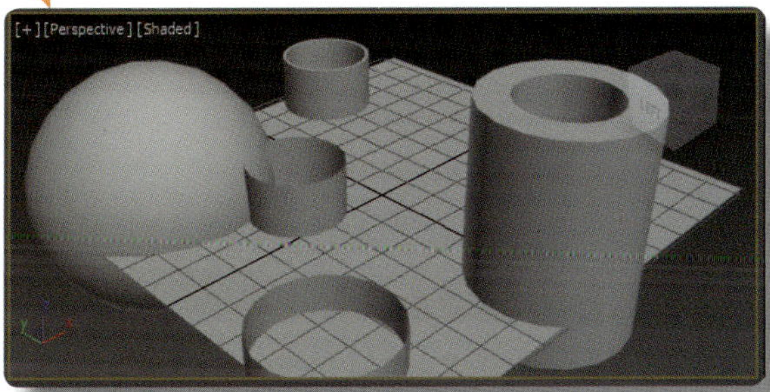

Al **congelar** objetos, éstos pierden temporalmente su color original para mostrarse en color gris.

7

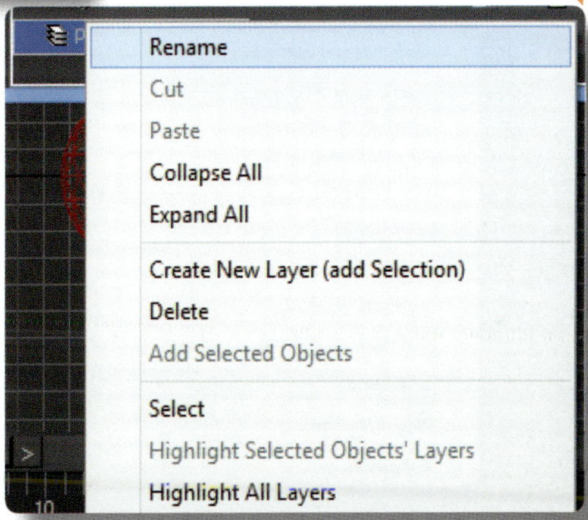

Configurar unidades y cuadrícula

AL ESTABLECER LAS UNIDADES en que se realizarán los diseños conviene tener en cuenta la función del dibujo. Así, si es un arquitecto quien está trabajando con 3ds Max, posiblemente utilizará la escala basada en el sistema métrico para visualizar mejor sus objetos. Las unidades del sistema se especifican en el cuadro Units Setup, al que se accede desde la opción con el mismo nombre del menú Customize. Por otro lado, los planos rayados que se ven en cada uno de los visores son las cuadrículas y sirven de guía de referencia. Accediendo al cuadro Grid and Snap Settings se pueden modificar muchos aspectos, como sus dimensiones.

1. Tras reiniciar su escena, abra el menú **Customize** y elija la opción **Units Setup**. [1]
2. En el cuadro **Units Setup** puede establecer las unidades que desea usar para realizar sus dibujos. Aunque mantendremos el sistema genérico, veamos qué opciones incluye el métrico. Active la opción **Metric** [2] y pulse su botón de flecha.
3. Si el objeto que está trazando es muy grande, precisará metros o kilómetros en lugar de centímetros para visualizarlo mejor. Haga clic de nuevo en el botón de flecha para ocultar la lista [3] y cierre el cuadro **Units Setup** pulsando el botón **Cancel**.
4. El siguiente paso es la configuración de la cuadrícula o rejilla, ese plano rayado que aparece en todos los visores y que se

IMPORTANTE

También es posible ocultar la cuadrícula inicial en cualquiera de los visores desactivando la opción **Show Home Grid** incluida en el comando **Grids and Snaps** del menú **Tools**.

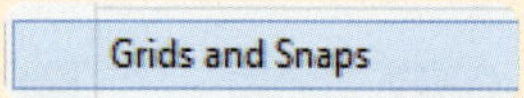

3ds Max utiliza por defecto el **sistema de unidades genéricas**, que se adapta a cualquier unidad y suele ser suficiente para cualquier tipo de trabajo.

1

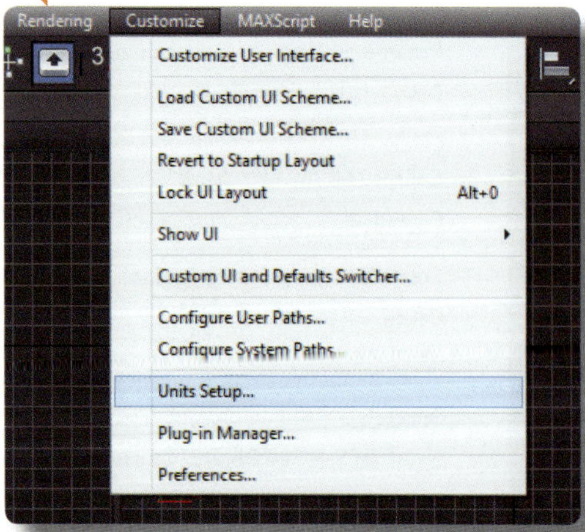

2

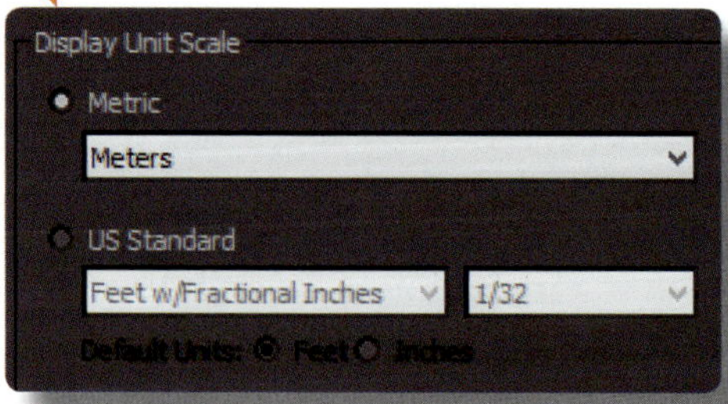

3

021

utiliza como guía de referencia para realizar los dibujos en el espacio tridimensional. Para acceder al cuadro **Grid and Snap Settings**, haga clic con el botón derecho del ratón sobre el icono **Snaps Toggle**, representado por un imán y un 3 en la **Main Toolbar**. 4

5. Desde este cuadro puede definir y configurar los principales aspectos de las cuadrículas. Active la ficha **Home Grid**.
6. En esta ficha puede modificar las dimensiones de la cuadrícula inicial. Vamos a reducir el espacio entre sus líneas. Haga doble clic en el cuadro **Grid Spacing**, inserte el valor **8** 5 y pulse la tecla **Retorno** para aplicar el nuevo espaciado y comprobar el resultado en las cuadrículas de los visores.
7. Cierre el cuadro **Grid and Snap Settings** pulsando el botón de aspa de su **Barra de título**.
8. Antes de acabar, veremos cómo ocultar y volver a mostrar la cuadrícula inicial de uno de los visores, en este caso, del visor **Perspective.** Para ello, tiene varias opciones: puede seleccionar la opción **Show Grids** que aparece en el menú que se despliega al pulsar sobre la etiqueta con el signo + del visor 6 o pulsar la tecla **G** de su teclado. Ejecute una de estas dos acciones.
9. Como puede ver, la cuadrícula ha desaparecido en el visor **Perspective**, pero sigue visible en el resto de visores. 7 Para volver a mostrar la cuadrícula y dar por acabada la lección, pulse la tecla **G** de su teclado.

IMPORTANTE

Debe tener en cuenta que en las versiones posteriores a la 5 de 3ds Max el tamaño de la cuadrícula inicial en el visor Perspective, y también en los visores Camera y Spot, permanece inalterable por defecto, es decir, no se escala al utilizar zooms o encuadres. Si desea modificar este atributo, debe desactivar la casilla **Inhibit Perspective View Grid Resize** del cuadro Grid and Snap Settings.

6

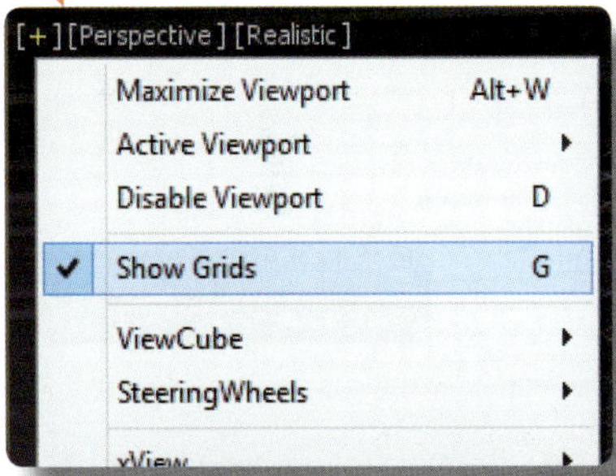

5

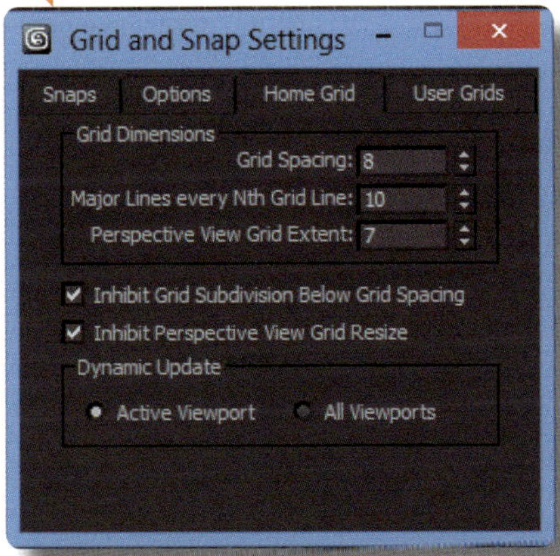

También puede acceder al cuadro **Grid and Snap Settings** seleccionando esta opción en el submenú **Grids and Snaps** del menú **Tools**.

4

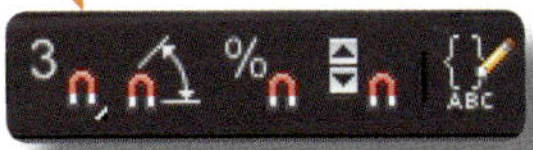

7

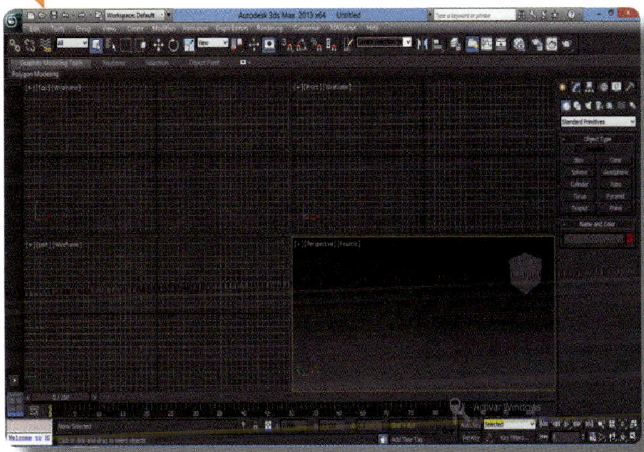

Ubicar y dimensionar objetos con ajustes

IMPORTANTE

Para ajustar objetos también puede utilizar la barra de herramientas **Snaps**, que contiene los ajustes más utilizados: punto de pivote, arista, vértice, etc. Para visualizarla, basta con que seleccione la opción correspondiente en el menú contextual de la Main Toolbar.

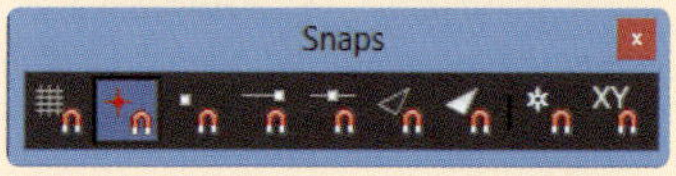

LOS AJUSTES FACILITAN el control de posiciones y dimensiones de los objetos. Se activan pulsando sobre sus correspondientes iconos, que muestran todos ellos un imán en forma de herradura, en la Main Toolbar. Para configurar sus opciones se debe acceder al cuadro Grid and Snap Settings, en el que podrá indicar los puntos de ajuste que desea activar. Además, el programa cuenta con una barra de herramientas, llamada Snaps, que presenta los ajustes más utilizados.

1. En este ejercicio vamos a completar una escena para que muestre lo que sería la cabeza de una persona con un sombrero. Trabajaremos con el archivo **022.max** que encontrará en la zona de descargas de nuestro sitio Web. Una vez lo haya copiado en su carpeta **Documentos**, ábralo en 3ds Max y pulse con el botón derecho del ratón sobre la herramienta **Snaps Toggle**, representada en la **Main Toolbar** por un imán y el número 3. 1
2. En el cuadro **Grid and Snap Settings** aparece seleccionada por defecto la opción **Grid Points**, lo que hace que las figuras se ajusten a las intersecciones de la cuadrícula. En esta ocasión, nos interesa activar únicamente la opción de ajuste **Pivot**. Desactive la opción **Grid Points** y active la opción **Pivot**. 2
3. Una vez establecido el ajuste que nos interesa utilizar, cierre el cuadro de configuración pulsando el botón de aspa de su **Barra de título**.

1

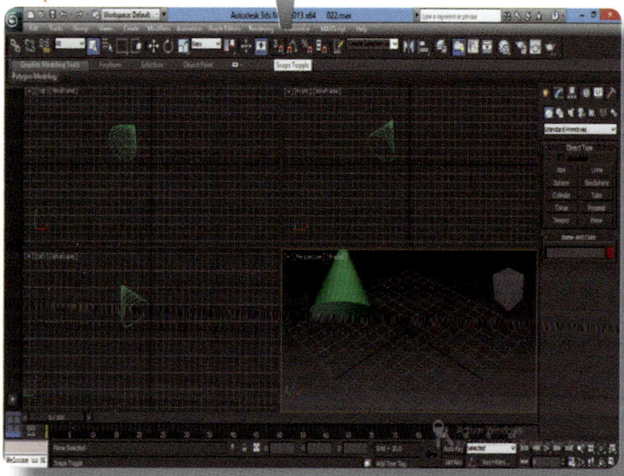

Los ajustes establecidos en este cuadro permanecen activos mientras no sean cambiados. Puede modificarlos temporalmente en una sesión accediendo al menú contextual **Snap Options**, que se despliega al pulsar la combinación **Mayúsculas+botón derecho del ratón**.

2

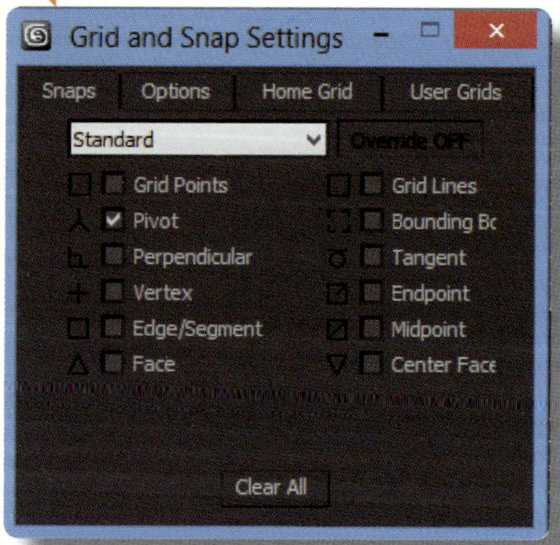

4. Seguidamente dibujaremos la esfera que hará las veces de cabeza. Active el tipo de objeto **Sphere** del **Command Panel**. 3
5. Crearemos la esfera en el centro de la cuadrícula introduciendo desde el teclado el radio que deseamos que tenga. Pulse sobre la persiana **Keyboard Entry**.
6. Para que la esfera aparezca en el centro de la cuadrícula, mantendremos el valor 0 en los tres parámetros correspondientes a los ejes. Haga doble clic en el campo **Radius**, escriba el valor **20** y pulse el botón **Create**. 4
7. A continuación, con la opción **Snap 3D** activa, vamos a desplazar la esfera hasta situarla debajo del cono. Para ello, como ya sabe, debemos usar la herramienta **Select and move**. Pulse sobre dicha herramienta, representada por cuatro puntas de flecha en la **Main Toolbar**.
8. Aparece el gizmo de movimiento sobre la esfera. Comprobaremos que los ajustes actúan a modo de imán, atrayendo a los objetos hacia el punto establecido en el cuadro de configuración. Pulse en el centro de la esfera y, sin soltar el botón del ratón, arrástrela hacia la izquierda hasta que toque el cono.
9. Al entrar en contacto con el cono, éste la atrae hacia sí hasta situarla exactamente en el lugar que nos interesa. 5 Para desactivar la herramienta **Snaps Toggle**, pulse la tecla **S**.
10. Para dar por acabado este ejercicio, guardaremos de manera incremental la escena que acabamos de modificar. Pulse el **Botón de aplicación**, elija la opción **Save As** y, en el cuadro de diálogo **Save As**, haga clic sobre el botón que muestra un signo +. Elimine la selección actual para comprobar mejor el resultado. 6

022

IMPORTANTE

La herramienta Snaps Toggle cuenta con los modos **Snap 2D**, **Snap 2.5D** y **Snap 3D**. El primero ejecuta el ajuste sobre el plano XY de la cuadrícula activa y en toda la geometría; el segundo ajusta los objetos en vértices o aristas de la proyección de un objeto de la cuadrícula activa y el tercero, generalmente el más utilizado, ajusta los objetos a cualquier elemento del espacio 3D.

3

4

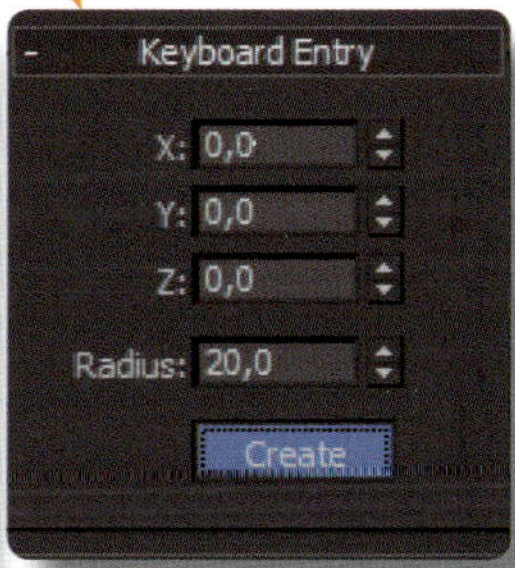

Los objetos pueden crearse por arrastre o introduciendo sus dimensiones y ubicación en el apartado **Keyboard Entry**.

5

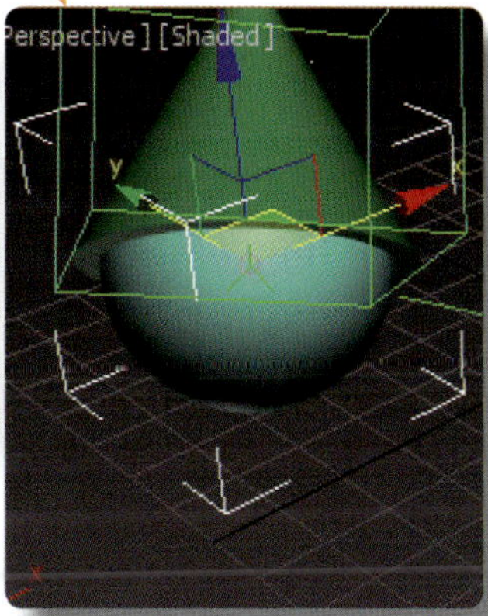

6

Trabajar con objetos ayudantes

IMPORTANTE

Aunque los objetos ayudantes pueden verse, seleccionarse y modificarse en cualquiera de los visores, **no son representables en la renderización final** de la escena.

ADEMÁS DE LAS CUADRÍCULAS y los ajustes, 3ds Max ofrece otros objetos ayudantes que permiten elaborar con extrema precisión las más complejas y espectaculares escenas. Puede visualizar la lista de objetos ayudantes que presenta el programa pulsando sobre la opción Helpers del menú Create o bien seleccionando el icono Helpers de la ficha Create del panel Command Panel.

1. En esta lección seguiremos trabajando con la escena **023.max** que guardamos en la anterior. En primer lugar, vamos a visualizar los diferentes objetos ayudantes que nos ofrece 3ds Max. Abra el menú **Create** y pulse sobre la opción **Helpers.** [1]
2. Entre los ayudantes **Standard** se incluyen la cinta métrica, la rosa de los vientos, la cuadrícula, el transportador y el nuevo **Container**. En este ejercicio vamos a mostrarle la función de dos de los ayudantes estándar, pero le recomendamos que investigue por su cuenta para conocer la utilidad del resto. Cierre el menú pulsando en la **Barra de título** del programa.
3. A continuación, comprobaremos que a través del icono **Helpers** de la ficha **Create** del panel **Command Panel** también podemos acceder a los diferentes objetos ayudantes disponibles. Haga clic en ese icono, el quinto de la ficha activa. [2]
4. Imagine que necesita crear otro objeto a una distancia concreta del que aparece en la escena. Para ello el programa pone a su

Otros de estos **ayudantes** se usan para aplicar efectos especiales atmosféricos, emular la vista del objeto desde una cámara, manipular objetos en escenas con más de una animación, etc.

1

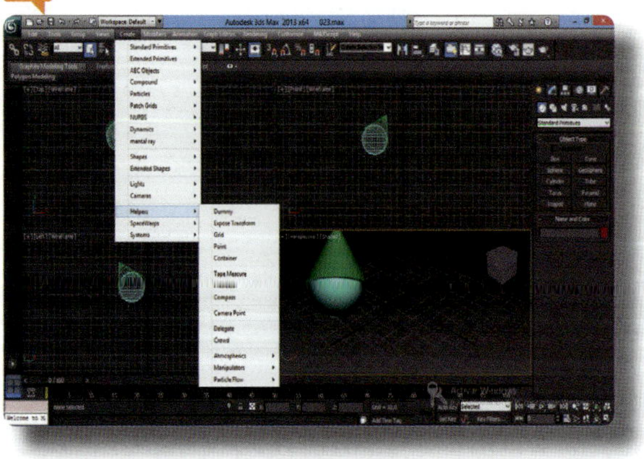

2

disposición el ayudante **Tape** que también puede utilizar para medir las dimensiones de los objetos. Pulse sobre el comando **Tape**, en el apartado **Object Type** del panel. [3]

5. Como hemos dicho antes, queremos especificar una distancia concreta para dibujar un nuevo objeto. Tenemos que indicar, por lo tanto, la longitud de la cinta métrica ficticia. Haga clic en la casilla de verificación **Specify Length**, haga doble clic en el campo **Length** y escriba el valor **50**. [4]
6. Haga clic en un punto libre del visor **Perspective** y, sin soltar el botón del ratón, arrastre ligeramente hacia la derecha. [5]
7. Se ha generado una línea verde con la longitud especificada y el panel de parámetros muestra sus coordenadas. Del mismo modo, cuando trabaje, por ejemplo, en sistemas de luz solar, puede utilizar el ayudante **Compass** para situar fácilmente los puntos cardinales en los planos. Haga clic en ese objeto ayudante.
8. Puede indicar el radio que tendrá la rosa de los vientos y escoger entre mostrarla o no en los visores. En el apartado **Parameters**, haga doble clic en el campo **Radius** e inserte el valor **80**. [6]
9. Pulse en el centro del visor **Perspective** y compruebe que aparece dibujada en todos los visores la Rosa de los vientos mostrando los cuatro puntos cardinales. [7] Para eliminar cualquiera de los ayudantes que utilice sólo tiene que seleccionarlo y pulsar la tecla **Suprimir**. Púlsela ahora para eliminar la Rosa de los vientos y acabe el ejercicio reiniciando la escena sin guardar los cambios.

023

IMPORTANTE

También puede usar el ayudante **Tape** para medir un espacio, lo que puede resultar enormemente útil cuando necesite crear escenas que requieran cierta precisión.

6

3
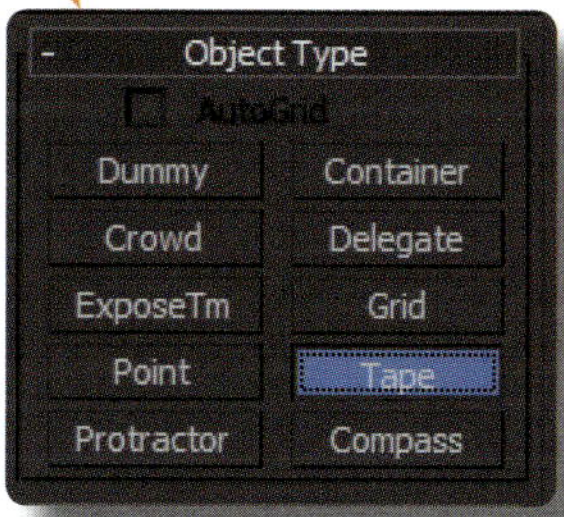

5
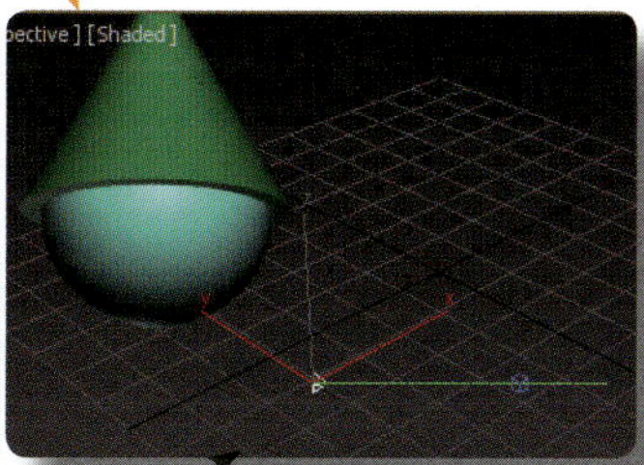

4

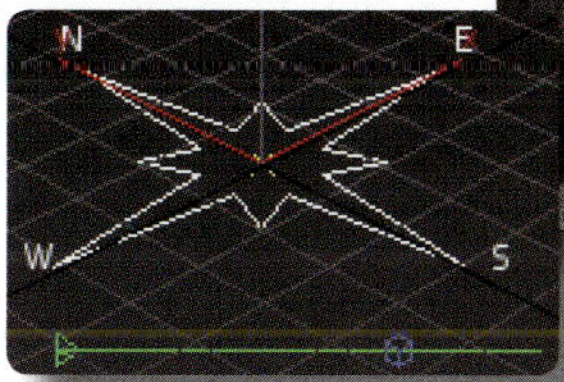

7
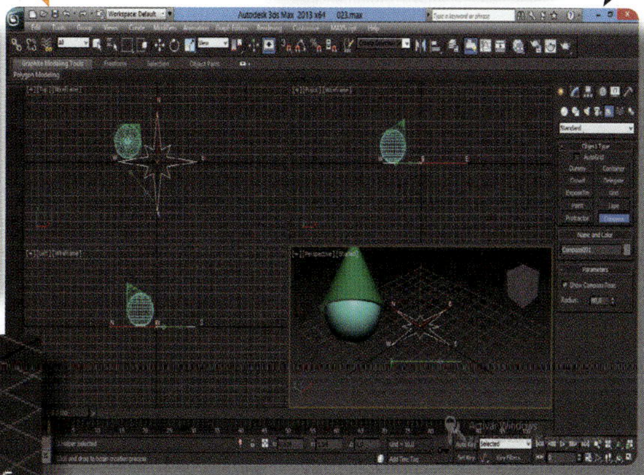

También puede dibujar la **rosa de los vientos** mediante la técnica de arrastre.

Agrupar y guardar objetos

LA HERRAMIENTA AYUDANTE de 3ds Max Container permite agrupar varios objetos para que actúen como uno solo, lo que facilita la organización de escenas complejas. Es posible crear primero el contenedor para después ir añadiéndole los objetos que se desea agrupar o bien se pueden seleccionar primero los objetos que se quiere agrupar y crear el contenedor a partir de esa selección.

IMPORTANTE

La principal diferencia entre el ayudante Container y otros comandos de agrupación reside en que los objetos agrupados con el primero pueden ser **almacenados en el disco** para agregarlos después a otro proyecto.

1. En este ejercicio utilizaremos el archivo **024.max** que puede encontrar en la zona de descargas de nuestra página Web y guardar en su carpeta **Documentos**. Crearemos un contenedor con el que agruparemos dos cajas y después lo guardaremos para poder abrirlo en cualquier otra escena. Haga clic en el icono **Helpers**, el quinto de la paleta **Create** del **Panel de comandos** y active el objeto ayudante **Container**. 1
2. Los contenedores se crean por arrastre. Haga clic sobre la caja de color violeta y, sin soltar el botón del ratón, arrastre hasta crear un contenedor de dimensiones similares a esa caja. 2
3. El contenedor simula una caja y, en el momento de su creación, se encuentra abierto para que pueda agregarle los objetos que quiere agrupar. Para llevar a cabo esta operación, active la ficha **Modify** del **Panel de comandos**. 3

1

Es recomendable colocar el ayudante cerca de los objetos agrupados para facilitar su identificación.

2

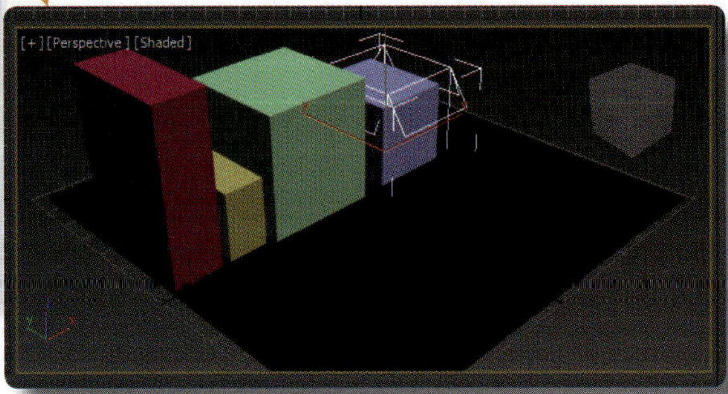

3

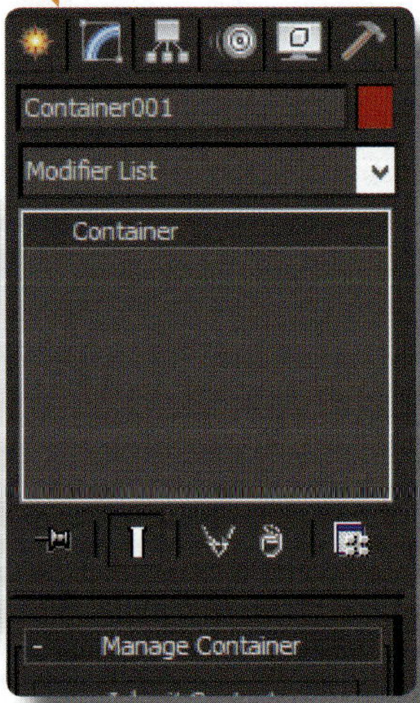

4. Podemos ver así las propiedades de este objeto ayudante y todas las operaciones que pueden llevarse a cabo con él. Pulse el botón **Add** de la persiana **Local Content**. [4]
5. Se abre así el cuadro **Add Container Node**, en el que debemos seleccionar los objetos que queremos agregar al contenedor. Haga clic sobre el objeto **Box02** y, manteniendo pulsada la tecla **Mayúsculas**, pulse sobre el objeto **Box03** para seleccionarlos los dos. [5] Después, pulse el botón **Add**.
6. Ahora las dos cajas están agrupadas en el contenedor. Pulse la tecla **W** para activar la herramienta **Select and Move** y haga clic y arrastre sobre la flecha de color verde del gizmo de movimiento que aparece para mover las dos cajas en el eje Y.
7. Efectivamente, las dos cajas han modificado su posición al mismo tiempo. [6] Para cerrar un objeto contenedor y evitar posibles manipulaciones, pulse el botón **Close** de la persiana **Manage Container.** [7]
8. Al ser la primera vez que cerramos el objeto, se abre el cuadro **Container Definition File** en el que debemos aplicarle un nombre y elegir en qué ubicación queremos almacenarlo. Seleccione como destino la carpeta **Mis documentos** de su equipo y, manteniendo el nombre por defecto que 3ds Max aplica al contenedor, guárdelo pulsando el botón **Save**.

Ahora la caja que representa al Container se ha cerrado, [8] de manera que los objetos agrupados con este ayudante no podrán seleccionarse ni editarse.

024

IMPORTANTE

Utilizando el botón **Add** del panel Modify del Container es posible añadir tantos objetos como sea necesario al contenedor. El botón **Remove**, por su parte, permite quitar objetos del contenedor para que dejen de formar parte del grupo.

4

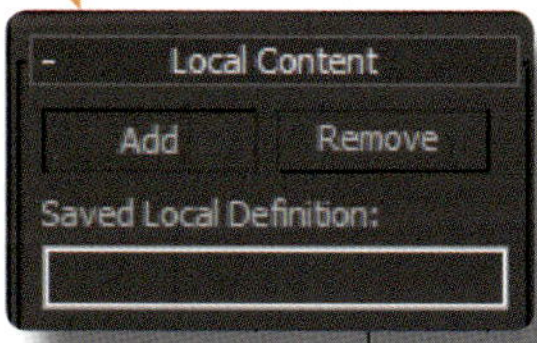

Podemos ir **añadiendo los objetos a los containers** de uno en uno, accediendo varias veces a esta ventana, o bien seleccionarlos todos en ella para agregarlos en un solo paso.

5

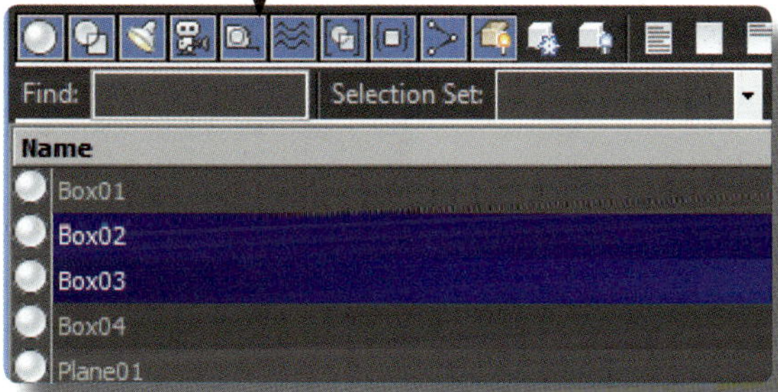

8

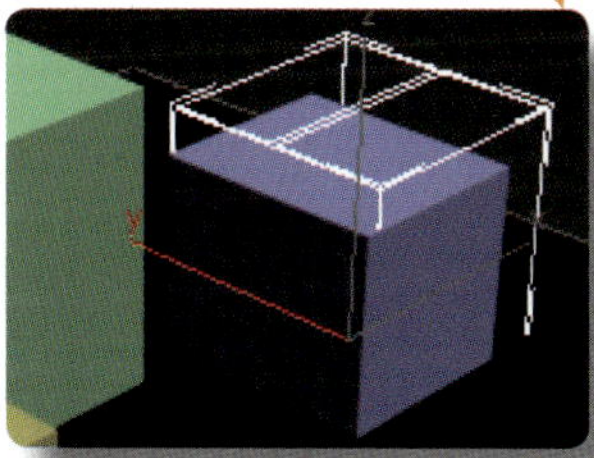

7

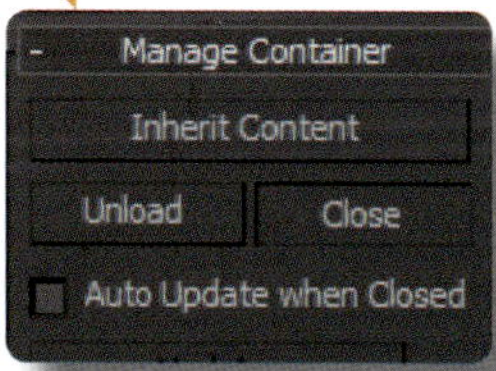

Los contenedores se guardan con una extensión propia, **.maxc**.

6

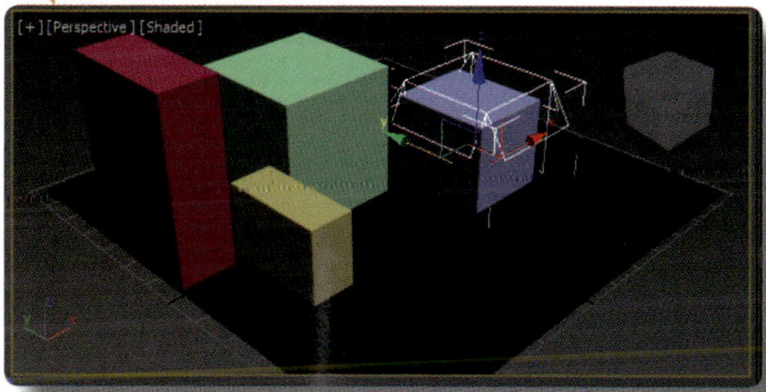

Editar objetos de un contenedor

IMPORTANTE

El ayudante Container puede resultar especialmente útil en proyectos complejos (como **planos de ciudades, niveles de juegos**, etc.), en los que es conveniente agrupar objetos y en los que trabajan diferentes modeladores.

AL IGUAL QUE OCURRE CON LOS OBJETOS agrupados, los que forman parte de un objeto ayudante Container pueden ser manipulados y editados de manera independiente si se abre el contenedor.

1. Crearemos un segundo contenedor, esta vez a partir de dos objetos seleccionados. Haga clic en la herramienta **Select Object** de la **Main Toolbar**, pulse sobre la caja de color verde y, manteniendo pulsada la tecla **Control**, pulse también sobre la caja de color fucsia para seleccionar ambos objetos.
2. El **Panel de comandos** nos informa de que tenemos dos objetos seleccionados. Para crear un contenedor a partir de esta selección, abra el menú **Tools**, pulse sobre la opción **Containers** y elija **Create Container from Selection**. [1]
3. Ya tenemos un segundo contenedor abierto. Para cerrar y guardar el contenedor, pulse el botón **Close** de la persiana **Manage Container**, en la ficha **Modify**. [2]
4. En el cuadro **Container Definition File**, localice y seleccione la ubicación **Mis documentos** [3] y, manteniendo el nombre que 3ds Max aplica por defecto al contenedor, guárdelo pulsando el botón **Save**.
5. La persiana **Display** del panel de modificación del contenedor dispone de dos opciones que nos permiten mostrar la etiqueta

En el submenú **Containers** del menú **Tools** dispone también de todas las acciones que pueden llevarse a cabo con estos nuevos ayudantes.

1

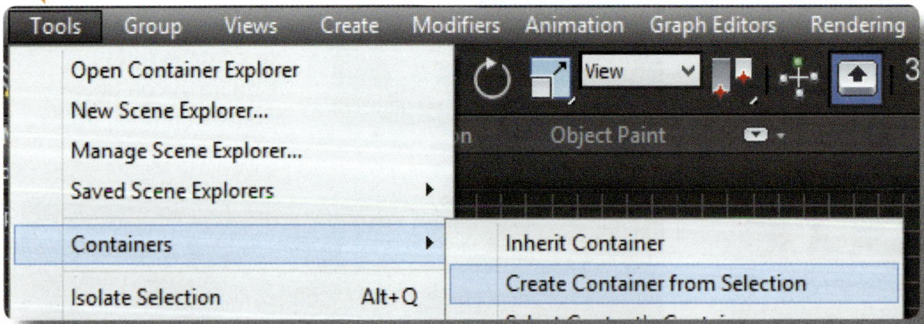

2

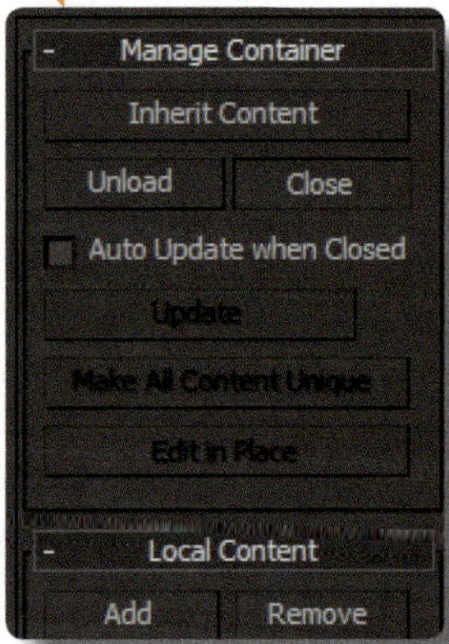

3

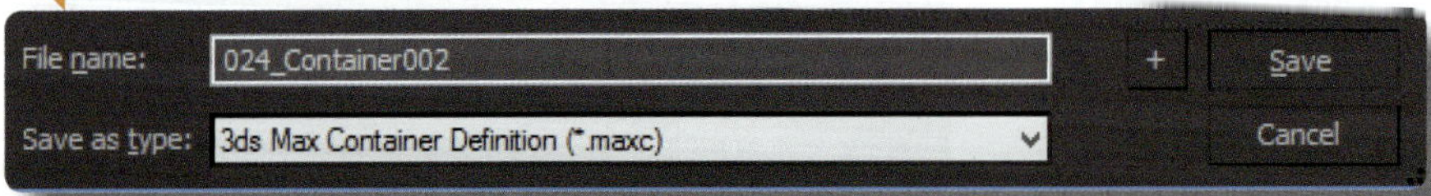

025

del objeto ayudante y expandir la caja de manera que incluya todos los objetos agrupados con él. Active la opción **Expand Bounding Box** [4] y vea cómo la caja del último contenedor creado se agranda para incluir su contenido.

6. Para borrar un contenedor, basta con seleccionarlo y pulsar la tecla **Suprimir** o bien usar la opción **Delete** del menú **Edit**. Se borrarán tanto el objeto ayudante como los elementos que contiene. Aprovechando que sigue seleccionado el contenedor actual, pulse la tecla **Suprimir** para eliminarlo. [5]
7. Utilizaremos ahora la opción **Inherit container** para heredar el contenido en esta misma escena. Abra el menú **Tools**, pulse en la opción **Containers** y elija **Inherit Container**.
8. Se abre el cuadro **Inherit Container**, en el que debemos localizar el archivo de contenedor que hemos guardado y que queremos recuperar. Seleccione el archivo correspondiente al contenedor que acabamos de eliminar y pulse el botón **Open**. [6]
9. El contenedor se importa a la escena con sus dos objetos, pero no es posible abrirlo para editarlos individualmente. Si queremos trabajar con los objetos, debemos convertirlos en únicos. Además, si el autor del contenedor realiza cambios en el archivo original, puede usar el comando **Update** para que éstos queden reflejados en el archivo heredado. Pulse el botón **Make All Content Unique** de la persiana **Manage Container**. [7]
10. El contenedor pasa a estar abierto y los objetos ya no hacen referencia al archivo heredado. A partir de ahora, cualquier cambio realizado sobre los objetos contenidos en el contenedor será local. Reinicie la escena guardando los cambios.

4

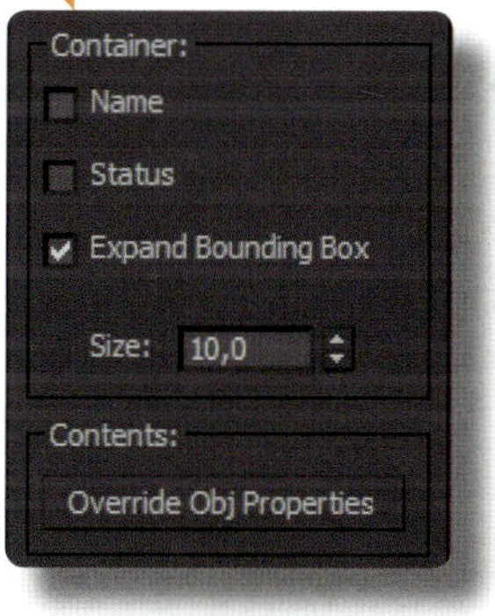

5

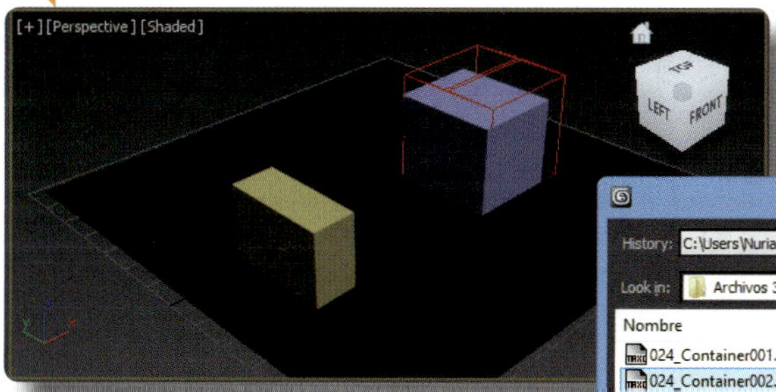

Mientras los **contenedores estén cerrados**, no podrá editar individualmente los objetos agrupados.

6

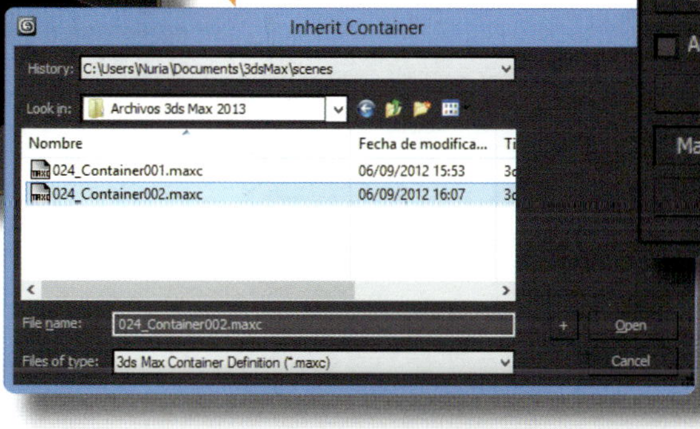

7

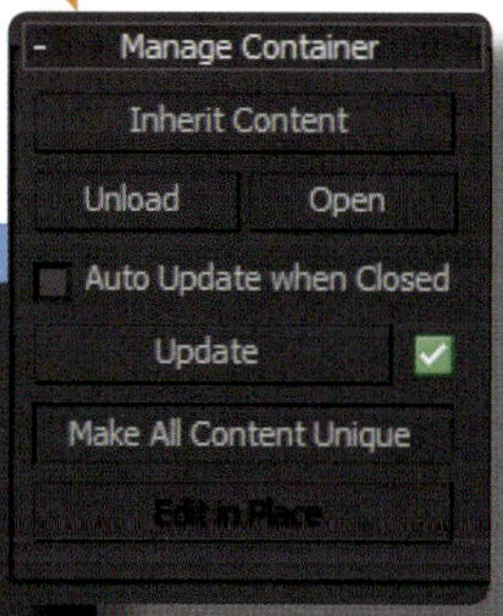

Alinear objetos en una escena

IMPORTANTE

Dependiendo del Target Object, se pueden realizar alineaciones a objetos, a cuadrícula, a cámara, a máximo brillo y a normal.

LAS HERRAMIENTAS DE ALINEACIÓN se utilizan para producir alineaciones basadas en dos objetos. La herramienta Quick Align permite alinear un objeto con un objetivo usando el punto de pivote y manteniendo su orientación y su escala originales. El objeto origen, Current Object, que es el que se desea alinear, se designa en primer lugar, mientras que el objeto destino, Target Object, que es el que define la alineación, se especifica durante el proceso. Al seleccionar el Target Object, aparece el cuadro Align Selection, en el que debe especificar las opciones de alineación que desee aplicar.

1. En este ejercicio recuperaremos la escena **005.max**, con la que ya practicamos en las primeras lecciones de este libro. Una vez abierta la escena en 3ds Max, lo primero que hay que hacer al empezar un proceso de alineación es seleccionar el objeto que quiere alinear, es decir, el **Current Object**. Con la herramienta **Select Object**, seleccione el objeto con forma de aro en el visor **Perspective**. [1]
2. Las opciones de alineación que ofrece el programa se encuentran tanto en el menú **Tools** como en el icono **Align** de la **Main Toolbar**. [2] Haga clic en la punta de flecha que aparece en dicho icono y mantenga pulsado el botón del ratón.
3. Aparecen las seis opciones de alineación disponibles en 3ds Max. [3] La segunda, **Quick Align**, permite alinear una selección con un objetivo usando el punto de pivote, de manera que sólo se ajusta la posición pero la orientación y la escala

Los puntos de referencia para la alineación pueden ser las caras más próximas (**Minimum**), el centro local de los objetos, el punto pivote o la cara más alejada (**Maximum**).

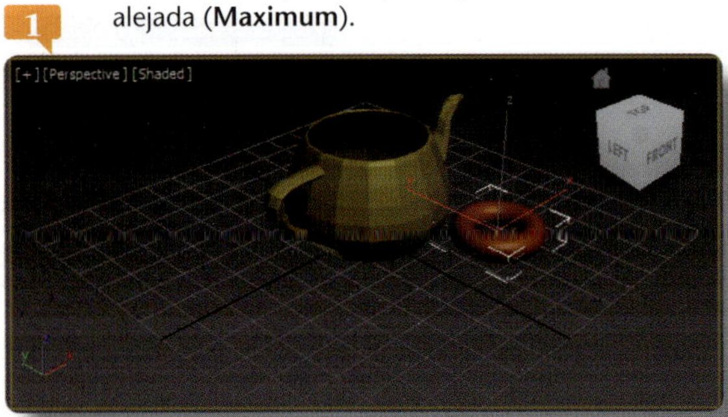

El icono **Align** muestra dos barras horizontales de distinta longitud delante de una línea vertical.

026

permanecen inalterables. Haga clic sobre el primer icono, correspondiente a la opción **Align**.

4. El siguiente paso consiste en especificar cuál será el **Target Object**, es decir, el objeto que definirá la alineación. En este caso, haga clic sobre la tetera en el visor **Perspective.**
5. A través del cuadro **Align Selection** puede alinear tanto la posición como la orientación del objeto seleccionado en los planos X, Y o Z respecto al **Target Object**. Puede elegir el punto tanto del objeto destino como del objeto origen que se tomará como referencia para la alineación. Active la opción **X Position.** [4]
6. La posición del **Current Object** cambia en todos los visores, alineándose con el **Target Object** en el plano horizontal y tomando como referencia los centros de ambos objetos. Para alinearlos también en el plano correspondiente a la profundidad, active la opción **Z Position.** [5]
7. Ahora los objetos están alineados en los tres planos que hemos indicado, por lo que se encuentran completamente superpuestos. [6] Para que los cambios se apliquen en la escena, pulse los botones **Apply** y **OK.**
8. Ahora veremos cómo usar la herramienta **Align to View**, con la que el objeto seleccionado se alinea a los ejes de la cuadrícula a través de un cuadro que permite escoger dichos ejes. Abra el menú **Tools**, pulse en la opción **Align** y elija **Align to View**.
9. En el cuadro **Align to View** debemos especificar el eje de la cuadrícula al que queremos alinear el aro seleccionado. En este caso se encuentra seleccionada por defecto la posición Z. Mantenga dicha opción [7] y pulse el botón **OK.**
10. Deshaga la selección en una zona libre del visor [8] y reinicie la escena almacenando los cambios realizados en ella.

4

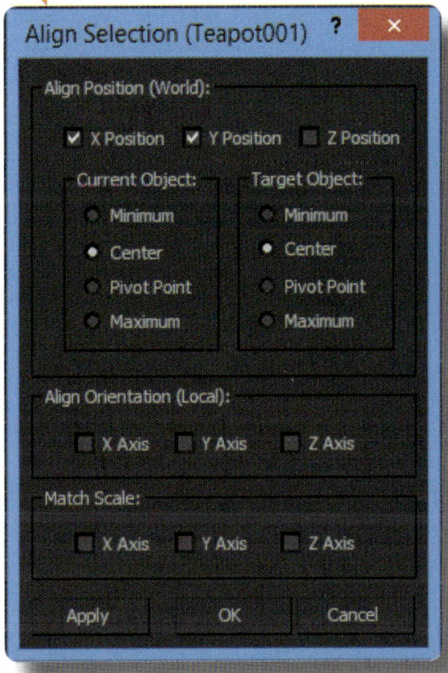

5

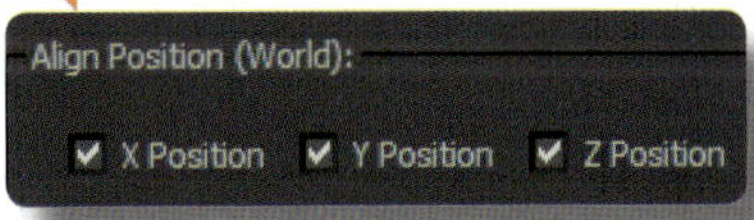

6

Los **cambios de posición** que se efectúan al alinear objetos se reflejan en los cuatro visores predeterminados de la escena.

7

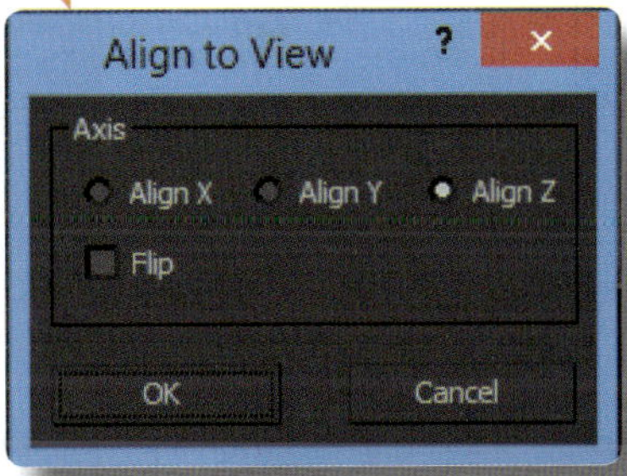

8

Todas las **opciones de alineación** disponibles en el icono correspondiente de la Main Toolbar se encuentran también en el submenú **Align** del menú Tools.

Crear primitivas estándar

AL TRABAJAR CON 3DS MAX, lo primero que se debe hacer para componer una escena es crear objetos geométricos estándar y regulares, como cajas, esferas o cilindros, denominados "primitivas", que posteriormente se modificarán hasta conseguir el efecto deseado. Para crear objetos primitivos nada más sencillo que hacer clic y arrastrar en uno de los visores o introducir manualmente desde el teclado los parámetros correspondientes a sus dimensiones y a su situación en el plano en la ficha Create del Command Panel.

IMPORTANTE

La opción **AutoGrid** de la ficha Create permite generar planos temporales de trabajo tanto en las caras de los objetos como en el plano, lo que posibilita, fundamentalmente, la creación de otras primitivas unidas a las ya existentes.

1. Tras comprobar que en la ficha **Create** del **Command Panel** se encuentra activa la opción **Standard Primitives**, pulse en el apartado **Object Type** sobre el botón **Cone.** 1
2. Al seleccionar el tipo de objeto, éste queda remarcado en color azul, lo que indica que se encuentra en el modo de creación, y además se despliegan una serie de persianas que muestran sus características principales. A partir de este momento, si pulsa en cualquiera de los visores y arrastra el puntero, se dibujará el objeto seleccionado. En esta ocasión vamos a crear el objeto introduciendo desde el teclado sus dimensiones. Haga clic en la persiana **Keyboard Entry.** 2
3. Para dibujar el cono en el centro del visor activo, en este caso el visor **Perspective**, mantendremos los valores que se muestran por defecto en los campos correspondientes a los ejes de coordenadas. Haga doble clic en el campo **Radius1**, inserte el valor **50** y pulse la tecla **Tabulador.** 3

Lógicamente, las opciones de las persianas que aparecen en la **ficha Create** varían dependiendo del objeto que se va a trazar.

1

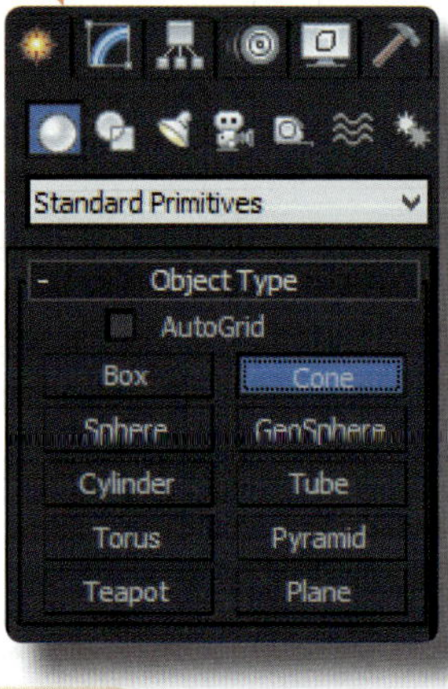

2

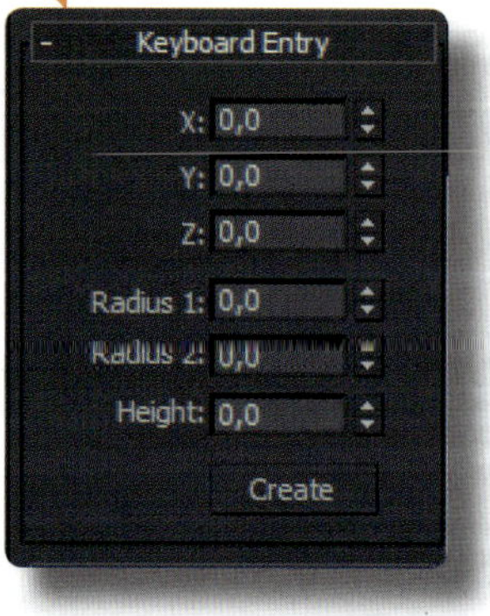

3

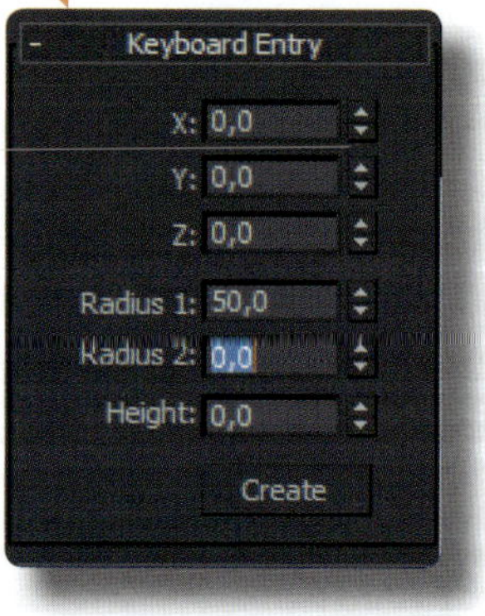

Una vez creado el objeto, si realiza cambios en los campos del apartado **Keyboard Entry**, éstos no afectarán a dicho objeto.

4. En el campo **Radius 2** escriba el valor **15** y en el campo **Height**, referente a la altura de la figura, inserte el valor **30.** [4]
5. Tenga en cuenta que el programa utiliza colores distintos de forma aleatoria para generar objetos. Como se verá en un ejercicio posterior, este color puede cambiarse antes o después de dibujar el objeto. En este caso, mantendremos los colores generados por el programa. Pulse el botón **Create.** [5]
6. A continuación crearemos otra primitiva estándar, en este caso una esfera que colocaremos sobre el cono. Esta vez modificaremos también los valores correspondientes a su situación en el plano. Pulse sobre el objeto **Sphere** en el **Command Panel.** [6]
7. Haga clic en la persiana **Keyboard Entry**.
8. Haga doble clic en el campo **X**, inserte el valor **-1,387**, utilizando como separador decimal la coma del teclado alfanumérico, y pulse la tecla **Tabulador**.
9. En el campo **Y** escriba el valor **2,484** y en el campo **Z**, correspondiente a la profundidad, inserte el valor **40,927**.
10. Seguidamente indicaremos el radio que deseamos que tenga la esfera. Haga doble clic en el campo **Radius**, escriba el valor **15** y pulse el botón **Create.** [7]
11. La esfera se sitúa en el punto del plano especificado. [8] Acabe pulsando en una zona libre del visor **Perspective** con el botón derecho del ratón para abandonar el modo de creación.

027

IMPORTANTE

Una vez introducidas las entradas de teclado, cada vez que pulse el botón **Create**, se dibujará un nuevo objeto justo encima del original, pero con un color diferente.

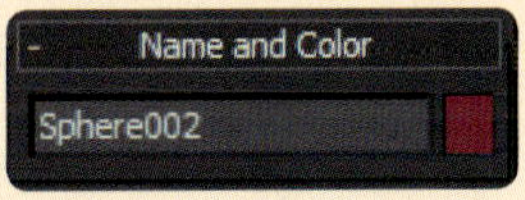

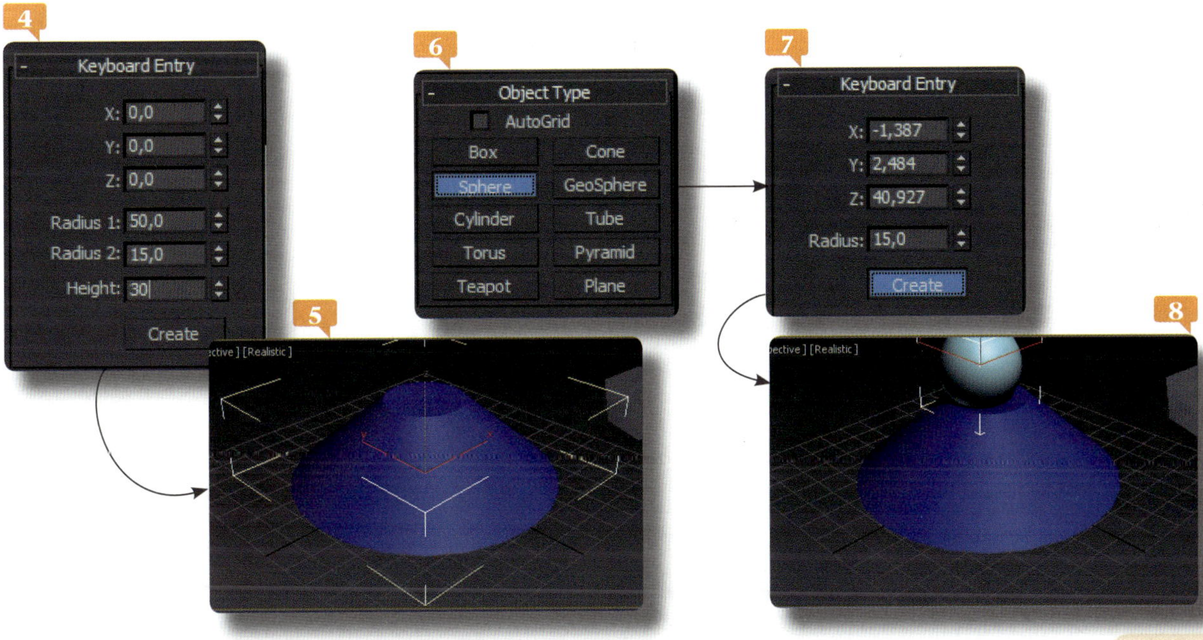

Crear primitivas extendidas

IMPORTANTE

Para dibujar un objeto puede usar la técnica de arrastre o introducir los valores correspondientes a su situación y a sus dimensiones en el apartado **Keyboard Entry**.

LAS EXTENDED PRIMITIVES son una gama de objetos muy utilizados para la generación de escenas en 3D y algo más complejos que los estándares. Además de en la ficha Create del panel Command Panel, puede encontrar todos los objetos disponibles en el menú Create. Al seleccionar en dicho menú el objeto que desea trazar, automáticamente el mencionado panel cambia para mostrar todas las opciones y atributos correspondientes al objeto en cuestión.

1. Para empezar, despliegue el menú **Create**, pulse sobre la opción **Extended Primitives** y, del submenú que se despliega, elija la opción **Hedra**. [1]
2. El tipo de primitiva Hedra cuenta, como puede ver en la sección **Family** del panel de parámetros, con cinco tipos. En esta ocasión, marque el denominado **Star1**. [2]
3. Vamos a trazar la figura mediante el arrastre. En este caso, será necesario sólo el arrastre en una dirección; sin embargo debe saber que para la mayoría de primitivas extendidas serán precisos dos trayectos: uno que definirá el radio o el diámetro de la figura y después la altura o profundidad de la misma. Haga clic en una zona libre del visor **Perspective** y, sin soltar el botón del ratón, arrastre levemente en diagonal hacia abajo. [3]
4. Una vez dibujada la estrella, vamos a modificar algunos de sus parámetros para comprobar las múltiples variantes de la

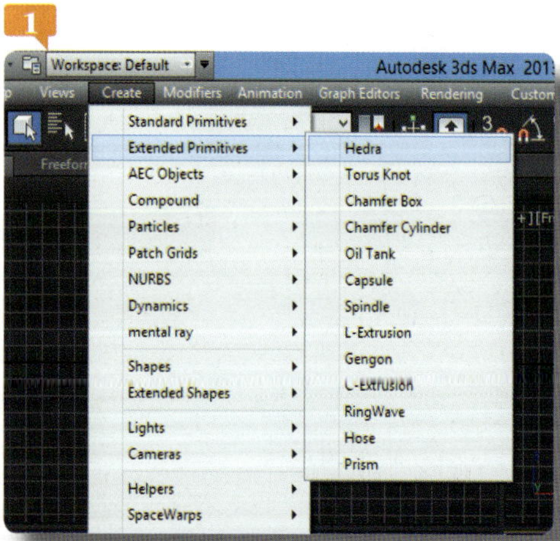

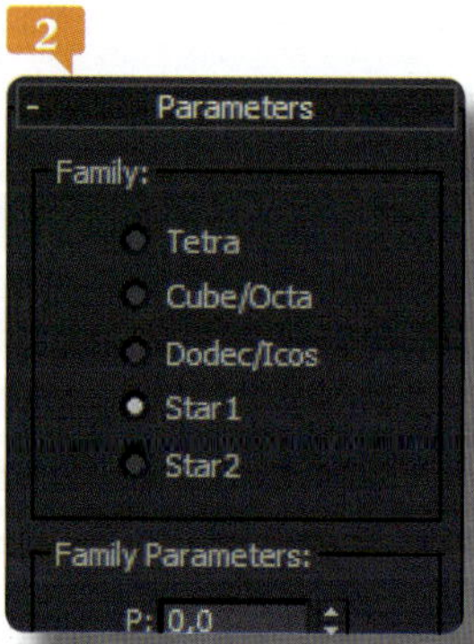

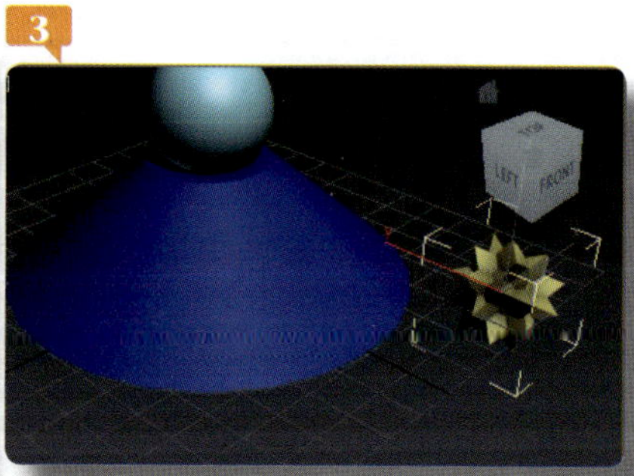

figura que se pueden obtener. Los valores **P** y **Q** indican, respectivamente, la inclinación vertical y horizontal del nudo. Haga doble clic en el campo **P**, inserte el valor **1** y pulse la tecla **Tabulador**.

5. En el campo **Q** escriba el valor **1** y pulse la tecla **Retorno**. 4
6. Haga clic en el botón de opción **Tetra** del apartado **Family** y observe el resultado. 5
7. Al activar esta opción, el aspecto de la figura cambia a la vez que se activan y desactivan algunos de los parámetros del **Command Panel**. Para poder visualizar algunos de los parámetros que están ocultos, haga clic en la **Barra de desplazamiento** que aparece en el margen derecho del panel y arrástrela hasta que aparezca el campo **Radius**.
8. Pulse ahora sobre la opción **Star2** en el apartado **Family** para comprobar otro cambio de aspecto en la primitiva extendida. 6
9. A continuación, aumentaremos el tamaño de la figura. Para ello, haga doble clic sobre el campo **Radius**, escriba el valor **30** y pulse la tecla **Retorno**. 7
10. Daremos por acabado este sencillo ejercicio guardando esta escena, con la que continuaremos practicando en la siguiente lección, en la carpeta **Documentos**. Pulse el icono **Save File** de la **Barra de herramientas de inicio rápido**. 8
11. Localice su carpeta **Documentos** y, en el campo **File Name** del cuadro de diálogo **Save File As**, escriba el término **prueba** y pulse el comando **Save**.

7

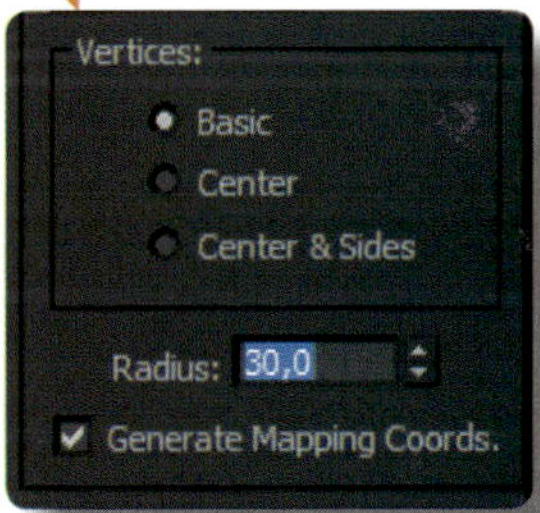

4

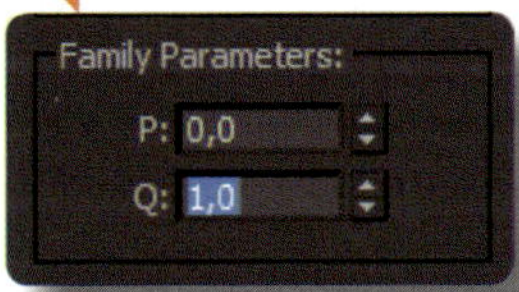

8

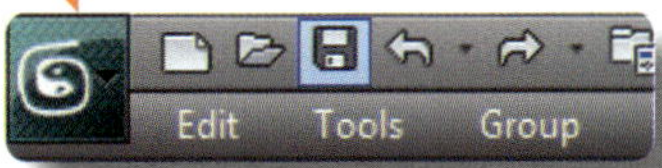

5

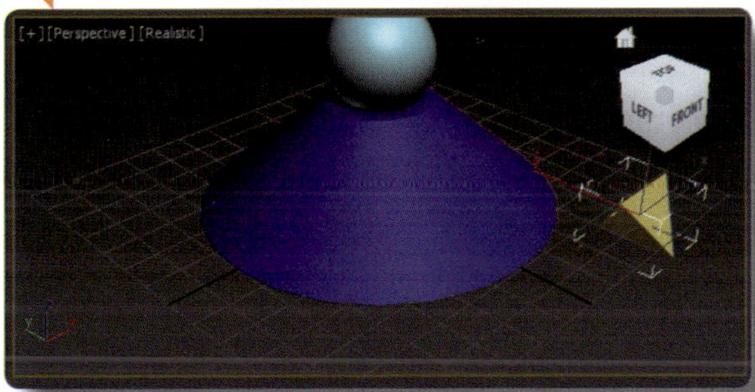

6

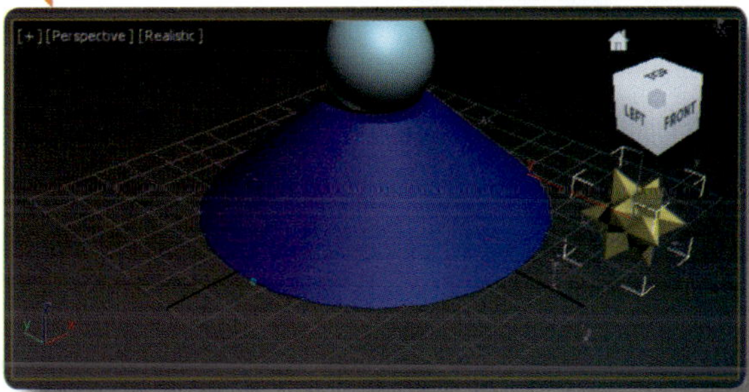

Dibujar ventanas

IMPORTANTE

Usando el botón **Plant Library** del apartado Favorite Plants se accede al cuadro Configure Palette, desde el que puede añadir plantas a la galería, quitarlas de ella o vaciarla. En este cuadro, además, puede ver información detallada de las plantas (nombre científico, tipo, descripción y número de caras.)

EN LA CATEGORÍA AEC EXTENDED del menú Create se incluyen formas tan variadas como muros, barandillas, follaje e, incluso, escaleras, ventanas y puertas. En la categoría Geometry encontramos también objetos de composición que permiten combinar dos o más objetos para obtener otro más complejo. Los Particle Systems animados proporcionan a la escena efectos como nieve, ventisca, etc. Por otro lado, las subcategorías Patch Grids y NURBS Surfaces permiten crear superficies de corrección de tipología de cuadrícula y superficies curvas de enorme exactitud respectivamente. Y por último, los llamados Dynamics Objects (amortiguadores y muelles) se pueden configurar de manera que reaccionen al movimiento de los objetos a los que se enlazan o bien proporcionen fuerzas dinámicas cuando se apliquen simulaciones.

1. Para empezar, pulse el botón de flecha del índice desplegable del **Command Panel** y elija la opción **AEC Extended.** 1
2. Esta opción permite crear objetos como muros, barandillas y follaje. Haga clic sobre el comando **Foliage.** 2
3. En el apartado **Favorite Plants** aparece una lista de árboles y plantas. Pulse varias veces en la parte inferior de la **Barra de desplazamiento vertical** de ese apartado para ver las diferentes plantas que ofrece el programa. 3
4. Haga clic de nuevo en el índice desplegable de objetos en el **Command Panel** y elija esta vez la opción **Windows.** 4
5. Esta opción permite crear varios modelos de ventanas parametrizadas, lo que puede resultar muy útil en diseños arquitectónicos o de interiorismo. Pulse en el comando **Casement.** 5

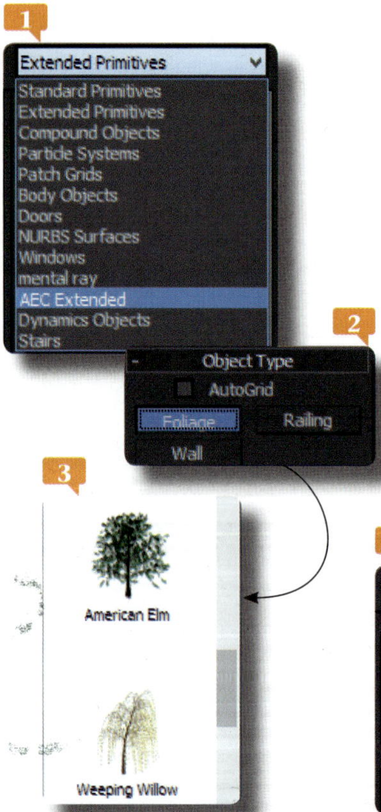

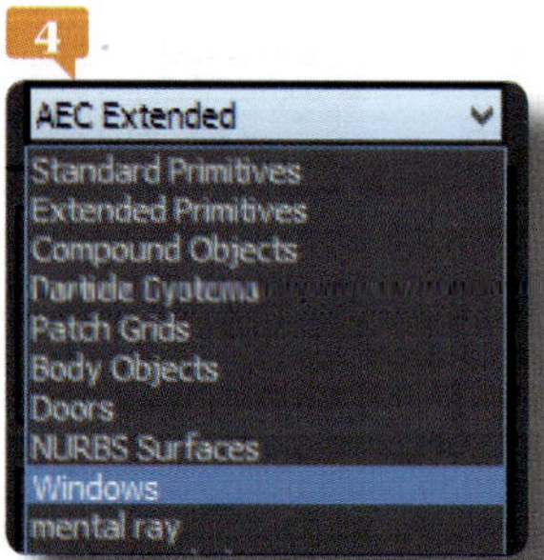

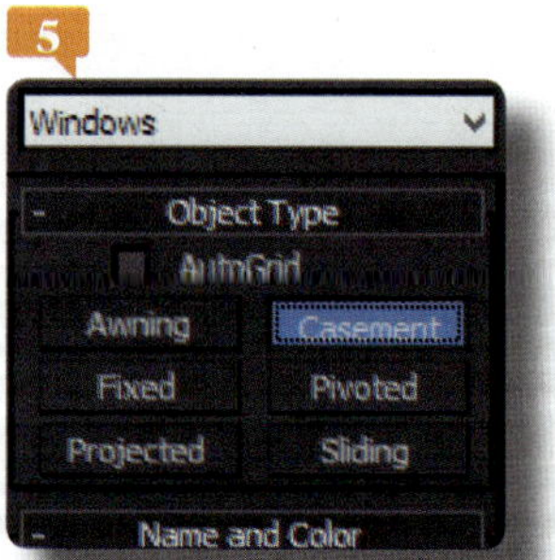

3ds Max ofrece seis tipos de **ventanas**, cuyos parámetros son comunes. Puede aplicar diferentes materiales a cada parte de la ventana así como dotarla de movimiento.

029

6. En este caso, el proceso consta de tres pasos en los que se establecerán la anchura, el fondo y la altura de la ventana, consecutivamente. Haga clic en la esquina inferior izquierda del visor **Perspective**, sin soltar el botón del ratón, arrastre hacia la derecha y libere el botón del ratón para fijar la anchura de la ventana.
7. Desde el mismo punto y sin pulsar el botón del ratón, desplace unos milímetros hacia arriba el puntero y haga clic para establecer la profundidad de la ventana.
8. Por último, también sin pulsar el botón del ratón y desde el punto en que se encuentra, desplace el puntero hacia arriba hasta que queden ocultos los objetos y haga clic.
9. Con este último paso hemos establecido la altura de la ventana. Para visualizar los parámetros que permanecen ocultos, haga clic en la **Barra de desplazamiento** del panel **Parameters** y arrastre todo lo que pueda hacia abajo.
10. En el apartado **Casements**, active la opción **Two**.
11. El cambio es claramente apreciable en los visores. Ahora la ventana tiene dos hojas. Vamos a abrirla un poco. En el apartado **Open Window**, haga doble clic en el campo **Open**, introduzca el valor **50** y pulse **Retorno**.
12. Active la opción **Flip Swing** y compruebe el resultado.
13. Abandone el modo de creación pulsando en el visor **Perspective** y para acabar, pulse el icono **Save File** de la **Barra de herramientas de acceso rápido**.

9

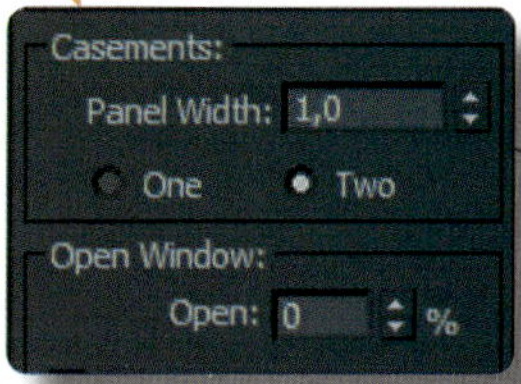

10

6

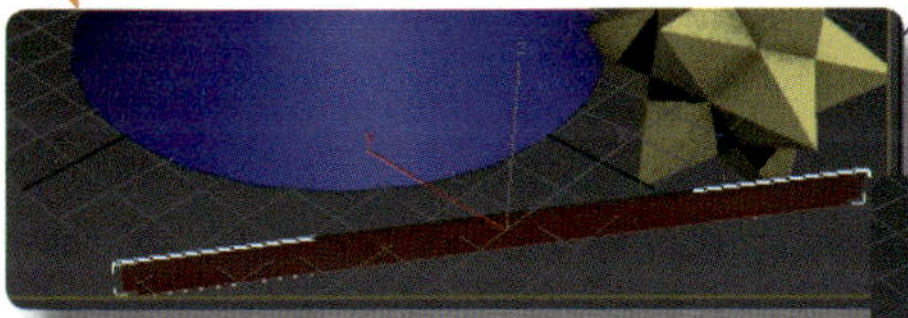

7

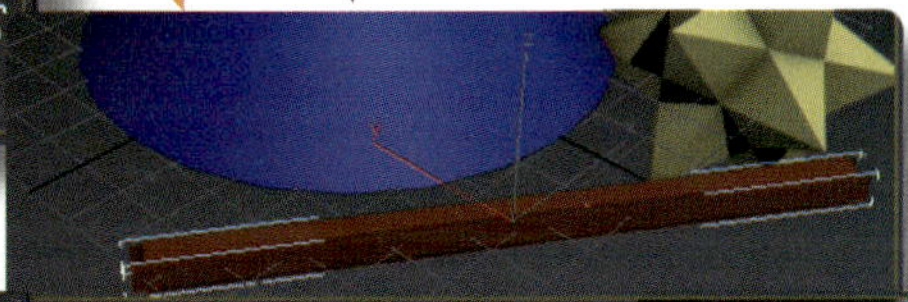

11

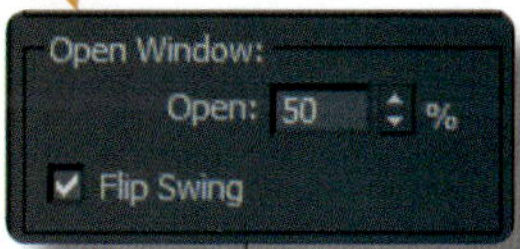

8

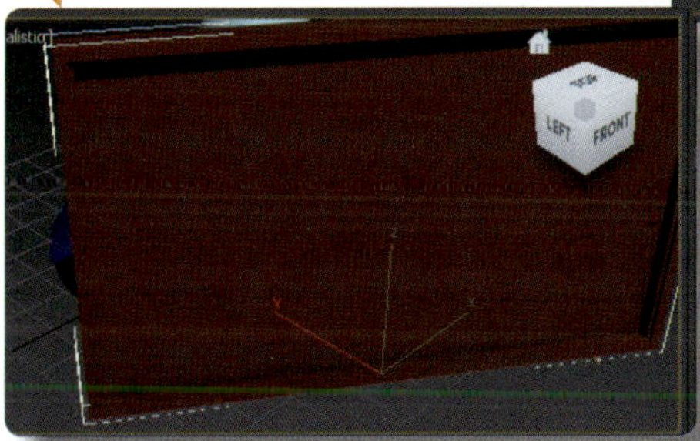

Para dibujar tanto ventanas como puertas u otros **objetos AEC**, sólo se puede utilizar la técnica de arrastre.

12

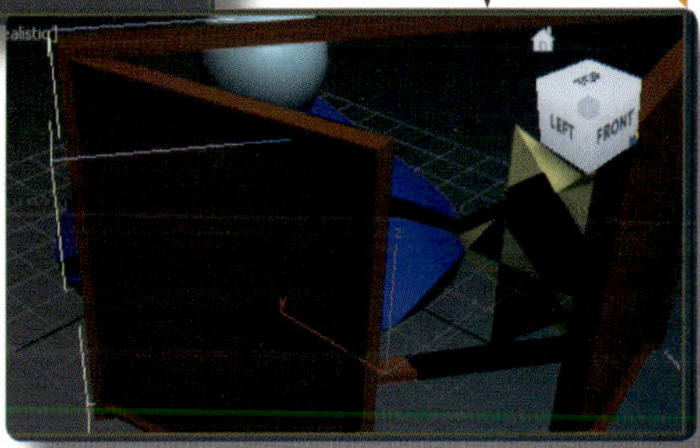

Cambiar el nombre y el color de un objeto

IMPORTANTE

La opción **Assign Random Colors** está activada por defecto en el cuadro Object Color, lo que hace que cada uno de los objetos que se dibujan en una escena sean de colores diferentes. Si desactiva esta opción, el programa asignará el mismo color a todos ellos.

AL CREAR POR PRIMERA VEZ objetos en una escena, 3ds Max les asigna un nombre y un color predeterminados. Si la escena está compuesta de muchos objetos, estos nombres pueden prestarse a confusión, por lo que 3ds Max permite cambiarlos. Puede hacerlo directamente en el Command Panel o a través del cuadro Rename Objects, incluido en el menú Tools. Del mismo modo, desde el panel Command Panel también puede modificar el color del objeto seleccionado accediendo al cuadro Object Color.

1. En este ejercicio veremos cómo cambiar el nombre y el color de algunos de los objetos de la escena **prueba**. Haga clic sobre la ventana para seleccionarla, haga doble clic en el cuadro que muestra su nombre predeterminado en el apartado **Name and Color**, [1] escriba el término **ventana** y pulse **Retorno**. [2]
2. Cambiaremos también su color. Haga clic en la muestra de color situada a la derecha de su nombre en este apartado.
3. El cuadro **Object Color** muestra toda la gama de colores incluida en la paleta estándar del programa. [3] Para ver una paleta con más colores, active la opción **AutoCAD ACI palette.**
4. Seleccione una de las muestras y pulse el botón **OK**. [4]
5. Imagine ahora que desea cambiar el nombre de varios objetos a la vez. Despliegue el menú **Tools** y pulse sobre la opción **Rename Objects**. [5]

El **nombre de los objetos** creados en 3ds Max es, por defecto, el tipo de objeto seguido de un número (Box01, Box02, Box03...).

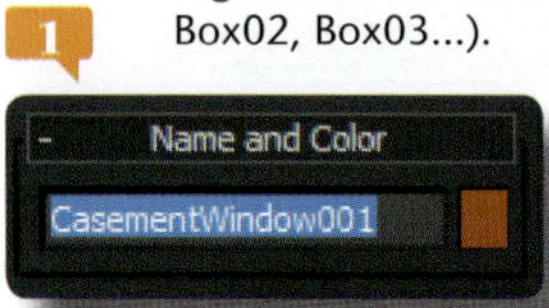

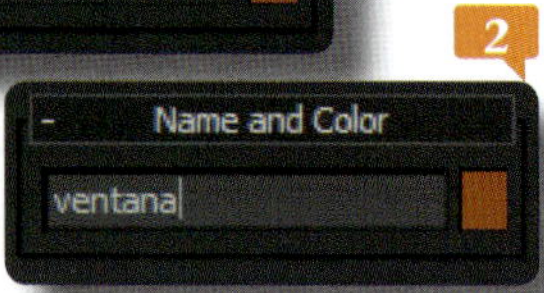

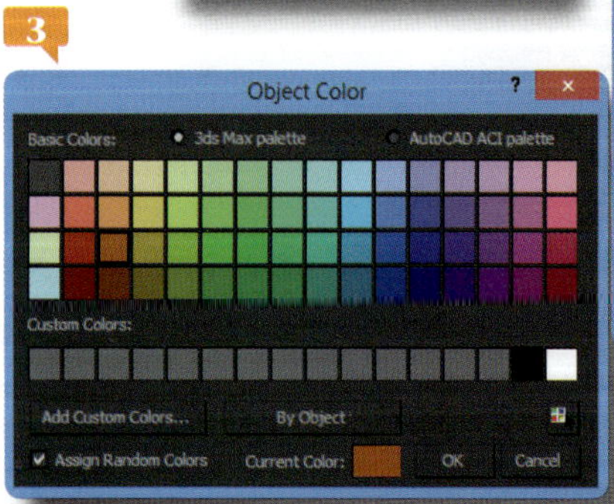

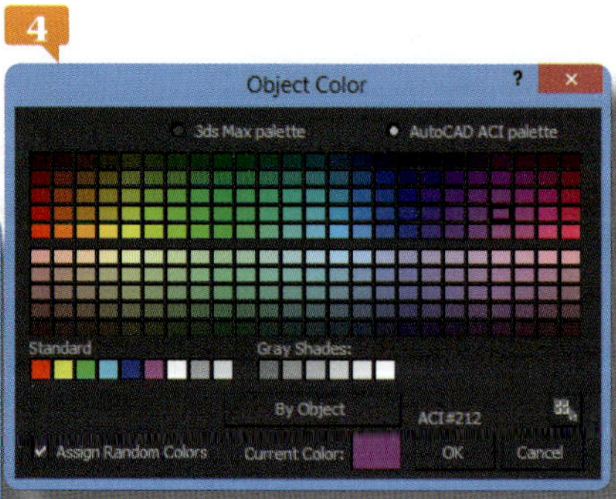

Puede añadir colores personalizados a la paleta de 3ds Max pulsando el botón **Add Custom Colors**.

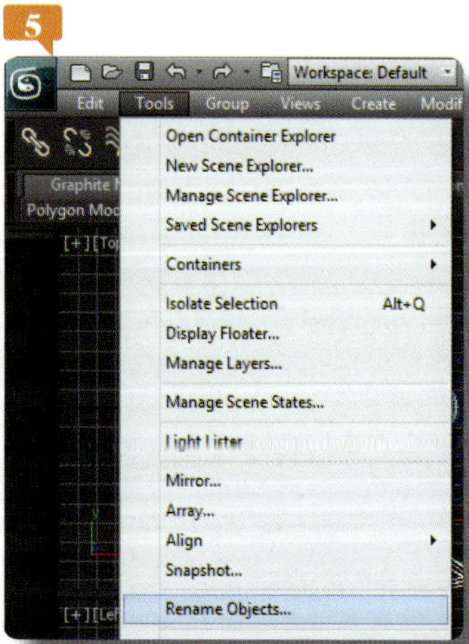

6. Este cuadro permite modificar el nombre del objeto seleccionado o designar los objetos a los que quiere cambiar el nombre. Vamos a aplicar el mismo nombre a la esfera y al cono. En el cuadro **Rename Objects**, active la opción **Pick**. [6]

7. Se abre el cuadro **Pick Objects to Rename**, en el que debemos escoger los objetos que nos interesa renombrar. Haga clic en el objeto **Cone001**, pulse la tecla **Control**, haga clic a la vez sobre el objeto **Sphere001** [7] y pulse el botón **Use**.

8. Ahora los cambios de nombre que efectuemos en el cuadro **Rename Objects** afectarán a los dos objetos que hemos indicado. Haga clic en el cuadro de texto **Base Name**, escriba el término **conjunto** y pulse el comando **Rename**. [8]

9. Cierre el cuadro **Rename Objects** pulsando el botón de aspa de su **Barra de título**.

10. Vamos a comprobar que el nuevo nombre se ha aplicado correctamente seleccionando uno de los dos objetos. Pulse sobre la esfera en el visor **Perspective**.

11. En el apartado **Name and Color** del panel **Command Panel** aparece el nuevo nombre que hemos asignado a la esfera. [9] Aprovechando que la esfera está seleccionada, vamos a disminuir ligeramente su radio. En el panel **Command Panel**, haga clic sobre la segunda pestaña, denominada **Modify**.

12. En el apartado **Parameters**, haga doble clic sobre el campo **Radius**, inserte el valor **13 y** pulse la tecla **Retorno** para confirmar la modificación. Luego guarde los cambios realizados en la escena para dar por acabado el ejercicio.

030

IMPORTANTE

Los colores asignados por defecto a los objetos son los que utiliza 3ds Max para representarlos en los visores y también en la renderización final siempre y cuando no se les aplique un **material**.

6

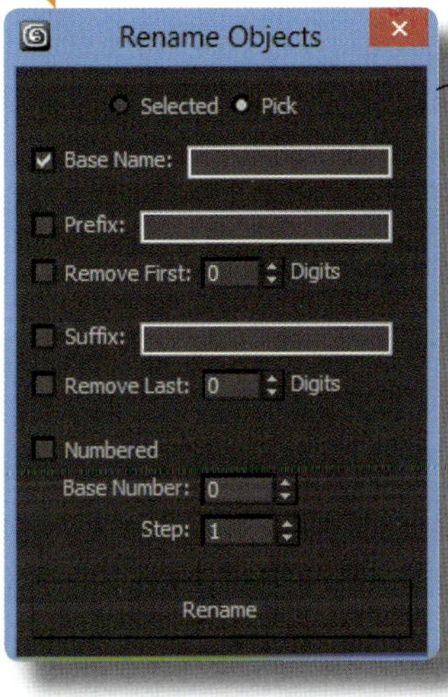

8

7

Aunque este cuadro esté abierto, puede **seleccionar directamente** en los visores los objetos que desea renombrar.

Puede completar el nombre de los objetos con **prefijos** y **sufijos** que pueden ser tanto letras como números.

9

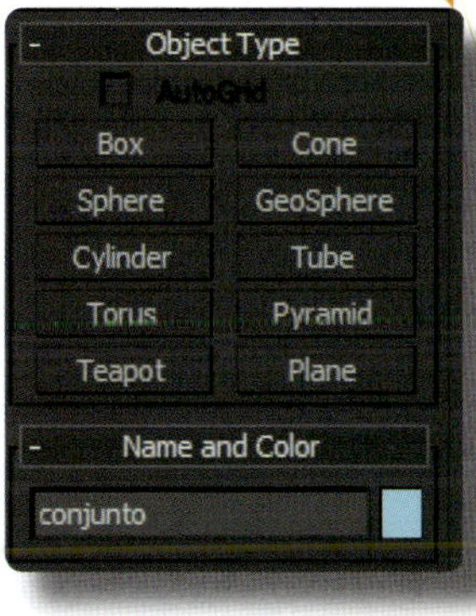

Mover objetos

IMPORTANTE

Debe tener muy clara la **diferencia entre modificación y transformación** de objetos. Mientras la modificación afecta directamente a la geometría del objeto, la transformación simplemente le hace cambiar de estado.

UNA VEZ CREADOS LOS OBJETOS QUE VAN A COMPONER una escena, puede realizar transformaciones de movimiento para cambiar su posición en el plano de distintas maneras. Una de ellas, la más rápida pero menos precisa, consiste en seleccionarlos con la herramienta Select and Move de la Main Toolbar y arrastrarlos hasta situarlos aproximadamente en el punto deseado. Pero si desea mover un objeto de forma exacta, es aconsejable que acceda al cuadro Move Transform Type-In, en el que deberá introducir los valores para cada una de las coordenadas.

1. Llevaremos a cabo esta práctica sobre la escena **023.max**, que creamos en ejercicios anteriores. (Si no dispone de esta escena, sepa que puede descargarla desde nuestra página web.) Una vez abierta en el área de trabajo del programa, utilizaremos la herramienta **Select and Move** para desplazar mediante el arrastre el cono de la escena. Active esta herramienta pulsando la tecla **W**. [1]
2. Seleccione con ella el cono y vea que aparece en su centro el llamado gizmo de movimiento, elemento que incluye tres flechas de colores rojo, verde y azul que identifican respectivamente a los ejes X, Y y Z del plano. [2] Utilizando las teclas + y - del teclado alfanumérico, puede aumentar o reducir el tamaño del gizmo de movimiento. Compruébelo. [3]
3. Desplazaremos hacia arriba el cono utilizando para ello la flecha del gizmo de movimiento correspondiente al eje Z del plano. En el visor activo, haga clic en la punta de flecha azul

1

2

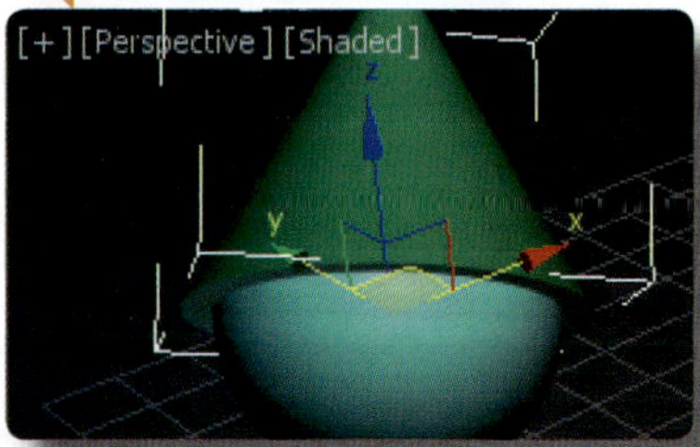

Además de las tres flechas correspondientes a los ejes, el **gizmo de movimiento** muestra también dos líneas perpendiculares para cada plano, que permiten desplazar el objeto a lo largo de dos ejes a la vez.

3

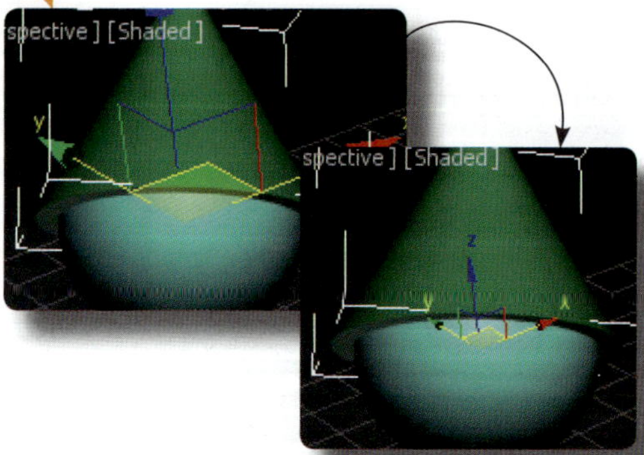

del gizmo de movimiento, y arrastre ligeramente hacia arriba. [4]

4. En la **Barra de coordenadas**, en la parte inferior de la pantalla, puede ver el punto exacto del plano en el que se encuentra en estos momentos el cono. [5] Para indicar el punto exacto en el que desea situar un objeto, debe acceder al cuadro **Move Transform Type-In**. Para ello, puede pulsar la tecla **F12**, seleccionar la opción **Transform Type-In** del menú **Tools** o pulsar con el botón derecho del ratón en la herramienta **Select and Move** cuando ésta se encuentre activada. Seleccione la esfera y después pulse con el botón derecho del ratón sobre la herramienta **Select and Move**.
5. En el cuadro **Move Transform Type-In** debe introducir los valores de cada una de las coordenadas. Haga doble clic en el campo **X** de la columna **Absolute:World** de este cuadro, escriba, por ejemplo el valor **-30** y pulse la tecla **Retorno**.
6. La esfera se desplaza hasta el punto del eje de coordenadas horizontal indicado. Haga doble clic en el valor **Z** de la columna **Absolute:World**, inserte el valor **-10** y pulse **Retorno**. [6]
7. La esfera vuelve a desplazarse hasta el punto del eje de profundidad indicado. Cierre el cuadro **Move Transform Type-In** pulsando en el botón de aspa de su **Barra de título**.
8. También es posible mover un objeto seleccionado con la herramienta **Select and Move** modificando los valores de las diferentes coordenadas en la **Barra de coordenadas**. Haga doble clic en el campo **Y** de esa barra, inserte el valor **35** y pulse **Retorno**. [7]
9. Para acabar, guarde los cambios realizados en la escena pulsando la combinación de teclas **Ctrl. + S** y anule la selección actual pulsando en una zona libre del visor.

031

IMPORTANTE

El nombre del cuadro de transformación variará dependiendo del tipo de transformación que se vaya a realizar. Así, si se trata de una rotación, se llamará **Rotate Transform Type-In** y si realizamos una escala se llamará **Scale Transform Type-In**.

7

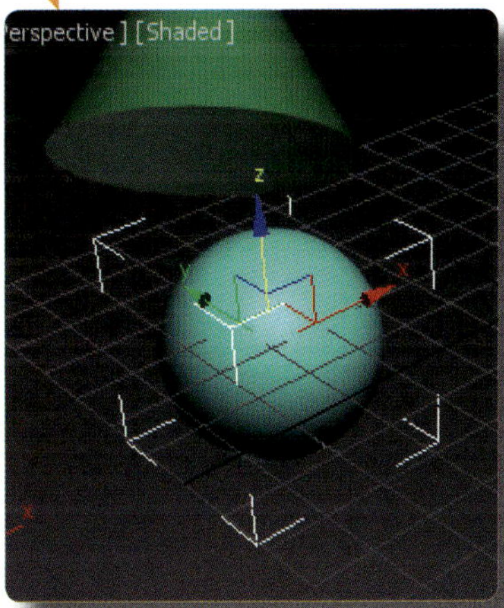

4

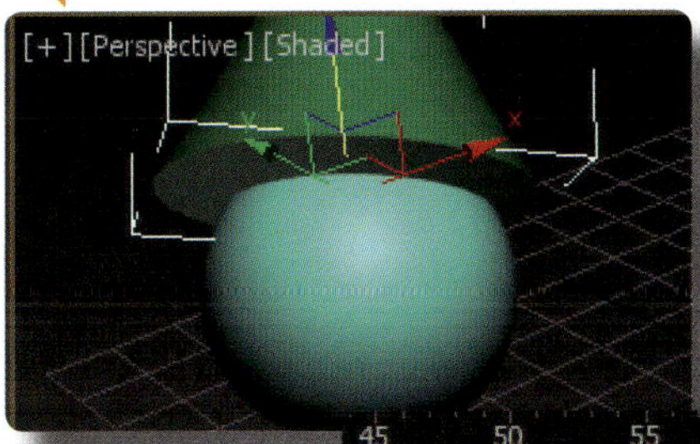

6

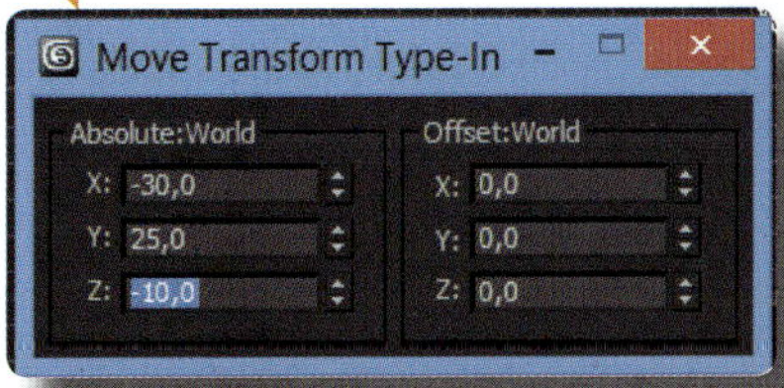

Aunque este cuadro de diálogo esté abierto, es posible pulsar sobre otro objeto de la escena para seleccionarlo y moverlo después.

5

Con el botón que aparece a la izquierda de la coordenada X en la Barra de coordenadas puede definir la transformación en **modo absoluto** o en **modo de desfase**.

Rotar objetos

PARA ROTAR UN OBJETO se usa la herramienta Select and Rotate, representada en la Main Toolbar por una flecha curvada. Al activarla y seleccionar el objeto que desea girar, aparecerá sobre él el gizmo de rotación, cuyas asas son círculos de una esfera virtual que corresponden a las diferentes direcciones de giro. Al arrastrar el cursor sobre cualquiera de estos círculos, el objeto girará en esa dirección.

1. Puede activar la herramienta **Select and Rotate** pulsando en su icono de la **Main Toolbar** [1] o la tecla **E**. Ejecute una de estas operaciones y seleccione el cono en el visor **Perspective**.
2. Aparece el gizmo de rotación, mostrando como asas los círculos de una esfera virtual. [2] Si selecciona una de estas asas y arrastra, se ilumina un arco que indica la distancia de rotación a lo largo de ese eje. Para realizar giros precisos, accederemos al cuadro **Rotate Transform Type-In**. Para ello, puede seleccionar la opción **Transform Type-In** del menú **Tools**, pulsar la tecla **F12** o pulsar con el botón derecho del ratón sobre la herramienta **Select and Rotate**. Ejecute esta última acción.
3. Haga doble clic en el campo **X**, inserte el valor **-45** y pulse la tecla **Tabulador**. [3]
4. El objeto seleccionado ha girado en el eje horizontal. En el campo **Y** escriba el valor **25** y pulse **Retorno**. [4]

1

2

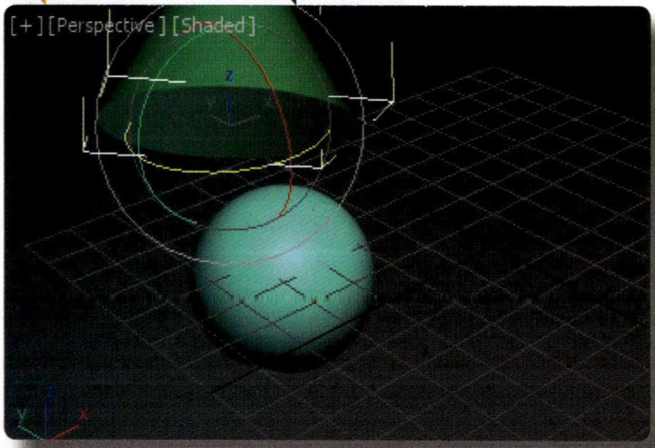

3

Las rotaciones se miden en **grados**; así, si desea girar completamente un objeto, deberá ejecutar un giro de 360 grados.

4

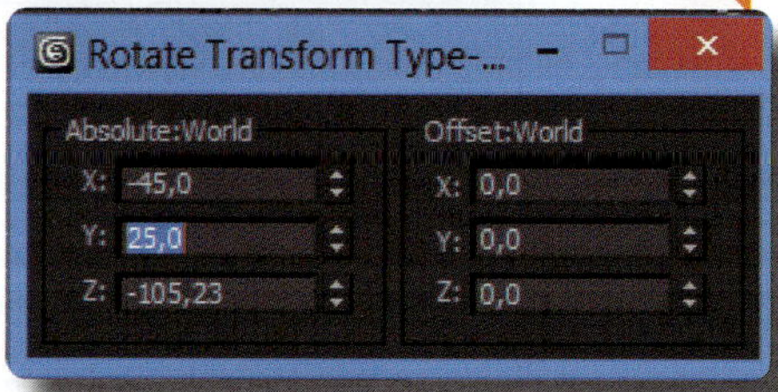

032

5. En la **Barra de coordenadas** puede ver que los nuevos valores se han aplicado correctamente. Puede utilizar también esta barra para girar con precisión cualquier objeto que seleccione en los visores. Pulse el botón de aspa de la **Barra de título** del cuadro **Rotate Transform Type-In**.
6. Devolveremos el objeto a su estado inicial poniendo a cero los valores de las coordenadas en la **Barra de coordenadas**. Haga doble clic en el campo **X** de dicha barra, inserte el valor **0** y pulse la tecla **Tabulador**.
7. En el campo **Y**, correspondiente a la coordenada vertical, escriba también el valor **0** y pulse **Retorno**. [5]
8. Las herramientas de rotación de visualización, incluidas en la **Barra de herramientas de visualización**, en el extremo inferior derecho de la pantalla, afectan a la visualización de los objetos en los visores, produciendo un efecto de rotación orbital y tridimensional por arrastre sobre unos centros de giro que indica el usuario. Haga clic y mantenga unos segundos presionado el botón del ratón sobre la herramienta **Orbit**, penúltimo icono de esa barra, y elija el primer icono, **Orbit**. [6]
9. Aparece en el visor activo un círculo amarillo con tiradores en sus cuadrantes. [7] Haga clic, por ejemplo, sobre el tirador situado más a la derecha y arrástrelo ligeramente hacia la derecha. [8]
10. Para desactivar la herramienta, pulse con el botón derecho del ratón en una zona libre del visor y haga lo mismo pero con el botón izquierdo del ratón para deseleccionar el cono.

IMPORTANTE

El penúltimo icono de la Barra de herramientas de visualización incluye tres opciones: la primera, **Orbit,** utiliza el centro de la vista como centro de rotación. La segunda, **Orbit Selected,** utiliza el centro de la selección actual como centro de la rotación y, por último, la opción **Orbit SubObject** usa el centro de la selección de subobjetos actual.

Al pulsar sobre alguno de los **tiradores** y arrastrar, se producen en la visualización giros verticales u horizontales. En el caso de que arrastre desde el centro del círculo, el giro se producirá libremente.

5

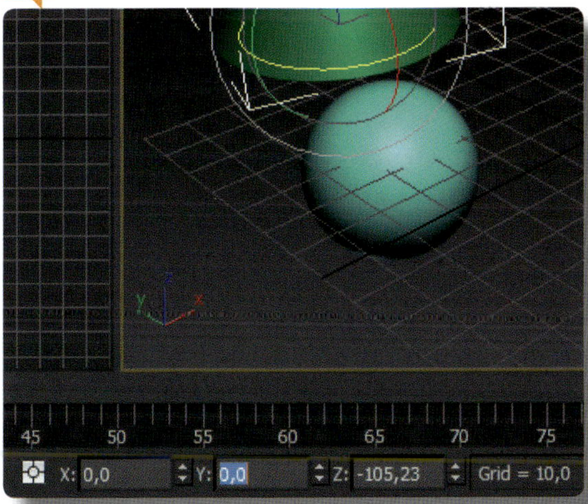

6

7

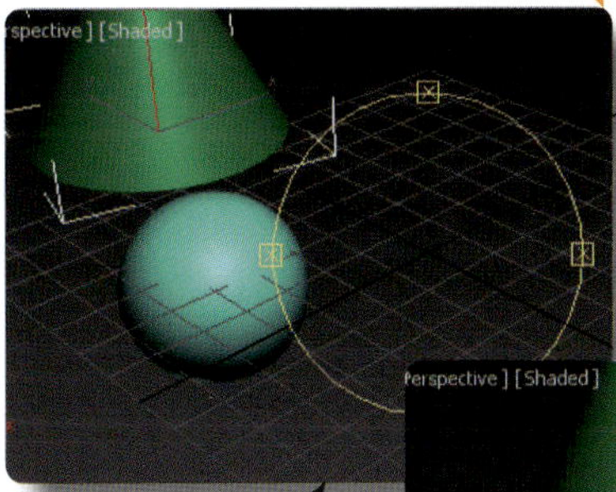

8

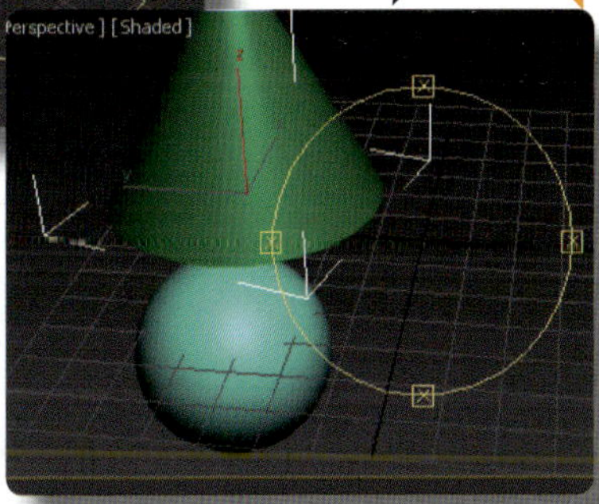

Escalar objetos

IMPORTANTE

Al seleccionar un objeto con la herramienta **Select and Uniform Scale**, aparecerá sobre él el gizmo de escalado, consistente en dos triángulos y una línea para cada uno de los ejes.

LAS OPCIONES INCLUIDAS en la herramienta Select and Scale producen la selección y el escalado porcentual del objeto sobre un punto central de transformación al mismo tiempo. Existen tres posibilidades: Select and Uniform Scale, Select and Non-uniform Scale y Select and Squash. Puede utilizar el método de arrastre del gizmo de escalado, que muestra dos triángulos y una línea para cada uno de los ejes. Si arrastra el centro del triángulo, el objeto se escala completa y uniformemente, pero si arrastra alguna de sus porciones externas, el objeto se escala a lo largo de sus dos ejes adyacentes. También puede introducir manualmente el porcentaje en el cuadro Scale Transform Type-In.

1. Pulse sobre la herramienta **Select and Uniform Scale**, [1] situada a la derecha de la herramienta **Select and Rotate** en la **Main Toolbar** y haga clic sobre el cono en el visor activo para que aparezca el gizmo de escalado. [2]
2. Haga clic en el punto del triángulo en el que convergen los tres ejes y arrastre levemente hacia arriba.
3. Compruebe que, en los cuatro visores, el tamaño del cono aumenta. [3] Si desea que el proceso de escalado sea más preciso, puede introducir los valores correspondientes al porcentaje del mismo para cada uno de los ejes en el cuadro **Scale Transform**

1

Puede alternar entre cada una de las herramientas de escalado pulsando repetidas veces la **tecla R**.

2

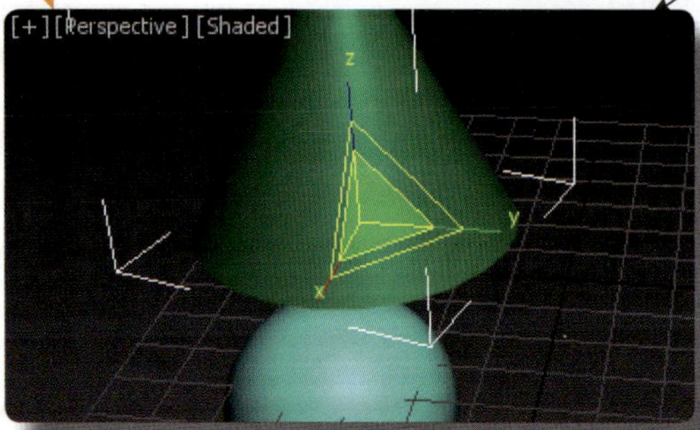

3

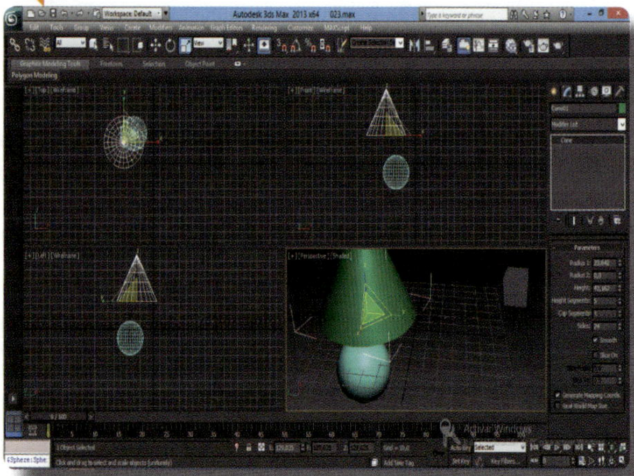

Type-In. Ya sabe que puede acceder a dicho cuadro pulsando la tecla **F12** o seleccionando la opción **Transform Type-In** del menú **Tools** siempre y cuando la herramienta de escalado esté activada, o bien pulsar con el botón derecho del ratón sobre dicha herramienta. Ejecute esta última acción.

4. Haga doble clic en el campo **X**, inserte el valor **80** y pulse la tecla **Tabulador** para pasar al siguiente campo. 4
5. En el campo **Y** escriba también el valor **80** y en el campo **Z**, correspondiente a la profundidad, inserte el valor **70** y pulse **Retorno** para confirmar cada entrada. 5
6. Cierre el cuadro **Scale Transform Type-In** pulsando el botón de aspa de su **Barra de título**.
7. Recuerde que, cuando se mueve, se rota o se escala un objeto, los nuevos valores se muestran en la **Barra de coordenadas**, y desde ella también pueden ser modificados. Lógicamente, dependiendo de la herramienta de transformación seleccionada, los valores que aparecen en los tres ejes varían. Haga clic en el campo **X** de la **Barra de coordenadas**, inserte el valor **100** y pulse la tecla **Retorno**. 6
8. Para acabar este ejercicio, reiniciaremos la escena guardando los cambios realizados en ella. Pulse el **Botón de aplicación** y elija la opción **Reset**.
9. En el primer cuadro que aparece, haga clic en **Sí** para que se almacenen los cambios y, en el siguiente, pulse **Yes** para confirmar que desea reiniciar la escena.

033

IMPORTANTE

La herramienta de transformación Scale incluye tres opciones. La opción **Select and Uniform Scale** permite seleccionar y aumentar o disminuir el tamaño de un objeto de manera uniforme. La segunda opción, **Select and non-Uniform Scale**, lo hace de manera no uniforme, pudiendo así deformar considerablemente el objeto. Por último, la opción **Select and Squash** es un tipo especial de escalado no uniforme.

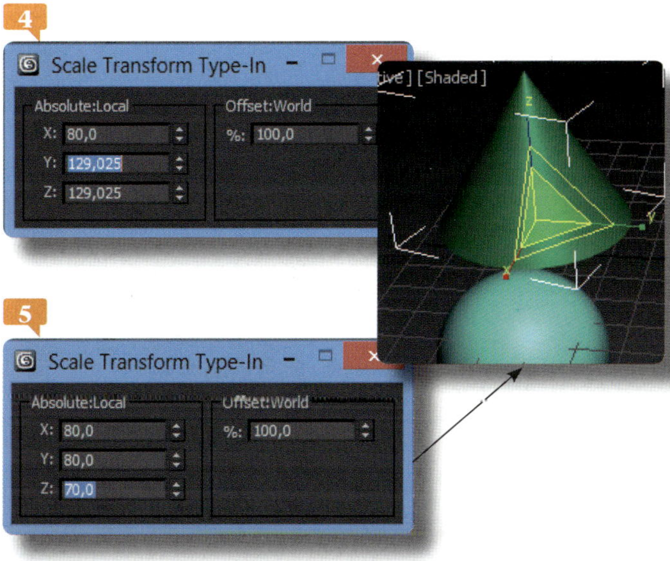

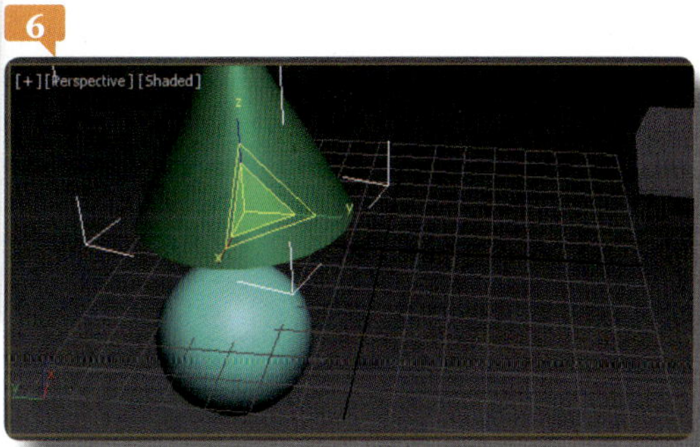

El escalado produce un incremento o decremento **porcentual** del tamaño total del objeto.

Crear copias exactas de un objeto

IMPORTANTE

En 3ds Max los duplicados pueden tener tres formatos; las **copias** son duplicados exactamente iguales al original pero totalmente independientes del mismo; los **calcos** son duplicados también idénticos al original pero a la vez dependientes del mismo e interrelacionados, de manera que al efectuar modificaciones en cualquiera de ellos (ya sea el objeto original, ya sea cualquiera de los calcos), éstas se aplican también al resto. Por último, las **referencias** son duplicados exactos al original pero las modificaciones son unidireccionales, es decir, si efectuamos cambios en el original, éstos se transmiten a las referencias pero no al revés.

CON 3DS MAX ES MUY SENCILLO obtener copias idénticas de un objeto. Para ello, puede seleccionar la opción Clone del menú Edit, que se activa también al pulsar la combinación de teclas Ctrl.+V, o pulsar la tecla Mayúsculas a la vez que utiliza las herramientas de transformación del objeto. Si utiliza este último método, podrá indicar el número de duplicados que desea obtener.

1. En el siguiente ejercicio vamos a mostrarle cómo crear copias exactas de un objeto. Para empezar, dibujaremos un cilindro utilizando las entradas de teclado. Haga clic en el comando **Cylinder** del **Command Panel**. [1]
2. En la persiana **Keyboard Entry** de este panel, introduzca el valor **25** en el campo **Radius** y el valor **30** en el campo **Height** y pulse el comando **Create** para que el cilindro aparezca en los visores. [2]
3. Active la herramienta **Select Object** en la **Main Toolbar**, despliegue el menú **Edit** y pulse sobre la función **Clone**. [3]
4. En el cuadro **Clone Options** debemos indicar el formato de duplicado que queremos obtener. Active la opción **Copy** y pulse el comando **OK**. [4]
5. Al crear un duplicado con la opción de menú **Clone**, éste se sitúa directamente sobre el original. Para comprobar que la copia se ha generado correctamente, puede acceder al cuadro

1
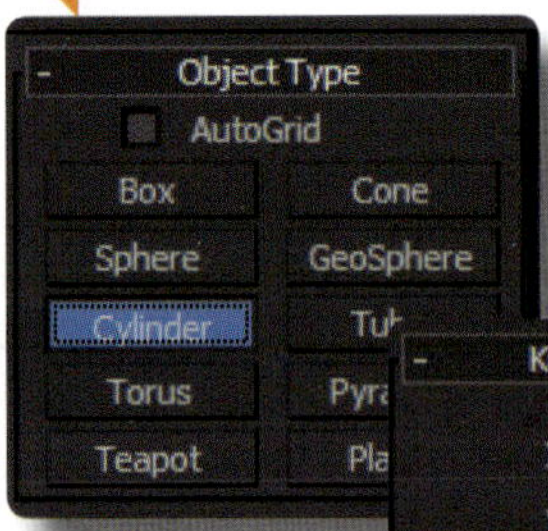

2
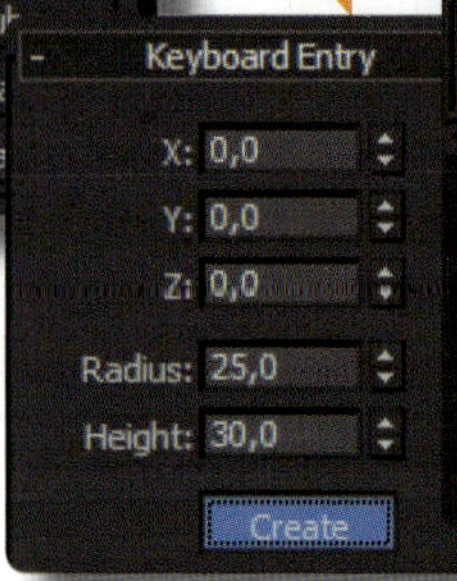

3
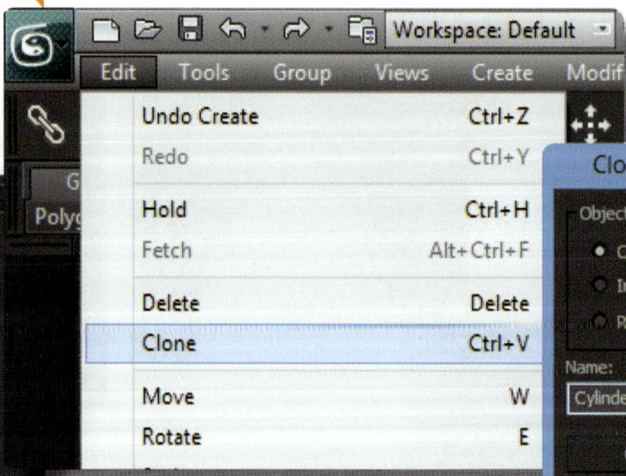

4
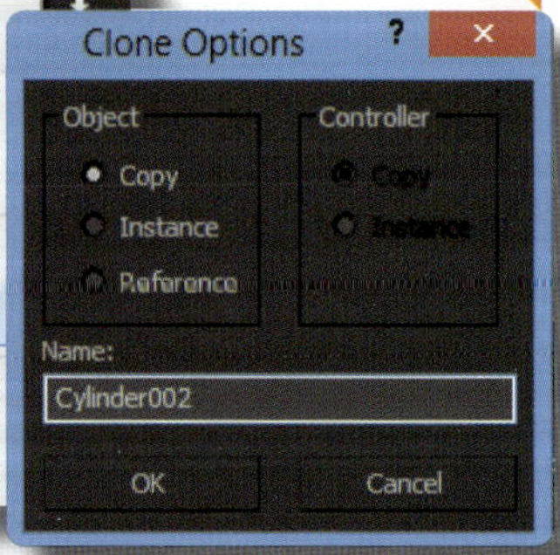

034

Select From Scene pulsando la tecla **H** o bien seleccionando la opción **By Name** del comando **Select By** incluido en el menú **Edit.** Pulse la tecla **H.**

6. Efectivamente, además del cilindro original, **Cylinder001**, hay un nuevo cilindro denominado **Cylinder002**, seleccionado en estos momentos. Pulse el comando **Cancel** para cerrar el cuadro **Select From Scene.**
7. A continuación, para visualizar los dos cilindros, desplazaremos la copia. Active la herramienta **Select and Move** en la **Main Toolbar** y pulse con el botón derecho del ratón sobre ella.
8. En el cuadro **Move Transform Type-In**, haga doble clic en el campo **Y**, inserte el valor **50**, pulse **Retorno** y cierre el cuadro pulsando el botón de aspa de su **Barra de título.**
9. Vamos a comprobar ahora que, al duplicar un objeto en formato de copia, el resultado es completamente independiente del original. Haga clic en la pestaña **Modify**, la segunda del **Command Panel;** en la persiana **Parameters**, haga doble clic en el campo **Radius**, escriba el valor **15** y pulse **Retorno.**
10. El nuevo radio se aplica sólo a la copia del cilindro. Seleccione el cilindro original en el visor **Perspective**, haga doble clic de nuevo en el campo **Radius** de la persiana **Parameters**, inserte el valor **30** y pulse **Retorno.**
11. De nuevo se modifica únicamente el cilindro seleccionado. Deseleccione el cilindro y pulse la combinación de teclas **Ctrl.+S.**
12. En el cuadro **Save File As** localice su carpeta de documentos, en el campo **File name** escriba, por ejemplo, el término **clones** y pulse el botón **Save** para almacenar la escena.

IMPORTANTE

En el cuadro de diálogo **Clone Options**, observe que sólo el apartado **Object** está activado, pero en el caso de que el objeto tenga asociados controladores, se activará también el apartado **Controller** y podrá realizar copias o referencias de los mismos.

7

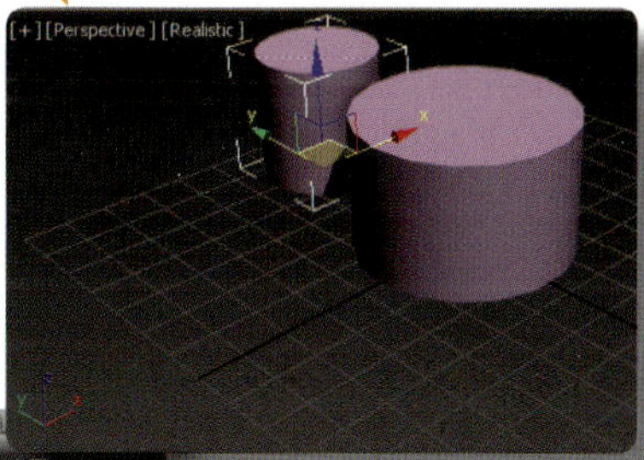

5

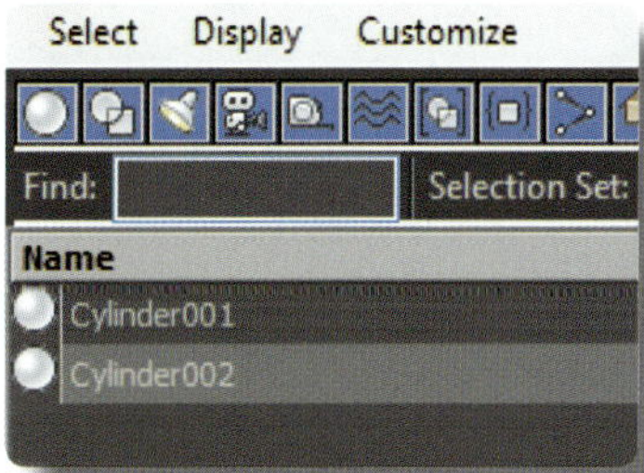

La clonación de objetos implica el uso del mismo color.

6

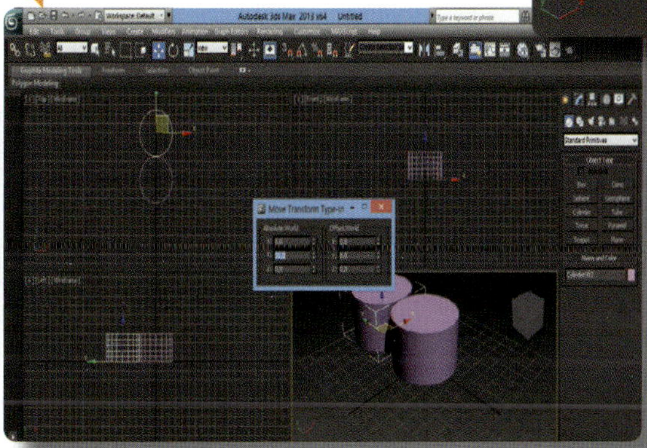

8

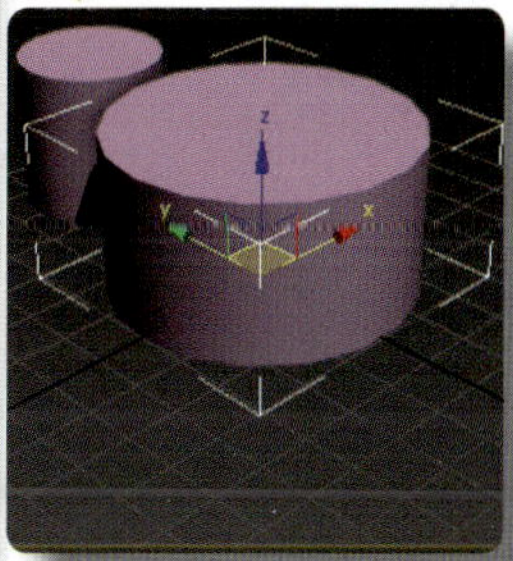

Obtener varias copias de un objeto a la vez

PARA CREAR VARIOS OBJETOS idénticos a la vez, debe usar las herramientas de transformación manteniendo presionada la tecla Mayúsculas. Al soltar el botón del ratón tras arrastrar un objeto con cualquiera de esas herramientas y la tecla Mayúsculas presionada, se abre el cuadro Clone Options, idéntico al que aparece al seleccionar la función Clone, con la salvedad de que permite escoger el número de copias que desea obtener.

1. Con la herramienta **Select and Move** seleccione el cilindro mayor del archivo **clones** (creado en la lección anterior) en el visor **Perspective.** [1]
2. Pulse la tecla **Mayúsculas**, haga clic en la punta de flecha de color rojo del gizmo de movimiento, correspondiente al eje X y, sin soltar el botón del ratón, arrastre ligeramente en la dirección que le indica la propia flecha y libere el botón. [2]
3. En esta ocasión, el cuadro **Clone Options** permite escoger el número de copias que queremos obtener. Active la opción **Instance** del apartado **Object**, haga doble clic en el campo **Number of Copies** e inserte el valor **3** y pulse el botón **OK.** [3]
4. Han aparecido tres nuevos cilindros. [4] Vamos a comprobar que, al contrario de lo que ocurre con las copias, si efectuamos una operación sobre cualquiera de los calcos, ésta se reprodu-

IMPORTANTE

La **distancia entre las copias** se define al arrastrar la copia inicial; así, si ha creado una copia a una distancia de 3 unidades del original, la segunda copia estará a 3 unidades de la primera y, por lo tanto, a 6 del original y así sucesivamente.

1

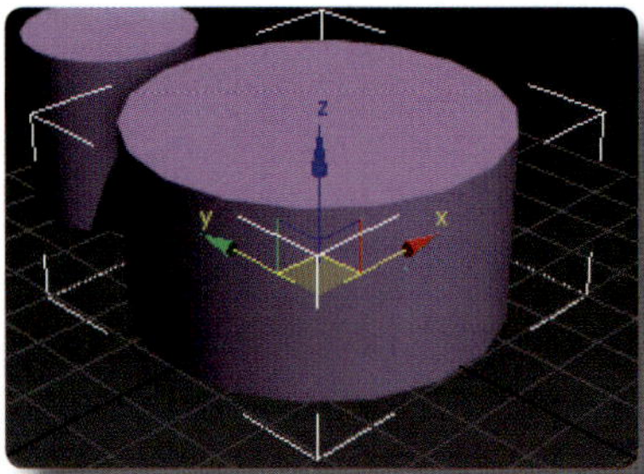

Para llevar a cabo este proceso de clonación, es preciso activar una de las herramientas de transformación, a saber, **Select and Move**, **Select and Rotate** o **Select and Scale**.

2

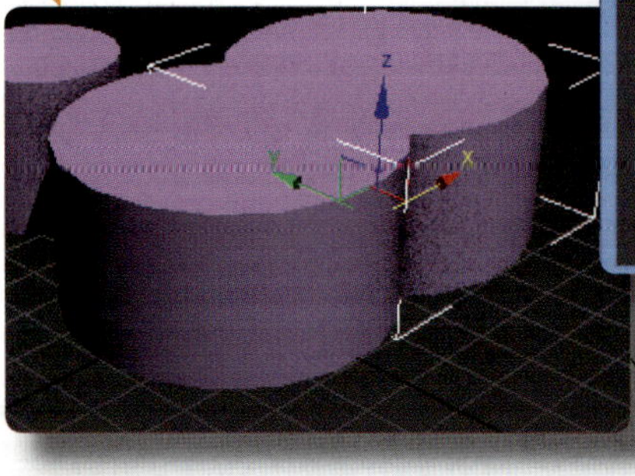

3

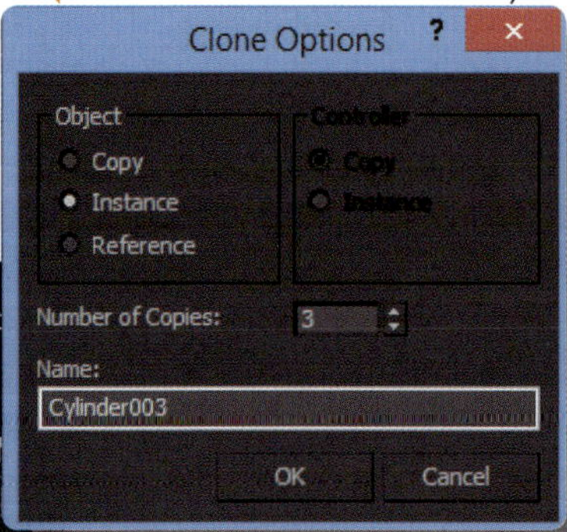

4

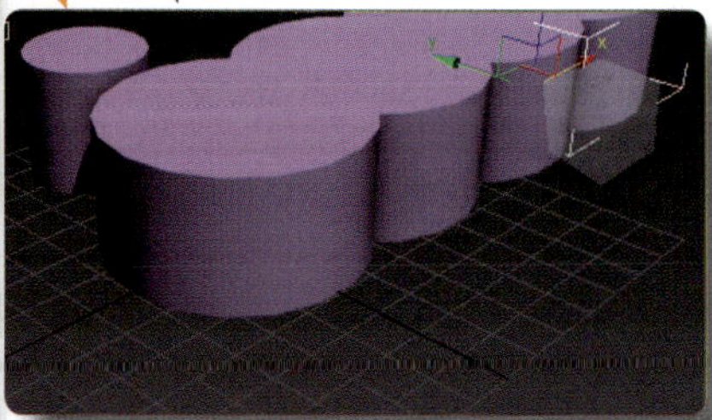

Recuerde que la opción **Instance** crea duplicados iguales pero dependientes del original y entre sí, de manera que, si se efectúa una modificación en uno de ellos, los demás también se verán afectados.

035

cirá tanto en los demás como en el objeto original y al revés. Pulse en la pestaña **Modify** del **Command Panel**.

5. Haga doble clic en el campo **Radius** de la persiana **Parameters**, inserte, por ejemplo, el valor **22** y pulse la tecla **Retorno**. [5]
6. Efectivamente, cambia el radio tanto del cilindro seleccionado como del original y del resto de calcos. [6] Pero, ¿y si deseamos manipular uno de los calcos como objeto independiente? Para ello disponemos del botón **Make Unique**, que rompe cualquier interrelación entre los objetos duplicados. Pulse sobre dicho botón, el tercero de los situados en el **Command Panel** bajo el cuadro que contiene el nombre del elemento seleccionado. [7]
7. Ahora el cilindro número 5 es un objeto exclusivo y los cambios que le apliquemos no afectarán al resto de calcos ni al cilindro original. Haga doble clic en el campo **Height** del apartado **Parameters**, inserte el valor **40** y pulse **Retorno**. [8]
8. Existe un elemento que puede cambiarse siempre de manera independiente en copias, calcos o referencias sin necesidad de convertirlos en objetos exclusivos. Se trata del color. Haga clic sobre el segundo cilindro de la fila de clones.
9. En el **Command Panel**, pulse sobre la muestra correspondiente al color del cilindro seleccionado [9] para acceder al cuadro **Object Color**, pulse sobre la muestra de color que más le guste y haga clic en el botón **OK** para aplicarla.
10. Sólo ha cambiado el color del cilindro seleccionado. [10] Reinicie la escena guardando los cambios realizados en ella.

9
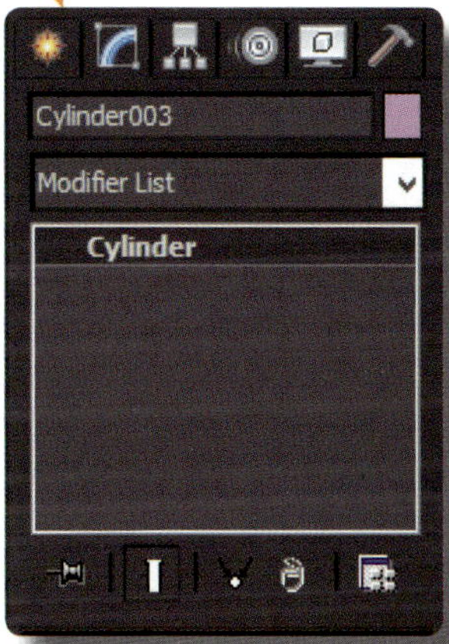

10
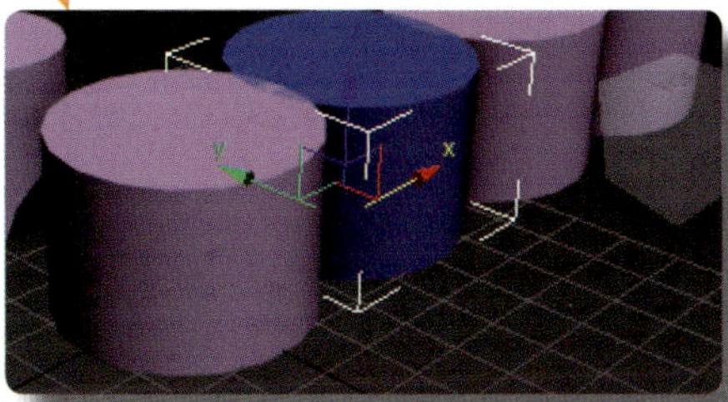

5
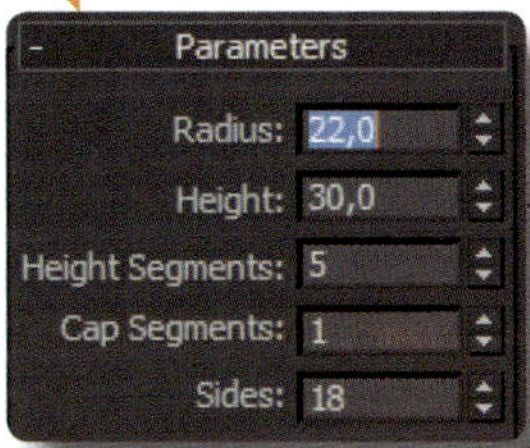

7

6
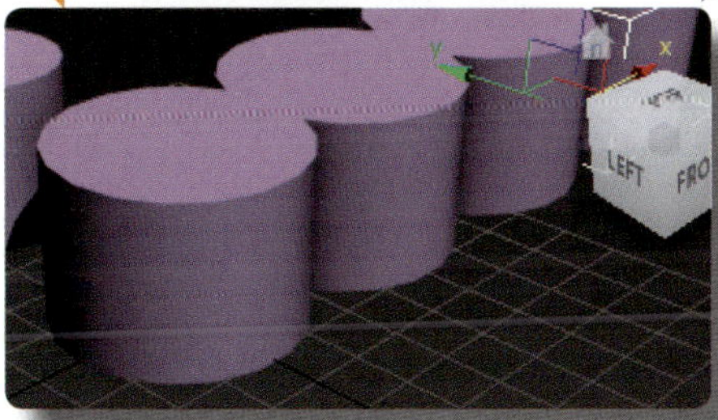

8
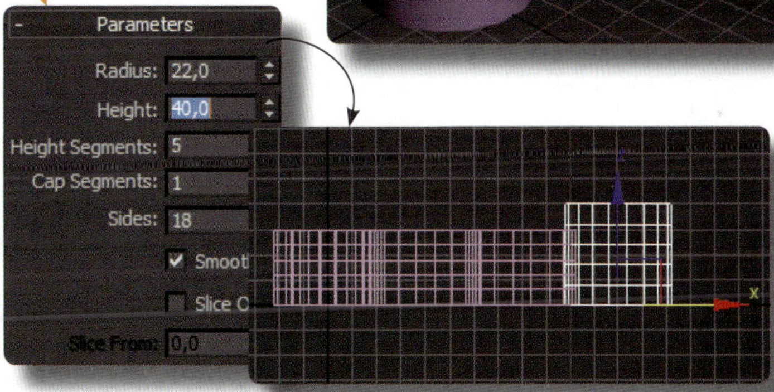

Clonar y alinear objetos

LA HERRAMIENTA CLONE AND ALIGN, incluida en el menú Tools, permite clonar objetos seleccionados y ubicarlos en puntos especificados alineados con otros objetos en la escena. Al utilizar la herramienta Clone and Align se abre un cuadro de diálogo con el mismo nombre desde el cual puede seleccionar uno o varios objetivos e indicar el tipo de clones que desea obtener y los parámetros de alineación (posición y orientación) que se van a aplicar.

1. En esta lección conocerá el funcionamiento de la herramienta **Clone and Align**. Para ello, practicaremos con una sencilla escena denominada **036.max**, que puede encontrar en la zona de descargas de nuestra página Web. Una vez disponga de este archivo en su carpeta **Documentos**, ábralo en 3ds Max.
2. Con la herramienta **Clone and Align** puede generar automáticamente clones, copias o referencias de un objeto y situarlos exactamente en el punto que desee de la escena, punto que deberá marcar con otro objeto. En este caso, se han creado tres formas cuadradas que actuarán como marcadores. Haga clic sobre la pirámide en el visor **Perspective.** 1
3. A continuación, despliegue el menú **Tools**, haga clic en la opción **Align** y seleccione el comando **Clone and Align**. 2
4. Se abre un cuadro con el mismo nombre desde el cual puede especificar las características que tendrá la clonación. 3 Como

1

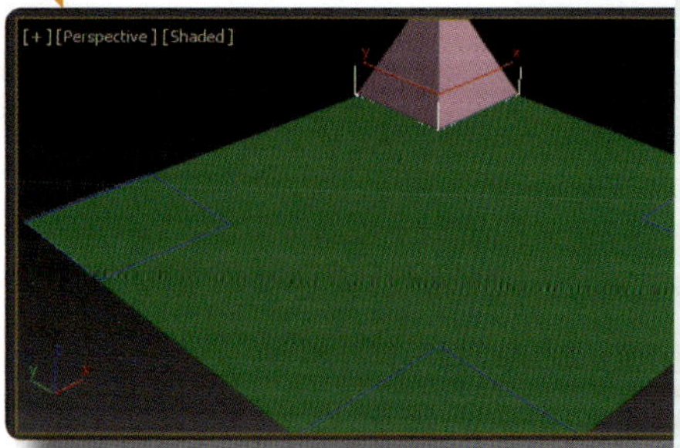

El primer paso para **clonar y alinear objetos** consiste en seleccionar el objeto que se desea clonar.

2

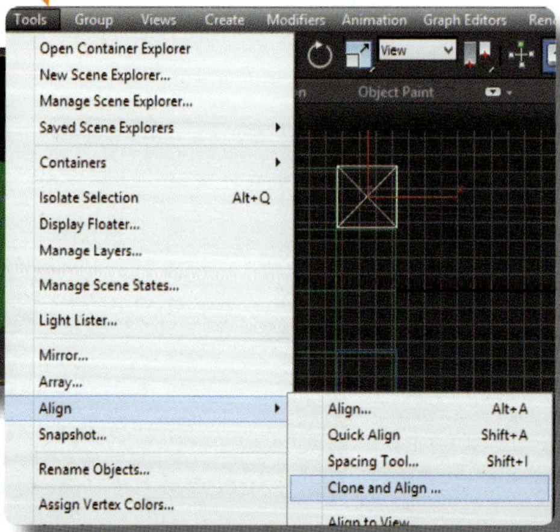

3

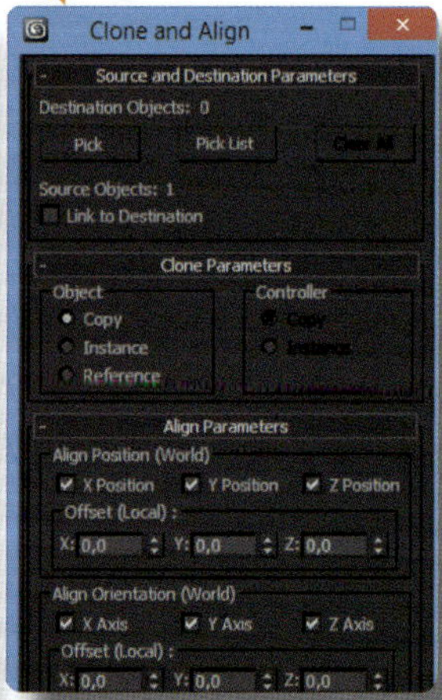

036

puede ver, es posible obtener copias, clones o referencias del objeto seleccionado, así como definir su posición y su orientación activando o desactivando los ejes necesarios e introduciendo los valores apropiados en sus correspondientes casillas. En esta ocasión, queremos situar los clones sobre las tres formas cuadradas, por lo que las seleccionaremos utilizando el comando **Pick List**. Pulse sobre dicho comando. 4

5. En el cuadro **Pick Destination Objects**, haga clic sobre el objeto **Rectangle01** y, manteniendo presionada la tecla **Control**, pulse sobre los otros dos rectángulos. 5 Después haga clic en el botón **Pick**.
6. Active la opción **Link to Destination** y vea cómo automáticamente se generan los clones en las ubicaciones indicadas. 6 Tenga en cuenta que, por el momento, y hasta que pulse el botón **Apply**, estos clones son temporales y sólo están en modo de previsualización. Haga clic en este botón para finalizar la clonación. 6
7. Cierre el cuadro **Clone and Align** pulsando el botón de aspa de su **Barra de título**.
8. Para acabar este ejercicio, deseleccione la primera pirámide y guarde los cambios realizados pulsando la combinación de teclas **Ctrl + S**.

IMPORTANTE

Si desea obtener copias o referencias, deberá cambiar la opción en el apartado **Clone Parameters**. Asimismo, si quiere volver a seleccionar el objetivo, puede utilizar el botón **Clear All** para borrar los clones obtenidos y empezar de nuevo el proceso.

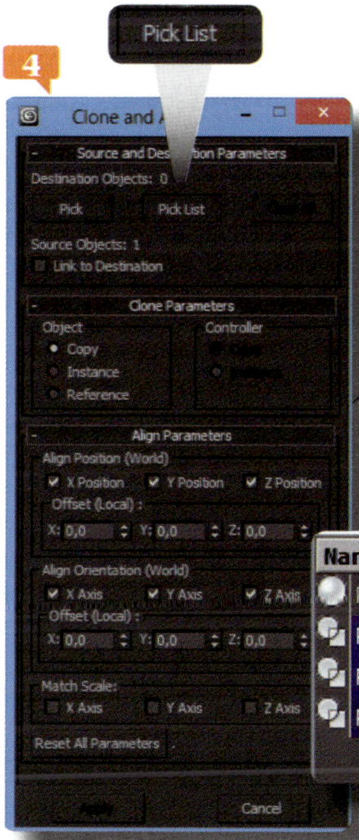

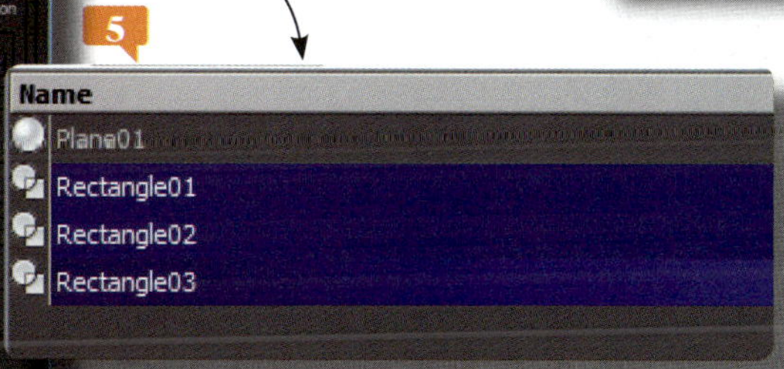

Para seleccionar varios objetos seguidos en la lista, puede usar las teclas **Control** o **Mayúsculas**.

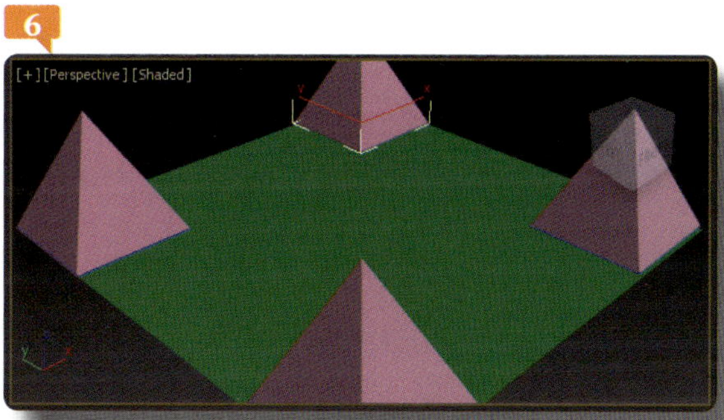

Rotar, escalar y alinear objetos fácilmente

IMPORTANTE

Desde el cuadro **Transform Toolbox** se pueden llevar a cabo rápidamente las transformaciones más habituales de objetos (escalado, rotación, etc.)

DENTRO DEL MENÚ EDIT encontramos la opción Transform Toolbox, que da acceso al completísimo cuadro del mismo nombre desde el cual es posible rotar, escalar y alinear objetos fácil y rápidamente, sin necesidad de utilizar las herramientas de transformación. El comando Transform Toolbox fue presentado como novedad en 3ds Max 2010.

1. Para realizar este ejercicio continuamos trabajando con la escena **036.max** con la que hemos practicado en el ejercicio anterior. Para empezar, despliegue el menú **Edit** y elija la opción **Transform Toolbox.** 1
2. El cuadro **Transform Toolbox** incluye las herramientas adecuadas para rotar, escalar y alinear los objetos de la escena. Vamos a empezar rotando la pirámide situada en primer plano. Seleccione ese objeto en el visor **Perspective.** 2
3. El icono que muestra una punta de flecha en el apartado **Rotate** de este cuadro esconde una lista de valores de rotación predeterminados. Pulse ese icono y elija el valor **45.** 3
4. Vea cómo ese valor se aplica al campo **Degrees**. Para rotar el objeto seleccionado hacia la izquierda, pulse en el icono que muestra una flecha curvada hacia esa dirección. 4
5. Seguidamente cambiaremos el tamaño de la pirámide de la izquierda del plano. Seleccione ese objeto en el visor activo y, para saber cuál es su tamaño actual, pulse el botón **Get.** 5

1

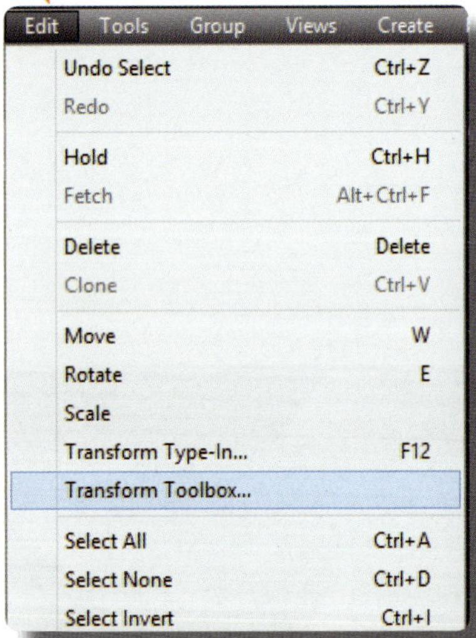

2

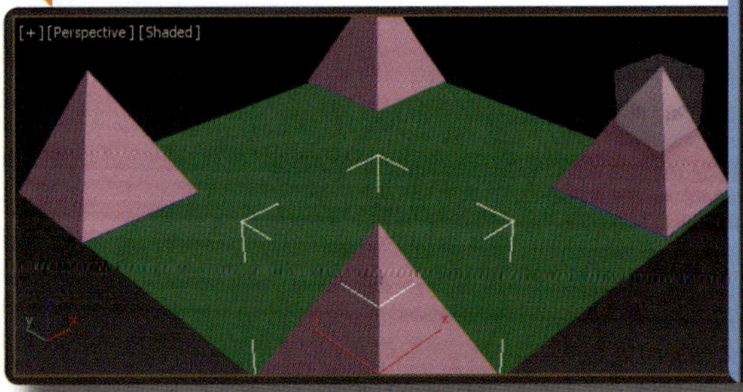

3

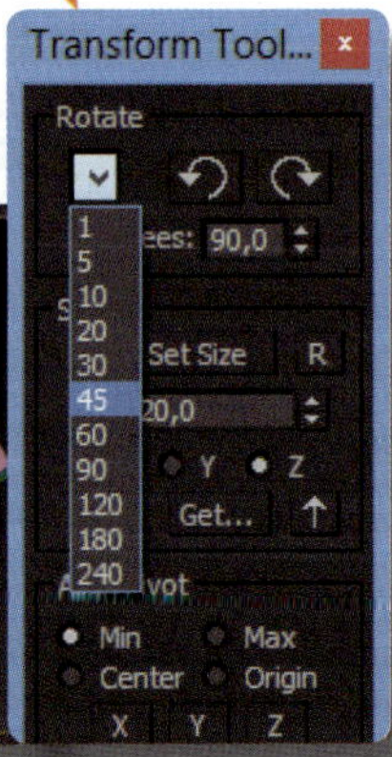

4

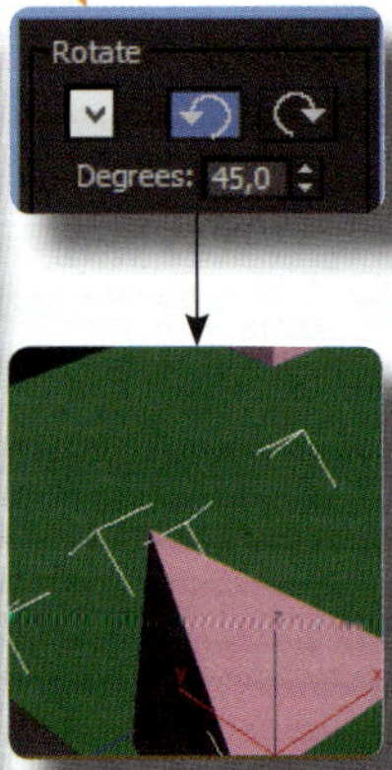

5

037

6. Se abre así el cuadro **Size**, con las dimensiones del objeto en sus tres ejes. [6] Dejaremos este cuadro abierto para comprobar que los valores que muestra cambian al modificar el tamaño en el cuadro **Transform Toolbox**. Aumentaremos la altura de la pirámide, por lo que haga clic en el botón de opción **Z** del apartado **Size** de ese cuadro. [7]
7. Haga doble clic en el campo **Size** del cuadro de transformación, escriba el valor **45** y pulse el botón **Set Size**. [8]
8. Efectivamente, la anchura de la pirámide ha aumentado y el nuevo valor aparece ya en el cuadro **Size**. [9] Cierre dicho cuadro pulsando el botón de aspa de su **Barra de título**.
9. El siguiente grupo de herramientas, **Align Pivot**, permite cambiar la alineación del punto de pivote de los objetos. Por su parte, los botones del grupo **Object** permiten mover el objeto seleccionado hasta el centro de la escena y crear una copia del mismo. Con la pirámide de la izquierda seleccionada, pulse la tecla **Alt.** y, sin soltarla, haga clic en el botón **QClone** para obtener dos copias más de esta figura. [10]
10. Cierre el cuadro **Transform Toolbox** pulsando el botón de aspa de su **Barra de título** para ver los cuatro visores y comprobar así que se han generado correctamente las copias. [11]
11. Guarde los cambios pulsando el icono **Save File** de la **Barra de herramientas de inicio rápido** y reinicie la escena pulsando en la opción **Reset** del **Botón de aplicación**.

11
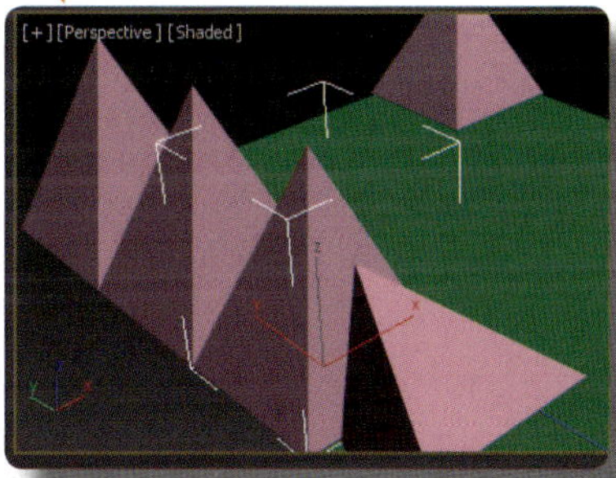

6
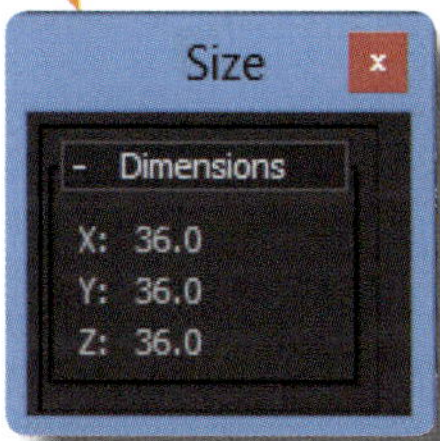

8

7

9
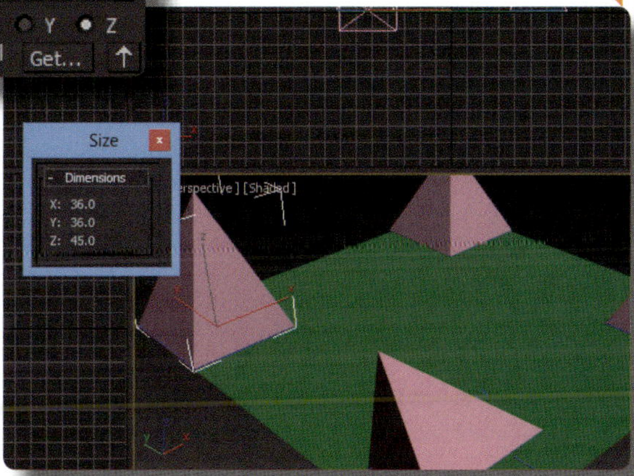

10

El botón **QClone** (Quick Clone) puede usarse solo para obtener una copia del objeto, o en combinación con las teclas Mayúsculas o Alt. para obtener una instancia o dos copias, respectivamente.

Crear matrices de objetos

TAMBIÉN ES POSIBLE OBTENER COPIAS EXACTAS de objetos creando matrices con la herramienta Array, incluida en la barra de herramientas Extras y en el menú Tools. Esta barra se encuentra oculta de manera predeterminada, pero se puede mostrar fácilmente activándola en el menú contextual de la Main Toolbar. Con la herramienta Array es posible configurar las tres transformaciones (desplazamiento, rotación y escalado), en las tres dimensiones y al mismo tiempo, operaciones que no siempre es posible llevar a cabo con las opciones de clonación que hemos visto antes. Los resultados son precisas matrices lineales o circulares en el espacio 2D o 3D.

1. En este ejercicio usaremos el archivo de ejemplo **palmera.max** que, como siempre, puede encontrar en la zona de descarga de nuestra página. Una vez haya guardado la escena, ábrala y seleccione el árbol con la herramienta **Select Object**.
2. Para mostrar el cuadro de diálogo **Array**, abra el menú **Tools** y pulse en la opción **Array**. 1
3. El cuadro **Array** permite crear matrices en tres dimensiones, especificando en el apartado **Array Transformation** los diferentes tipos de transformaciones que queremos aplicarles. Al igual que ocurre con la herramienta de clonación con la que hemos practicado antes, este cuadro también nos permite elegir el tipo de objeto que queremos crear: copia, instancia

IMPORTANTE

Como novedad en 3ds Max 2013, el cuadro de diálogo Array es ahora **modal**, es decir, permanece abierto aunque se realicen otras operaciones en los visores, como por ejemplo ajustes de visualización para poder aplicar una vista completa a la matriz.

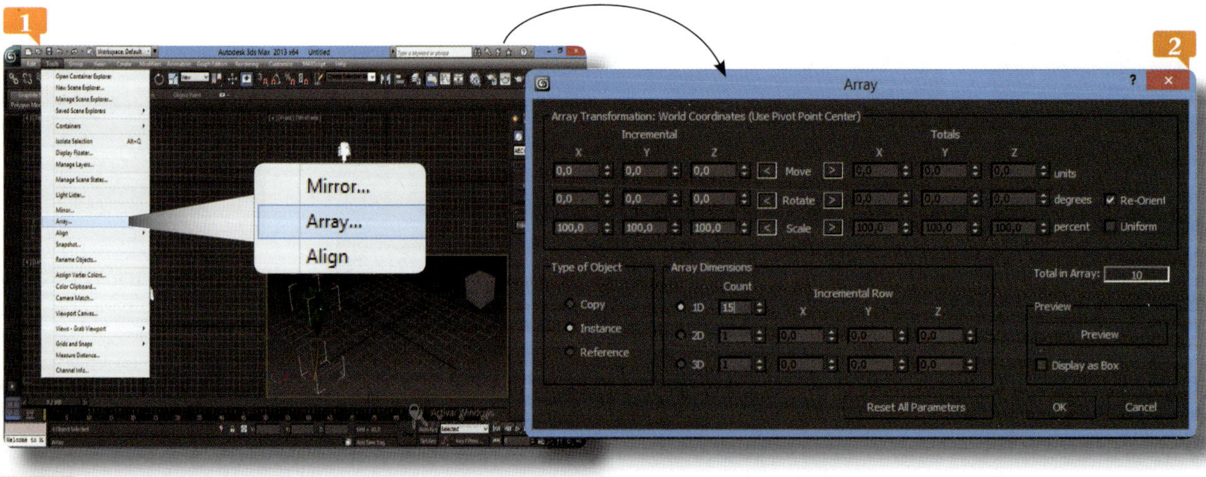

038

o referencia. En este caso, mantendremos seleccionada la opción predeterminada **Instance**, y pasaremos a especificar los parámetros para crear una matriz de 15 objetos. Haga doble clic en el campo **Count** de la opción **1D**, en el apartado **Array Dimensions**, e introduzca el valor **15**. [2]

4. Para indicar la distancia que debe existir entre cada objeto en el eje X, haga doble clic en el campo X de la transformación **Move** en el apartado **Array Transformation** e introduzca el valor **30**.
5. Para ir comprobando el aspecto que tendrá nuestra matriz, pulse el botón **Preview**. [3]
6. Se han creado 15 instancias de la palmera, con la distancia en el eje X que hemos especificado. [4] Para que la matriz sea circular, modificaremos el valor del eje X en la transformación **Rotate**. Haga doble clic en ese campo, escriba el valor **30** y pulse **Retorno** para comprobar el efecto en la vista previa. [5]
7. Por último, antes de generar definitivamente la matriz, aplicaremos a los objetos una escala uniforme del 80%. Active la opción **Uniform** en la modificación **Scale** y seguidamente haga doble clic en el campo X, escriba el valor **80** y pulse **Retorno**.
8. Para ver entera la matriz en el visor **Perspective**, active la herramienta **Zoom**, la que muestra una lupa con un signo + y un signo - en la barra de herramientas de visualización y use la rueda del ratón para alejar la imagen. [6]
9. Si el resultado le convence, pulse el botón **OK** del cuadro **Array** y acabe el ejercicio reseteando la escena tras almacenar los cambios realizados en ella.

3

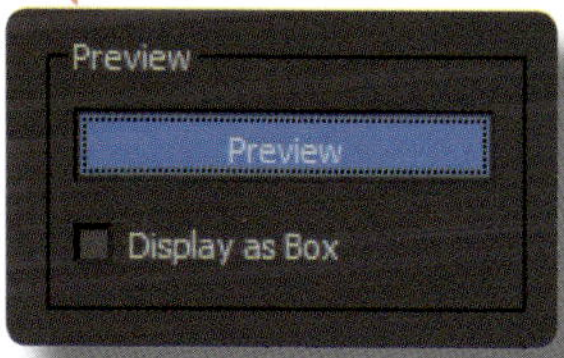

4

6

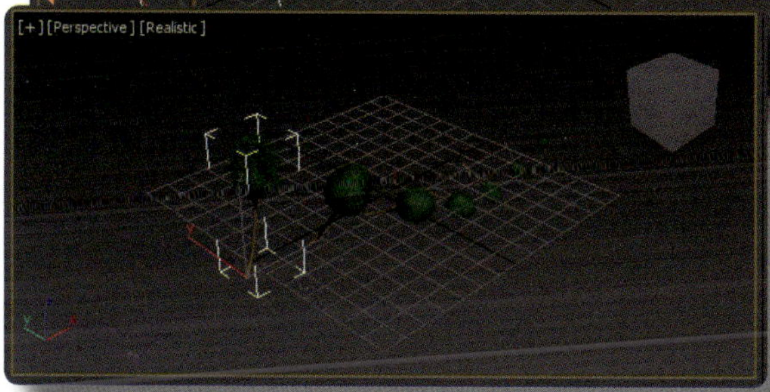

Para recuperar los valores que aparecen por defecto en el cuadro Array y poder empezar a configurar una matriz desde cero pulse el botón **Reset All Parameters**.

5

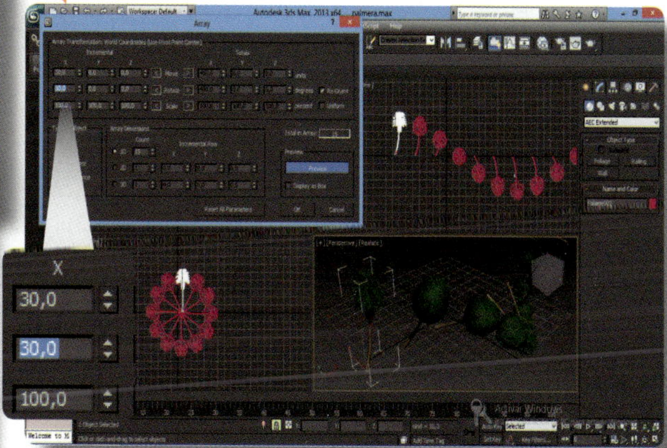

Trabajar con líneas splines

IMPORTANTE

Tras crear formas 2D con splines, podrá utilizar los múltiples **modificadores** que el programa ofrece para convertirlas en objetos tridimensionales.

EN 3DS MAX SE USAN LAS LLAMADAS SPLINES, líneas que se curvan siguiendo principios matemáticos, para crear todo tipo de formas como círculos, polígonos, estrellas, etc., o bien para establecer caminos de solevación, generar superficies planas o definir recorridos de movimiento. Para crear formas con splines puede utilizar las opciones del comando Shapes del menú Create o activar el icono Shapes del Command Panel y seleccionar en él la forma que desea trazar en los visores.

1. Para empezar, haga clic en el icono **Shapes**, el segundo del panel **Command Panel.** [1]
2. En el apartado **Object Type** aparecen todas las formas que pueden crearse utilizando splines. Empezaremos por trazar una forma cerrada utilizando líneas rectas. Haga clic en el tipo de objeto **Line.** [2]
3. Como ocurre con el resto de categorías, al seleccionar un tipo de objeto, aparecen varias persianas en el **Command Panel** que hacen referencia a aspectos como la renderización de la forma o su método de creación. También se activa la opción **Start New Shape**, que permite la creación de un objeto independiente para cada forma trazada. Active la opción **AutoGrid.** [3]
4. Haga clic en el centro aproximado de la cuadrícula del visor **Perspective** para indicar el punto inicial de la línea, arrastre hacia arriba hasta que la línea tenga la medida que desee y haga clic de nuevo. [4]

1

2

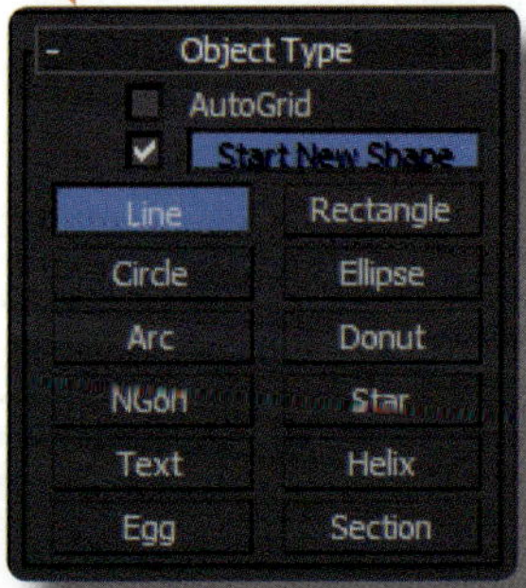

3

La opción **AutoGrid** genera una cuadrícula temporal de trabajo sobre las superficies de las formas.

4

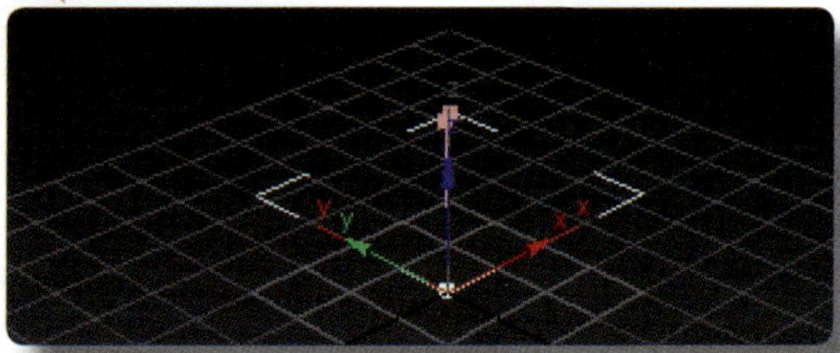

Debe tener en cuenta que si dibuja con el ratón las líneas se realizan siempre en el plano correspondiente al visor elegido.

039

5. La primera línea ya está trazada. Si ahora pulsara con el botón derecho del ratón, el proceso acabaría. Si mantuviera el botón del ratón apretado después de hacer clic, crearía una curva a su antojo. Sin embargo, vamos a crear una forma cerrada con líneas rectas. Al arrastrar el ratón se irá formando una segunda línea, cuyo punto inicial es el punto en el que nos encontramos. Se trata de establecer el punto final de la segunda línea. Sin apretar el botón, arrastre el puntero del ratón hasta un nuevo punto y haga clic.
6. Para cerrar la spline, arrastre el puntero del ratón hasta el punto inicial de la primera línea y haga clic.
7. Se abre un pequeño cuadro de diálogo, **Spline**, en el que debe indicar si desea cerrar la spline o no. Pulse el botón **Sí.**
8. A continuación, vamos a generar una nueva figura utilizando las entradas de teclado. En el **Command Panel**, pulse sobre el botón **Donut** y haga clic en la persiana **Keyboard Entry**.
9. Dibujaremos el aro en el centro del visor, por lo que mantendremos el valor 0 en los tres ejes. En el campo **Radius 1**, inserte el valor **60** y pulse la tecla **Tabulador**.
10. En el campo **Width** escriba el valor **30** y después pulse el botón **Create** para que la forma aparezca en los visores.
11. Para abandonar el modo creación, haga clic con el botón derecho del ratón en cualquier zona libre del visor **Perspective.**
12. Haga clic ahora en cualquier zona libre de ese visor para deseleccionar el aro y, para terminar, guarde el archivo en su carpeta de documentos con el nombre **formas**.

8

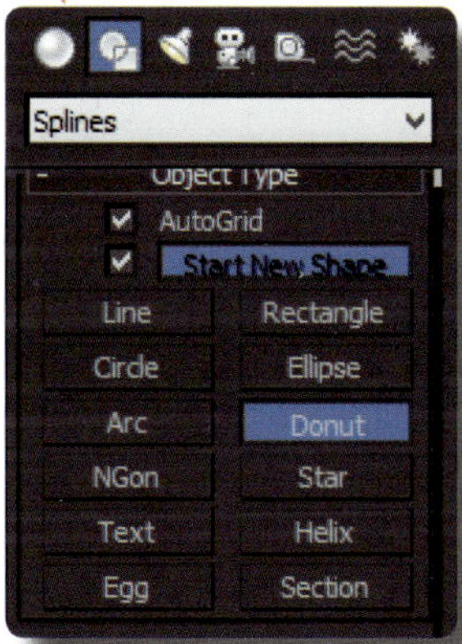

Para crear formas con splines puede utilizar el método de arrastre o bien introducir los valores correspondientes en la persiana **Keyboard Entry**.

5

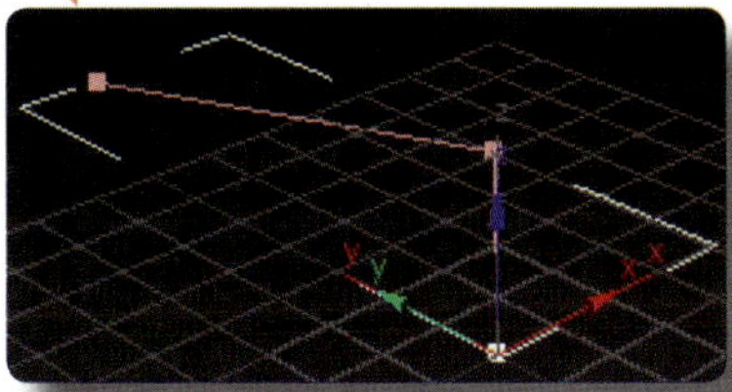

9

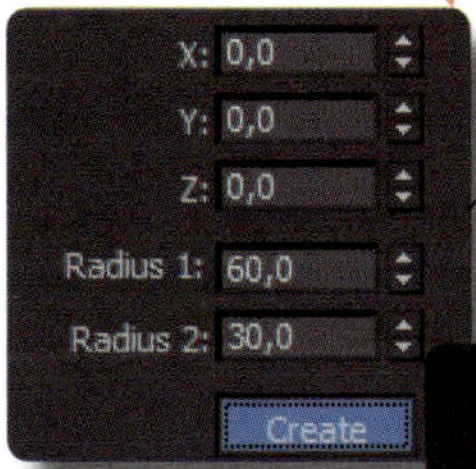

10

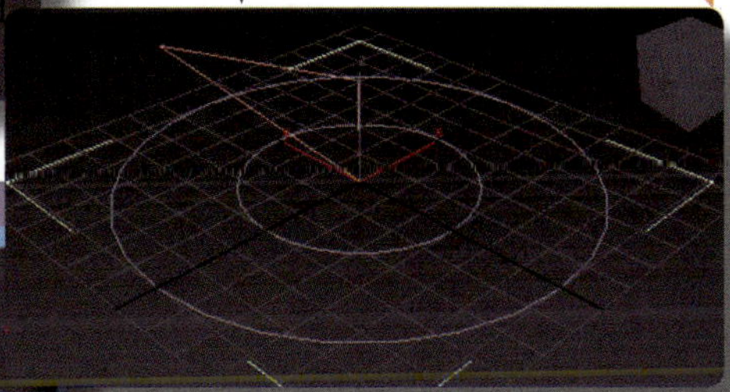

6

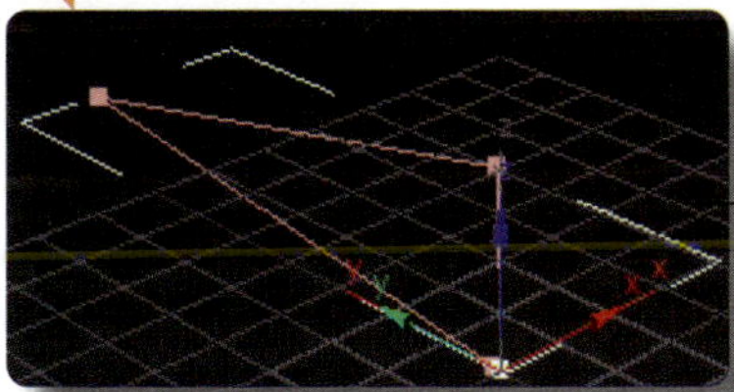

7

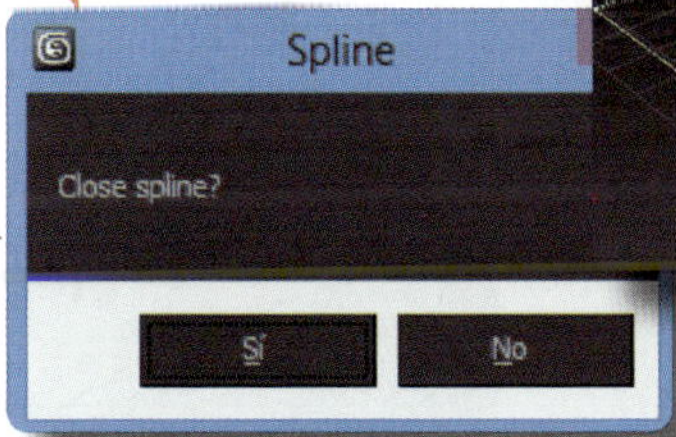

Insertar texto en una escena

IMPORTANTE

Si pulsa en un punto de un visor se insertará el texto por defecto, **MAX Text**, que permanecerá en modo editable para que pueda transformarlo según sus necesidades.

CON LA OPCIÓN TEXT, 3ds Max crea splines en forma de texto. Puede escoger la fuente que quiera utilizar en la lista del Command Panel. Bajo esta lista aparece un grupo de seis iconos: los dos primeros permiten aplicar al texto los estilos cursiva y subrayado, y el resto alinean el texto a izquierda, centro o derecha o lo justifican. En el apartado Parameters puede establecer el tamaño de la letra, el espaciado entre ellas y el interlineado.

1. Antes de empezar vamos a eliminar las formas que hemos creado en la lección anterior para dejar los visores en blanco. Pulse la combinación de teclas **Ctrl.+A** para seleccionar todos los objetos de la escena. [1]
2. Observe que en el campo **Name and Color** aparece el término **2 Shapes Selected.** [2] Pulse la tecla **Suprimir** para borrarlos.
3. En el apartado **Object Type** del **Command Panel**, haga clic en el botón **Text.** [3]
4. Puede modificar los atributos del texto antes de insertarlo, como veremos a continuación. Primero escogeremos la fuente que vamos a usar. Pulse el botón de punta de flecha del campo correspondiente a las fuentes en el apartado **Parameters**, localice, por ejemplo, la fuente **Calibri** [4] y selecciónela. (Si no dispone de esta fuente, puede elegir cualquier otra.)

1

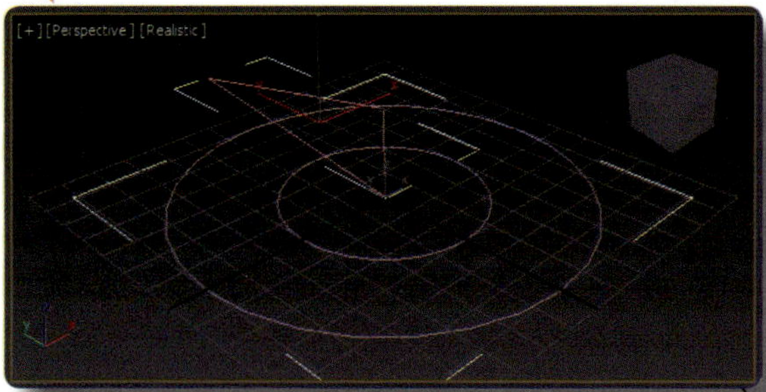

Para seleccionar todos los componentes de una escena puede utilizar la opción **Select All** del menú **Edit** o bien pulsar la combinación de teclas **Ctrl.+A**.

3

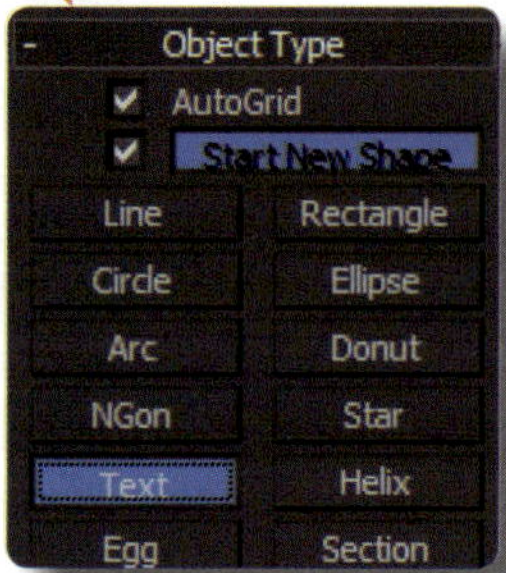

2

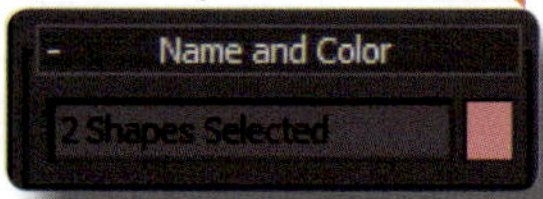

Puede insertar texto con cualquier **fuente** Windows que tenga instalada en su sistema.

4

5. Pulse sobre el icono **Italic**, que muestra una I, para aplicar cursiva al texto. [5]
6. Mantendremos la alineación que aparece seleccionada por defecto y pasaremos a establecer el tamaño de la fuente. Haga doble clic en el campo **Size** e inserte, por ejemplo, el valor **80**.
7. A continuación, cambiaremos en el campo **Text** el texto que el programa ofrece por defecto por el que queremos insertar. Seleccione el texto **MAX Text** completo, escriba el texto **prueba** [6] y pulse en el centro del visor **Perspective** para insertarlo.
8. El texto aparece en los cuatro visores con las características establecidas. [7] Imagine ahora que desea cambiar, por ejemplo, el espaciado entre los caracteres. Para modificar cualquiera de los atributos del texto una vez insertado, debe acceder a la ficha **Modify** del **Command Panel**. Pulse sobre esa pestaña.
9. Haga doble clic en el campo **Kearning**, inserte, por ejemplo, el valor **-5** y pulse la tecla **Retorno**. [8]
10. Cambiemos también el color. Para ello, en la parte superior del panel de comandos, pulse sobre la muestra de color.
11. En el cuadro **Object Color**, elija con un clic un color distinto al predeterminado para el texto y pulse el botón **OK** para aplicarlo.
12. Haga clic en cualquier zona libre del visor activo para eliminar la selección [9] y después pulse la combinación de teclas **Ctrl.+S** para guardar los cambios realizados en esta escena.

040

IMPORTANTE

Por defecto, el texto se actualiza automáticamente en los visores cuando se modifica cualquiera de sus parámetros. Si desea que dicha actualización se aplique de forma manual,marque la opción Manual Update. Al activar esta opción, deberá utilizar el botón **Update** para aplicar al texto los cambios de parámetros.

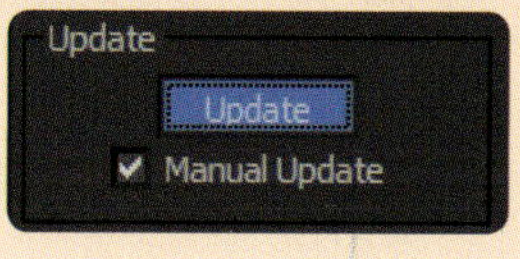

5

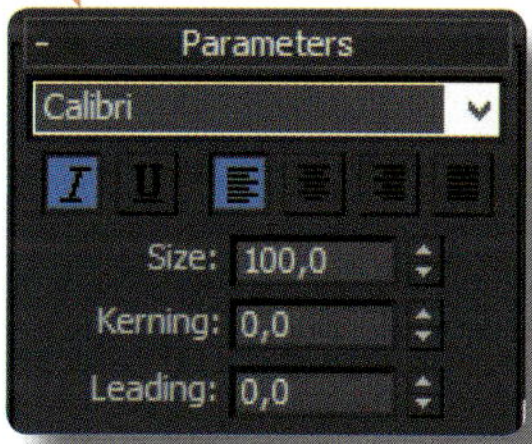

6

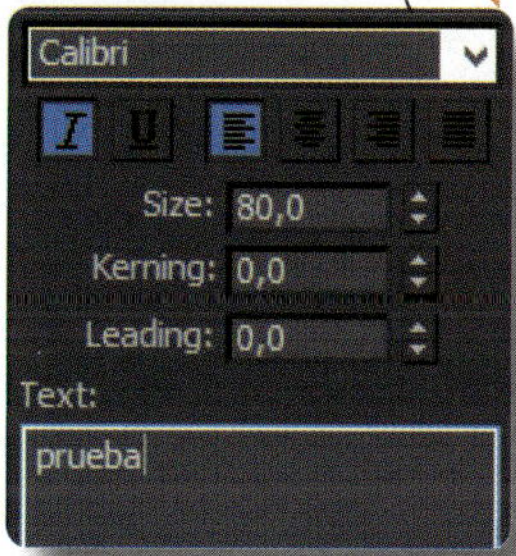

7

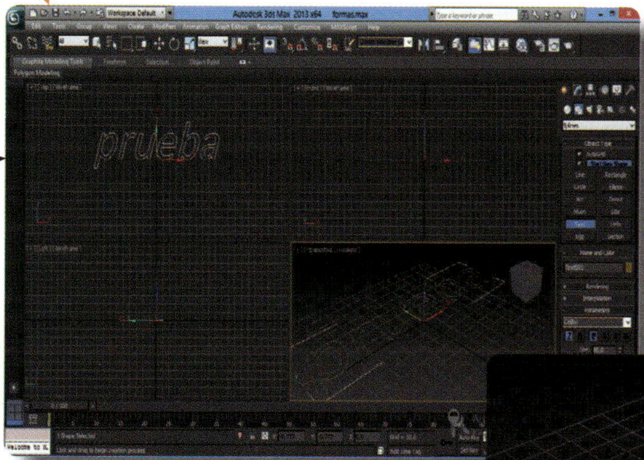

8

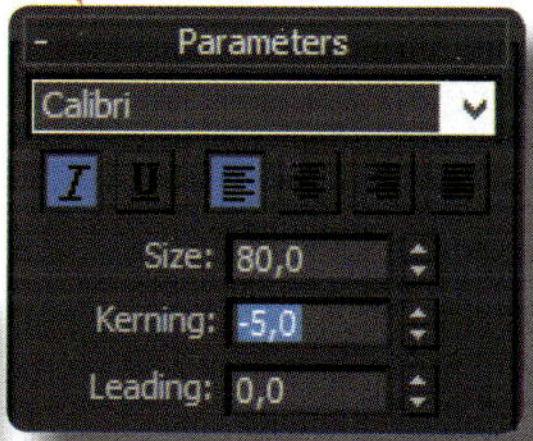

Los valores negativos en el campo **Kerning** hacen que el espacio entre los caracteres de un texto sea menor.

9

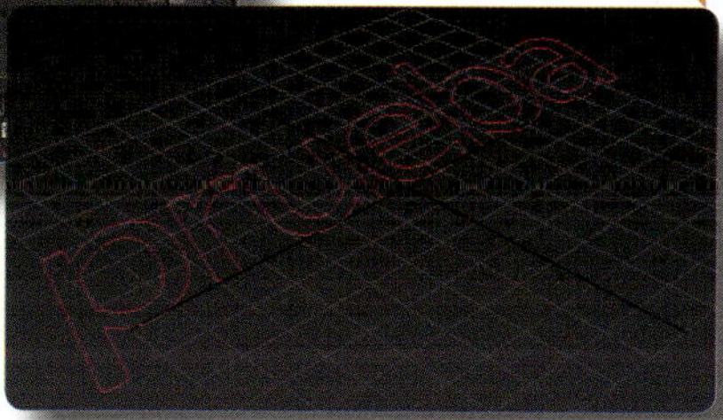

Crear formas spline con la herramienta Egg

IMPORTANTE

La herramienta Egg se ha añadido como apoyo a la característica **Autodesk Civil View Pipe Network**, disponible sólo en 3ds Max Design.

3DS MAX 2013 PROPORCIONA UNA NUEVA herramienta de creación de splines, denominada Egg e incluida en la categoría Shapes del panel de comandos Create, con la que es posible crear fácil y rápidamente un óvalo con un solo eje de simetría, esto es, una forma de huevo. En la persiana Rendering, por su parte, igual que ocurre con otras formas, se pueden especificar opciones de renderización en los visores, así como aplicar coordenadas de mapeado.

1. Seguimos trabajando con la escena de ejemplo **formas**, creada y guardada en una lección anterior. Sitúese en la ficha **Create** del Panel de comandos, active la categoría **Shapes** y pulse sobre el botón **Egg**. 1
2. Como ocurre con todas las formas, podemos crear la que nos ocupa mediante la técnica de arrastre o bien introduciendo manualmente sus parámetros en la persiana **Keyboard Entry**. En el caso de utilizar la técnica de arrastre, debemos primero arrastrar verticalmente para ajustar las dimensiones iniciales del huevo y después horizontalmente para cambiar el ángulo de inclinación del huevo. En este caso, despliegue la mencionada persiana.
3. En los campos X, Y y Z podemos especificar el punto central de la forma y en el resto de parámetros indicaremos la longi-

1

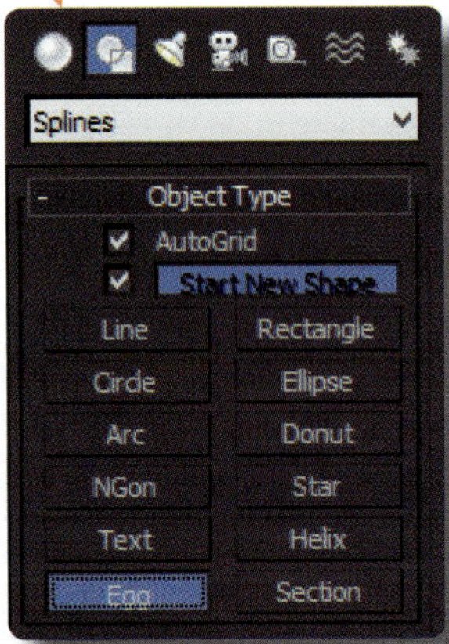

2

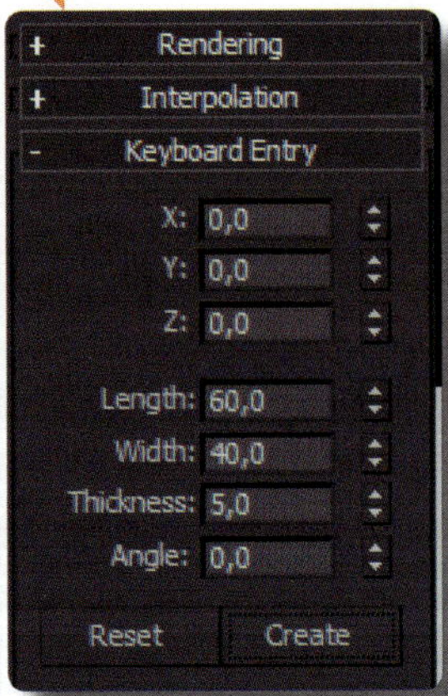

3

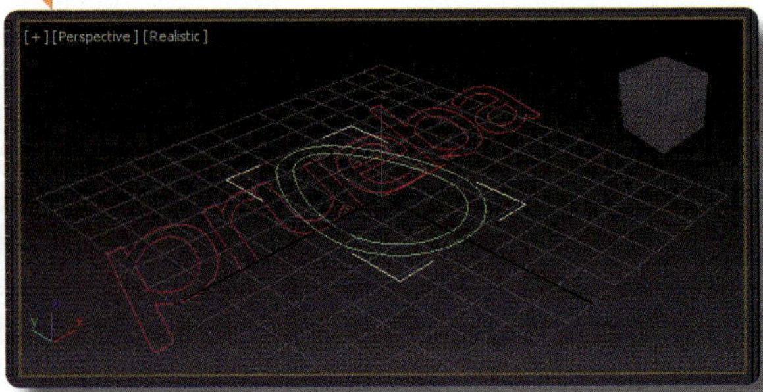

Tenga en cuenta que mientras está trazando la forma con la nueva herramienta **Egg**, es posible aplicar zoom y orbitar en el visor usando para la primera acción la rueda del ratón y para la segunda la rueda del ratón en combinación con la tecla Alt.

041

tud, la anchura, el espaciado entre la forma y su contorno y el ángulo de inclinación. Mantenga los valores que aparecen por defecto en la persiana **Keyboard Entry** y pulse el botón **Create** [2] para que la forma aparezca en los visores. [3]

4. Una vez creada la forma de huevo, es posible ajustar sus parámetros desde la persiana **Parameters**. Muéstrela desplazándose por el panel de comandos.
5. Para aumentar la longitud de la spline, su eje longitudinal, haga doble clic en el campo **Length**, inserte el valor **100** y pulse la tecla **Retorno**. [4]
6. La opción **Outline**, activada por defecto, hace que se cree un contorno de la forma. Para cambiar la distancia entre la forma y ese contorno, haga doble clic en el campo **Thickness**, escriba el valor **10** y pulse **Retorno**. [5]
7. Por último, el campo **Angle** nos permite establecer el ángulo del huevo, es decir, la rotación alrededor del eje local Z. Cuando el valor en este campo sea 0, el extremo más estrecho de la forma se situará en la parte superior. Haga doble clic en ese campo, escriba el valor **90** y pulse **Retorno**. [6]
8. Una vez comprobado el sencillo funcionamiento de esta herramienta de creación de formas, guarde los cambios realizados en el archivo **formas** pulsando el icono **Save File** de la **Barra de herramientas de acceso rápido** [7] y reinicie la escena.

4

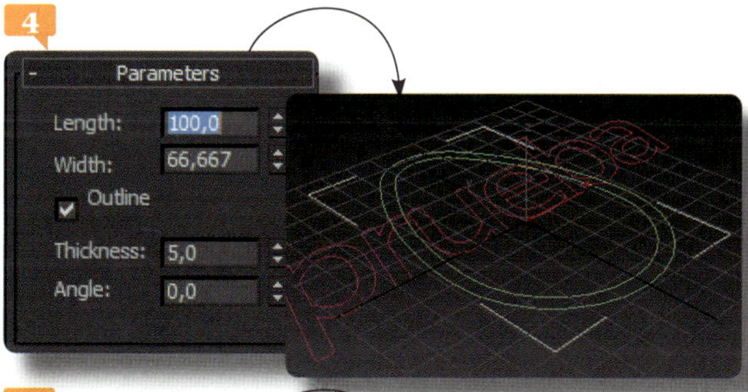

5

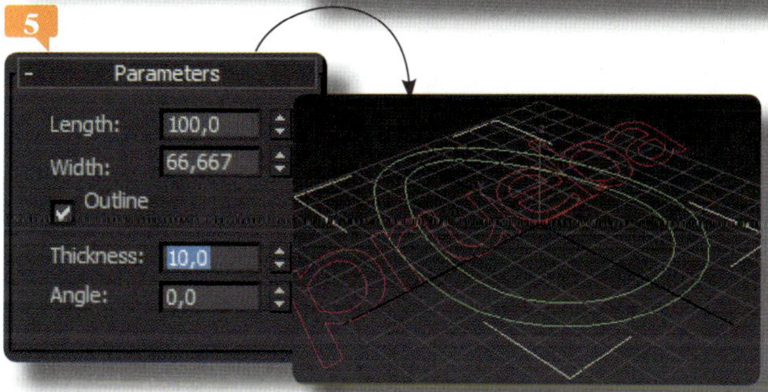

7

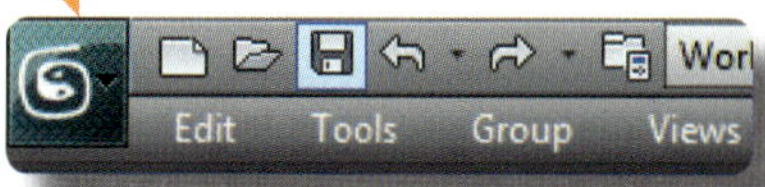

6

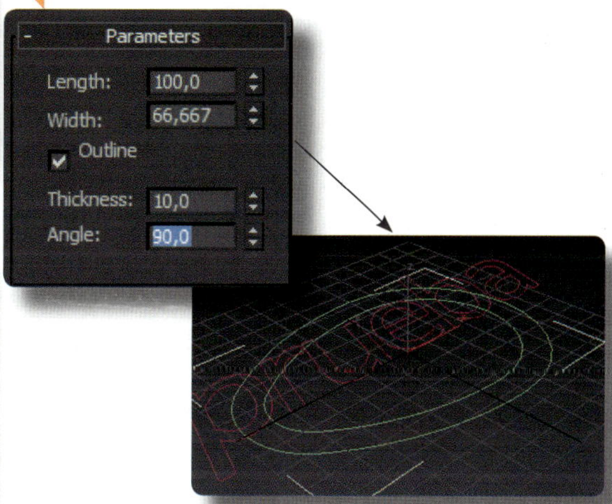

Convertir formas en splines editables

IMPORTANTE

Puede convertir una forma spline en una spline editable seleccionando el comando **Convert to Editable Spline** incluido en la opción Convert To del menú cuad que se despliega al pulsar con el botón derecho del ratón sobre la forma, o bien seleccionando la misma opción en el menú contextual que se despliega al pulsar sobre su nombre en la ficha Modify del panel Command Panel.

ES MUY IMPORTANTE SABER editar una forma spline para conseguir el efecto deseado. Sin embargo, son muy pocos los parámetros de una forma que pueden modificarse, por lo que habitualmente se aplica el modificador Edit spline o bien se convierte la forma spline (exceptuando las líneas) en una spline editable para poder utilizar nuevas características.

1. Para empezar, y con el fin de dibujar un círculo, active la ficha **Create** del **Command Panel**, seleccione la categoría **Shapes** y pulse el botón **Circle**. [1]
2. Abra la persiana **Keyboard Entry**, e inserte el valor **1** en el campo X y el valor **-50** en el campo **Y**.
3. De esta forma hemos fijado la ubicación del círculo. Seguidamente, inserte el valor **30** en el campo **Radius** y pulse el comando **Create**. [2]
4. Acceda a la ficha **Modify** del **Command Panel** para comprobar que los parámetros modificables de las formas son bastante más limitados que los de los objetos 3D.
5. En el caso del círculo, el único parámetro modificable es el radio. Pulse con el botón derecho del ratón sobre la palabra **Circle** del cuadro situado bajo el campo que contiene la lista de modificadores y seleccione la opción **Editable Spline**. [3]

1

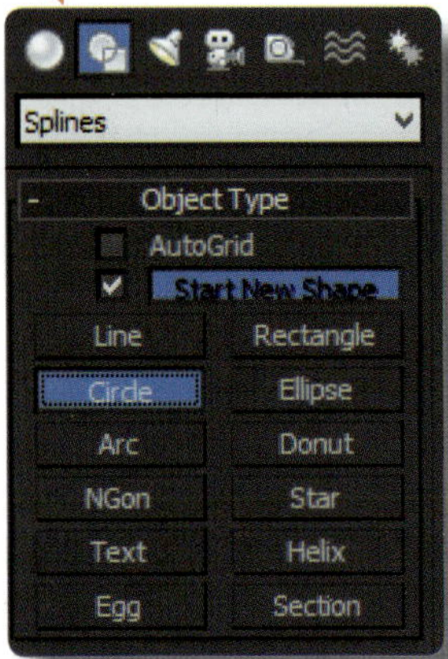

Una **spline** es una curva suavizada que pasa por unos puntos de control definidos por el usuario, que son los vértices, alrededor de unos segmentos rectos generadores.

2

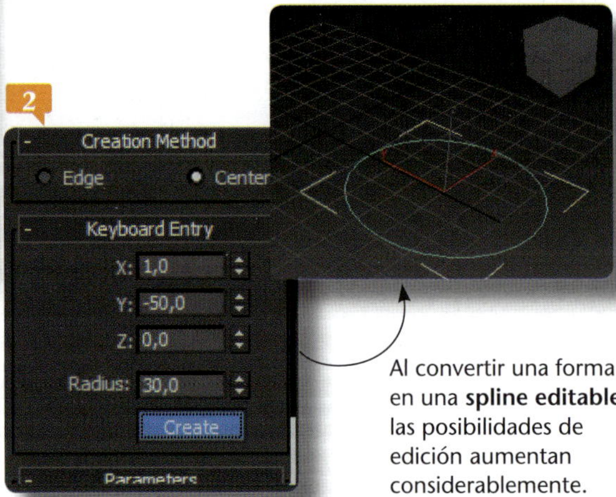

Al convertir una forma en una **spline editable**, las posibilidades de edición aumentan considerablemente.

3

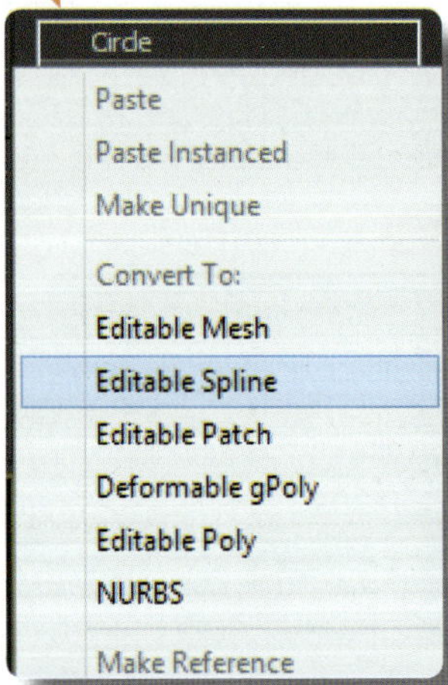

042

6. Ahora es posible seleccionar el subobjeto con el que desea trabajar. Para ello puede pulsar sobre el icono adecuado del apartado **Selection** o elegirlo en el subárbol que incluye el término **Editable Spline**. [4] Haga clic sobre el signo + que aparece a la izquierda del término **Editable Spline** para ver los subobjetos.
7. Puede editar los vértices, los segmentos o la spline. Pulse sobre el subobjeto **Vertex**. [5]
8. Al seleccionar el subobjeto, el correspondiente icono queda resaltado en amarillo para indicarle que se encuentra en el modo de edición. Active la herramienta **Select and Move** en la **Main Toolbar** y haga clic sobre el vértice resaltado de color blanco del círculo en el visor **Perspective.** [6]
9. Los vértices son los puntos que definen la curvatura, bien por su proximidad, bien por su tangencia. Pulse con el botón derecho del ratón sobre la herramienta **Select and Move**.
10. Haga doble clic en el campo X del cuadro **Move Transform Type-In**, inserte el valor **50** y pulse **Retorno**. [7] Después, cierre el cuadro pulsando sobre el botón de aspa.
11. En el panel de comandos, visualice, con la ayuda de la **Barra de desplazamiento**, la persiana **Geometry**.
12. Puede añadir nuevos vértices de cuatro modalidades diferentes, crear líneas, asociar objetos a la spline... Desplácese por el panel para que aparezca el botón **Insert** y púlselo. [8]
13. Haga clic en un punto de la forma, arrastre hasta deformar el círculo, haga clic de nuevo y, para finalizar el proceso, pulse con el botón derecho del ratón sobre ese mismo punto. [9]

IMPORTANTE

Puede seleccionar varios vértices a la vez dibujando mediante arrastre un contorno sobre ellos en cualquiera de los visores.

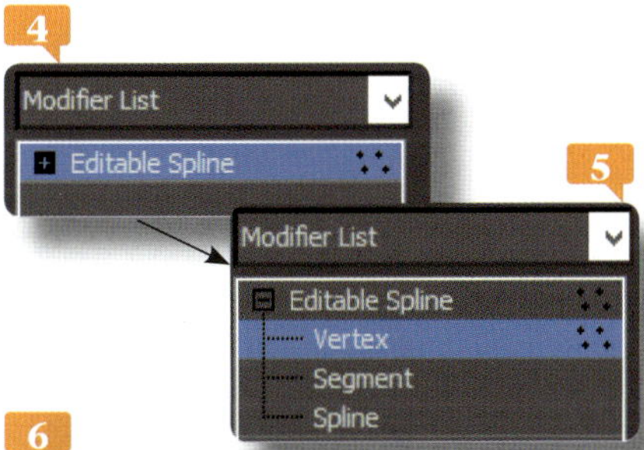

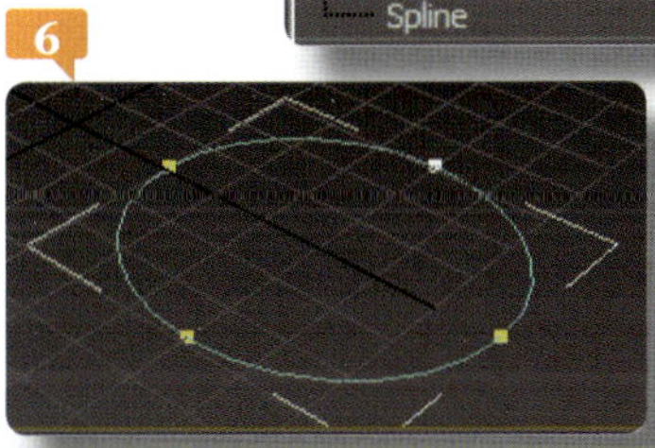

También puede seleccionar los diferentes **subobjetos** de una spline editable usando las teclas 1, 2 y 3.

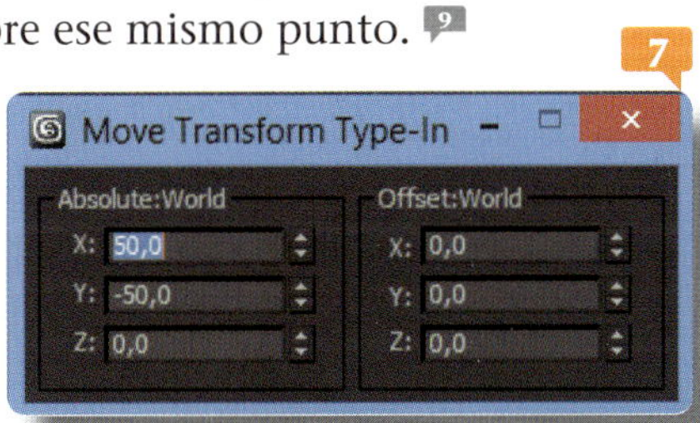

Aunque el cuadro **Move Transform Type-In** esté abierto, puede seleccionar otro vértice del círculo pulsando sobre él y aplicarle los valores apropiados para cambiar su aspecto.

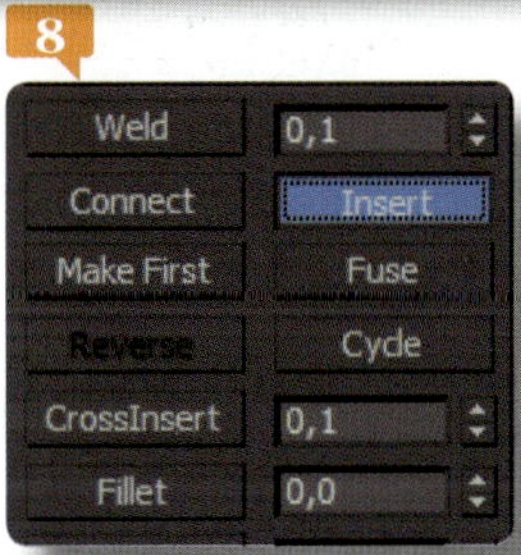

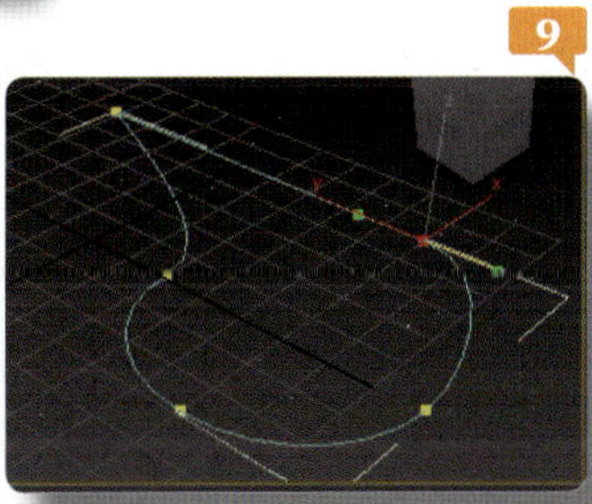

Modificar splines

IMPORTANTE

Los **modificadores de splines** se clasifican en tres grupos: los que operan sobre la spline sin que ésta pierda sus atributos, los que la convierten en malla o superficie y los que la convierten en otro objeto.

OTRA FORMA DE MODELAR las formas splines consiste en aplicarles los diferentes modificadores de splines. La diferencia entre convertir una forma spline en una spline editable y aplicarle el modificador Edit Spline consiste en que en el primer caso no es posible cambiar los parámetros asociados a la forma spline, sino que sólo se pueden modificar sus subobjetos, mientras que al aplicar el modificador, se pueden cambiar los parámetros de la forma en el apartado Geometry del panel Command Panel.

1. Empezamos este ejercicio en el punto en el cual terminamos el anterior, [1] donde hemos visto cómo convertir una forma en una spline editable para modificar individualmente los subobjetos que la componen. Otra manera de realizar modificaciones en splines consiste en aplicarles alguno de los modificadores que operan sobre ellas. Con la figura **Circle001** seleccionada, haga clic en el botón de punta de flecha del campo **Modifiers List**, en el **Command Panel**, desplácese por la lista y elija el modificador **Edit Spline**. [2]
2. Automáticamente el modificador seleccionado aparece sobre el nombre de la forma a la vez que se muestran sus diferentes persianas. Vamos a comprobar que aunque se aplique este modificador, la forma sigue siendo independiente y sus parámetros se pueden modificar. Pulse sobre el signo + que precede al modificador **Edit Spline**. [3]

1

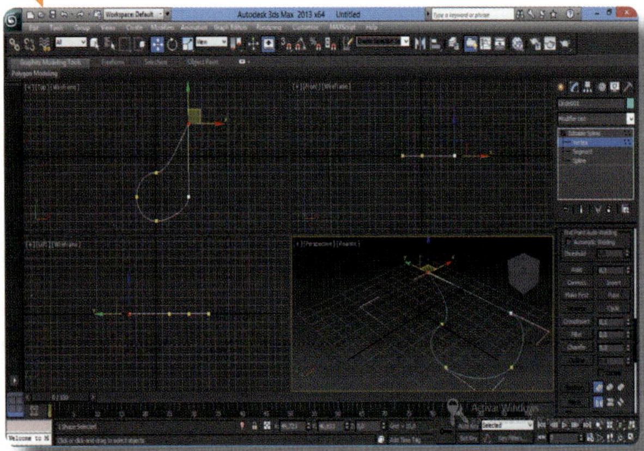

2

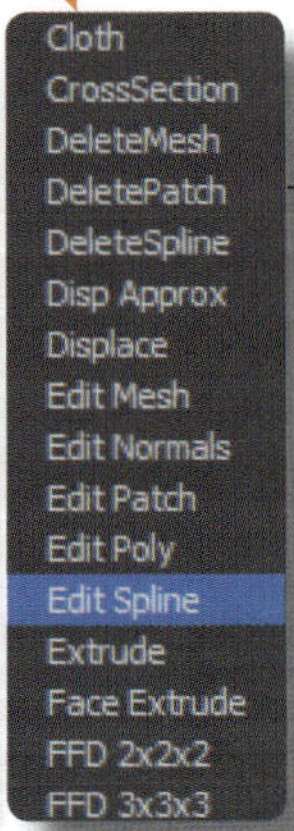

El modificador **Edit Spline** pertenece a la categoría de modificadores que operan sobre la spline sin que ésta pierda sus atributos.

3

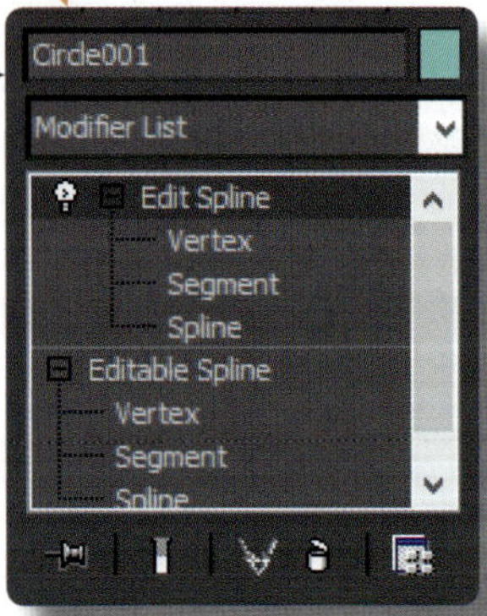

3. Haga clic sobre la palabra **Segment** situada bajo el nombre del modificador en el **Catálogo de subobjetos** del **Command Panel**. [4]
4. Como ve, el modificador queda también resaltado en amarillo para indicar que nos hallamos en modo de edición. En el apartado **Display**, active la opción **Show Vertex Numbers**. [5]
5. Pulse sobre el segmento situado entre los vértices 1 y 2. [6]
6. Ahora puede usar las diferentes herramientas de transformación o los botones incluidos en el **Command Panel** para alterar el aspecto del segmento y, por tanto, también el de la estrella. Haga clic sobre el icono **Remove modifier from the stack** representado por una papelera en el **Command Panel**. [7]
7. En el panel de modificadores seleccione el elemento **Vertex** de la spline editable y active la opción **Show Vertex Numbers**.
8. A continuación, pulse sobre el vértice número 4 y, sin soltar el botón del ratón, arrastre hacia la izquierda el eje X. [8]
9. Por último, haga clic en cualquier zona libre del visor **Perspective** para deseleccionar el vértice, active el elemento **Editable Spline** y pulse de nuevo para deseleccionarla.
10. Termine este ejercicio reiniciando la escena [9] tras guardar el nuevo archivo con el nombre **spline editable**.

043

IMPORTANTE

La bombilla que aparece a la izquierda del nombre del modificador se utiliza para activarlo y desactivarlo. También puede hacerlo a través del menú contextual, en el que, además de estas opciones, se encuentra la posibilidad de **desactivar el modificador** en el visor activo y en la renderización.

4

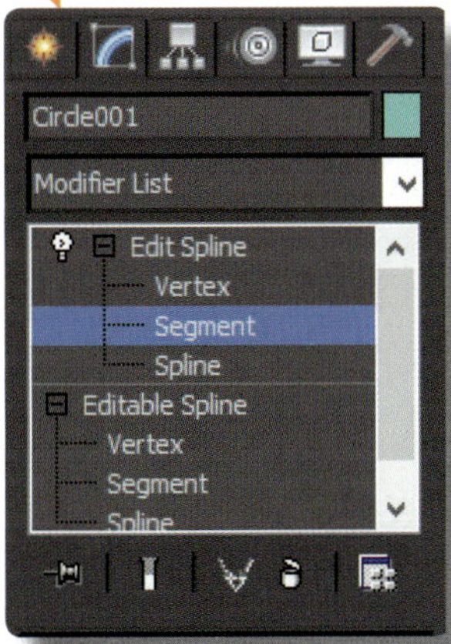

Un **segmento** es la parte de línea comprendida entre dos vértices.

5

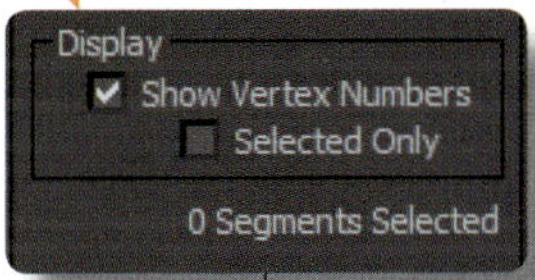

6

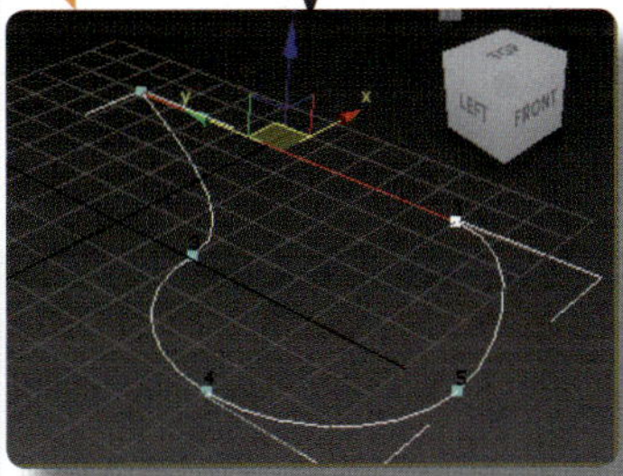

7

Para eliminar un modificador también puede usar la opción **Delete** de su menú contextual.

8

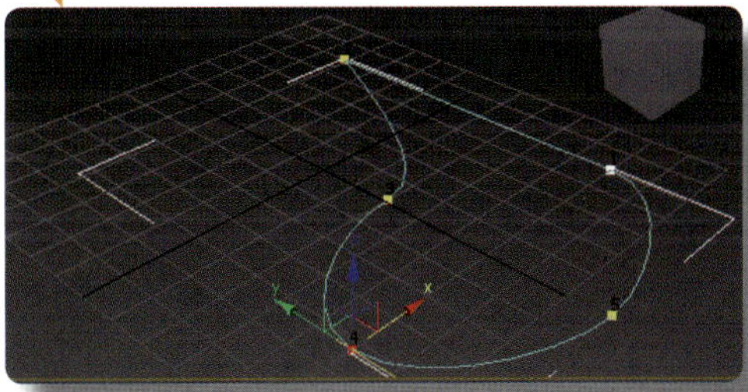

9

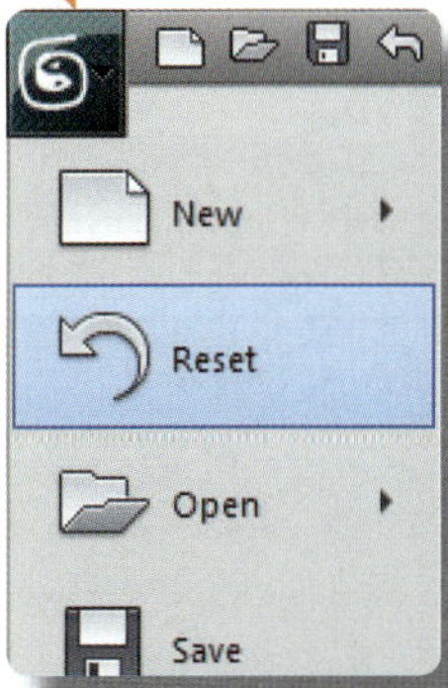

Realizar operaciones booleanas con splines

IMPORTANTE

Las operaciones booleanas pueden aplicarse tanto a las splines cerradas como a los objetos 3D, aunque en este caso dichas operaciones son consideradas **objetos de composición**.

LOS TRES TIPOS DE OPERACIONES BOOLEANAS son unión, sustracción e intersección. La unión permite combinar las áreas de varias splines para crear una sola; la sustracción resta a una spline la parte cubierta por otra, y la intersección elimina todas las zonas de las splines que no estén compartidas. Para aplicar operaciones booleanas a formas cerradas es imprescindible que éstas se hayan convertido a splines o se les haya aplicado el modificador Edit Spline. Después se deberá seleccionar la spline que se va a modificar y el tipo de operación booleana y pulsar sobre la segunda spline para que la operación se efectúe.

1. Empezamos abriendo el archivo **044.max**, que puede encontrar en la zona de descargas de nuestra página web; en él, y sobre la estrella que aparece, dibujaremos una nueva forma. Active la ficha **Create** del **Command Panel**, haga clic sobre el icono correspondiente a la categoría **Shapes**, el segundo del panel, y pulse sobre el tipo de objeto **Circle**. [1]
2. Abra la persiana **Keyboard Entry**, haga doble clic en el campo **Radius**, inserte el valor **35** y pulse el botón **Create**. [2]
3. Debemos convertir ambas formas en splines editables. Haga clic con el botón derecho del ratón sobre el círculo para salir del modo de creación, pulse de nuevo con ese botón sobre el círculo, seleccione la opción **Convert to** del menú cuad **Transform** y elija el comando **Convert to Editable Spline**. [3]

1

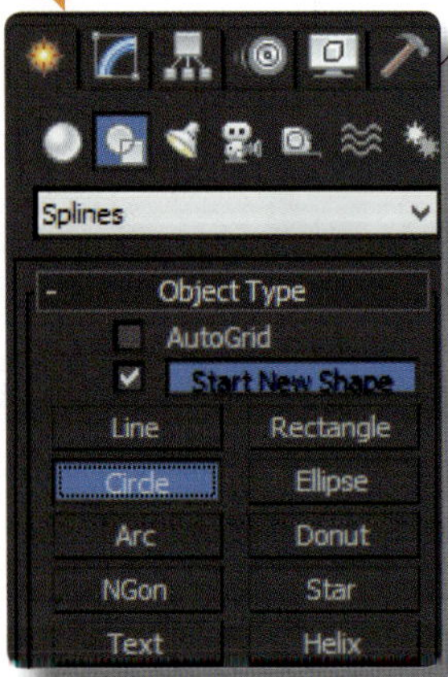

2

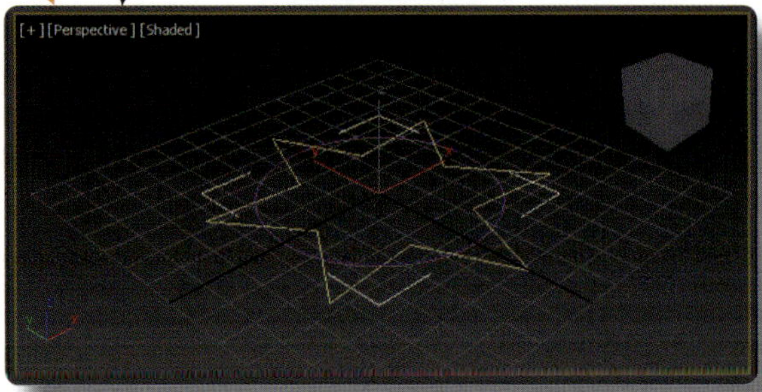

3

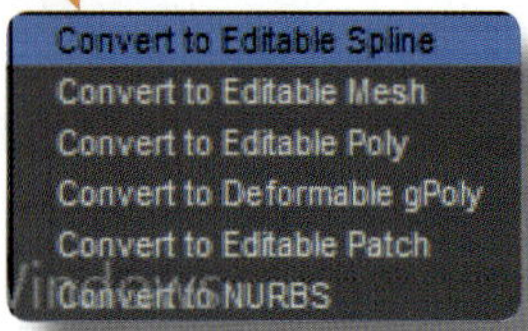

044

4. Ahora repetiremos la operación con la estrella. Selecciónela.
5. En el **Command Panel**, haga clic con el botón derecho del ratón sobre el nombre **Star** resaltado en color azul y, del menú contextual, elija la opción **Editable Spline**.
6. Haga clic en el signo + que acompaña al modificador en el **Catálogo de subobjetos**, seleccione el subobjeto **Spline** y pulse sobre la estrella para seleccionar la spline. 4
7. La estrella queda resaltada en color rojo para indicar que se encuentra seleccionada. Visualice el panel **Geometry**, pulse sobre el botón **Attach** y haga clic sobre el círculo para que las dos splines queden unidas. 5
8. Ahora podemos aplicarles cualquiera de las operaciones booleanas (unión, sustracción o intersección). Arrastre hacia arriba el panel de parámetros hasta que aparezca el botón **Boolean**.
9. Junto a este botón aparecen los iconos correspondientes a las tres operaciones posibles. Por defecto, se encuentra seleccionado el primero de ellos, **Union**. El siguiente paso consiste en indicar cuál será el segundo operador. Pulse sobre el botón **Boolean**, haga clic sobre el círculo y observe el resultado. 6
10. Las dos formas se han sumado formando una sola. Deshaga la última acción realizada pulsando la combinación de teclas **Ctrl.+Z**.
11. Pulse sobre el icono **Intersection**, el tercero del grupo de operaciones booleanas, y haga clic sobre el botón **Boolean**. 7
12. Pulse de nuevo sobre el círculo en el visor activo y compruebe que sólo permanece el área compartida de las dos splines. 8

7

8
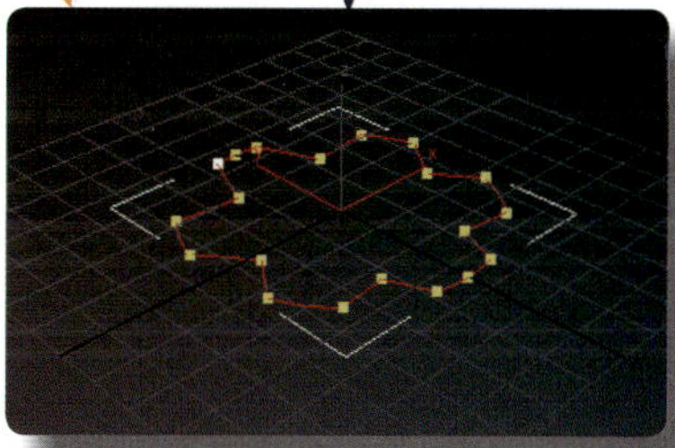

4
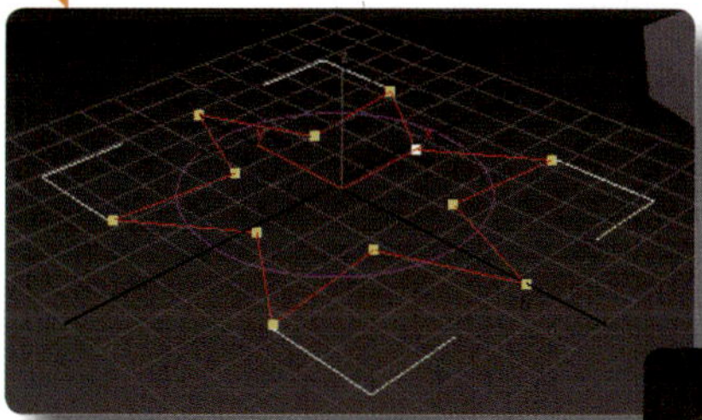

6

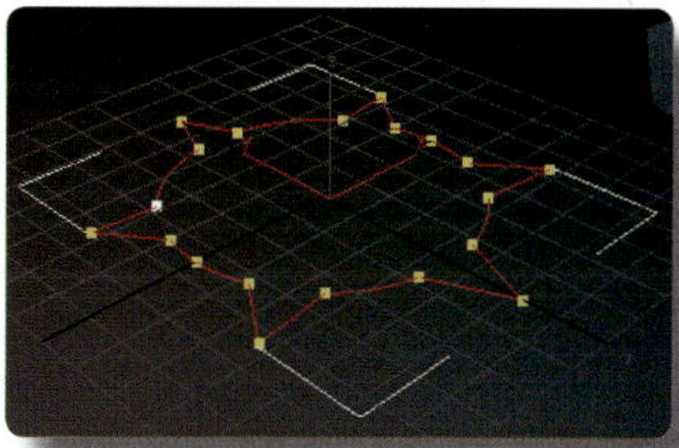

5
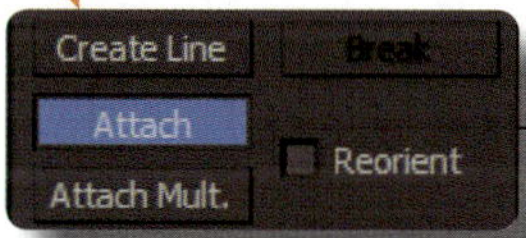

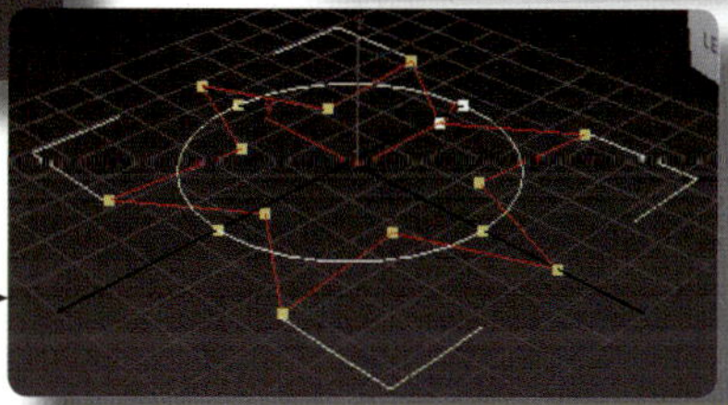

Antes de aplicar cualquier operación booleana es necesario **asociar las splines** para que formen parte de un mismo objeto.

Crear un objeto 3D por rotación

IMPORTANTE

El modificador **Lathe**, o torno, hace rotar la spline sobre un eje para crear así un objeto tridimensional. En la persiana de parámetros es posible especificar, entre otros datos, los grados de rotación y la dirección del eje de rotación relativa al punto de pivote del objeto.

GENERALMENTE EN 3DS MAX las splines se utilizan para crear objetos en tres dimensiones, establecer caminos de solevación, generar superficies planas y definir trayectorias animadas con movimiento. Aunque se pueden crear objetos partiendo de primitivas, también es muy frecuente crearlos a partir de formas complejas generadas con splines a las que posteriormente se aplican los modificadores necesarios para proporcionarles volumen.

1. Para empezar, dibujaremos un círculo en una escena en blanco. Haga clic en el icono **Shapes** del **Command Panel** y pulse sobre el tipo de objeto **Circle**. 1
2. Abra la persiana **Keyboard Entry**, inserte el valor **45** en el campo **Radius** y pulse el botón **Create** para que la forma aparezca en la escena. 2
3. Active la ficha **Modify** del **Command Panel**. 3
4. La lista de modificadores es muy extensa, por lo que puede ocurrir que el que nos interesa se encuentre al final de la misma. Es posible configurar los conjuntos de modificadores para adecuar la lista a nuestras necesidades. Haga clic sobre el icono **Configure Modifiers Sets**, el último de los que aparecen bajo el nombre de la forma en el panel **Modify**, y elija la opción **Patch/Spline Editing** para situar ese grupo en la cabecera. 4

1

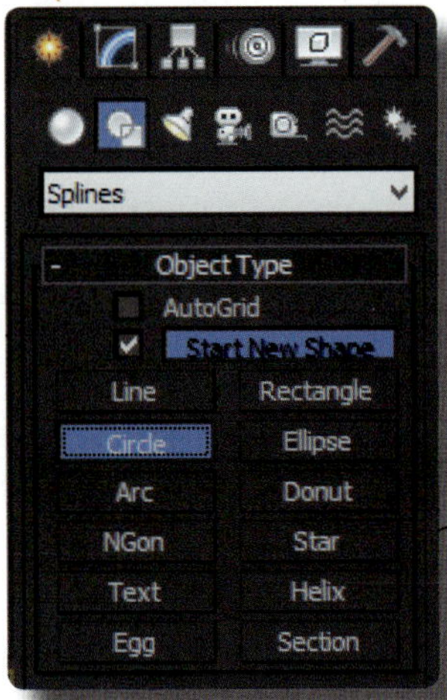

3

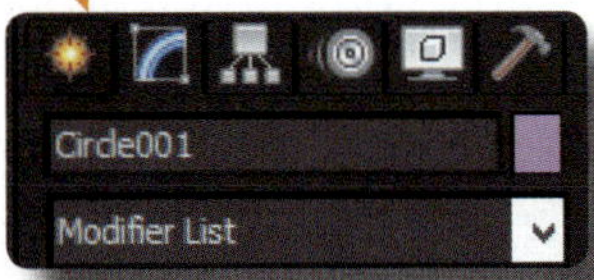

2

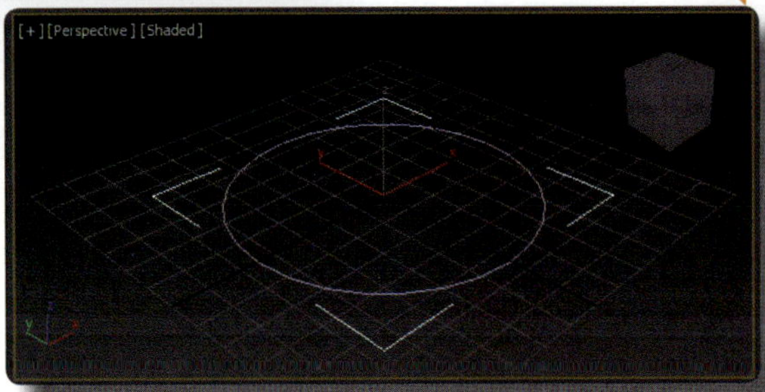

4

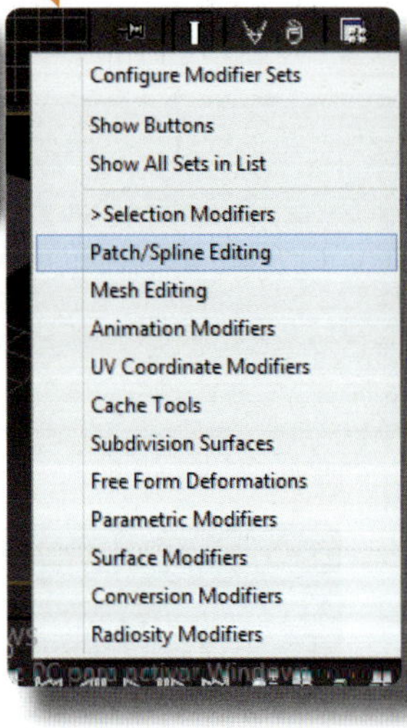

En el menú que incluye el botón **Configure Modifiers Sets**, el nombre del grupo de modificadores que se encuentra en estos momentos en la cabecera de la lista está señalado con una flecha.

045

5. Pulse ahora el botón de punta de flecha del campo **Modifier List** y, de la lista, seleccione el modificador **Lathe**. [5]
6. El círculo se convierte en un objeto tridimensional al rotar la forma alrededor de un eje. [6] Pulse sobre el signo + situado a la izquierda del nombre del modificador en el **Command Panel** y haga clic sobre el único componente del torno, el **Axis**. [7]
7. Se selecciona el eje del objeto. Pulse la tecla **F12** y, en el cuadro **Move Transform Type-In**, inserte el valor **10** en el campo **X** del apartado **Absolute:World** y pulse la tecla **Retorno**. [8]
8. Tras cerrar el cuadro de transformación, vamos a alterar algunos de los parámetros del objeto. En primer lugar, modificaremos el número de grados que el objeto rota alrededor del eje de revolución. Haga doble clic en el campo **Degrees** de la persiana **Parameters**, inserte el valor **220** y pulse la tecla **Retorno**. [9]
9. En el apartado **Direction** se define la dirección del eje de revolución relativa al punto de pivote del objeto. Haga clic en el botón **X** de este apartado y, tras comprobar el cambio de dirección, pulse el botón **Y**. [10]
10. En el apartado **Align** se establece la alineación del eje de revolución a la extensión mínima, central o máxima de la forma. Pulse sobre el botón **Min** y observe el resultado. [11]
11. Pulse en una zona libre del visor **Perspective** para deseleccionar el objeto [12] y guarde el documento con el nombre **3D**.

12

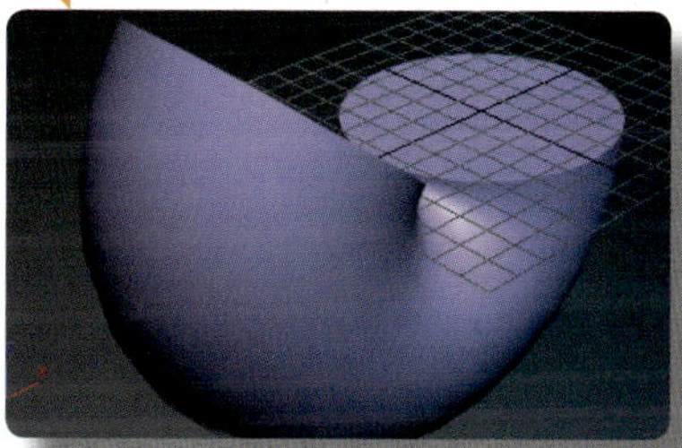

5

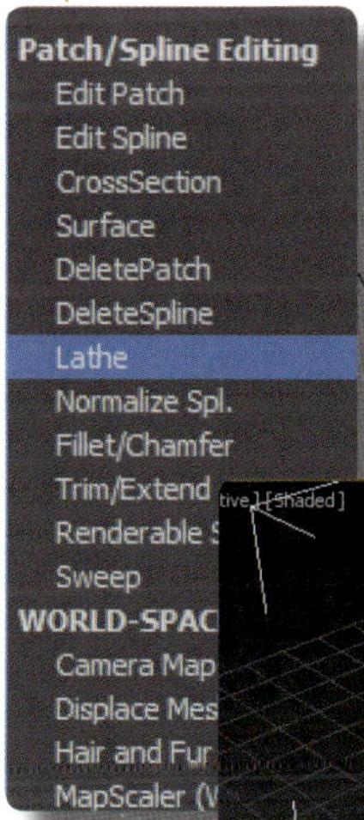

7

8

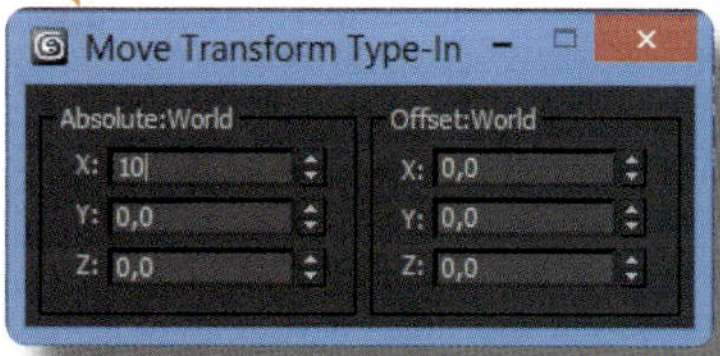

11

Por defecto, la elipse rota **360 grados** alrededor del eje de revolución al aplicarle el modificador Lathe.

6

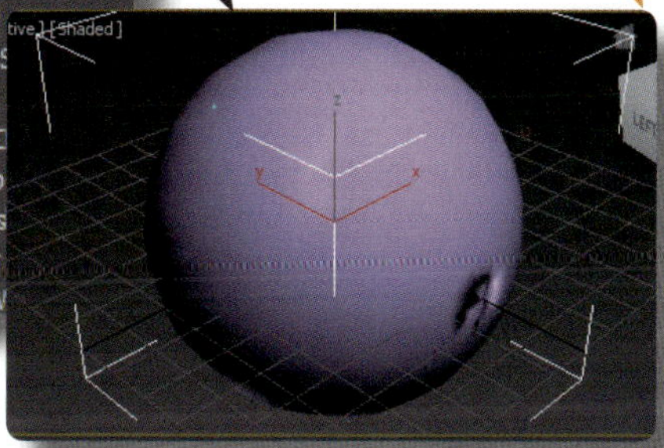

9

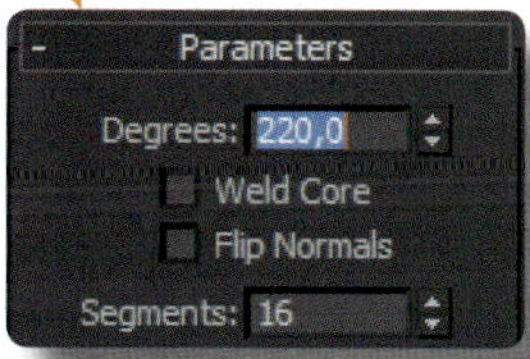

10

Dependiendo de la dirección seleccionada para el **eje de revolución**, la forma del objeto cambia sensiblemente.

Conseguir un objeto 3D por extrusión

IMPORTANTE

Los modificadores se clasifican en varios grupos, tanto en el menú **Modifiers** como en la lista de modificadores del panel de comandos, dependiendo de la acción que ejercen sobre el objeto.

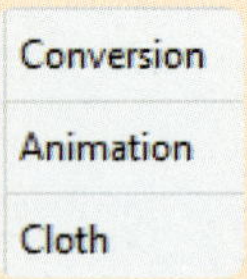

LAS FORMAS ESTÁN DIBUJADAS en planos 2D, por lo tanto sólo incluyen dos de las tres dimensiones. Simplemente añadiendo altura a la forma podemos obtener un objeto 3D. La extrusión es la operación que añade altura a una forma o a un objeto. En la persiana Parameters puede establecer la altura de la extrusión, así como el número de segmentos y otros atributos.

1. En el siguiente ejercicio vamos a practicar con otro de los modificadores que permiten convertir una forma creada en un plano 2D en un objeto tridimensional. Primero eliminaremos el modificador **Lathe** aplicado al círculo en la lección anterior. Con la herramienta **Select Object** pulse sobre el círculo. [1]
2. Ahora pulse sobre la pestaña **Modify** del **Command Panel**.
3. Para eliminar el modificador **Lathe**, que se encuentra seleccionado por defecto, pulse el icono **Remove modifier from the stack**, representado por una papelera en este panel. [2]
4. A continuación, añadiremos al círculo el modificador **Extrude**. Esta vez utilizaremos el menú **Modifiers**, pero ya sabe que puede seleccionarlo también en lista de modificadores de la ficha **Modify** del panel de comandos. Despliegue el mencionado menú, haga clic sobre el grupo **Mesh Editing** y, del submenú que se abre, elija el modificador **Extrude**. [3]

1

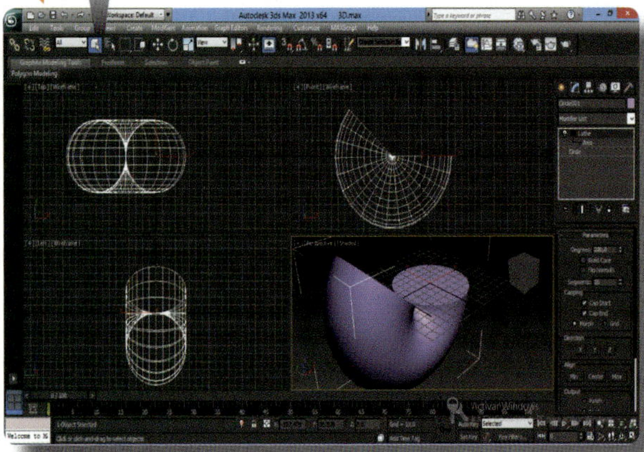

3

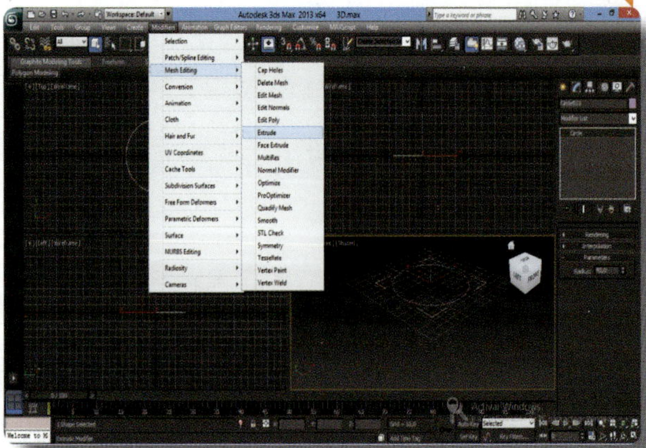

2

046

5. Como ve, este modificador añade altura a la forma para convertirla así en un objeto tridimensional. [4] En la persiana **Parameters** puede establecer los principales atributos del modificador. Vamos a cambiar el valor de la altura para comprobar cómo se ve afectada la forma. Haga doble clic en el campo **Amount**, inserte el valor **45** y pulse la tecla **Tabulador** para pasar al campo siguiente. [5]
6. En el campo **Segments** inserte el valor **3**, pulse la tecla **Retorno** [6] y compruebe en los visores **Front** y **Left** que se añade ese número de segmentos a la representación alámbrica de la figura.
7. En el apartado **Capping** puede escoger entre mostrar o no las tapas de inicio y fin de la forma. Como ejemplo, pulse sobre la opción **Cap End** para desactivarla. [7]
8. Desde el **Catálogo de subobjetos** puede activar y desactivar los modificadores aplicados a una forma. Para comprobarlo, pulse sobre la bombilla que aparece junto al nombre del modificador **Extrude**. [8]

De esta forma, puede acumular más de un modificador sobre un mismo objeto y activarlos y desactivarlos según sea conveniente, sin necesidad de eliminarlos cada vez. [9]

IMPORTANTE

En el apartado **Output** del panel de parámetros del modificador **Extrude** puede especificar que la salida final de la forma sea un corrector, una malla o un objeto NURBS, es decir, una superficie curva.

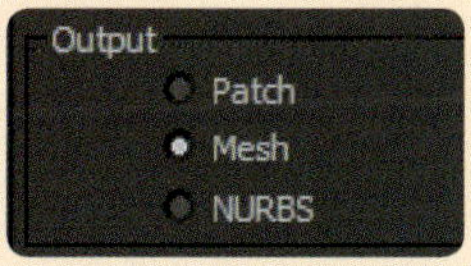

4

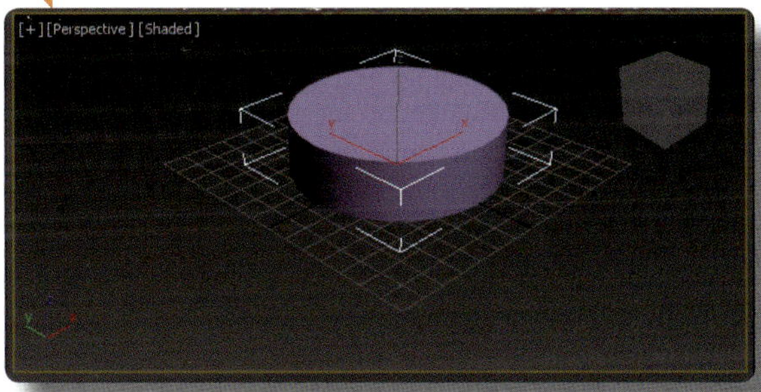

7

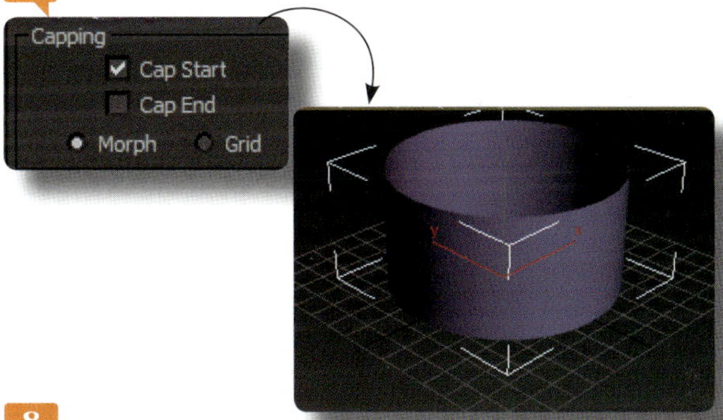

8

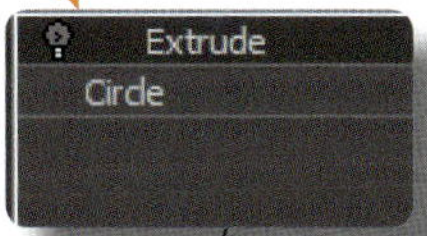

5

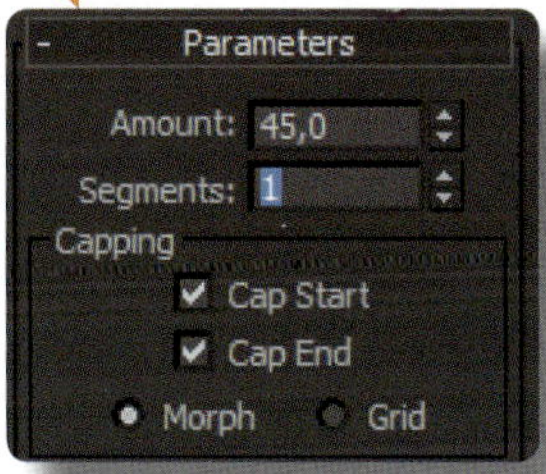

6

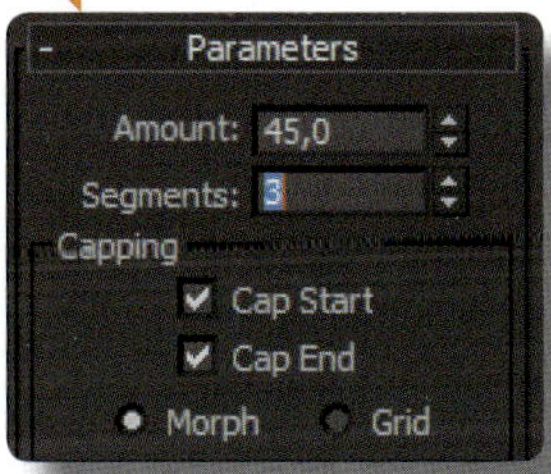

9

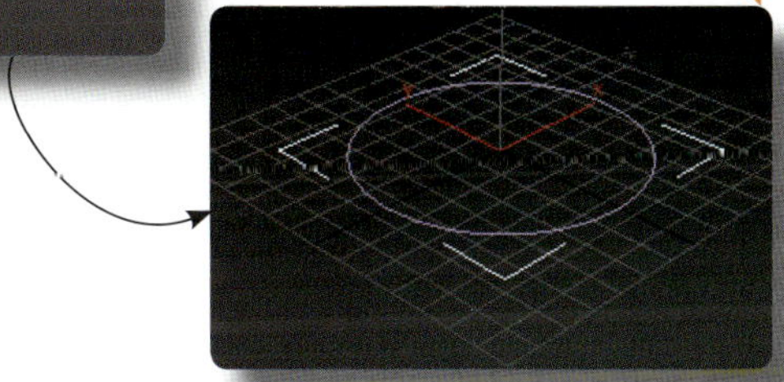

Obtener objetos 3D por solevación

IMPORTANTE

Puede crear un solevado utilizando más de una forma spline: una definirá la trayectoria del solevado, también denominada **eje de camino**, y la otra, su sección transversal.

EL SOLEVADO NO ES PROPIAMENTE un modificador, sino uno de los llamados, en 3ds Max, objetos de composición. Puede considerarse una operación de extrusión que se realiza a través de un eje constituido normalmente por splines.

1. En el siguiente ejercicio vamos a mostrarle cómo actúa el objeto de composición **Loft** sobre una forma. Continuamos trabajando sobre el archivo **3D.max**, creado en la lección anterior. Para empezar, en el **Command Panel**, pulse sobre la pestaña **Create** y, seguidamente, haga clic sobre el icono **Geometry**, representado, como ya sabe, por una esfera. [1]
2. Pulse el botón de flecha del campo que muestra el texto **Standard Primitives** y elija la opción **Compound Objects**. [2]
3. Seleccione el círculo y pulse sobre el objeto **Loft**. [3]
4. En primer lugar, debemos indicar el método de creación del solevado. Si considera la forma seleccionada como eje de camino, debe pulsar el botón **Get Shape** para seleccionar las secciones. Por el contrario, si desea que la forma seleccionada sea la sección del solevado, entonces debe pulsar el botón **Get Path** para seleccionar la trayectoria. En este caso, como sólo contamos con una forma, consideraremos el círculo como eje de camino. Para ello, pulse el botón **Get Path** y seleccione el círculo. [4]

1

2

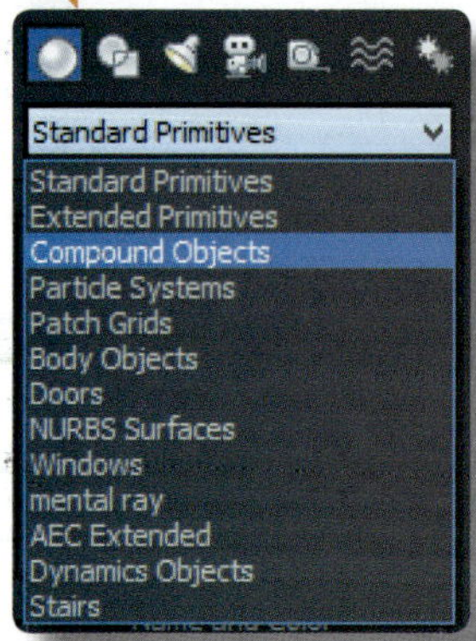

3

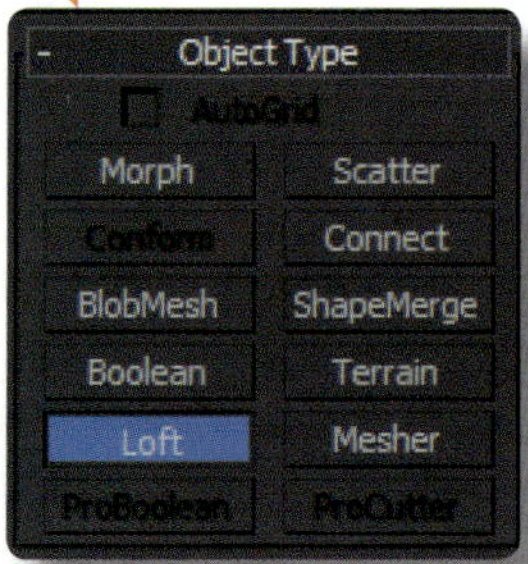

3ds Max considera el solevado un **objeto de composición**, y no un modificador.

4

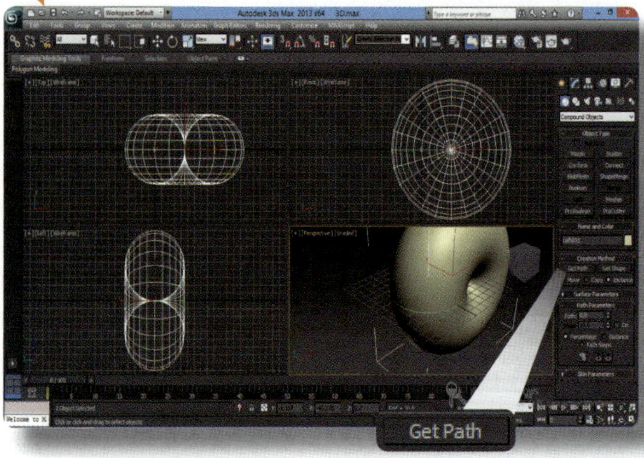

047

5. En el apartado **Surface parameters** se configuran, entre otros atributos, el suavizado de la superficie y la posible aplicación de mapas de textura al solevado. Abra esta persiana, desactive la opción **Smooth Widht** y compruebe el resultado. 5
6. Cierre la persiana **Surface Parameters**.
7. En la persiana **Path Parameters** se establecen las posiciones de las secciones a lo largo de la trayectoria. Como hemos creado un solevado con una sola sección, no modificaremos ninguno de estos parámetros. La persiana **Skin Parameters** incluye varias opciones con las que se determina la complejidad de la malla superficial del solevado. Cierre la persiana **Path Parameters** y abra la persiana **Skin Parameters**.
8. En el apartado **Options** de esta persiana puede controlar aspectos de la apariencia de la malla del solevado. Desactive la opción **Contour** y vea el resultado. 6
9. Active la ficha **Modify**, abra la persiana **Deformations** y pulse el botón **Twist**. 7
10. En el cuadro **Twist Deformation**, pulse en el punto de control situado a la derecha del gráfico, en el punto 0, y arrástrelo hacia abajo hasta llegar aproximadamente al punto -100. 8
11. Cierre el cuadro **Twist Deformation** pulsando en el botón de aspa de su **Barra de título** y, para acabar, deseleccione la forma 9 y guarde los cambios realizados en la escena.

IMPORTANTE

En la persiana Path Parameters, el campo **Path** indica la distancia o el porcentaje durante la trayectoria y el campo **Snap**, que se activa al pulsar la casilla On, permite determinar la distancia entre las secciones del recorrido. La opción **Path Steps** permite situar las secciones en pasos y vértices del recorrido, pudiendo hacerlo bajo tres formas diferentes.

5

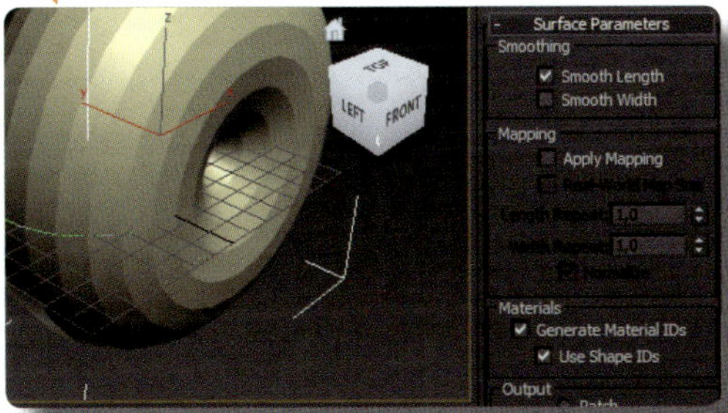

7

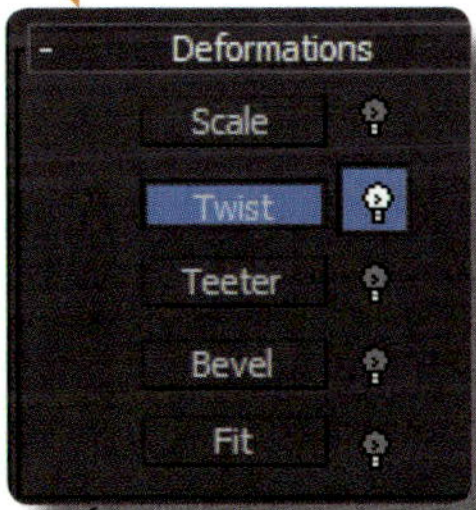

9

6

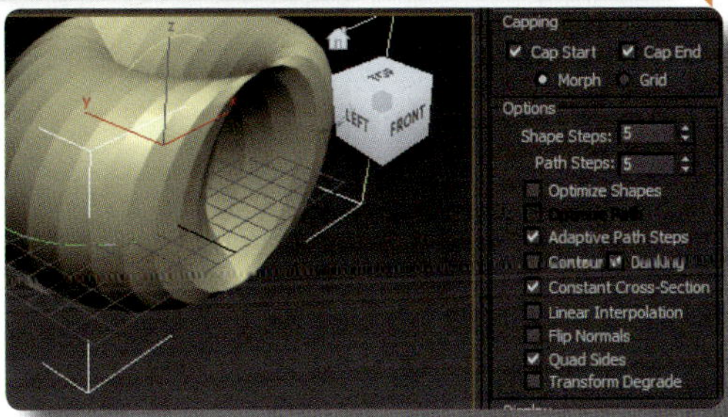

8

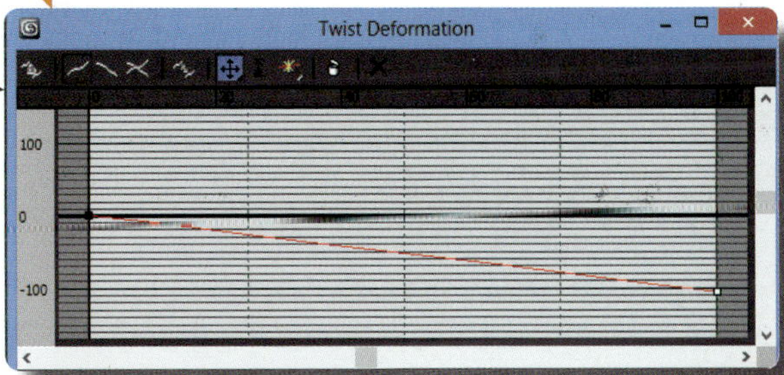

Convertir una spline en una curva NURBS

IMPORTANTE

La conversión de una forma en curva NURBS hace que dicha forma spline pierda todos sus atributos, de modo que sólo podrá editarse como NURBS manipulando sus **vértices de control**.

LAS CURVAS NURBS (Non Uniform Rational B-Splines) son los elementos de forma básicos de las superficies NURBS y pueden utilizarse para crear el recorrido de un solevado, de una deformación o del movimiento en una animación. Existen dos tipos de curvas NURBS: las que trabajan con puntos de control y las que lo hacen con vértices de control. En las primeras, los puntos de control están sobre la propia curva y en las segundas, no forman parte de la curva sino que se encuentran en una armadura que la rodea.

1. Para empezar, con la herramienta **Select Object**, seleccione el solevado creado en el ejercicio anterior en la escena **3D.max** y pulse la tecla **Suprimir** para borrarlo.
2. A continuación, pulse sobre el círculo para seleccionarlo y, en la lista de modificadores, elimine también el modificador **Extrude**. [1]
3. Para convertir la forma seleccionada en una curva NURBS, pulse con el botón derecho del ratón sobre su nombre, bajo la lista de modificadores y elija la opción **NURBS**. [2]
4. Seguidamente, en la lista de modificadores, muestre el contenido del modificador **NURBS Surface** y haga clic sobre el subobjeto **Curve CV**. [3]

1

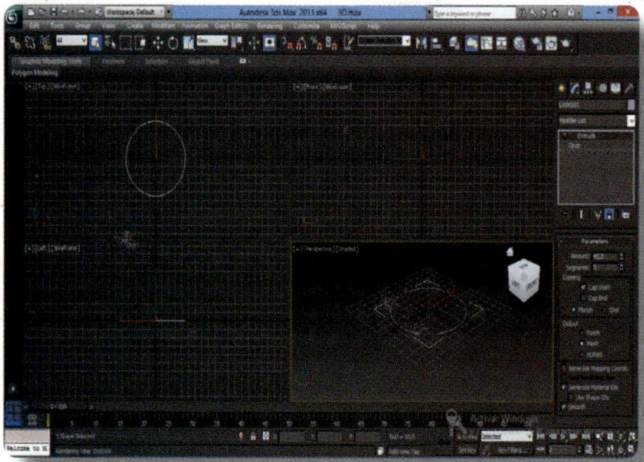

Todas las formas splines a excepción de la hélice pueden convertirse en curvas NURBS del tipo **vértices de control** (CV).

2

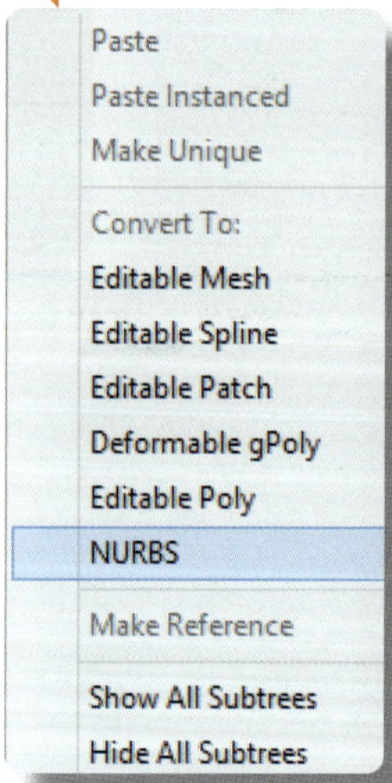

3

Los subobjetos que componen una curva NURBS son **Curve CV**, los vértices de control, y **Curve**, la curva propiamente dicha.

5. Se resaltan todos los vértices de control de nuestra curva NURBS. 4 Para editarla, puede seleccionar uno o varios de los vértices, o todos ellos, utilizando los iconos que aparecen en el apartado **Selection**. Por defecto, la opción activada es **Single CV**, así que los vértices se seleccionarán de uno en uno. Haga clic en un vértice de la parte izquierda del círculo y, manteniendo pulsada la tecla **Control**, pulse sobre uno de los vértices situados enfrente. 5
6. Active la herramienta **Select and Move** y pulse sobre ella con el botón derecho del ratón para abrir el cuadro **Move Transform Type-In**.
7. Haga doble clic en el campo **Z** del apartado **Absolute:World**, inserte el valor **40** y pulse **Retorno**. 6
8. Cierre el cuadro **Move Transform Type-In** pulsando el botón de aspa de su **Barra de título**.
9. A continuación, seleccionaremos toda la superficie NURBS y crearemos una nueva superficie dependiente de ella. En el **Command Panel**, pulse sobre el término **NURBS Surface**.
10. En el cuadro **NURBS** pulse sobre el segundo icono de la segunda fila del grupo **Surfaces**, correspondiente a la opción **Create Lathe Surface** 7 y haga clic sobre el círculo.
11. En el apartado **Direction** de la persiana **Lathe Surface**, haga clic en la opción **Z** 8 y en el apartado **Align**, pulse sobre la opción **Max**. 9
12. Cierre el cuadro **NURBS** y acabe el ejercicio abandonando el modo de creación, deseleccionando la superficie NURBS y guardando los cambios.

048

IMPORTANTE

El cuadro **NURBS** incluye herramientas que permiten crear o editar subobjetos NURBS dependientes o independientes. Estas herramientas se clasifican en tres grupos: puntos, curvas y superficies.

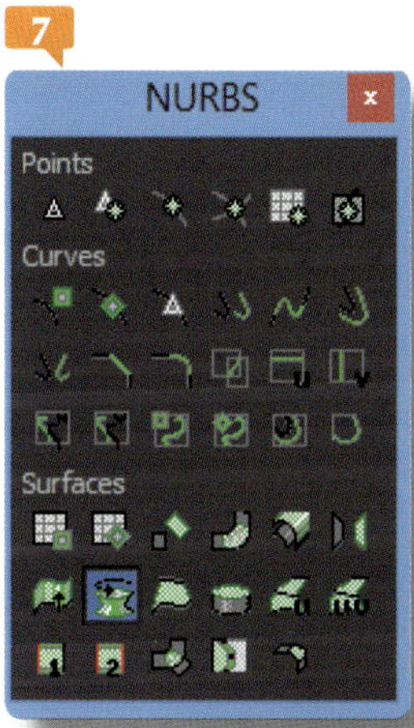

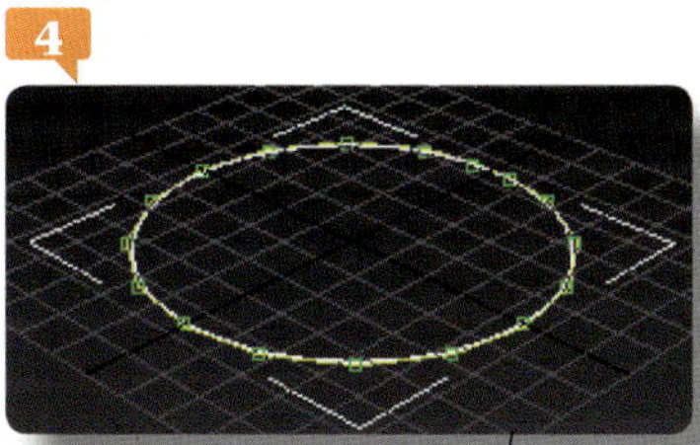

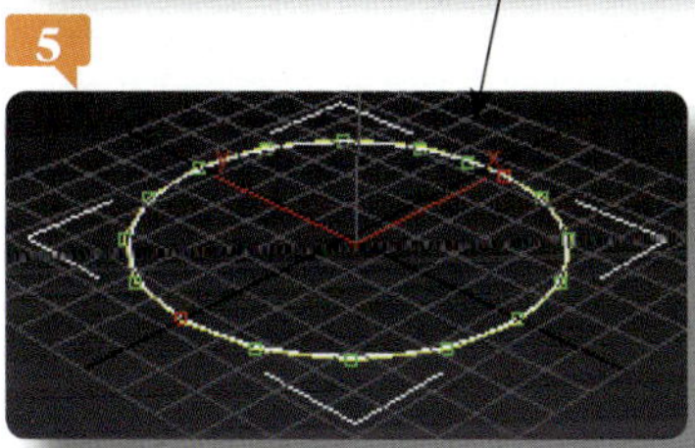

Al mantener la tecla **Control** pulsada, se pueden seleccionar varios elementos a la vez.

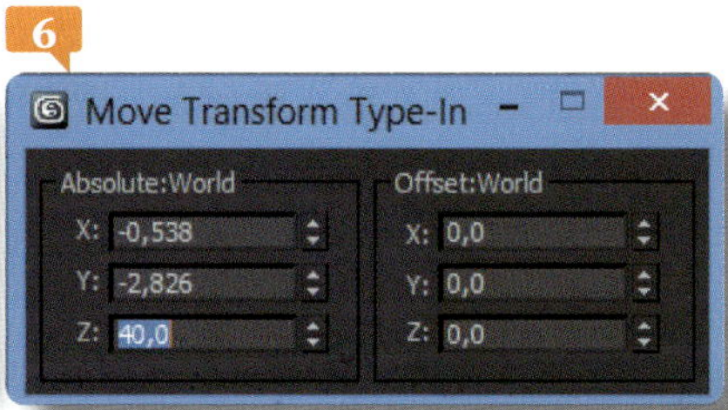

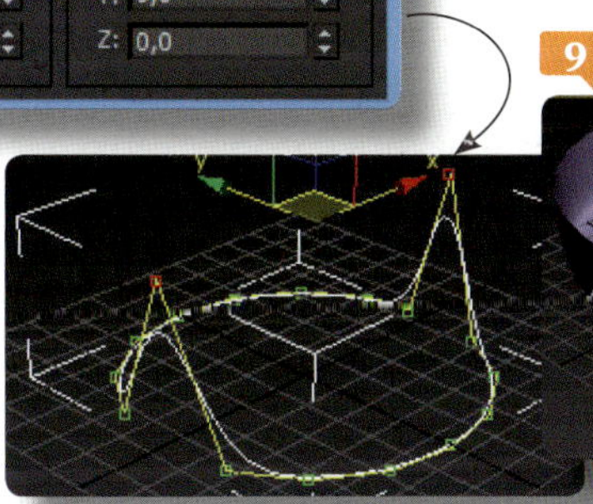

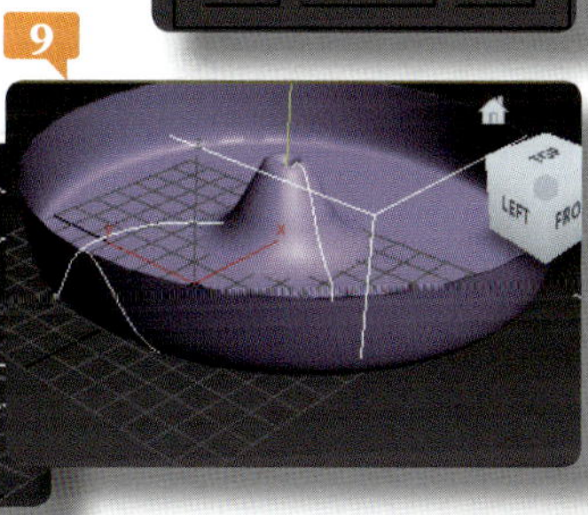

Convertir un objeto en malla editable

IMPORTANTE

La principal diferencia entre convertir un objeto en malla editable y aplicarle el modificador **Edit Mesh** es que, en el primer caso, el objeto pierde los parámetros del objeto original mientras que en el segundo éstos se mantienen y pueden incluso ser modificados.

TODOS LOS OBJETOS con los que hemos practicado hasta ahora están formados por mallas o superficies. Estas mallas a su vez están compuestas por un número determinado de caras, vértices y aristas dependiendo del objeto. Para poder editar cualquiera de estos componentes de manera individual, 3ds Max ofrece la posibilidad de convertir cualquier objeto en una malla editable.

1. En este ejercicio veremos cómo convertir un objeto en malla editable para poder manipular individualmente sus componentes. Para empezar, le recomendamos que descargue desde nuestra página web la escena **3D01.max**, una actualización de la que hemos conseguido en ejercicios anteriores, y la abra en el área de trabajo del programa. Cuando disponga de él, haga clic en la pestaña **Create** del **Command Panel**, pulse el botón de punta de flecha del campo que muestra el término **Compound Objects** y seleccione la opción **Standard Primitives**.
2. Pulse sobre el tipo de objeto **Sphere** [1] y haga clic en la persiana **Keyboard Entry** para desplegarla.
3. Inserte el valor **15** en el campo **Radius** y el valor **40** en el campo **Z** y pulse **Create**. [2]
4. Para convertir un objeto en una malla editable podemos seguir dos procedimientos: seleccionar el objeto, acceder a su menú cuad y en él elegir la opción **Convert to Editable Mesh**,

1

2

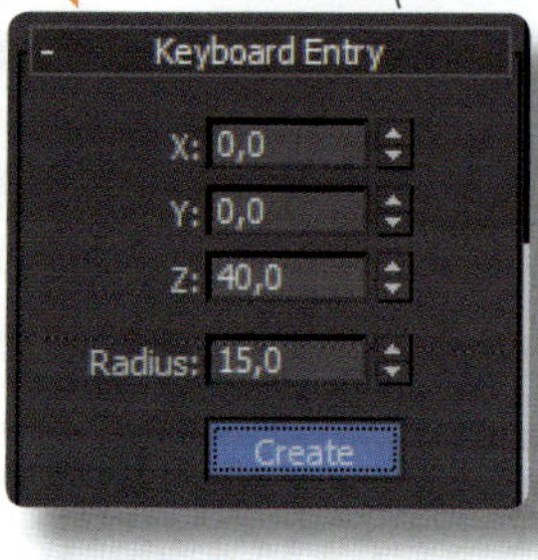

3

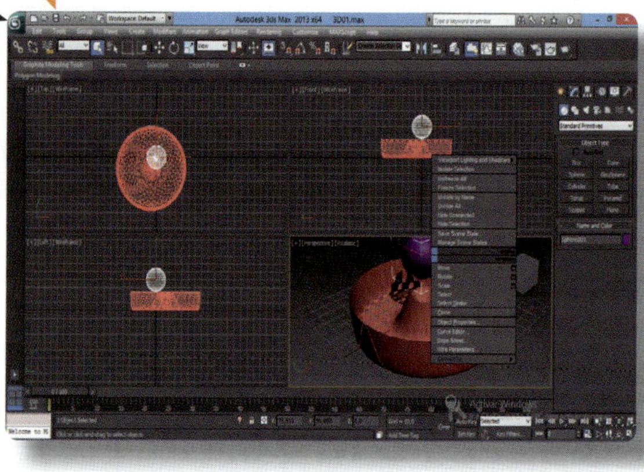

049

o bien acceder al menú contextual del objeto en la ficha **Modify** y escoger en éste **Editable Mesh**. Haga clic con el botón derecho del ratón sobre la esfera para abandonar el modo de creación y pulse de nuevo con el botón derecho del ratón sobre ella para desplegar su menú cuad. 3

5. Haga clic en la opción **Convert To** y, en el submenú que aparece, haga clic en **Convert to Editable Mesh**. 4
6. Automáticamente la esfera se convierte en una malla editable perdiendo así todos los atributos que la identificaban como primitiva estándar. A partir de ahora este objeto sólo se podrá editar como malla. En el caso de que deseara mantener los parámetros propios del objeto primitivo para poder modificarlos debería aplicarle el modificador **Edit Mesh**. Este modificador no convierte el objeto sino que solamente permite manipularlo como malla editable sin que pierda sus características originales. Para saber cuáles son los subobjetos que conforman una malla, haga clic en el signo + que aparece a la izquierda del término **Editable Mesh** en el panel de comandos.
7. Como puede ver, los componentes de una malla son: vertex, edge, face, polygon y element. 5 A partir de este momento puede seleccionar cualquiera de estos subobjetos para manipularlo y editarlo de manera individual. Pero eso lo veremos en las siguientes lecciones. Haga clic en cualquier zona libre del visor **Perspective** para deseleccionar la esfera. 6
8. Para acabar este sencillo ejercicio, guarde los cambios realizados en la escena pulsando el icono **Save File** de la **Barra de herramientas de acceso rápido**.

4

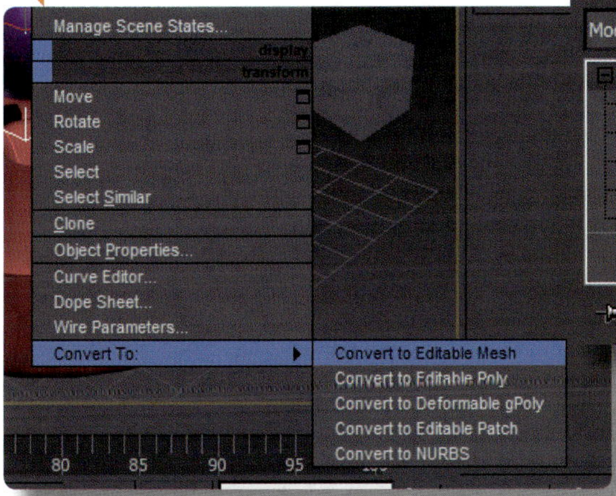

5

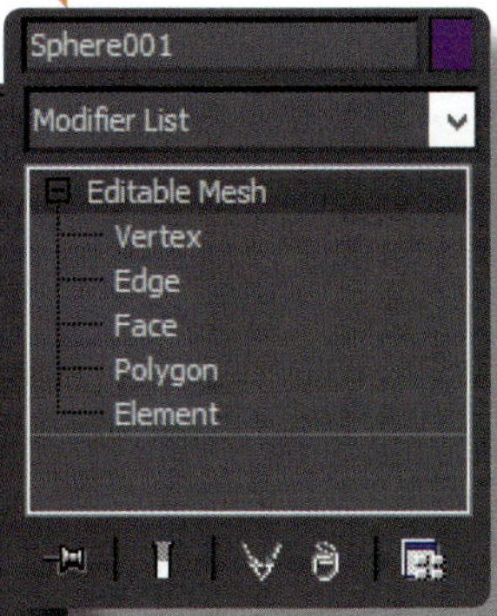

6

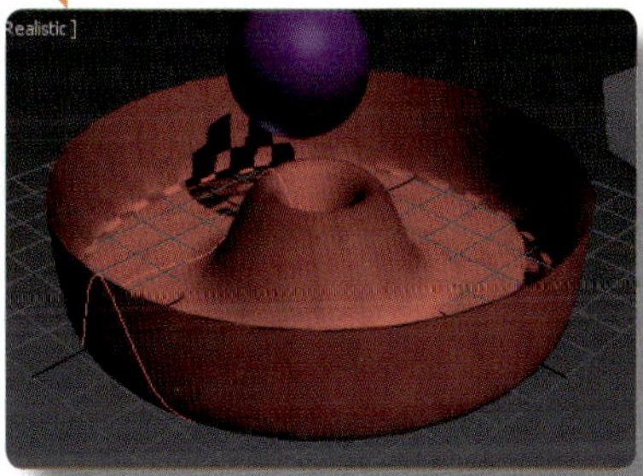

Manipular los vértices de una malla editable

IMPORTANTE

El número de **vértices**, **caras** y demás componentes de una malla depende del tipo de objeto que se convierta. Así, una caja, por ejemplo, consta de 8 vértices, 12 aristas y 6 caras.

PARA ACTIVAR EL MODO DE SELECCIÓN de vértices de una malla editable puede utilizar el icono correspondiente del apartado Selection de la ficha Modify del Command Panel, elegir dicho componente en el árbol de subobjetos de la malla o pulsar la tecla 1. Una vez activado el modo de selección sólo tiene que pulsar sobre el vértice que desee editar.

1. Seleccione la esfera en el visor **Perspective** y en la persiana **Selection**, haga clic sobre el primer icono, correspondiente a la opción **Vertex**.
2. Para seleccionar un vértice sólo tiene que pulsar sobre él en cualquiera de los visores. Haga clic sobre uno de los vértices centrales de la cara de la esfera en el visor **Perspective.**
3. Active la herramienta **Select and Move** y pulse sobre ella con el botón derecho del ratón.
4. Haga doble clic en el campo **X** del apartado **Absolute:World**, inserte el valor **-30** y pulse la tecla **Tabulador**.
5. En el campo **Y** escriba el valor **-30** y pulse la tecla **Tabulador**.
6. Por último, en el campo **Z** inserte el valor **5** y pulse **Retorno**. (Recuerde que estos valores son meramente orientativos.)

1

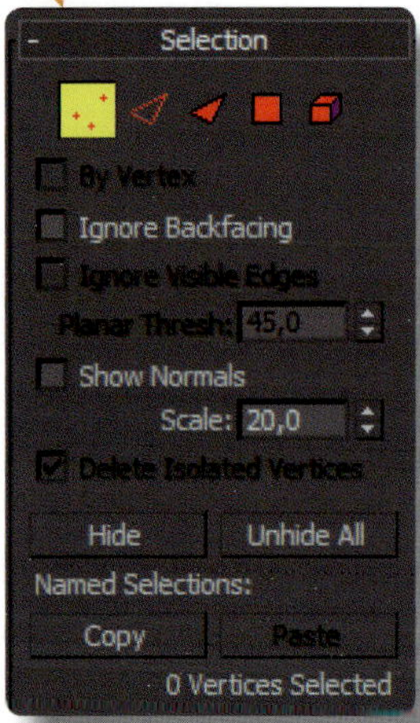

2

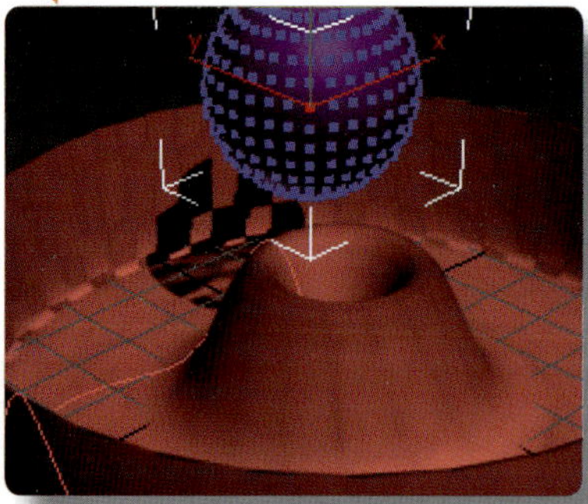

Al activar el modo de **selección de vértices** quedan resaltados en azul todos los vértices que conforman la malla de la esfera a la vez que el subobjeto queda remarcado en amarillo en el Catálogo de subobjetos.

3

4

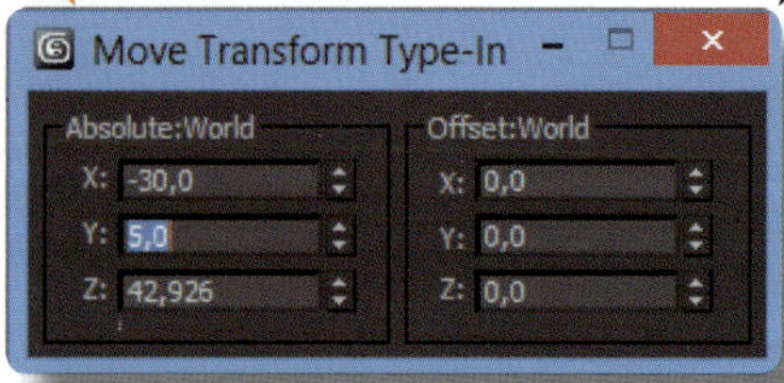

La manipulación de los **subobjetos de una malla editable** con las herramientas de la Main Toolbar y con las opciones del Command Panel permite modificar la figura hasta conseguir resultados sorprendentes.

050

7. Cierre el cuadro **Move Transform Type-In** pulsando el botón de aspa de su **Barra de título**.
8. Pulse sobre la herramienta **Select Object**, haga clic sobre otro de los vértices de la malla para seleccionarlo y cierre la persiana **Selection** pulsando sobre ella.
9. Pulse el botón **Delete** [5] de la persiana **Edit Geometry** y observe el resultado.
10. Al eliminar un vértice se borran también todas las aristas y caras conectadas a él. Haga clic sobre otro vértice y pulse de nuevo el botón **Delete**.
11. Muestre de nuevo la persiana **Selection** y active en ella la opción **Ignore Backfacing** [6] para que sólo se seleccionen los vértices de la cara visible de la malla.
12. Ahora cree en el visor **Top** un área de selección mediante el arrastre que abarque la circunferencia central de vértices. [7]
13. Los vértices seleccionados se muestran resaltados en rojo. Active la herramienta **Select and Move** y pulse la tecla **F12** para acceder al cuadro **Move Transform Type-In**.
14. Haga doble clic en el campo **Z** del apartado **Absolute:World**, inserte el valor **35** y pulse **Retorno**.
15. Cierre el cuadro pulsando el botón de aspa de su **Barra de título** y haga clic en el término **Editable Mesh** del **Command Panel** para que quede seleccionada la malla de la esfera.
16. Deselecciónela [8] y pulse la combinación de teclas **Ctrl.+S** para guardar los cambios realizados en la escena.

IMPORTANTE

En la parte inferior del apartado **Selection** se muestra el número de vértice que ha seleccionado.

Vertex 206 Selected

6

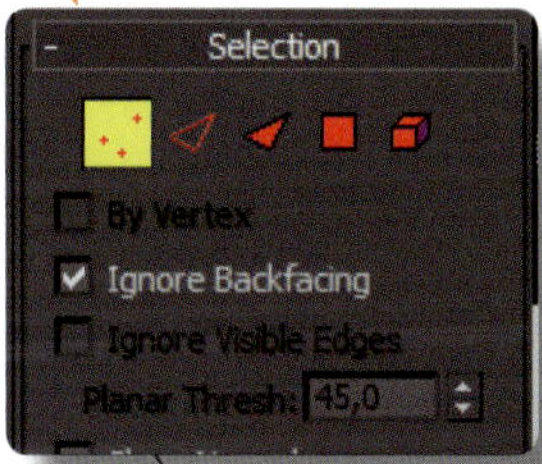

7

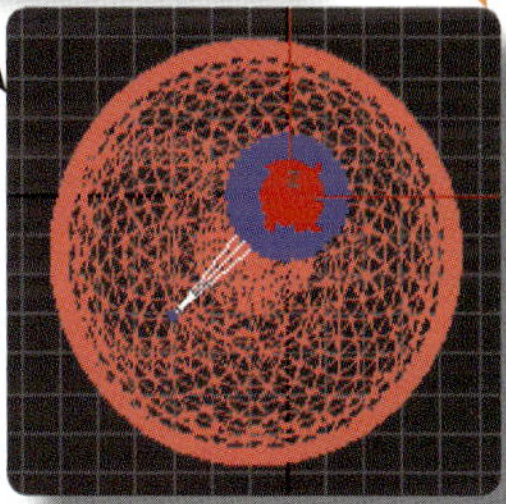

Para seleccionar varios vértices a la vez puede pulsar sobre ellos manteniendo la tecla **Control** presionada o dibujar un área de selección que abarque todos los vértices que quiera editar.

5

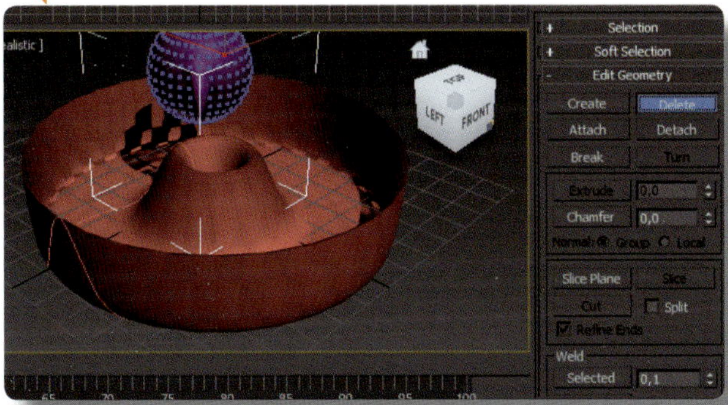

Desde la persiana **Edit Geometry** es posible, entre otras acciones, crear y eliminar vértices, asociarlos y disociarlos, etc. Dependiendo del subobjeto seleccionado, se activarán unos u otros botones.

8

Usar la selección flexible

IMPORTANTE

Con los controles del panel **Soft Selection** podemos activar o desactivar el efecto, indicar la distancia de arista de la zona de influencia, establecer si la selección afectará o no a las caras ocultas y atenuar, intensificar e hinchar el efecto de la selección.

EN EL PANEL DE PARÁMETROS de un objeto convertido en malla editable aparece una persiana denominada Soft Selection, cuyos controles permiten crear una zona de influencia entre los vértices adyacentes al seleccionado para que, al aplicar una transformación de movimiento, rotación o escalado, o determinados modificadores, la transición sea mucho más suavizada.

1. Antes de empezar el ejercicio, reinicie la escena, descargue desde nuestra página web el archivo de ejemplo **051.max** y ábralo en el área de trabajo de 3ds Max.
2. La nueva escena muestra únicamente un cilindro convertido en malla editable, el cual deformaremos en ésta y en las prácticas siguientes. Seleccione la forma en el visor activo con la herramienta **Select Object**, haga clic sobre la pestaña **Modify** del panel de comandos y abra la persiana **Soft Selection** del **Panel de parámetros**.
3. Los controles de esta persiana sólo están disponibles cuando se activa el modo de selección de uno de los subobjetos. En el **Catálogo de subobjetos**, muestre el contenido del objeto **Editable Mesh** y pulse sobre el subobjeto **Vertex**.
4. Para que el efecto de la selección flexible se aplique sobre el objeto, active la opción **Use Soft Selection**.
5. Al seleccionar esta opción se activan el resto de parámetros de la persiana a la vez que los vértices próximos a los que perma-

1

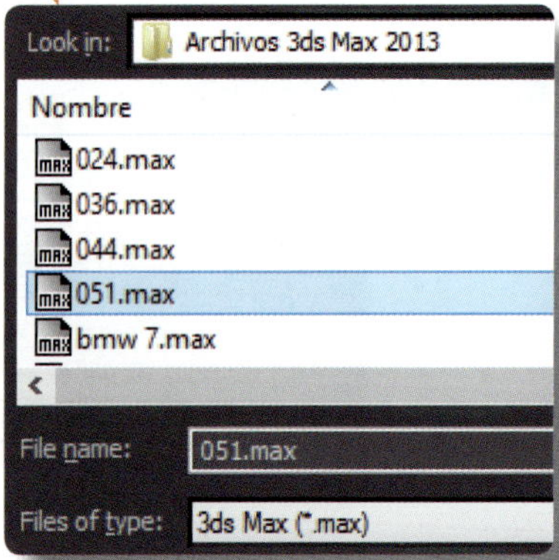

2

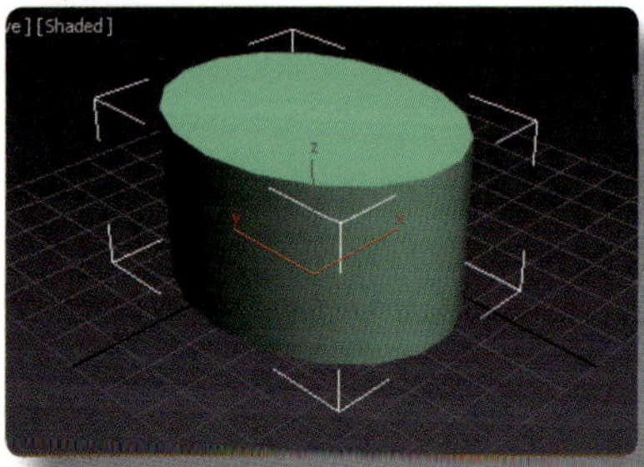

3

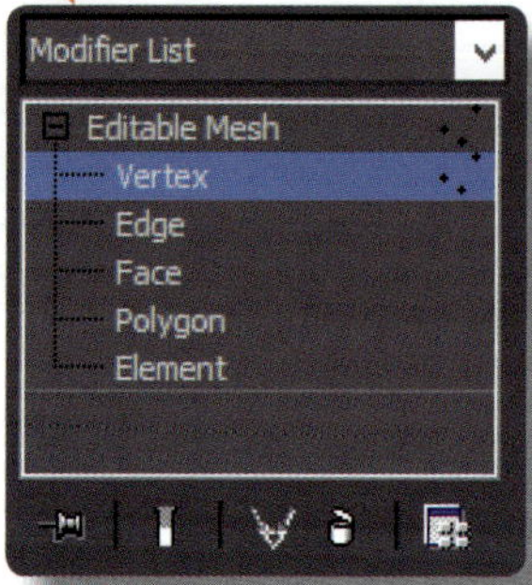

La herramienta de selección flexible (**Soft Selection**) está disponible también en correctores y curvas y superficies NURBS y splines.

4

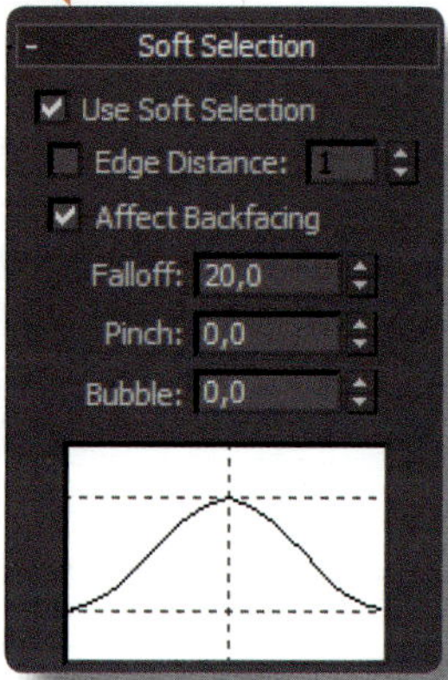

necen seleccionados se sombrean en tonos anaranjados en los visores que muestran la representación alámbrica. Haga clic sobre el vértice situado en la tapa del cilindro. [5]

6. Se crea una zona de influencia entre los vértices adyacentes que quedan marcados con diversos colores. La opción **Edge distance** indica el número de aristas desde la selección actual que se verán afectadas por la selección flexible. Si se mantiene desactivada, esta distancia quedará determinada por el valor especificado en el campo **Falloff**. Por su parte, la opción **Affect Backfacing** permite que el efecto se aplique a los subobjetos seleccionados de la cara oculta del objeto. Desactívela.
7. El control **Falloff** permite indicar la distancia o radio de una región esférica virtual del campo magnético de influencia. Haga doble clic en él, inserte el valor **50** y pulse **Retorno**. [6]
8. La región esférica de influencia aumenta, lo que hará que al mover, rotar o escalar el subobjeto la transición sea más suave. Haga doble clic en el campo **Pinch**, inserte el valor **0,5** utilizando como separador de decimales la coma del teclado alfanumérico, y pulse **Retorno**.
9. El campo **Bubble** varía la amplitud de la curva de atenuación a lo largo del eje vertical, lo que produce un efecto de hinchazón en la región de influencia. Haga doble clic en ese campo, inserte el valor **1** y pulse **Retorno**. [7]
10. Active la herramienta **Select and Rotate** y pulse la tecla **F12**.
11. Haga doble clic en el campo **Y** del apartado **Absolute:World**, inserte el valor **-40** y pulse **Retorno**.
12. El vértice gira sobre el eje indicado pero también lo hacen de manera atenuada los vértices incluidos en la región de influencia. [8] Cierre el cuadro de transformación y haga clic sobre el término **Editable Mesh** en el **Catálogo de subobjetos**.

051

IMPORTANTE

El contador **Pinch** permite afilar el punto más alto de la curva de atenuación. El valor predefinido de este campo es 0, lo que produce una transición suavizada en este punto; al aumentarlo, la cresta de la curva se agudiza.

Se recomienda aumentar el valor del campo **Falloff** en función de la geometría del objeto para conseguir efectos graduales y suavizados.

8

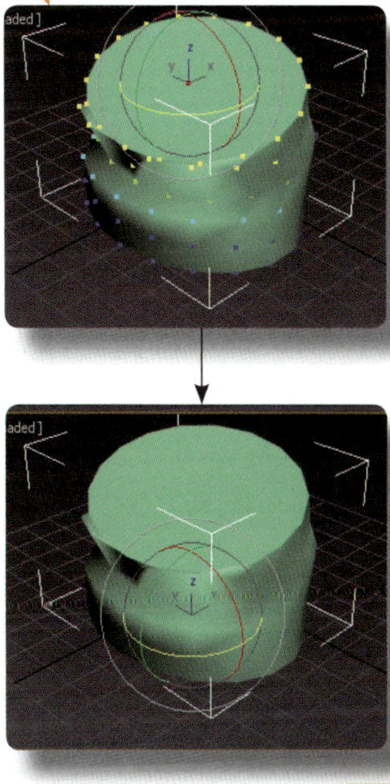

5

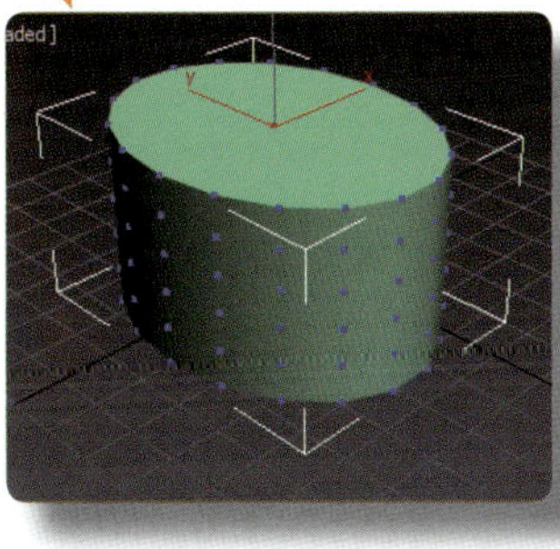

6

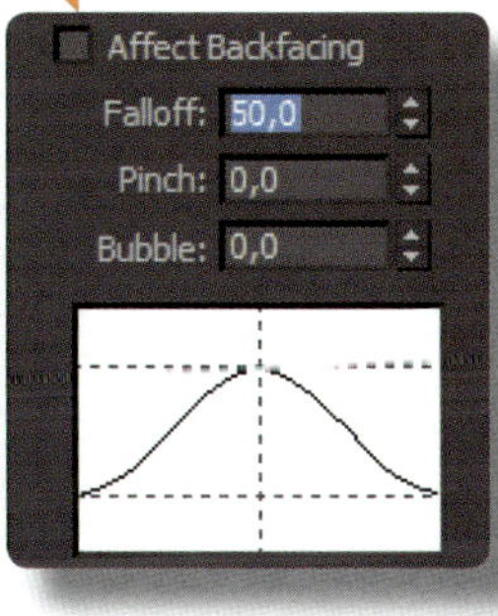

7

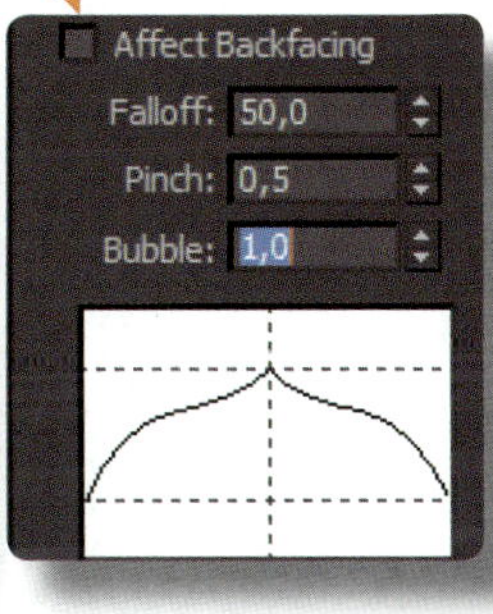

Manipular las aristas de una malla editable

IMPORTANTE

Recuerde que en la parte inferior del apartado **Selection** el programa nos informa del número de elementos seleccionados.

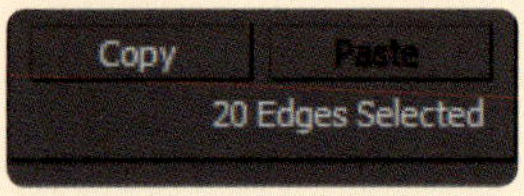

LAS ARISTAS SON LAS LÍNEAS de una malla que unen dos vértices. Pueden ser abiertas o cerradas: en las primeras, cada lado está conectado a una cara de la malla y en las segundas, sólo uno de sus lados está conectado a una cara. Las aristas pueden ocultarse, eliminarse, dividirse, copiarse, etc., así como seleccionarse de una en una o en grupos para su posterior edición. Al hacerlo, el aspecto del panel de comandos Modify se adecua al elemento elegido mostrando las posibles opciones de modificación.

1. Para ver las aristas de nuestra malla y trabajar con más comodidad, cambiaremos la visualización en el visor **Perspective.** Haga clic sobre la etiqueta **Shaded** de ese visor.
2. Para ver las aristas podemos escoger la opción **Wireframe**, en cuyo caso veremos sólo la malla, o añadir a la visualización actual la opción **Edged faces**. Haga clic sobre esa opción. [1]
3. A continuación seleccionaremos el cilindro para proceder a la manipulación de alguna de sus aristas. Active la herramienta **Select Object** y pulse sobre la figura en el visor activo. [2]
4. Abra la persiana **Selection** pulsando sobre ella y haga clic sobre el segundo icono, correspondiente a la opción **Edge**. [3]
5. Active la opción **Ignore Backfacing** [4] y desactive la opción **Use Soft Selection** en la persiana **Soft Selection**.

1

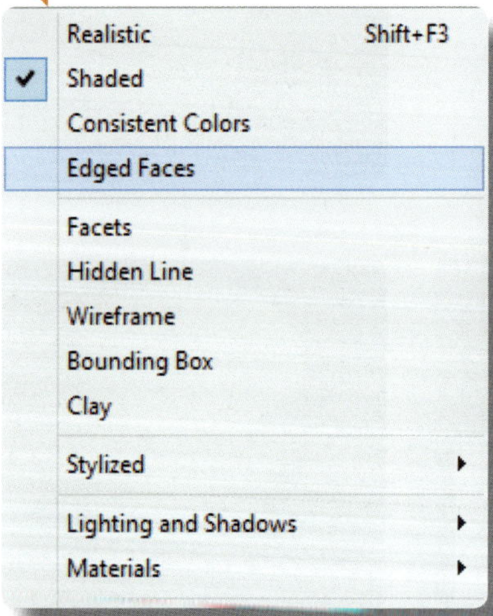

3

2

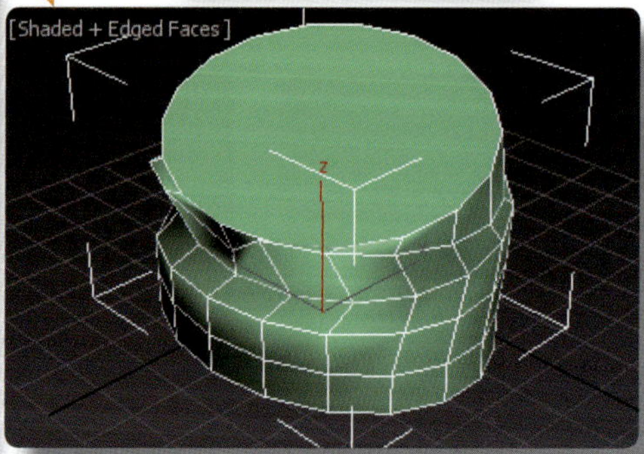

4

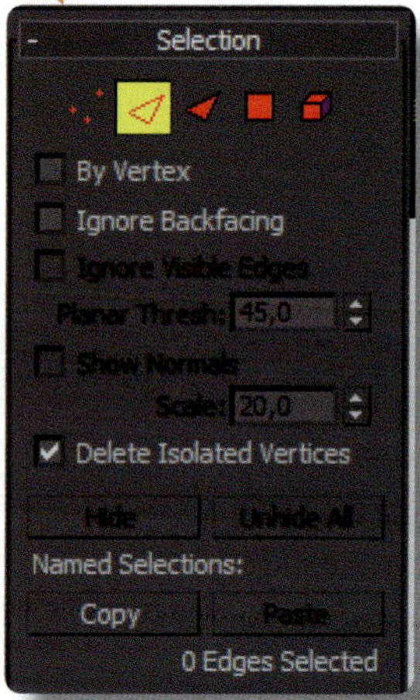

052

6. Pulse sobre una de las aristas horizontales situadas en la zona frontal del objeto, (tenga en cuenta que, dependiendo de los elementos que seleccione, los resultados pueden ser diferentes), active la herramienta **Select and Move** y pulse sobre ella con el botón derecho del ratón para abrir el cuadro **Move Transform Type-In**.
7. Haga doble clic en el campo **Y** del apartado **Absolute: World**, inserte el valor **-20** y pulse **Retorno**.
8. Cierre el cuadro **Move Transform Type-In** pulsando el botón de aspa de su **Barra de título**.
9. Para comprobar mejor el efecto conseguido, pulse en la cara **Front** de la herramienta **ViewCube** y después vuelva al punto de origen pulsando en el icono de casa.
10. Ahora aplicaremos un efecto de extrusión sobre la parte superior del cilindro. Para ello, seleccione, con la ayuda de la tecla **Control**, todas las aristas que rodean esta parte de la figura.
11. Arrastre hacia arriba el panel **Modify** hasta situar el apartado **Edit Geometry** en la cabecera y pulse el botón **Extrude**.
12. La extrusión hace que las aristas seleccionadas se muevan perpendicularmente para añadir un efecto de distancia. Inserte el valor **10** en el campo situado a la derecha del comando **Extrude** y pulse **Retorno** para comprobar el efecto conseguido.
13. Pulse fuera de la esfera en el visor **Perspective** para eliminar la selección de aristas, haga clic en el término **Editable Mesh** en el **Command Panel** para salir del modo de edición de aristas y pulse fuera de la esfera para eliminar la selección. Pulse la tecla **F4** de su teclado para ocultar las caras con aristas.

IMPORTANTE

Para seleccionar varias aristas a la vez puede dibujar un área de selección con la herramienta **Select Object** o pulsar sobre las aristas que desea manipular manteniendo la tecla **Control** presionada.

10

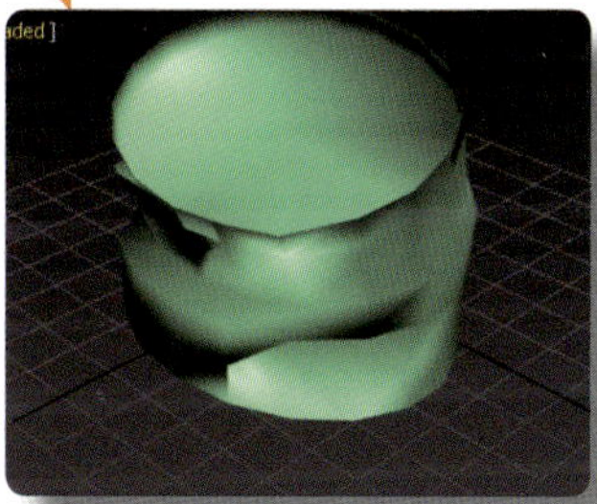

8

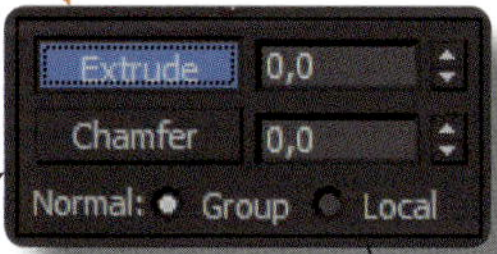

5

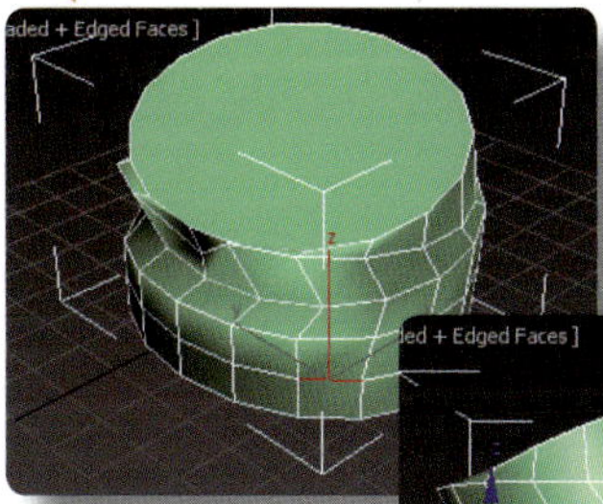

6

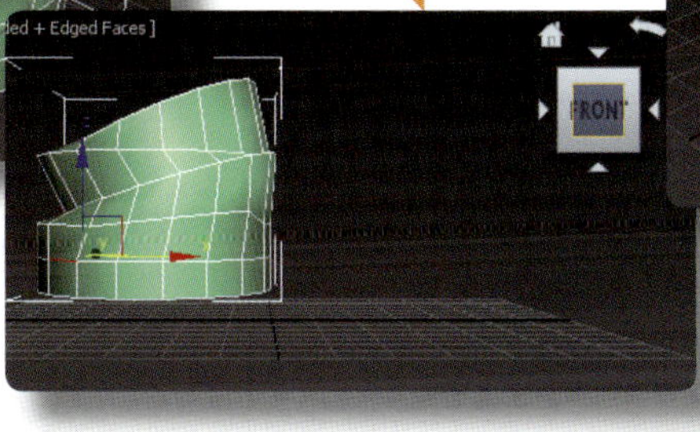

7

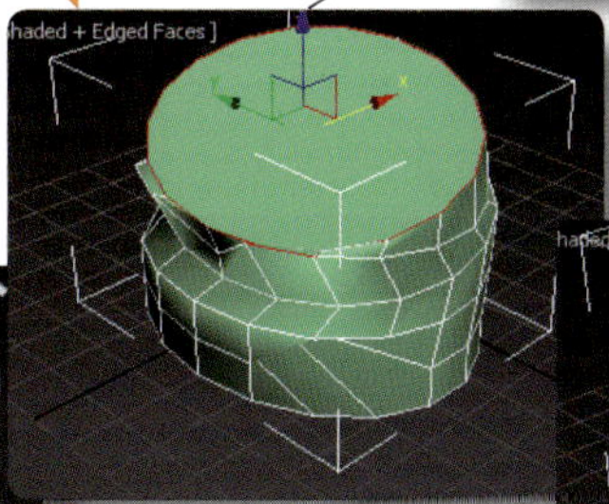

9

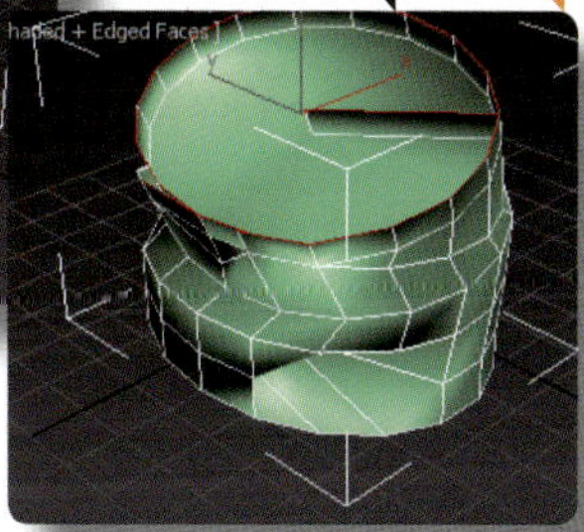

Modificar caras y polígonos de mallas

IMPORTANTE

Mientras que un vértice puede existir como un punto aislado en el espacio, una cara no puede existir sin vértices.

CON LAS HERRAMIENTAS DE LA MAIN TOOLBAR y con las opciones del panel Modify puede cambiar el aspecto de caras, polígonos y elementos. Aunque la mayoría de opciones disponibles en el panel mencionado coinciden con las que se podían aplicar a vértices y aristas, algunas son sólo propias de caras, polígonos y elementos. Debe quedar clara la principal diferencia entre caras y polígonos: las primeras solamente tienen tres aristas, son el polígono más simple posible, mientras que los polígonos son todas aquellas caras con más de tres vértices.

1. En el siguiente ejercicio modificaremos aún más el aspecto del cilindro utilizando sus caras y polígonos. Haga clic en la herramienta **Select Object** y pulse sobre la figura en el visor activo.
2. En el **Catálogo de subobjetos**, seleccione el subobjeto **Face.** [1]
3. Al seleccionar este subobjeto se activan todas las acciones que se pueden realizar con él. El siguiente paso, como ya sabe, consiste en seleccionar una o varias caras para modificarlas. Haga clic sobre un punto de la tapa del cilindro para seleccionar una cara de esta parte. [2]
4. En el apartado **Edit geometry**, pulse el botón **Delete.** [3]
5. Pulse ahora sobre otra cara de la tapa, pulse la tecla **Control** y haga clic sobre las dos siguientes, pulsando esta vez la tecla **Suprimir.** [4]

Recuerde que si la opción **Ignore backfacing** del apartado Selection no está activada se borrarán también las caras del lado opuesto a la seleccionada.

1

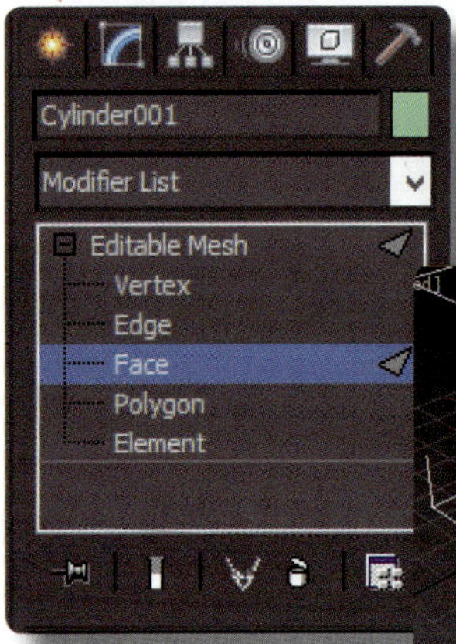

2

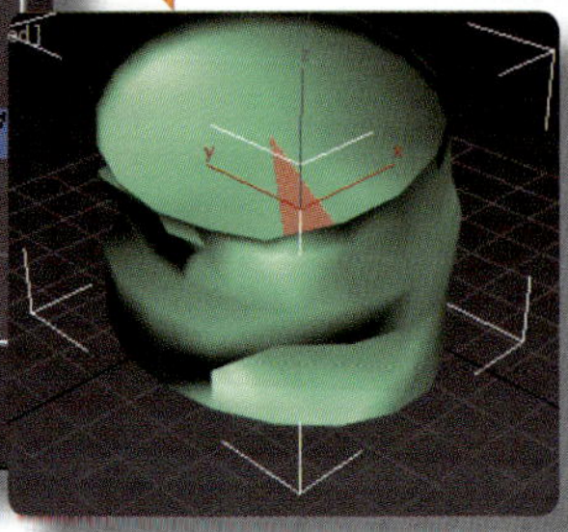

3

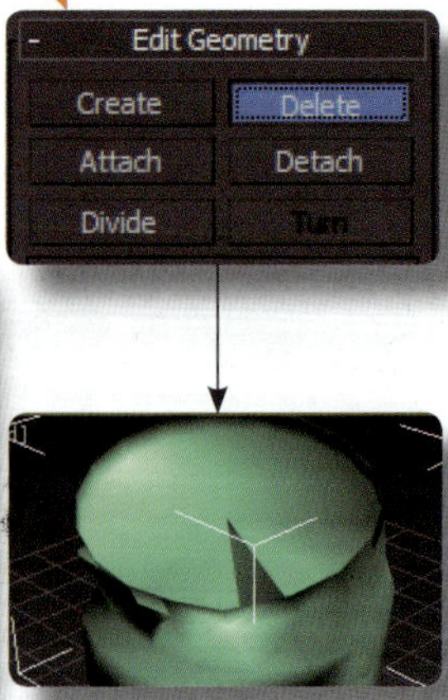

4

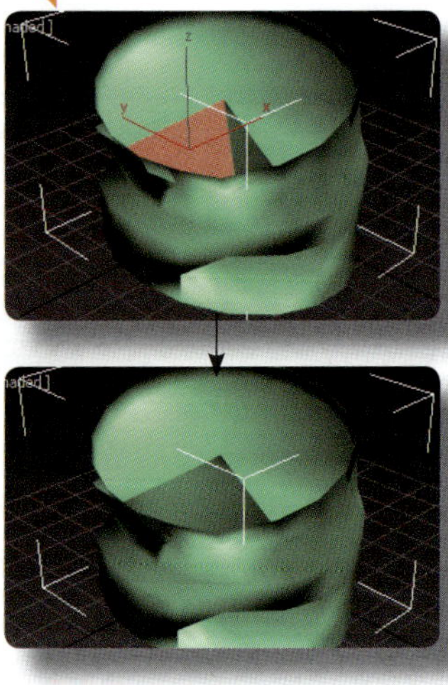

053

6. Además de crear, eliminar u ocultar caras, puede también aplicarles efectos de extrusión, biselado u otros que encontrará en el **Command Panel**. Pulse ahora la tecla **4** para pasar el modo de selección de polígonos.
7. Los polígonos se diferencian de las caras en que tienen siempre más de tres vértices. El subobjeto **Polígono** siempre incluye dos o más caras. Haga clic sobre una zona libre de la tapa del cilindro para seleccionar todo el polígono que la conforma. [5]
8. En este caso aplicaremos un efecto de biselado para extruir el polígono y biselar después sus aristas. En la persiana **Edit Geometry**, inserte el valor **20** en el campo situado a la derecha del botón **Extrude**, y pulse la tecla **Retorno**. [6]
9. Observe cómo el polígono seleccionado sobresale del cilindro. [7] A continuación tenemos que indicar el valor del biselado que se va a aplicar a las aristas del polígono. Haga doble clic en el campo situado a la derecha del botón **Bevel**, inserte el valor **-4** y pulse la tecla **Retorno** [8] para ver el efecto.
10. Haga clic sobre el término **Editable Mesh** en el **Command Panel** para abandonar el modo de selección de polígonos. [9]
11. Pulse en cualquier zona libre del visor **Perspective** para deseleccionar la figura [10] y, para acabar, pulse el icono **Save File** de la **Barra de herramientas de acceso rápido**.

IMPORTANTE

El cambio entre los distintos modos de selección de los elementos que componen una malla editable (vértice, arista, cara, polígono y elemento) puede llevarse a cabo desde el catálogo de subobjetos o mediante la pulsación de las teclas 1, 2, 3, 4 y 5, según el subobjeto necesario.

5

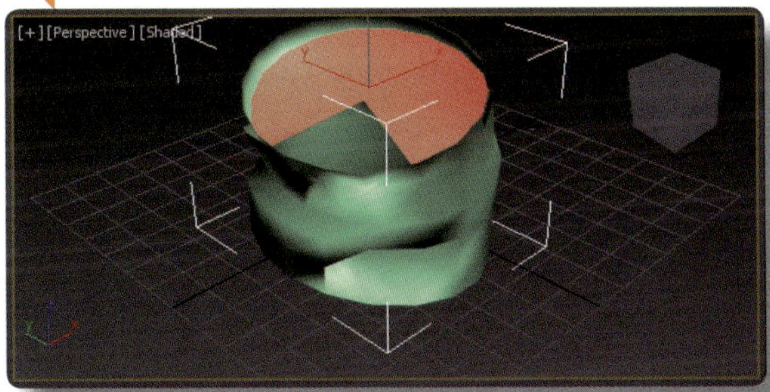

8

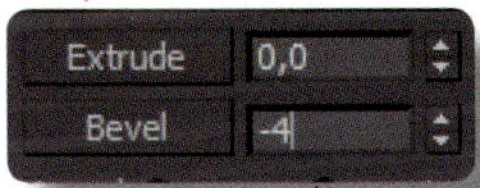

9

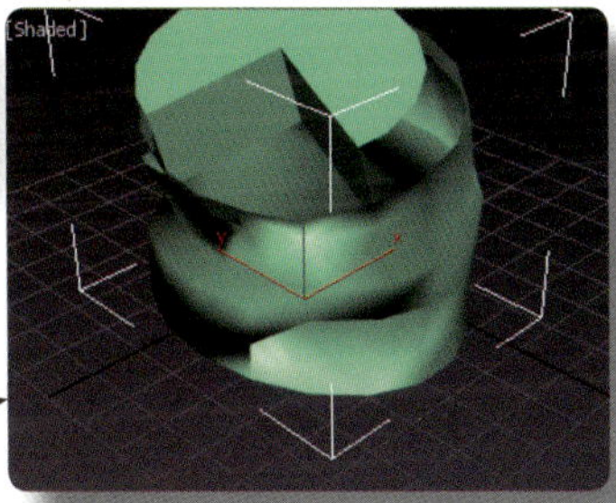

7

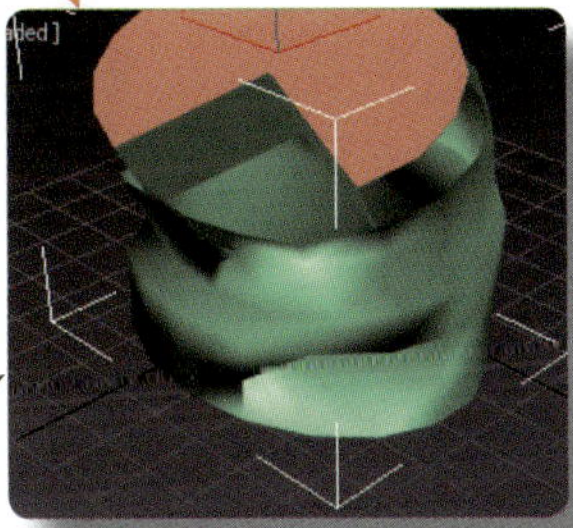

6

10

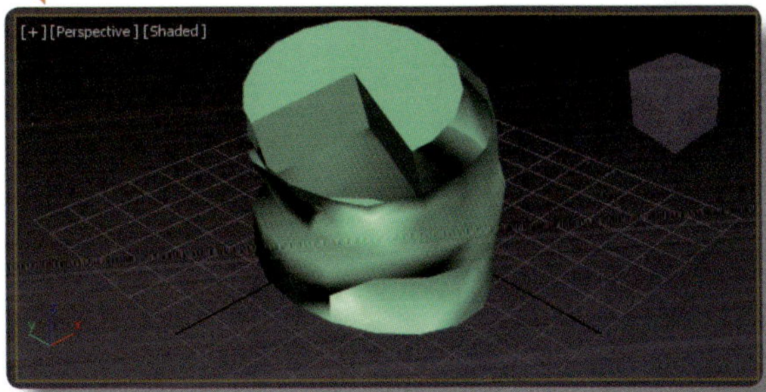

Comprobar modelos 3D

IMPORTANTE

El analizador xView acelera las comprobaciones de los modelos y mapas y permite incorporar pruebas y **consultas creadas por el usuario.**

3DS MAX CUENTA CON UNA TECNOLOGÍA de análisis de mallas denominada xView, que permite validar los modelos 3D antes de exportarlos o renderizarlos. Esta potente herramienta muestra directamente en la ventana gráfica los posibles problemas o errores que pueden surgir durante la creación de las mallas (superposición de UV, duplicación de caras, vértices aislados, aristas abiertas, etc.), facilitando así su resolución desde el principio del proceso de diseño.

1. Para empezar, seleccionaremos el objeto que queremos comprobar. Con la herramienta **Select Object**, pulse sobre el cilindro modificado en el visor **Perspective.** [1]
2. Para utilizar la tecnología de análisis de mallas no es necesario seleccionar ningún subobjeto de la malla. Basta con que esté seleccionada la malla editable. Pulse sobre la etiqueta + del visor **Perspective** y haga clic en la opción **xView** del menú que se despliega.
3. Este submenú contiene todos los tipos de errores que puede rastrear el analizador. Elija la opción **Open Edges.** [2]
4. Aparece en la parte inferior del visor una etiqueta verde con el resultado del rastreo. [3] En el caso de nuestro ejemplo, se han

1

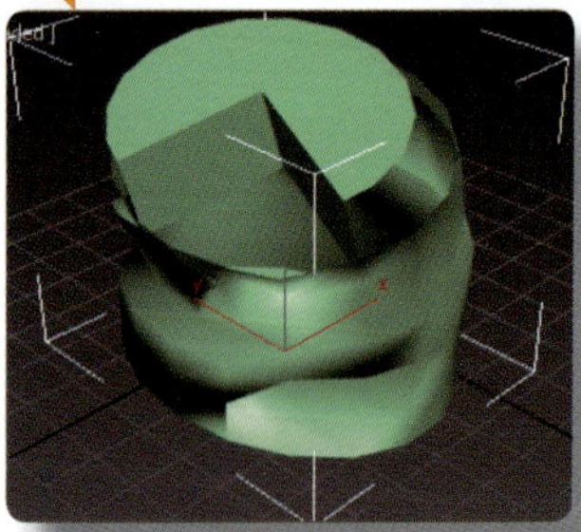

La función xView se encuentra tanto en el menú **Views** como en la etiqueta de los visores que indica el tipo de visualización.

2

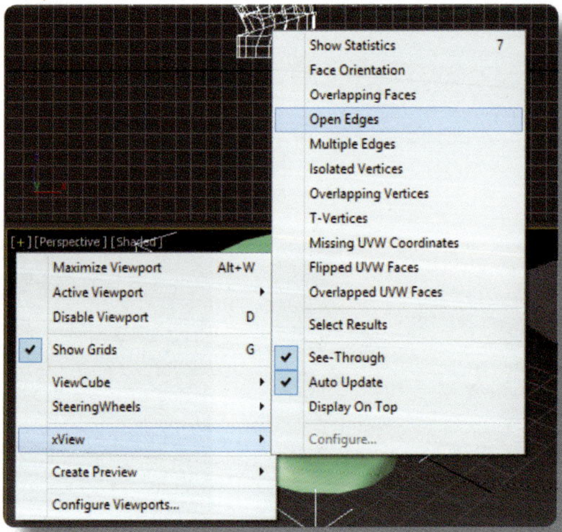

3

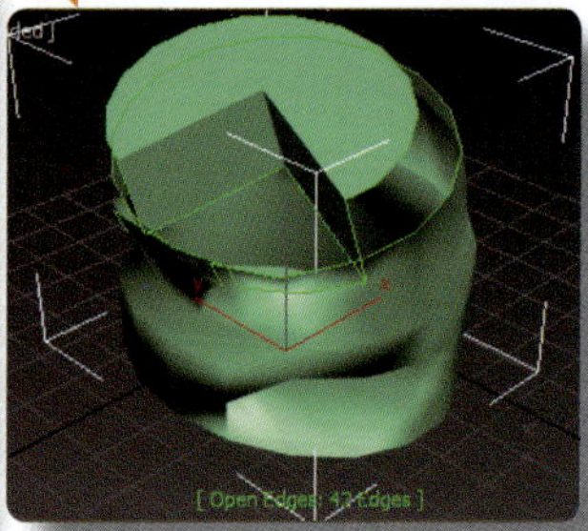

Para utilizar el analizador de mallas xView con un objeto, éste debe ser una **malla editable** o una **malla poligonal editable**.

encontrado varias aristas abiertas, es decir, que no están compartidas con otros polígonos de la malla. Este tipo de error no es configurable. Las aristas afectadas se muestran por defecto resaltadas en verde sobre la figura, lo que significa que puede modificarlas normalmente accediendo al nivel de subobjeto adecuado en el panel **Modify**. Vamos a rastrear la malla en busca de otros posibles errores. Esta vez, abra el menú **Views**, pulse sobre la opción **xView** y elija **Overlapping Faces**. 4

5. En el caso del ejemplo no deberían encontrarse errores (si ha seguido los pasos indicados en lecciones anteriores). Como ve, este tipo de error sí que permite establecer su configuración. Pulse en la opción **Click Here to Configure** para comprobar cuál es el parámetro configurable. 5
6. En el cuadro **Overlapping Faces** podemos especificar, en el campo **Tolerance**, la distancia desde el vértice hasta el plano para la búsqueda de errores de superposición de caras. Puesto que el analizador de mallas no ha localizado errores de este tipo, cierre el cuadro pulsando el botón **Cancel**. 6
7. Por último, comprobaremos que la etiqueta del analizador de mallas puede mostrarse también en la parte superior del visor. Haga clic en esa etiqueta para desplegar el menú **xView** y pulse en la opción **Display On Top**. 7
8. En efecto, ahora el resultado del análisis de la malla se muestra en la parte superior del visor. 8 Para acabar este sencillo ejercicio reinicie la escena guardando los cambios.

054

IMPORTANTE

Las opciones **See-Through** y **Auto-Update**, activadas por defecto en el menú xView, hacen que se muestren resaltados los subobjetos afectados sin importar su geometría y que se actualice automáticamente la pantalla para mostrar los resultados de los parámetros modificados, respectivamente.

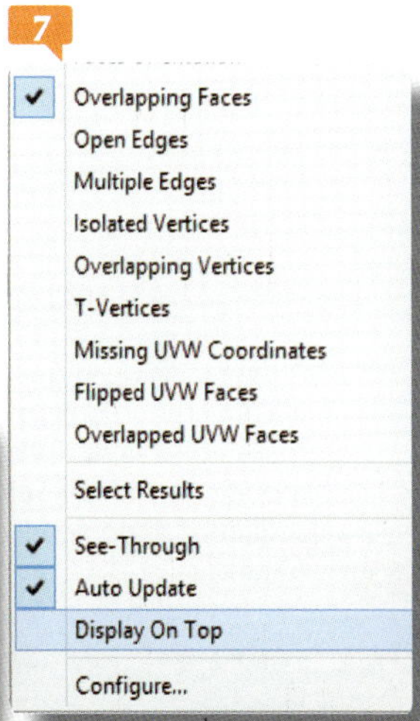

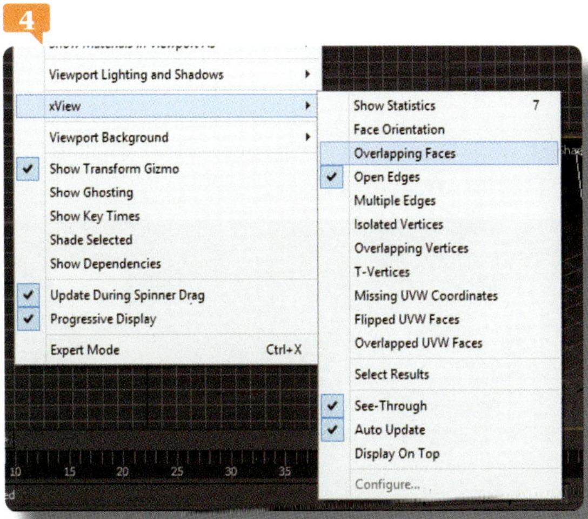

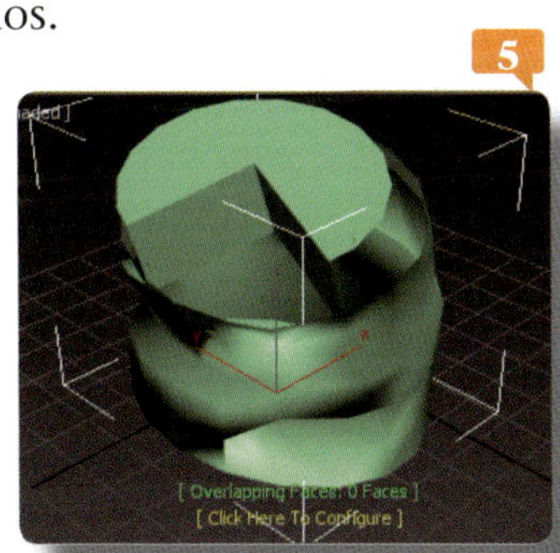

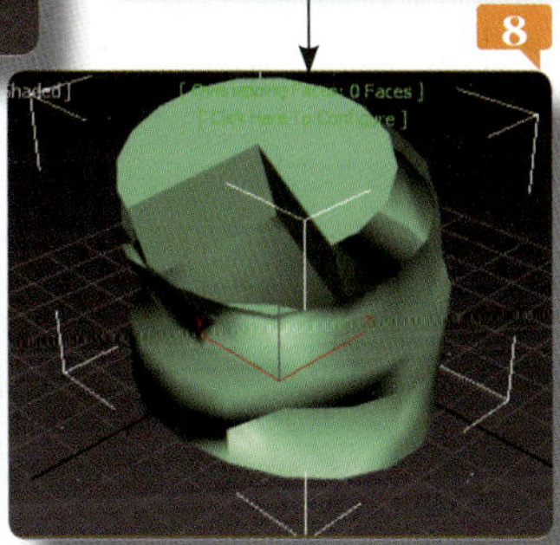

Esta nueva herramienta puede **evitar costosos errores** desde el principio del proceso de diseño.

Seleccionar mallas para aplicar modificadores

IMPORTANTE

Las funciones de modificación son las más utilizadas en programas de dibujo como el que nos ocupa.

EN 3DS MAX, AL IGUAL QUE EN LA MAYORÍA de programas de dibujo, es tan importante saber crear objetos y formas como saber modificarlos después adecuadamente para conseguir que tengan el aspecto deseado. Así pues, las funciones de modificación incluidas en el panel Modify o en el menú Modifiers son las más importantes y utilizadas del programa. Los modificadores que se aplican a objetos primitivos quedan registrados en el Catálogo de subobjetos, de manera que se pueden rectificar e incluso eliminar en el caso de que el resultado obtenido no sea de nuestro agrado.

1. En esta primera lección dedicada a los modificadores aprenderá a añadir dos de ellos a una de las figuras de una escena denominada **055.max** que puede encontrar en la zona de descarga de nuestra página Web. Una vez la haya copiado en la carpeta de documentos de su equipo, ábrala en el área de trabajo del programa. [1] (Recuerde que si lo desea puede utilizar sus propias creaciones para realizar los ejercicios.)
2. Vamos a aplicar un primer modificador al tubo. Compruebe que la herramienta **Select Object** está activada y haga clic sobre la figura de color verde en el visor activo para seleccionarlo. [2]
3. Las opciones de modificación son tantas y tan variadas que en este curso nos limitaremos a mostrarle sólo algunas de ellas

A diferencia de lo que ocurre al convertir un objeto en malla editable, al aplicarle el modificador **Mesh Select**, seguimos disponiendo del original.

1

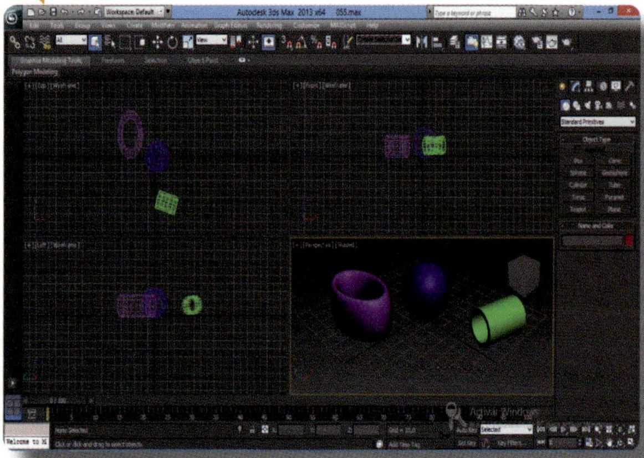

2

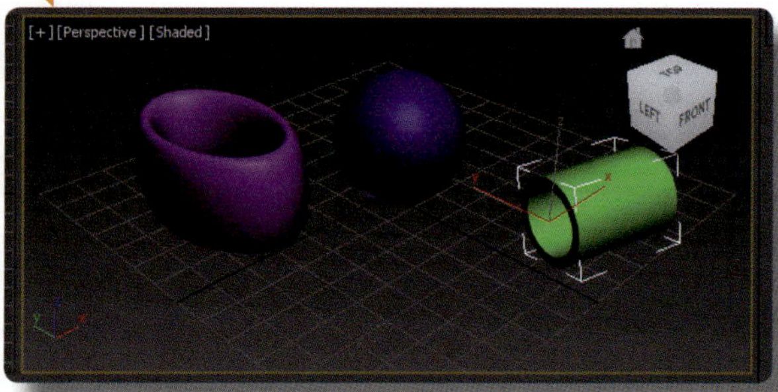

055

para que se haga una idea de los impresionantes resultados que puede obtener. Haga clic en el menú **Modifiers**.

4. Los modificadores se clasifican en este menú según la acción que realizan sobre el objeto. Más adelante veremos que estos grupos quedan reducidos a dos en la lista de modificadores del **Command Panel**. Pulse sobre la opción **Selection** y, en el submenú que se despliega, haga clic en **Mesh Select**. [3]
5. Automáticamente se activa la ficha **Modify** del **Command Panel** mostrando en el cuadro situado bajo el campo **Modifier List** el modificador que hemos seleccionado. Este cuadro se denomina, como ya sabe, **Catálogo de subobjetos** [4] y en él quedan registrados tanto los objetos seleccionados como los modificadores que se les aplican. La transformación de los subobjetos no es posible ya que las herramientas **Select and Move**, **Select and Rotate** y **Select and Scale** se desactivan al ejecutar el modo de selección de uno de éstos. En el apartado **Mesh Select Parameters** del **Command Panel**, pulse en el cuarto icono, correspondiente a la opción **Polygon**. [5]
6. Una vez en el modo de selección de polígonos, pulse sobre cualquier parte de la superficie del tubo para seleccionar el correspondiente polígono. [6]

De este modo, con el modificador **Mesh Select**, puede seleccionar las partes de la malla para editarlas independientemente aplicándoles otro modificador, como veremos en el ejercicio siguiente.

IMPORTANTE

En 3ds Max todos los objetos están formados por mallas que a la vez se componen de vértices, aristas y caras; la función **Mesh Select** permite seleccionar cualquiera de estos elementos, para aplicarle después otro modificador.

3

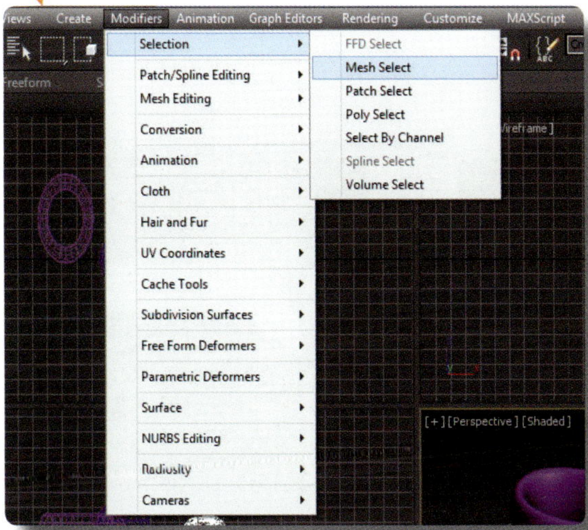

4

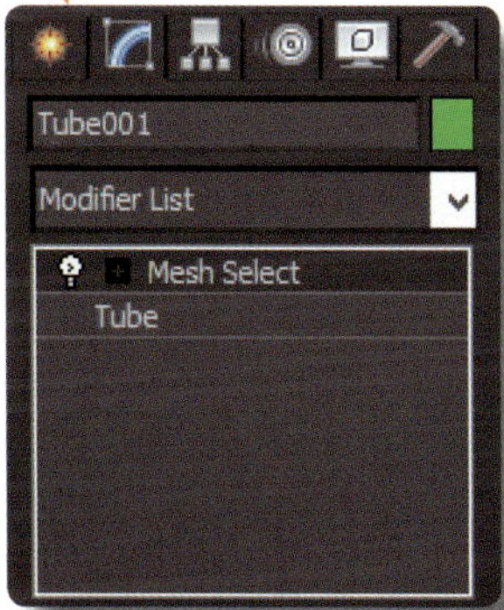

5

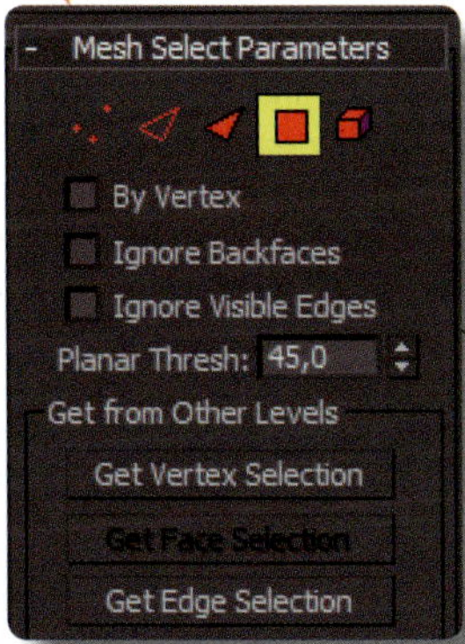

6

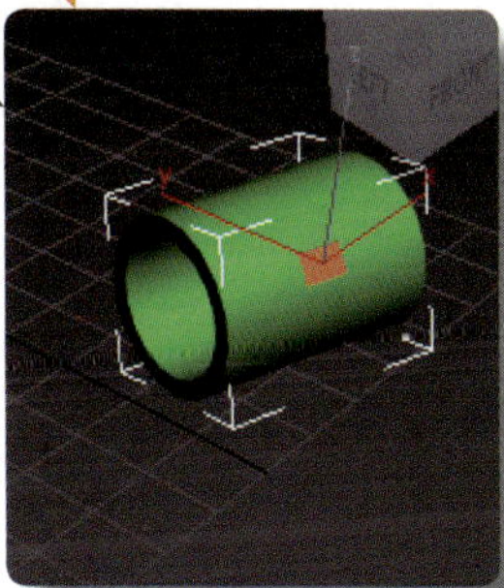

Cuando se selecciona un elemento de un objeto sobre el que se ha aplicado el modificador Mesh Select, éste queda **resaltado en color rojo**.

Suavizar formas

EL NÚMERO DE MODIFICADORES que se pueden aplicar a un objeto es indefinido y únicamente está limitado por la potencia del equipo con el que se trabaja. Del mismo modo, se puede aplicar un mismo modificador a varios objetos a la vez siempre y cuando éstos estén seleccionados.

1. Seguimos trabajando con el archivo **055.max**. Recuerde que en el ejercicio anterior hemos aplicado el modificador **Mesh Select** al tubo y hemos seleccionado uno de los polígonos situados sobre la superficie de la figura. Vamos a seleccionar otra parte de la figura para suavizar su forma. Para ello, haga clic sobre el borde de color negro de la sección del tubo, pulse la tecla **Control** y repita la operación tres veces más para seleccionar así tres polígonos. 1
2. Los modificadores del grupo **Parametric Deformers** son los que afectan de diversas maneras a la geometría del objeto. Como siempre, le recomendamos que practique por su cuenta para conocer las funciones de cada uno de ellos. En este caso, a modo de ejemplo, aplicaremos un efecto de mullido a la tapa del cilindro. Despliegue el menú **Modifiers**, haga clic en la opción **Parametric Deformers** y seleccione el modificador **Relax**. 2
3. Como ya sabe, al seleccionar cualquiera de los modificadores, el **Command Panel** muestra sus correspondientes paráme-

1

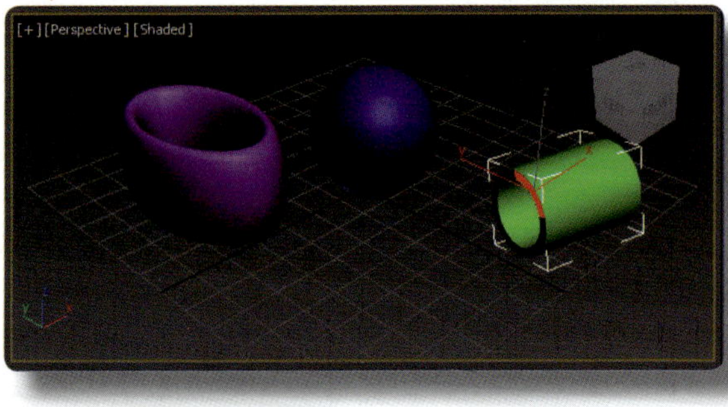

Un **vértice colindante** es aquel que comparte una arista visible con el vértice actual.

2

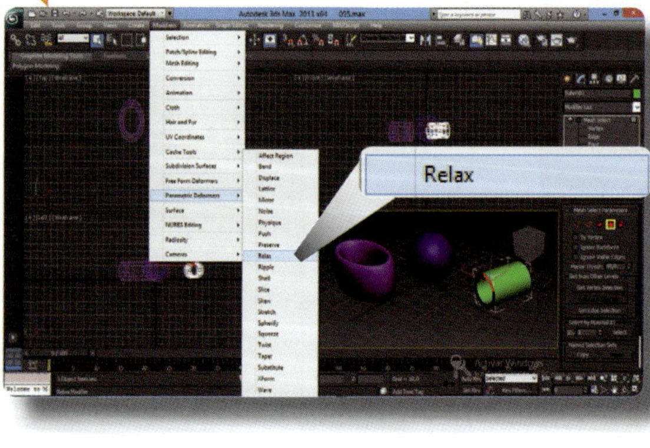

tros. [3] La finalidad de este modificador es suavizar el contorno del objeto seleccionado mediante el acercamiento o el alejamiento de los vértices del polígono seleccionado. En el apartado **Parameters** del **Command Panel**, haga doble clic en el campo **Relax Value** para seleccionar el valor que aparece.

4. Los valores de este campo deben estar comprendidos entre **1** y **-1**. Los valores positivos hacen que los vértices del polígono seleccionado se acerquen a sus colindantes, consiguiendo así una forma más redondeada y pequeña, mientras que los valores negativos hacen que se alejen, convirtiendo la forma en una más irregular y más grande. Inserte el valor **1** y pulse la tecla **Tabulador**. [4]
5. En el campo **Iterations** debemos especificar las veces que se repetirá el efecto de la relajación. Si el valor introducido en el campo **Relax Value** es positivo, al aumentar el valor del campo **Iterations** la forma se verá más suavizada, mientras que si es negativo, al aumentar las repeticiones el efecto será más irregular, lo que puede desembocar en una forma indefinida. En el campo **Iterations**, escriba el valor **5** y pulse **Retorno**. [5]
6. Observe la transformación del polígono seleccionado. [6] Acabaremos el ejercicio deseleccionando el objeto y guardando los cambios. Haga clic en cualquier zona libre del visor **Perspective** para deseleccionar el polígono de la malla. [7]
7. Pulse el icono **Save File** [8] para almacenar los cambios realizados en la escena.

056

IMPORTANTE

Si la opción **Keep Boundary Pts Fixed** se mantiene activada en el panel de parámetros del modificador **Relax**, los vértices limítrofes no se moverán al relajar el resto del objeto. La opción **Save Outer Corners**, por su parte, permite conservar las posiciones originales de los vértices más alejados del centro del objeto.

3

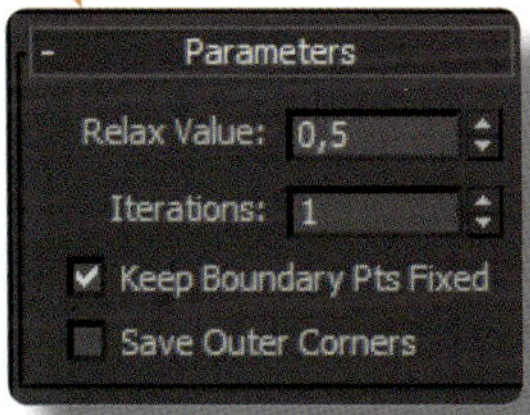

6

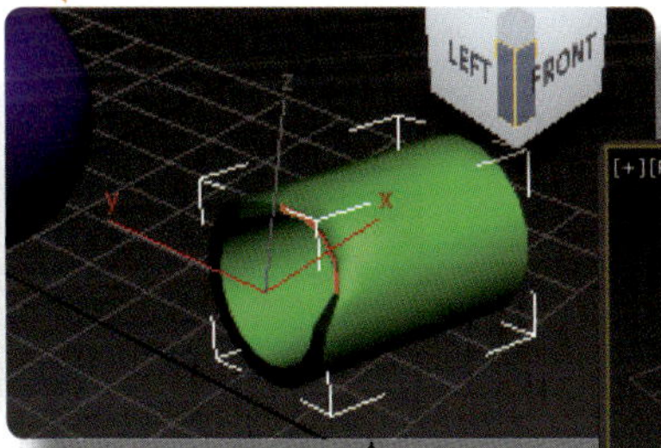

7

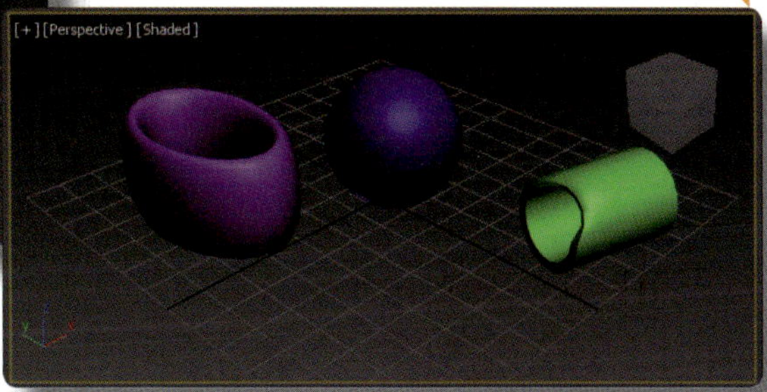

4

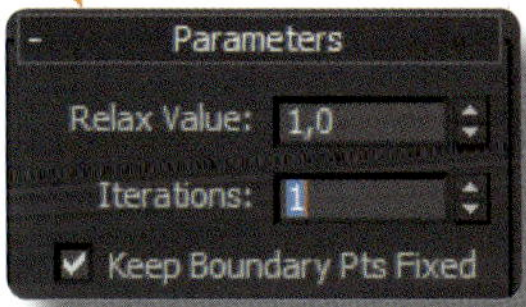

5

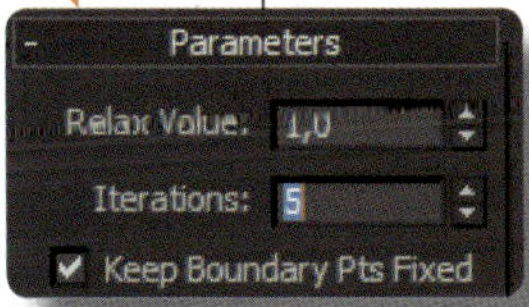

8

Editar mallas sin perder sus parámetros originales

IMPORTANTE

Tenga en cuenta que no es posible **animar los subobjetos** de un objeto sobre el que se ha aplicado el modificador Edit Mesh.

EN LA MODIFIER LIST del Command Panel, los modificadores se clasifican en dos grandes grupos: Object-Space Modifiers y World-Space Modifiers. En el primer grupo se incluyen los modificadores más utilizados y comunes, como afilar, curvar, estirar, etc., que actúan directamente sobre el espacio local del objeto, es decir, sobre su sistema de coordenadas local. Por su parte, los modificadores de espacio universal basan sus efectos sobre un sistema de coordenadas global y no sobre el del espacio objeto.

1. En el siguiente ejercicio aplicaremos el modificador **Edit Mesh** a la esfera que aparece en nuestra escena de ejemplo, **055. max**. En primer lugar, tras comprobar que la herramienta **Select Object** está activa, pulse sobre ese objeto en el visor **Perspective** para seleccionarlo. [1]
2. En el **Catálogo de subobjetos** del panel de comandos **Modify** se muestra ya el nombre del objeto seleccionado, en este caso **GeosPhere**. [2] El primer modificador que le aplicaremos será **Edit Mesh**. Recuerde que la diferencia entre la aplicación de este modificador y la conversión de un objeto en una malla editable es que en el primer caso el objeto mantiene sus parámetros originales pudiendo así modificarlos siempre que lo desee. En esta ocasión utilizaremos la lista de modificadores,

1

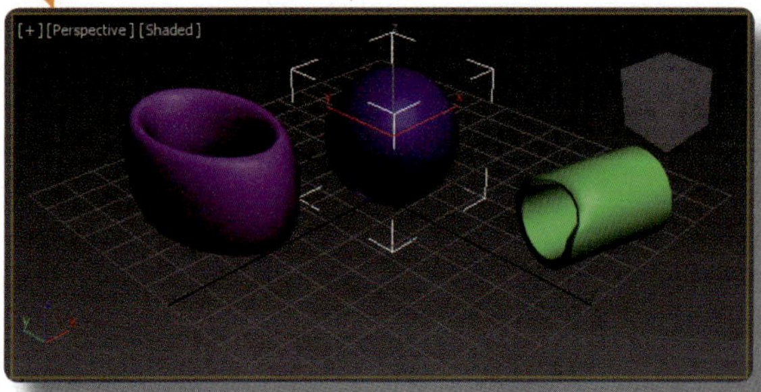

2

Recuerde que el **Catálogo de subobjetos** se visualiza en la ficha Modify del panel de comandos.

057

pero antes vamos a configurarla para que se muestren en ella todos los conjuntos. Haga clic en el icono **Configure Modifier Sets**, el último del grupo de iconos que se encuentra debajo del **Catálogo de subobjetos.**

3. De la lista de opciones que se despliega, seleccione con un clic **Show All Sets in List.**
4. A partir de ahora los modificadores aparecerán en la lista agrupados en varios conjuntos, dependiendo de la acción que ejercen sobre el objeto, la mayoría de los cuales hemos visto en lecciones anteriores al desplegar el menú **Modifiers**. Haga clic en el botón de punta de flecha del campo **Modifier List**.
5. Como puede ver, la opción que nos interesa está incluida en el conjunto **Mesh Editing**. Haga clic sobre el modificador **Edit Mesh.**
6. A diferencia del modificador **Mesh Select**, con este modificador no sólo podemos seleccionar el subobjeto al que deseamos aplicar un modificador, sino también transformarlo con las herramientas **Select and Move**, **Select and Rotate** y **Select and Scale**. Haga clic en el signo + situado a la izquierda del modificador en el **Catálogo de subobjetos.**
7. Pulse sobre el subobjeto **Polygon** y haga clic sobre la parte superior de la esfera.

Compruebe que las herramientas de transformación siguen activas en la **Main Toolbar**. En el siguiente ejercicio aplicaremos un nuevo modificador al elemento seleccionado.

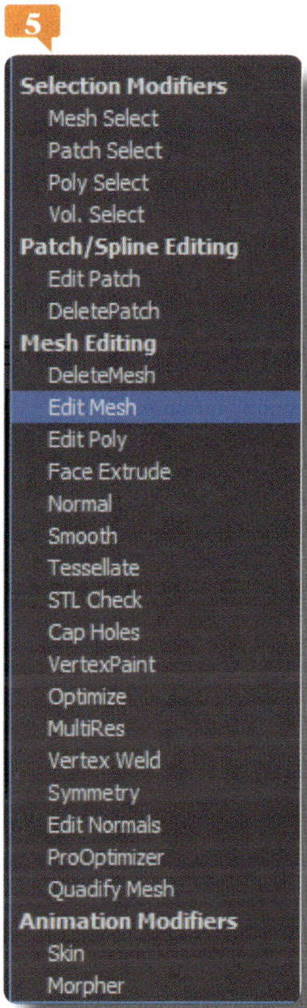

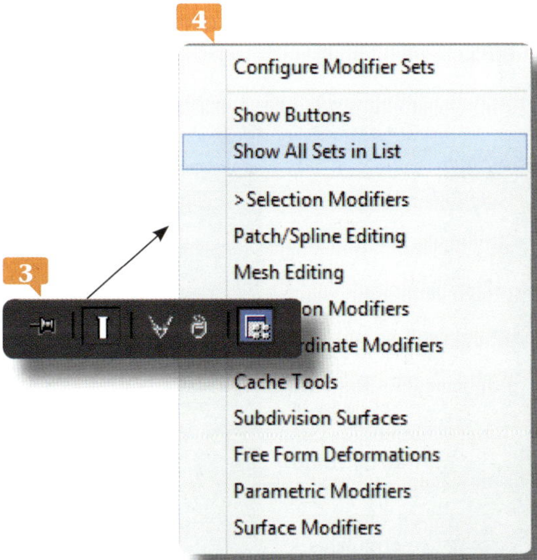

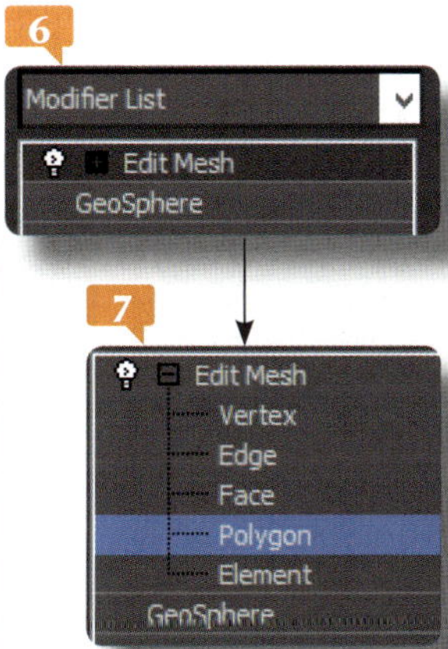

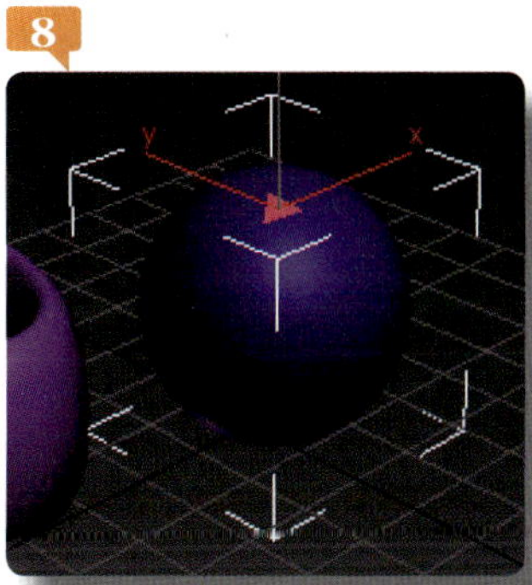

Utilice el modificador Edit Mesh cuando quiera editar un objeto como malla pero quiera **mantener sus parámetros originales** para poder modificarlos posteriormente si es necesario.

Subdividir caras de una malla

IMPORTANTE

El modificador **Edit Mesh** cuenta con la persiana de parámetros **Edit Geometry**, en la que se incluyen diferentes herramientas para cambiar el aspecto del elemento seleccionado.

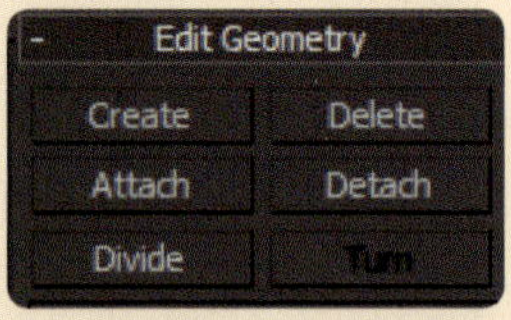

CON EL MODIFICADOR DE MALLAS Tessellate es posible subdividir caras de una malla, lo que resulta especialmente útil para teselar las caras poligonales de un rostro, por ejemplo, e incluso objetos enteros, y para suavizar superficies curvas para la representación.

1. Aplicaremos ahora el modificador **Tessellate** al polígono de la esfera que hemos seleccionado en el ejercicio anterior tras aplicarle el modificador **Edit Mesh**. Sin embargo, antes, y para poder comprobar con mayor facilidad los efectos conseguidos con este modificador, seleccionaremos un área más extensa del objeto. Para ello, pulse la tecla **Control** y, sin soltarla, vaya haciendo clic hasta que queden seleccionados todos los polígonos que forman la parte superior de la esfera. 1
2. El modificador **Tessellate** se incluye también en el conjunto **Mesh Editing** y permite subdividir la cara seleccionada en nuevas caras para que el objeto pueda ser modelado con mayor precisión. Pulse en el botón de punta de flecha del campo **Modifier List** y seleccione el modificador **Tessellate.** 2
3. Como puede observar en la persiana **Parameters** del **Command Panel**, es posible aplicar este modificador a las caras triangulares o a los polígonos. Haga clic en el icono que muestra un cuadrado en la opción **Operate On**, correspondiente a la opción **Polygons.** 3

También podemos encontrar el parámetro **Tessellate** en el **Command Panel** de la edición de mallas; su función es la misma que la del modificador, pero en el caso del parámetro, no puede animarse.

1

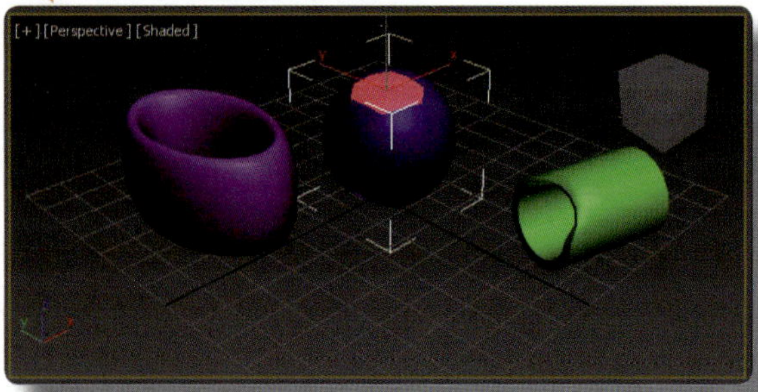

Recuerde que los **polígonos** son las áreas encerradas entre aristas visibles de una malla.

2

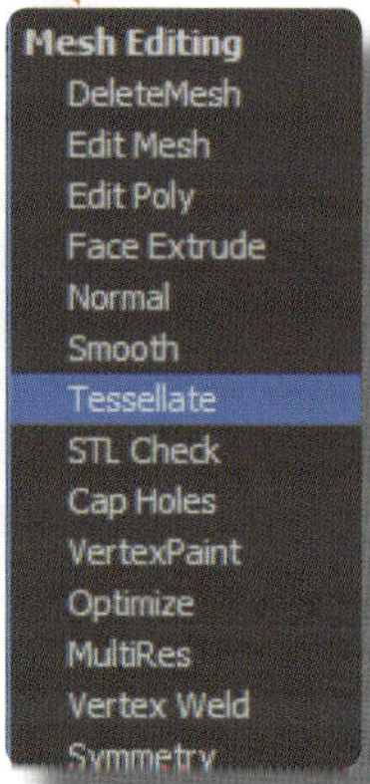

Si selecciona la opción **Faces** para aplicar el teselado, la selección será tratada como un conjunto de caras triangulares.

3

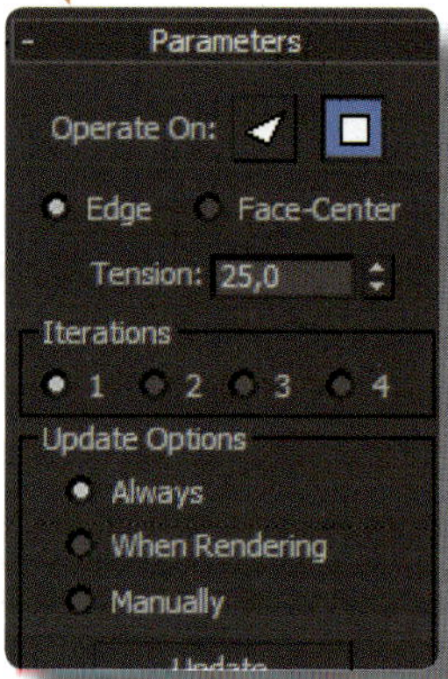

4. De este modo, el efecto se aplicará al polígono que hemos seleccionado. También es posible escoger entre crear las nuevas caras desde la mitad de cada arista al centro o desde el centro a cada vértice. En este caso, mantendremos la opción **Edge**, que se muestra seleccionada por defecto y pasaremos a especificar la tensión que deseamos asignar al modificador. Este valor, que puede ser como máximo de 100, determina si las caras serán convexas o cóncavas. Haga doble clic en el campo **Tension**, inserte el valor **100** y pulse la tecla **Retorno**. 4

5. Ya puede hacerse una idea del efecto que este modificador causa sobre el objeto seleccionado. En el apartado **Iterations** especificaremos el número de veces que se aplica la triangulación. Lógicamente, cuanto mayor sea este número, más espectacular será el resultado. Pulse sobre el botón de opción **4** de este apartado 5 y vea el efecto que se produce sobre el objeto. 6

6. En el apartado **Update Options**, mantendremos la opción que se muestra seleccionada por defecto, **Always**, para que la forma se actualice automáticamente cuando cambie su geometría 7 y daremos por acabado el ejercicio deseleccionando el subobjeto y guardando los cambios realizados en la escena. Haga clic en cualquier zona libre del visor **Perspective** para deseleccionar el objeto 8 y pulse el icono **Save File** de la **Barra de herramientas de acceso rápido**.

4

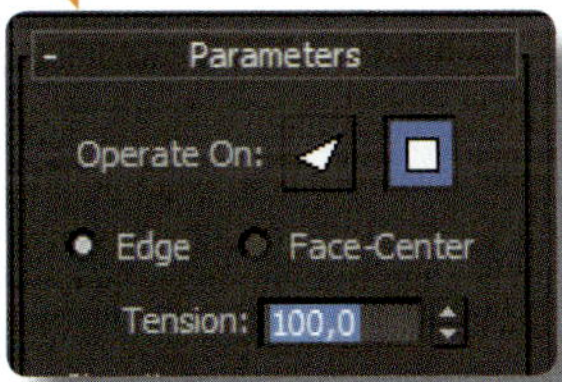

Es importante tener en cuenta que, según el tipo de objeto seleccionado para la modificación, el efecto conseguido será más o menos impresionante o acentuado.

5

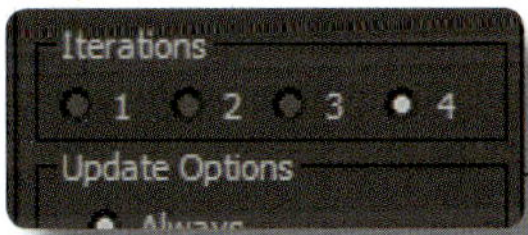

7

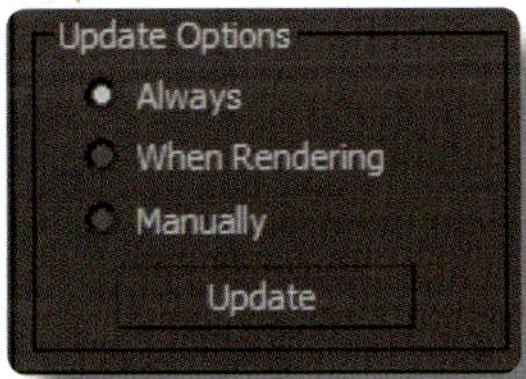

Con las opciones del apartado **Update Options** puede hacer que la forma se actualice automáticamente tras los cambios o bien que se actualice sólo al renderizarla o manualmente al pulsar el botón **Update**.

6

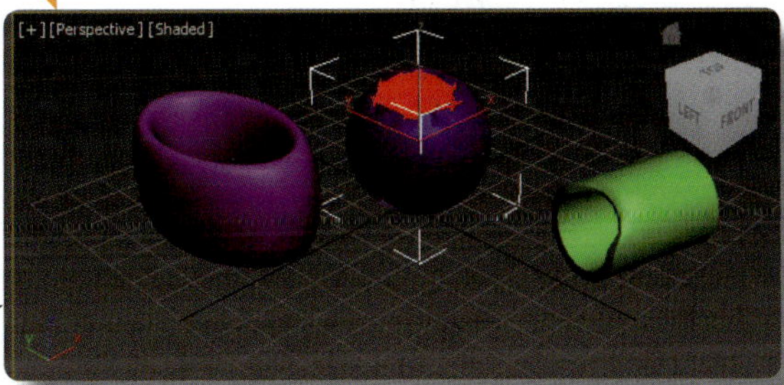

8

Rizar formas

IMPORTANTE

Hay que recordar que **no todos los modificadores pueden aplicarse a todos los tipos de objetos**; por ejemplo, la extrusión de caras sólo es aplicable a splines.

LA EXTENSA LISTA DE MODIFICADORES que 3ds Max pone a disposición del usuario convierte al programa en una potente herramienta de diseño de objetos complejos. Al añadir más de un modificador a un objeto se debe tener en cuenta que el orden en que se apliquen afecta al resultado final. Es posible cambiar ese orden en el Catálogo de modificadores simplemente seleccionándolos y arrastrándolos hasta el puesto que se considere apropiado.

1. En este ejercicio conoceremos la utilidad de un nuevo modificador que aplicaremos sobre el toroide que aparece en nuestra escena **055.max**. Con la herramienta **Select Object** activa, pulse sobre dicha figura en el visor **Perspective.** [1]
2. En esta ocasión aplicaremos un modificador paramétrico por lo que, antes de acceder a la lista de modificadores, volveremos a configurarla para que este grupo aparezca en la cabecera de la misma. Haga clic con el botón derecho del ratón sobre el campo **Modifier List**.
3. Recuerde que también podemos acceder a este listado de opciones pulsando el icono **Configure Modifier Sets**. En el menú contextual que se despliega, haga clic sobre la opción **Show All Sets in List** para desactivarla. [2]
4. Pulse de nuevo con el botón derecho del ratón sobre el campo **Modifier List** y del menú contextual elija la opción **Parametric Modifiers.** [3]

1

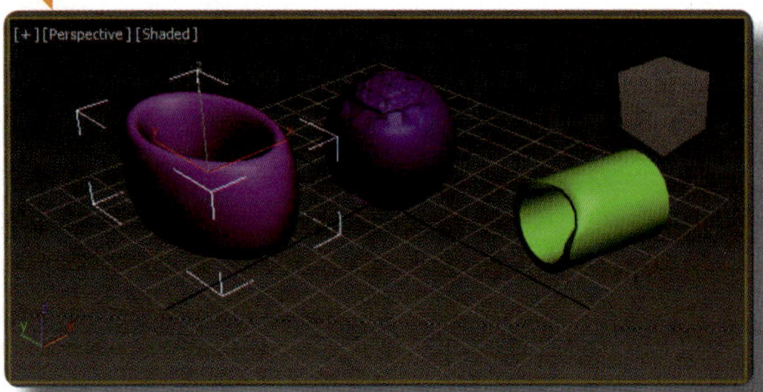

2

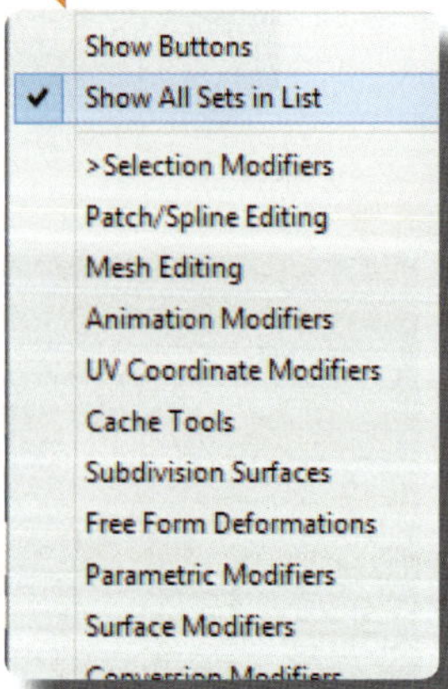

3

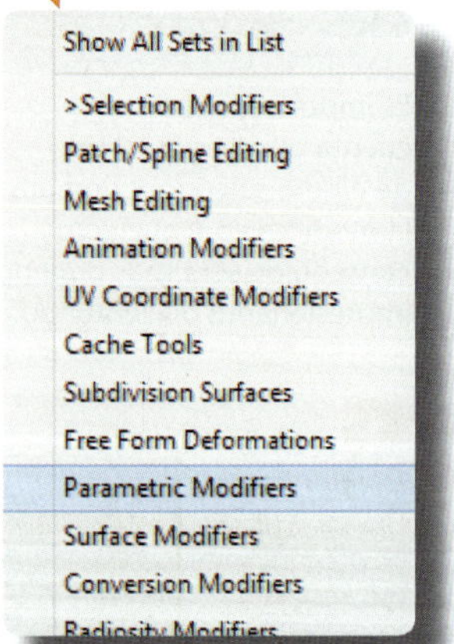

059

5. De este modo, al desplegar el listado de modificadores, el grupo de paramétricos aparecerá en primer lugar, lo que nos evitará tener que desplazarnos por él. Haga clic en el botón de punta de flecha del campo **Modifier List**.
6. Veamos cómo actúa el modificador **Ripple** sobre la figura seleccionada. Pulse sobre dicho modificador. 4
7. El modificador **Ripple** crea, como su propio nombre indica, una serie de deformaciones en forma de rizos a lo largo de la superficie del objeto seleccionado. Como puede ver, los parámetros para este modificador son dos valores correspondientes a la amplitud del rizo y los valores para la longitud de la onda, la fase y la disminución. En el panel de parámetros, haga doble clic en el campo **Amplitude 1**, inserte el valor **15** y pulse la tecla **Tabulador** para pasar al campo siguiente. 5
8. En el campo **Amplitude 2**, inserte el valor **5** y pulse de nuevo **Tabulador**.
9. Los dos valores de amplitud causan un incremento de la altura de las ondulaciones enfrentadas. El siguiente campo corresponde a la amplitud de la ondulación. En el campo **Wave Length**, escriba el valor **60** y pulse **Retorno**. 6
10. Observe el resultado en la imagen 7 e imagine la cantidad de espectaculares formas que puede conseguir cambiando los parámetros de este deformador. Modificando los valores del campo **Phase** la onda se desplaza, mostrando sus diferentes fases y el último parámetro, **Decay**, hace que disminuya el efecto de la onda al aumentar la distancia al origen. Acabe este ejercicio pulsando en una zona libre del visor **Perspective**.

IMPORTANTE

En función del número de **segmentos de anchura y altura** del objeto original, el efecto que se consigue al aplicar el modificador Ripple puede llegar a ser muy diferente.

7

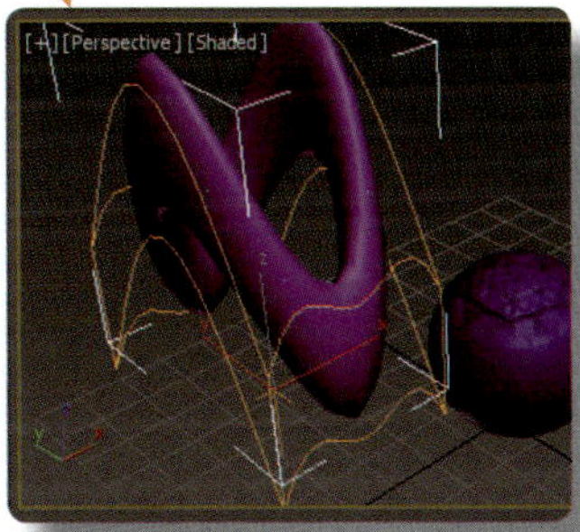

4

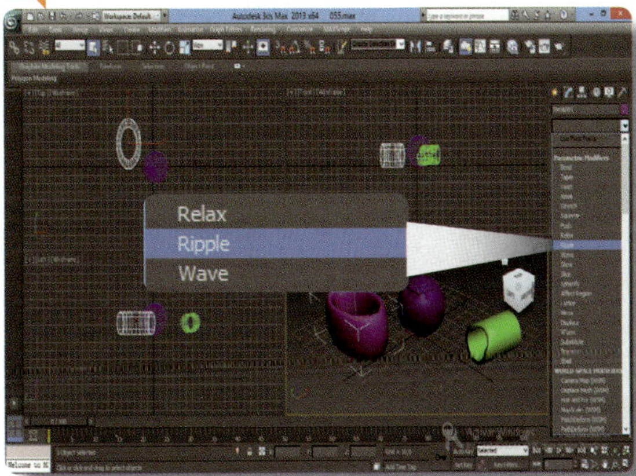

Los modificadores se encuentran organizados alfabéticamente.

5

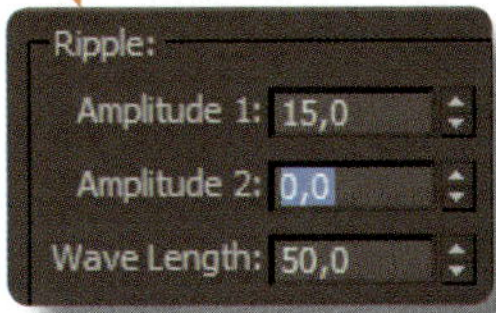

6

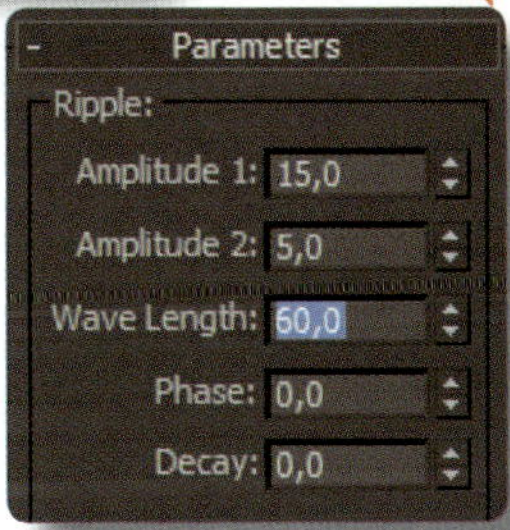

El campo **Phase** resulta muy útil al crear animaciones.

Doblar objetos

AL AÑADIR CIERTOS MODIFICADORES, aparece sobre el objeto seleccionado una herramienta con la que ya hemos tenido ocasión de practicar en lecciones anteriores: el gizmo. Se trata de un modificador dinámico de color naranja definido por un centro y un sistema de coordenadas local que, entre otras acciones, define la ubicación de los vértices de un objeto y de los modificadores.

1. En este ejercicio conoceremos la utilidad de otro de los modificadores paramétricos de 3ds Max, **Bend**, aplicándolo sobre el tubo de color verde de nuestra escena de ejemplo. En el visor **Perspective**, pulse sobre el mencionado objeto para seleccionarlo [1] y, en el **Catálogo de subobjetos**, haga clic sobre el nombre del mismo, **Tube**. [2]
2. En el cuadro de diálogo que aparece, pulse el botón **Yes**.
3. A continuación, despliegue el menú **Modifiers**, haga clic en la opción **Parametric Deformers** y, en el submenú de modificadores, pulse sobre el comando **Bend**. [3]
4. El modificador **Bend** permite curvar uniformemente un objeto hasta un máximo de 360 grados en cualquiera de sus ejes. En el campo **Angle** se debe indicar el valor del ángulo de curvatura con respecto al plano vertical. En el panel **Parameters**, haga doble clic en el campo **Angle**, inserte el valor **80** [4] y pulse **Tabulador** para ver el efecto conseguido sobre el objeto.

IMPORTANTE

Los objetos admiten la aplicación de varios modificadores a la vez. En tal caso, debe saber que la forma de los objetos sobre los que se aplican varios modificadores puede cambiar notablemente en función del orden en que éstos se aplican.

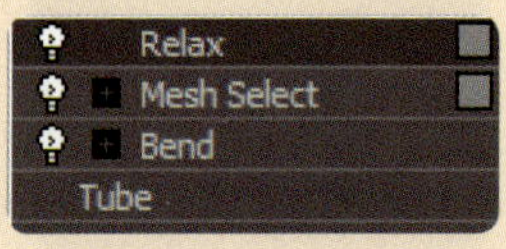

1

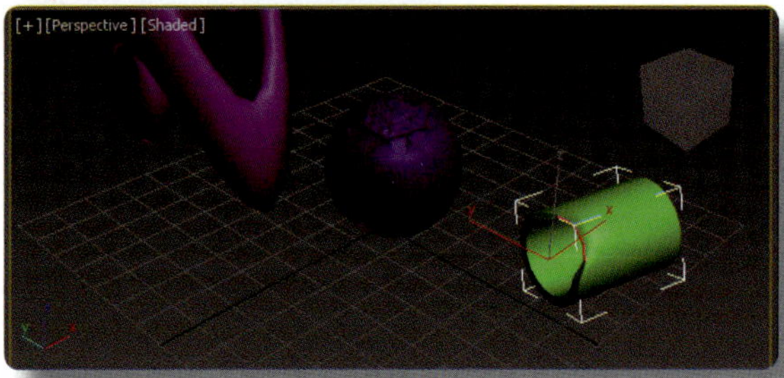

2

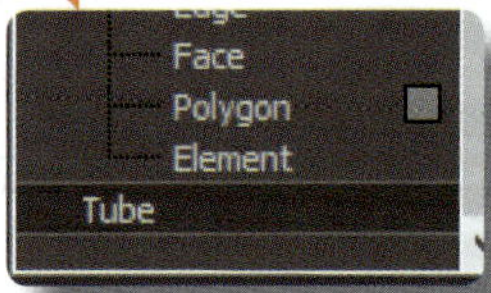

En el cuadro de advertencia que aparece, se indica el nombre del modificador que puede perjudicar el proceso.

3

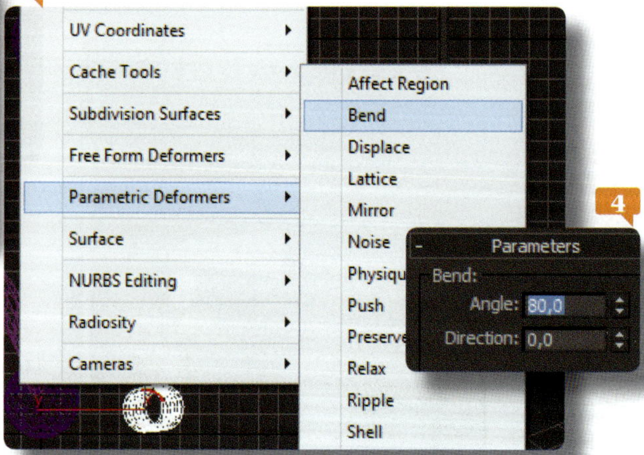

060

5. En el campo **Direction** debemos introducir el valor de la dirección de la curvatura con respecto al plano horizontal. Escriba en este campo el valor **45** y pulse **Retorno.** [5]
6. Como ve, el aspecto del objeto va cambiando considerablemente en función de los valores que se aplican a sus diferentes parámetros. [6] En el apartado **Bend Axis** se determina el eje que se desea curvar. Debe tener en cuenta que este eje corresponde al eje del gizmo del modificador. Haga clic sobre el botón de opción **Y** de este apartado. [7]
7. Ahora el tubo parece que haya sido estrangulado sobre uno de sus extremos, como puede comprobar en la imagen. [8] Por último, en el apartado **Limits** [9] podemos aplicar límites al efecto de curvado, determinando un valor límite superior y uno inferior, más allá de los cuales la curvatura no afecta a la geometría del objeto. Por defecto esta opción se encuentra desactivada y así la mantendremos ya que, en este caso, no queremos establecer límites. Antes de acabar, cambiaremos el orden de los modificadores aplicados sobre el objeto para comprobar cómo esto afecta al resultado final. En el **Catálogo de subobjetos** haga clic sobre el modificador **Bend** y arrástrelo hasta situarlo por encima del modificador **Relax.** [10]
8. Tras comprobar cómo cambia la forma del objeto, [11] devuelva del mismo modo el modificador a su posición inicial y haga clic en una zona libre del visor **Perspective** para deseleccionar la figura. [12]

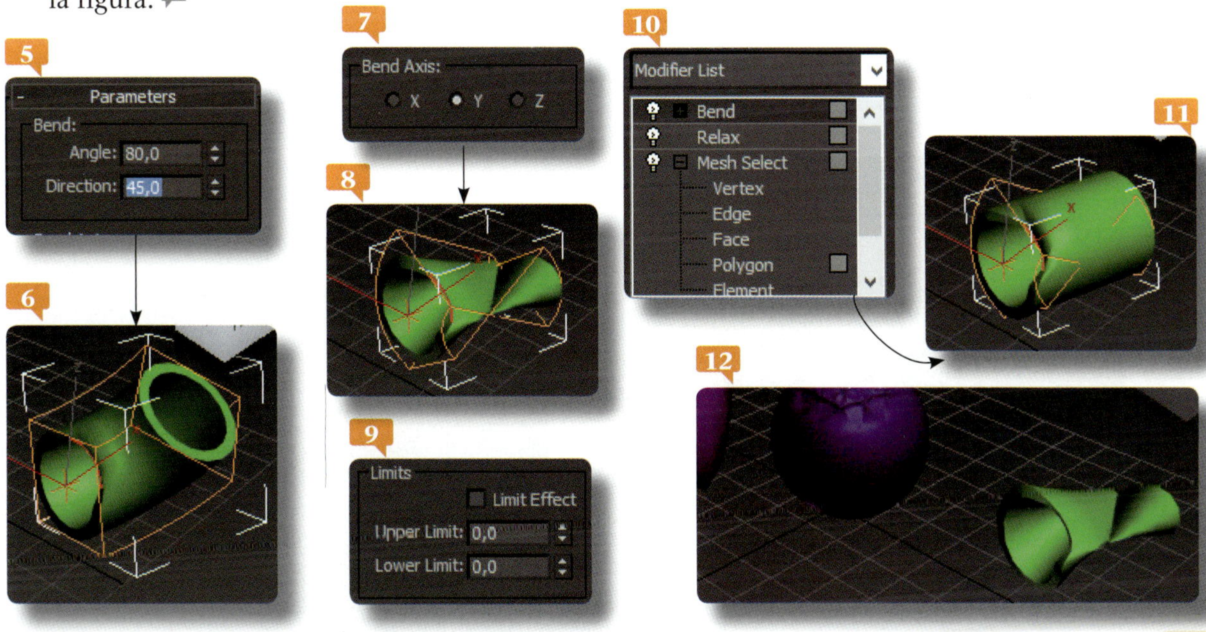

Estirar y aplastar con el modificador Stretch

IMPORTANTE

El panel de parámetros del modificador **Stretch** permite especificar la cantidad de deformación, el eje sobre el que ésta se aplicará y el área afectada.

EN EL SIGUIENTE EJERCICIO aplicaremos el modificador Stretch a la esfera que aparece en la escena con la que estamos practicando en esta sección. Este modificador produce en el objeto una deformación curva de estirado de forma escalada, mayor en el centro y menor en los extremos; dependiendo de los valores que se introduzca en el panel de parámetros, la deformación será más o menos acusada.

1. Como siempre, empezaremos el ejercicio seleccionando el objeto que vamos a modelar. Seguimos practicando con la escena **055.max**. Con la herramienta **Select Object**, pulse sobre la esfera en el visor activo.
2. En el **Catálogo de subobjetos**, pulse sobre el nombre del objeto **GeoSphere** y, en el cuadro de advertencia que aparece, haga clic sobre el botón **Yes**.
3. De nuevo utilizaremos el listado de modificadores aunque, como ya sabe, puede acceder también al menú **Modifiers** y localizar en el grupo adecuado el que le interesa aplicar. Pulse sobre el botón de punta de flecha del campo **Modifier List** y seleccione con un clic la opción **Stretch**, incluida en la categoría **Parametric Modifiers**.
4. Al seleccionar el modificador aparecen en el **Command Panel** sus correspondientes parámetros. El modificador **Stretch**

1

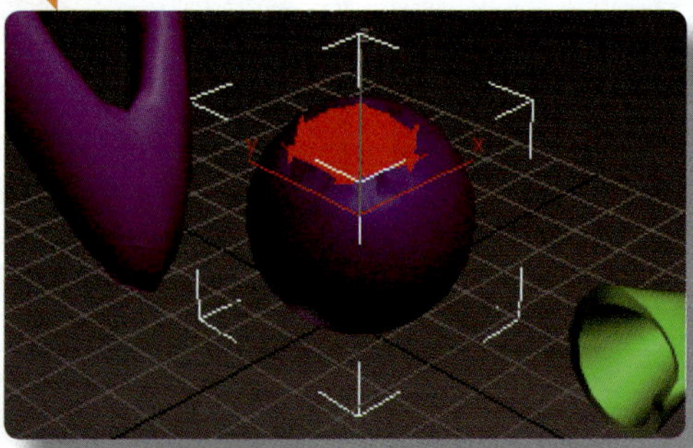

2

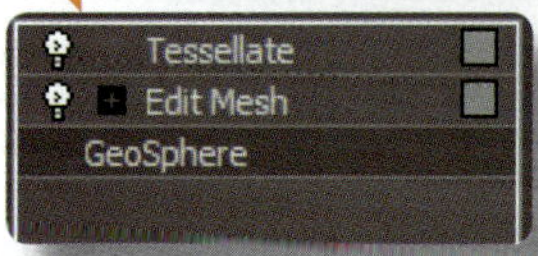

El modificador Stretch también es un modificador **paramétrico**.

3

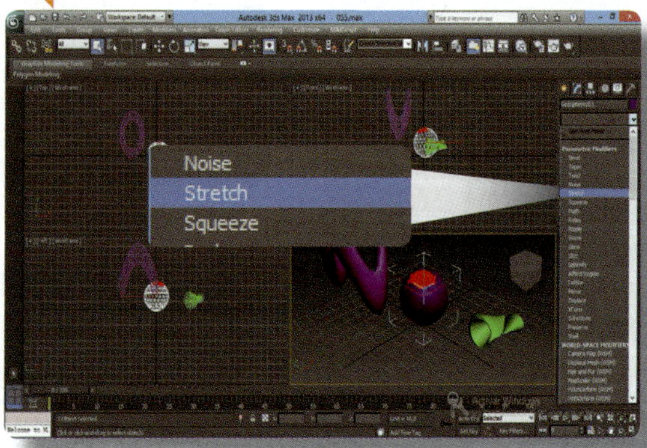

ejerce sobre el objeto una acción de deformación curva de estirado producida de forma escalada, mayor en el centro que en los extremos. En primer lugar, debemos indicar en el campo **Stretch** el factor de escala de estirado. Haga doble clic en dicho campo, inserte el valor **0,8** (utilizando la coma del teclado alfanumérico) y pulse la tecla **Tabulador** para pasar al campo siguiente.

5. El aspecto de la esfera ya ha cambiado considerablemente. En el campo **Amplify** se introduce el factor de escala de estirado aplicado a los ejes menores: los valores positivos multiplican el efecto y los negativos lo reducen. Inserte en este campo el valor -**5** y pulse la tecla **Retorno**.
6. Observe el efecto conseguido. En el apartado **Stretch Axis** debemos determinar el eje que se estira. Debe tener en cuenta que estos ejes corresponden a los del gizmo del modificador, con el que practicaremos más adelante en este curso. Pulse sobre el botón de opción **X** y observe el resultado.
7. Por último, el apartado **Limits** permite aplicar un límite superior o inferior más allá de los cuales el efecto de estiramiento no afecta a la geometría del objeto. En esta ocasión mantendremos la opción desactivada. Como viene siendo habitual, le recomendamos que, en cuanto tenga ocasión, pruebe otras combinaciones de valores de estiramiento y ejes para poder comprobar los efectos de esta herramienta. Por el momento, elimine la selección actual y guarde los cambios realizados en esta escena.

4

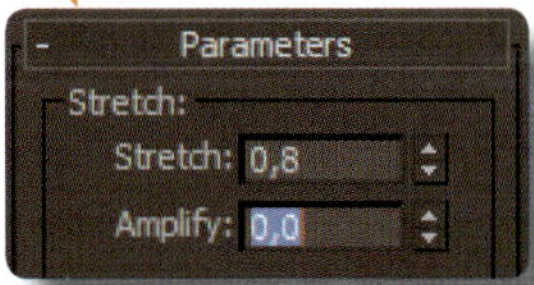

8

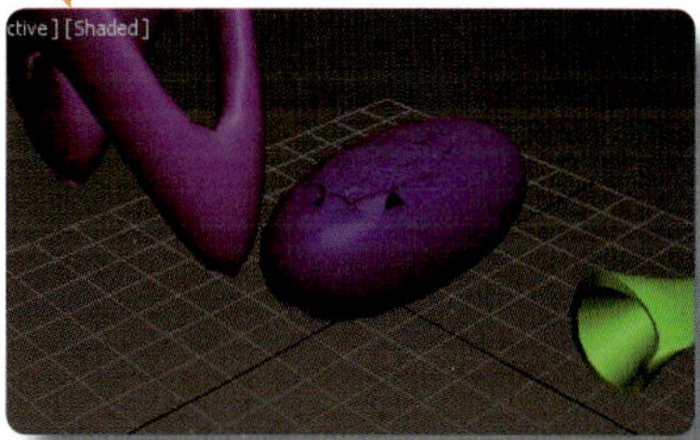

5

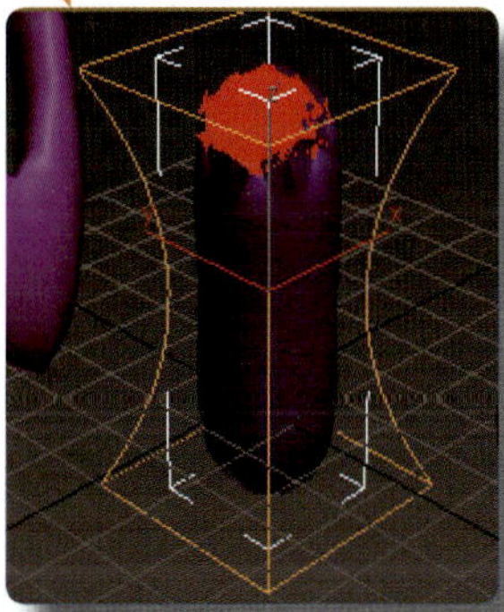

6

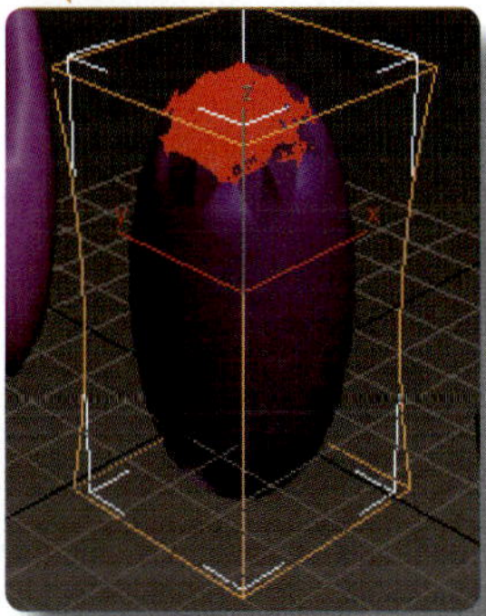

7

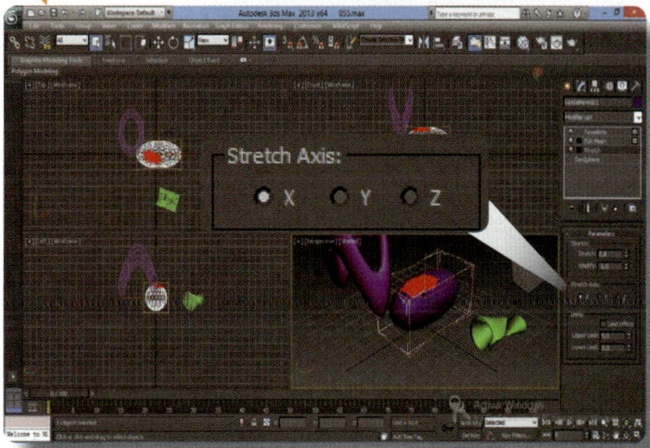

Ondular objetos

IMPORTANTE

El parámetro **Phase** del modificador Wave resulta especialmente efectivo para animar un objeto, ya que cada fase muestra un estado diferente del mismo.

A LO LARGO DE ESTAS LECCIONES está pudiendo comprobar que los modificadores son los componentes más importantes y utilizados de 3ds Max. Gracias a ellos, cualquier objeto primitivo simple puede adquirir las formas más diversas y complejas. El modificador Wave, como su propio nombre indica, crea un efecto de ondulación en la superficie del objeto.

1. Aplicaremos el modificador **Wave** sobre la esfera de nuestra escena **055.max**, sobre la que, como recordará, ya se han añadido otros modificadores paramétricos. Seleccione ese objeto en el visor **Perspective** y, seguidamente, en el **Catálogo de subobjetos.** 1
2. A continuación, despliegue el campo **Modifier List** y seleccione el efecto **Wave**, incluido también en la categoría **Parametric Modifiers.** 2
3. El modificador **Wave** produce un efecto de ondulación sobre la superficie del objeto. Como puede ver, los parámetros de este efecto son idénticos a los del modificador **Ripple**, con el que practicamos en una lección anterior. La principal diferencia entre estos dos modificadores es que en el caso de la ondulación, las ondas que se añaden al objeto son paralelas entre sí y se extienden en línea recta. Debemos indicar, pues, en primer lugar, la amplitud de la onda a lo largo de los ejes

1

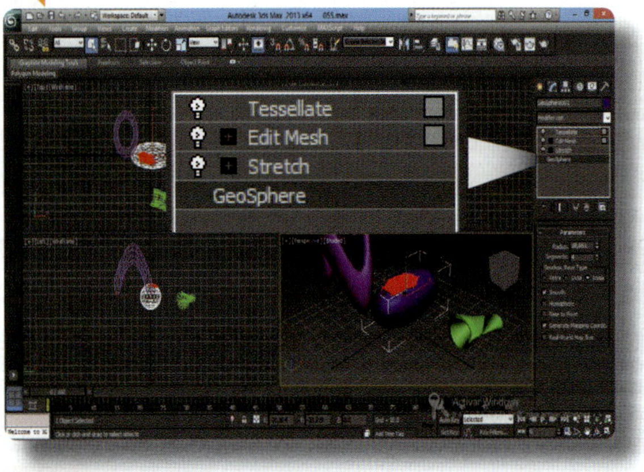

2

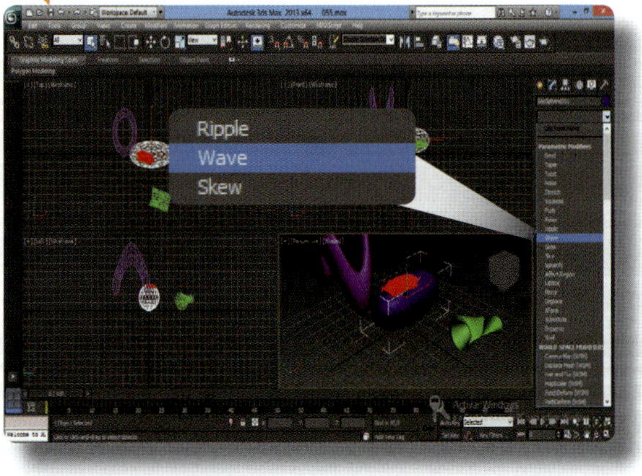

Los parámetros del modificador **Wave** son los mismos que los del modificador **Ripple**.

X e Y. En el panel **Parameters**, haga doble clic en el campo **Amplitude 1**, inserte el valor **10** y pulse la tecla **Tabulador**. [3]

4. El efecto de la ondulación ya es evidente. [4] Ahora definiremos la amplitud de la onda en el eje Y. En el campo **Amplitude 2**, introduzca el valor **5** y pulse de nuevo **Tabulador**.

5. En el campo **Wave Length**, inserte el valor **30** y pulse **Tabulador**. [5]

6. Al igual que ocurre con el modificador **Ripple**, el campo **Phase** permite controlar el desplazamiento de la onda. Si pulsa varias veces seguidas sobre los botones de punta de flecha de este contador, podrá ver las diferentes fases de la ondulación que se producirán durante la animación del objeto. En el campo **Phase** escriba el valor **0,4**, utilizando la coma del teclado alfanumérico como separador de decimales, y pulse **Retorno** para comprobar el resultado. [6]

7. Por otra parte, incrementando el valor del campo **Decay**, disminuye el efecto de la ondulación al aumentar la distancia al origen. Mantendremos este campo a 0, para que la amplitud sea la misma en el espacio universal. Como ve, el efecto que puede conseguir aplicando diferentes modificadores puede llegar a ser espectacular. Para acabar este ejercicio, deseleccionaremos la figura y guardaremos los cambios. Haga clic en cualquier zona libre del visor **Perspective** para deseleccionar la esfera. [7]

8. Por último, pulse el icono **Save File** de la **Barra de herramientas de acceso rápido**. [8]

062

IMPORTANTE

El modificador **Wave** cuenta con un centro y un gizmo que se pueden transformar con las herramientas habituales para obtener diferentes efectos.

3

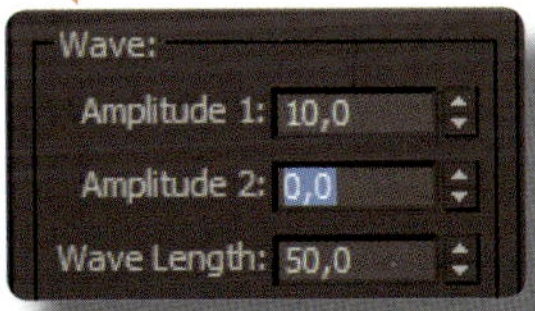

4

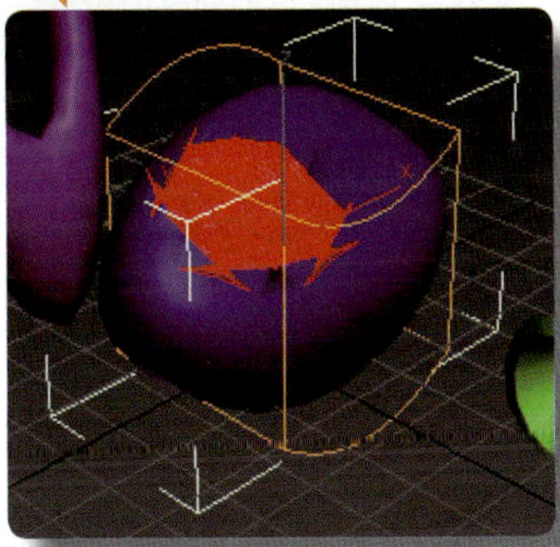

5

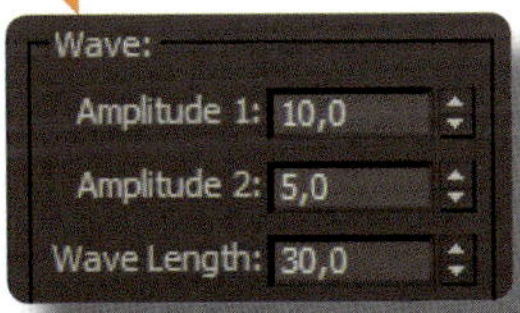

6

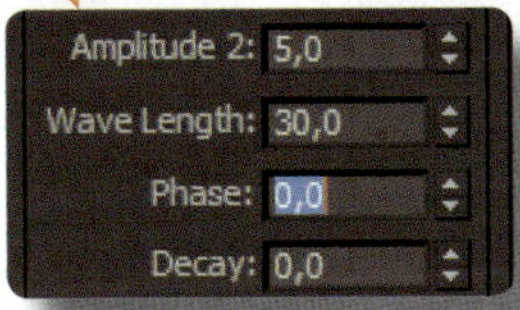

Los valores positivos en el campo **Phase** mueven el patrón del modificador hacia una dirección, y los negativos, hacia la otra.

7

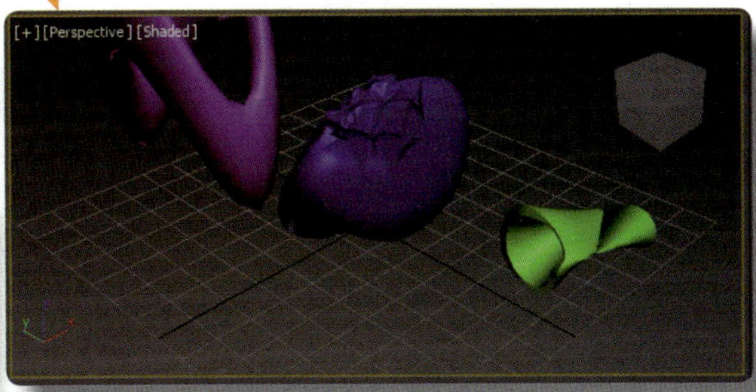

8

Aplicar pelo y otras texturas

IMPORTANTE

En cada nueva versión de 3ds Max se han ido añadiendo mejoras al modificador al que dedicamos este ejercicio. En 3ds Max 2013 algunas de estas nuevas características son: un nuevo **contador de pelo** en la persiana de parámetros, la nueva función **Tile Memory Usage** para mejorar el rendimiento de la representación, nuevos materiales para el renderizado del cabello, y las nuevas características **Flyaway** y **Clumping**, que ofrecen más control sobre el peinado.

EL MODIFICADOR HAIR AND FUR presenta una gran cantidad de herramientas de estilo y dinamismo con las que es posible crear cabellos y otros efectos derivados de este elemento. Entre ellas se encuentran la de estilismo, especie de cepillo que permite combinar cabello y cepillado aportando un enorme realismo, la dinámica de cabello, que emplea el motor dinámico de Shave y las fuerzas dinámicas del programa, y la integración con mental ray.

1. En este ejercicio intentaremos añadir una mata de pelo a la esfera de la escena de ejemplo **055.max**, deformada en los ejercicios anteriores. Con la herramienta **Select Object**, seleccione la figura en el visor **Perspective** [1] y pulse sobre el nombre **GeoSphere** en el Catálogo de subobjetos.
2. Seguidamente, despliegue el campo **Modifier List** y seleccione el modificador **Hair and Fur (WSM)**, incluido en el apartado **World-Space Modifiers**. [2]
3. De inmediato, el objeto queda cubierto por pelo de unas características y un formato predeterminados. [3] Lo que haremos en primer lugar será eliminar la parte del pelo que no nos interesa, es decir, la de la zona superior del objeto. Oculte la persiana **Selection** para visualizar el contenido de la persiana **Styling**. [4]
4. En la sección **Styling**, pulse el botón **Style Hair**. [5]

2

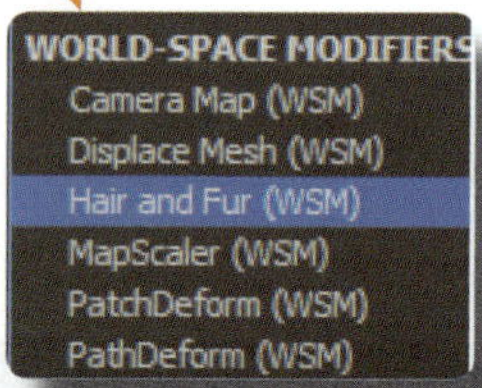

1

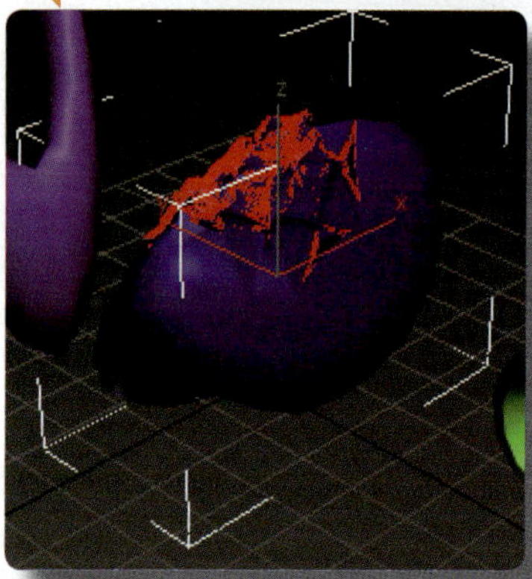

3

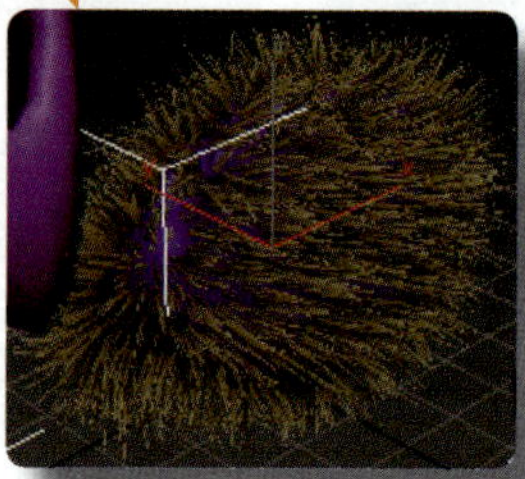

Al aplicar el modificador Hair and Fur aparecen sobre la superficie del plano lo que podrían ser **cabellos, espigas, hierba...**

4

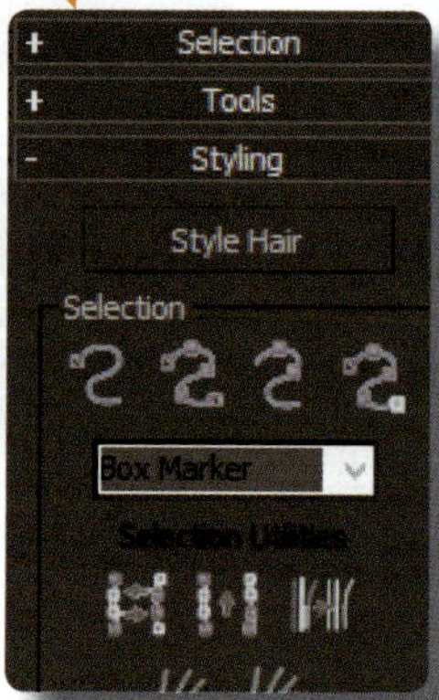

5

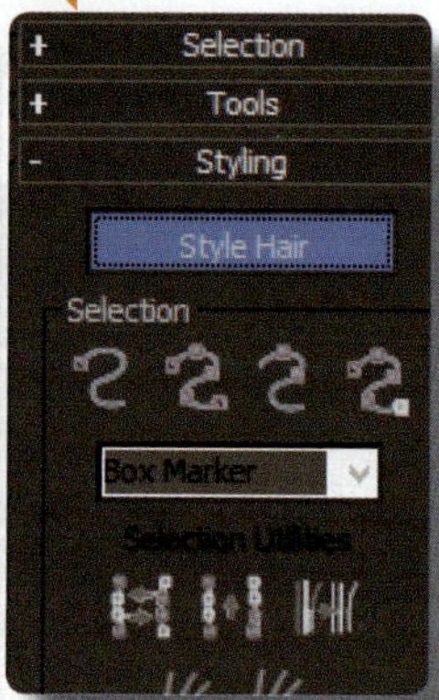

063

5. Para recortar la parte del pelo que no interesa, sencillamente es preciso arrastrar el ratón por encima con la opción **Hair Cut** activada. Sin embargo, antes, reduzca el punto de mira utilizando el campo situado debajo de la opción **Ignore Back Hairs** en el apartado **Styling**. [6]
6. Ahora sí, active el segundo icono de ese apartado y arrastre el puntero, sin soltar el botón del ratón, por toda la superficie del objeto, hasta que quede limpio de cabello. [7]
7. Una vez conseguido el efecto que buscamos, peinaremos el pelo utilizando el comando oportuno de rotación. En la sección **Selection Utilities**, pulse sobre el icono central, denominado **Rotate Selection**. [8]
8. Ahora se trata de ir "peinando" con el ratón el pelo. [9] Hágalo y, cuando termine, pulse el botón **Finish Styling**.
9. En la persiana **General Parameters** puede cambiar desde la cantidad de cabellos hasta su densidad y la de su raíz, entre otros elementos. Haga doble clic en el contador **Hair Count**, inserte el valor **80000** y pulse la tecla **Retorno**. [10]
10. Haga doble clic en el campo **Scale**, inserte el valor **90** y pulse **Retorno** para reducir así ligeramente la longitud del pelo. [11]
11. Abra la persiana **Material Parameters** para ver su contenido.
12. Haga clic sobre la muestra marrón situada junto al parámetro **Tip Color** [12] y en el cuadro **Color Selector: Tip color**, seleccione un tono amarillo y pulse **OK**. [13]
13. Termine este ejercicio eliminado la selección del objeto. [14]

IMPORTANTE

Es posible cambiar tanto el color del extremo del cabello como el de su raíz, así como aplicar un color de mutación, modificar el efecto de brillo y resalte, e incluso aplicar mapas y materiales a estos componentes.

11

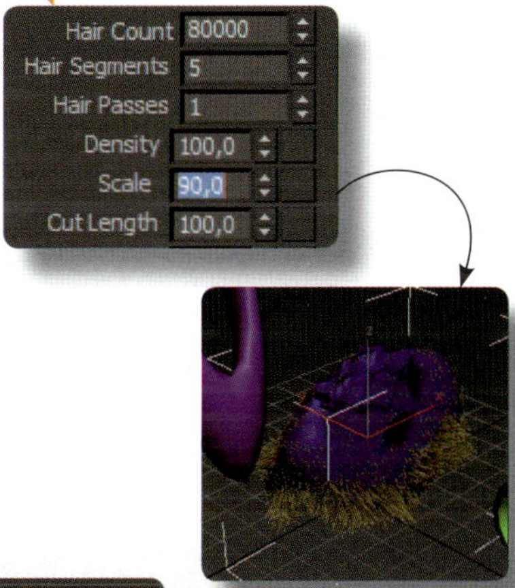

6

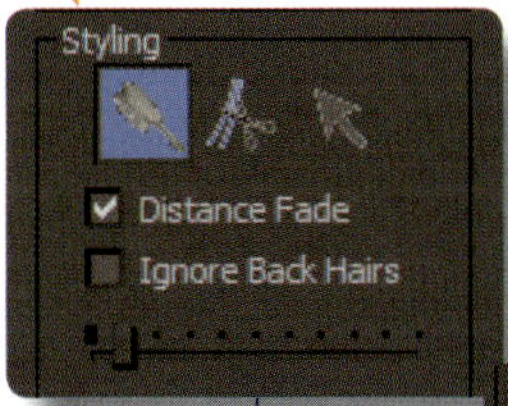

7

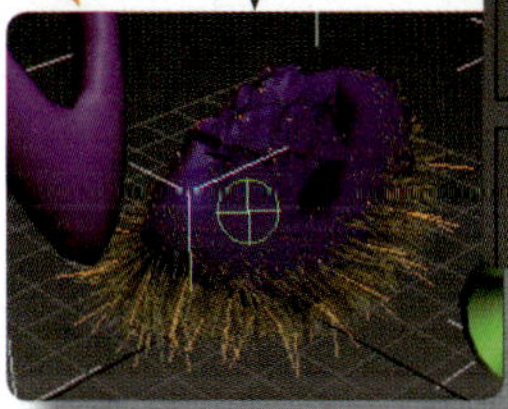

8

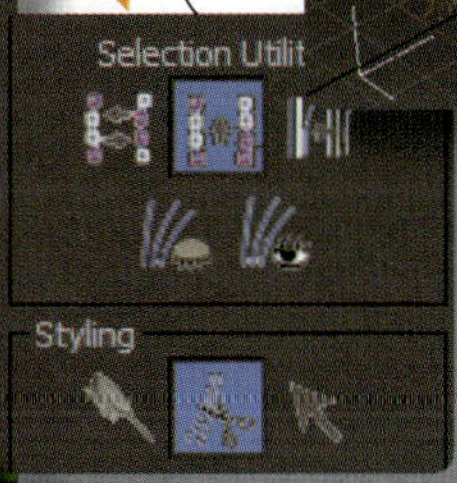

9

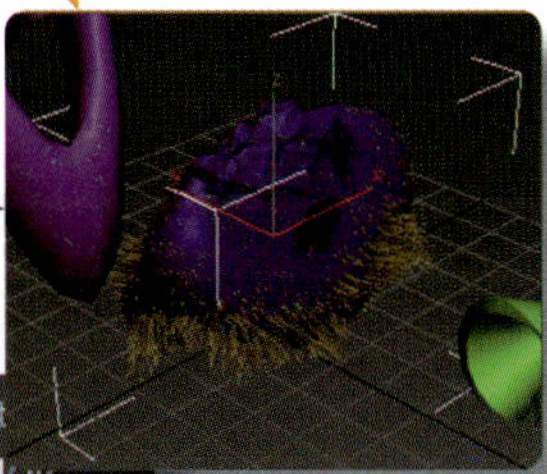

10

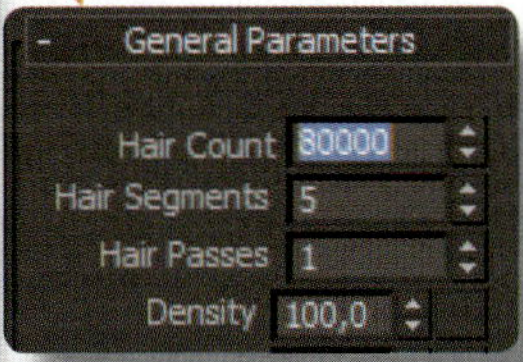

14

12

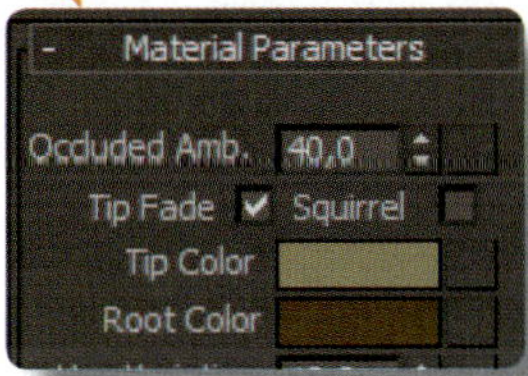

13

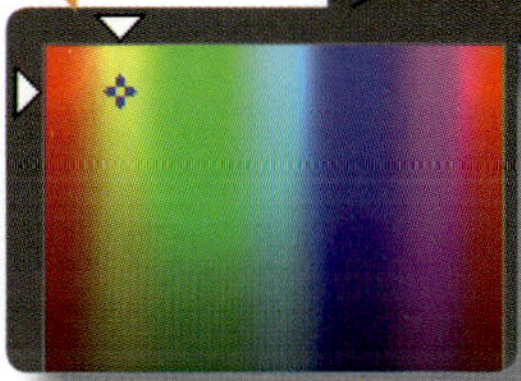

Cambiar los parámetros de un modificador

3DS MAX PERMITE MODIFICAR tanto los parámetros del objeto original como los de los modificadores después de aplicarlos. Sin embargo, si alguno de estos modificadores afecta a la topología del objeto, el programa lanza un mensaje en el que advierte al usuario de que esa modificación puede provocar efectos no deseados.

1. En este ejercicio cambiaremos algunos de los parámetros de los modificadores aplicados a los objetos de la escena **055.max** en lecciones anteriores. Para empezar, seleccione el objeto con pelo con la herramienta **Select Object.** [1]
2. Veamos qué ocurre si en vez de aplicar el modificador **Tessellate** sobre uno de los polígonos de la forma lo aplicamos sobre la correspondiente cara. En el **Catálogo de modificadores**, pulse sobre el modificador **Tessellate.** [2]
3. El panel de comandos se actualiza para mostrar los parámetros correspondientes al modificador seleccionado. En la persiana **Parameters**, pulse sobre el primer icono del campo **Operate On.** [3]
4. Ahora el efecto de triangulación se ha aplicado sobre la cara seleccionada de la figura, cambiando visiblemente el aspecto. [4] Cambiemos también algunos de los parámetros de este modificador para ver cómo esto afecta a la figura. Haga doble clic en el campo **Tension**, inserte el valor **90** y pulse **Retorno.**

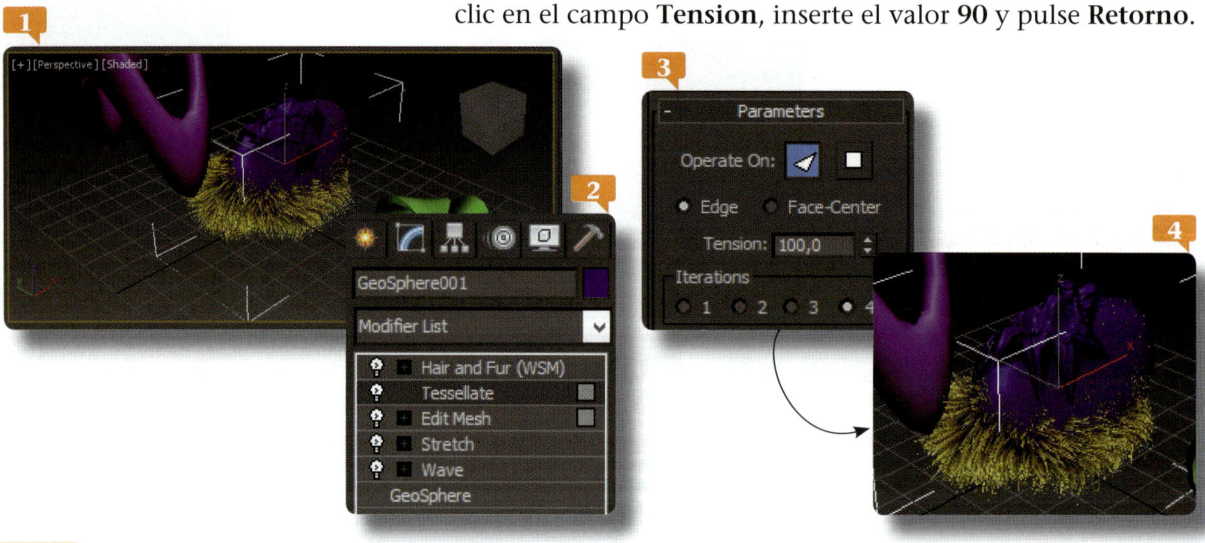

064

5. Seguidamente, haga clic en el botón de opción **2** del apartado **Iterations** y observe cómo cambia el efecto. [5]
6. Pero, ¿es posible también alterar algunos de los parámetros del objeto original? En el **Catálogo de subobjetos**, pulse sobre el término **GeoSphere** para acceder a su panel de parámetros. [6]
7. De este modo se muestran en el panel **Modify** los parámetros originales de la caja. Haga doble clic en el campo **Radius**, inserte el valor **22** y pulse **Retorno**. [7]
8. Ahora haga clic en la opción **Tetra** de la sección **Geodesic Base type** para cambiar así la base geométrica de la figura. [8]
9. La modificación de los parámetros del objeto hace que el efecto aplicado sobre él también cambie. [9] Antes de acabar, alteraremos algunos de los parámetros del efecto **Bend** aplicado sobre el tubo. Seleccione ese objeto en el visor activo y, en el **Catálogo de modificadores**, haga clic sobre el modificador **Bend**. [10]
10. Haga doble clic en el campo **Angle**, inserte el valor **90** y pulse **Retorno**. A continuación, pulse en el botón de opción **X** del apartado **Bend Axis** [11] y observe el resultado.
11. Deseleccione el cono pulsando en una zona libre del visor **Perspective** [12] y pulse la combinación de teclas **Ctrl. + S** para guardar los cambios realizados en la escena.

IMPORTANTE

Si al seleccionar el objeto original en el Catálogo de subobjetos aparece un cuadro de advertencia generado por el programa, significa que alguna de las modificaciones aplicadas depende de la topología del objeto, lo que supone que los cambios en ese caso pueden provocar efectos no deseados.

5

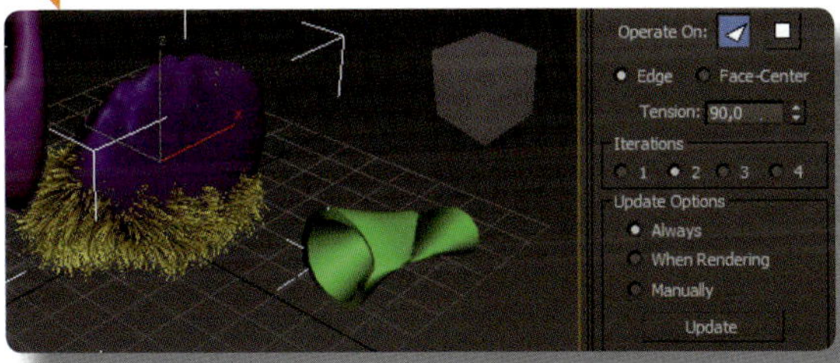

10

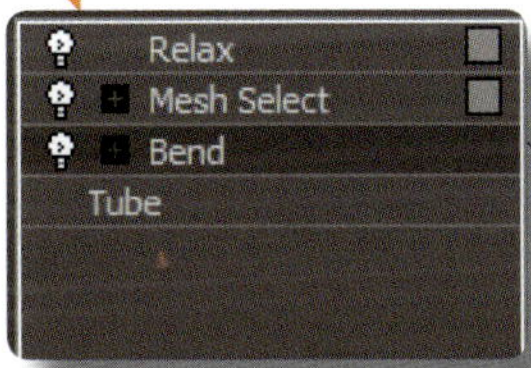

11

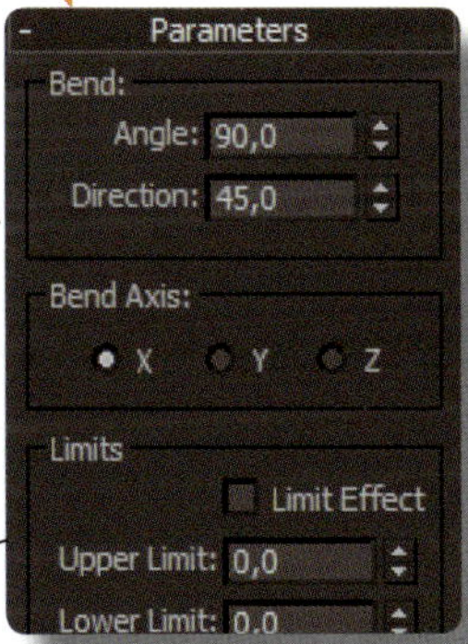

6

7

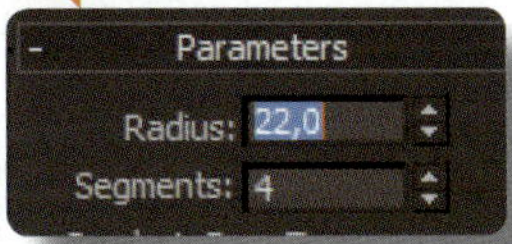

9

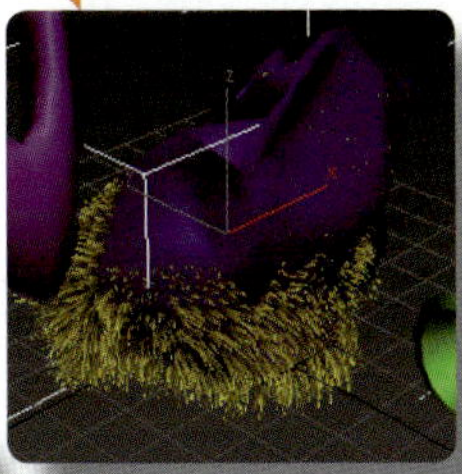

8

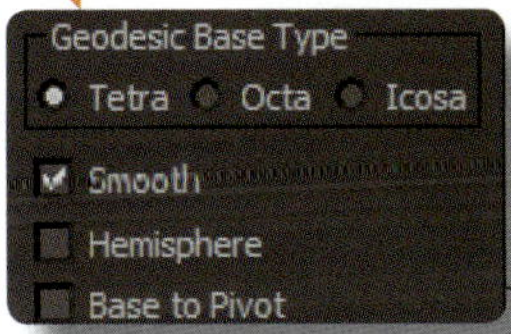

12

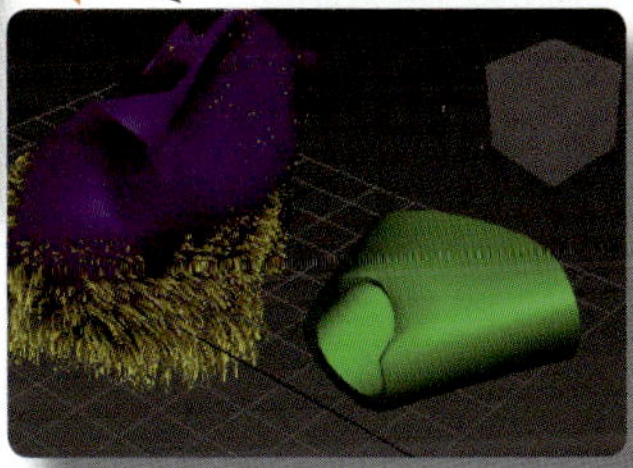

Manipular el gizmo de modificador

IMPORTANTE

En 3ds Max existen **gizmos** de transformaciones (movimiento, rotación, escala), de modificadores, de aparatos atmosféricos y de algunos elementos geométricos como las luces.

AL APLICAR ALGUNOS MODIFICADORES sobre un objeto, aparece a su alrededor una especie de caja naranja, una útil herramienta denominada gizmo de modificador que ofrece un control visual para ayudar al usuario a imaginar cómo el modificador afectará a la geometría del objeto. Este gizmo actúa como un modificador dinámico y puede manipularse directamente sobre el visor utilizando los ejes de su espacio objeto, definido por un centro y un sistema de coordenadas local.

1. Para empezar, en el visor **Perspective**, haga clic sobre el toroide de color morado modificado para seleccionarlo. 1
2. En el **Catálogo de subobjetos**, haga clic en el signo + del modificador **Ripple** y pulse sobre el subobjeto **Gizmo** para seleccionarlo. 2
3. Veamos qué ocurre si desplazamos el gizmo de este modificador utilizando el cuadro **Move Transform Type-In**. Haga clic con el botón derecho del ratón sobre la herramienta **Select and Move** 3 para abrir este cuadro.
4. Haga doble clic en el campo X del apartado **Absolute:World**, inserte el valor **-56** y pulse la tecla **Tabulador.** 4

1

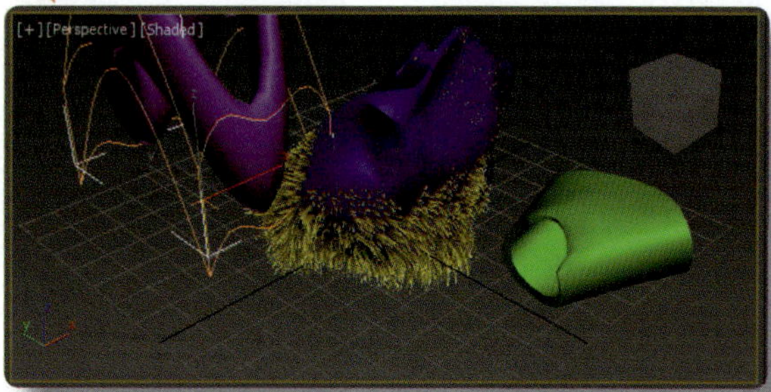

4

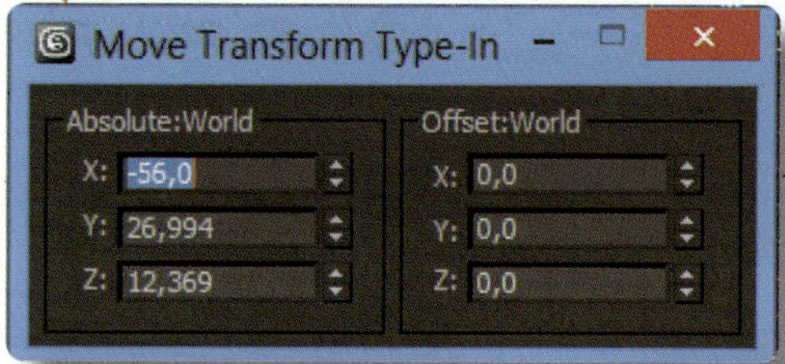

2

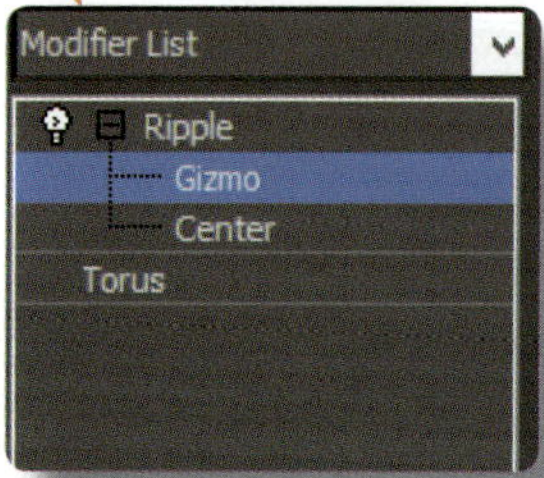

3

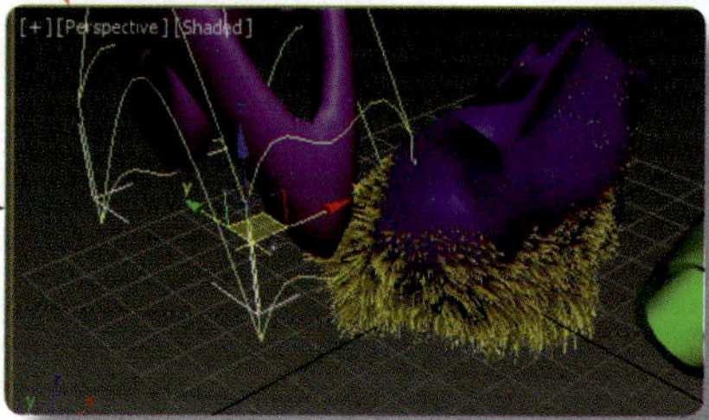

Al seleccionar el gizmo de un modificador se desactiva el icono Select Object de la Main Toolbar pero el resto de herramientas de selección y transformación permanecen activas.

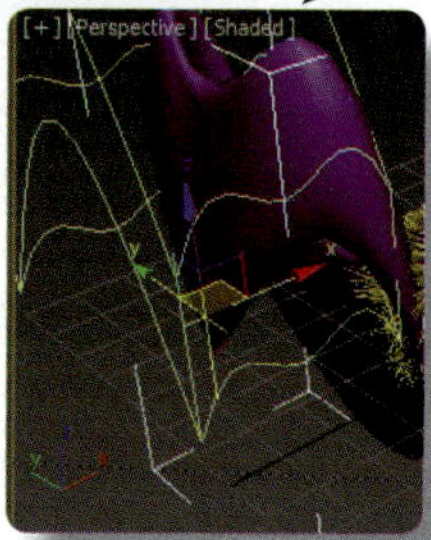

065

5. Como ve, el gizmo del modificador se desplaza en su eje X hasta el punto indicado, y el aspecto del objeto varía sensiblemente. En el campo **Y** inserte el valor **-44** y pulse **Retorno**.
6. Por último, inserte el valor **-9** en el campo **Z** [5] y, tras pulsar la tecla **Retorno**, cierre el cuadro **Move Transform Type-In**.
7. Pulse sobre el nombre del objeto **Torus** en el catálogo de subobjetos y, seguidamente, haga clic en sobre el tubo de color verde. [6]
8. A continuación, trabajaremos con el gizmo del modificador **Bend**. Haga clic en el signo + que aparece a la izquierda de dicho modificador y pulse sobre el término **Gizmo** en el subárbol que se ha desplegado. [7]
9. Compruebe que la herramienta **Select and Move** sigue activada y pulse la tecla **F12**.
10. Haga doble clic en el campo **X** del apartado **Absolute:World**, inserte el valor **10** y pulse la tecla **Tabulador**.
11. Escriba el valor **-30** en el campo **Y**, pulse de nuevo **Tabulador** e inserte el valor **-19** en el campo **Z**. [8]
12. Como ha podido comprobar, una pequeña variación en estos tres ejes del gizmo del modificador produce un cambio en el efecto del mismo sobre el objeto. [9] Cierre el cuadro **Move Transform Type-In** pulsando sobre el botón de aspa de su **Barra de título**.

8
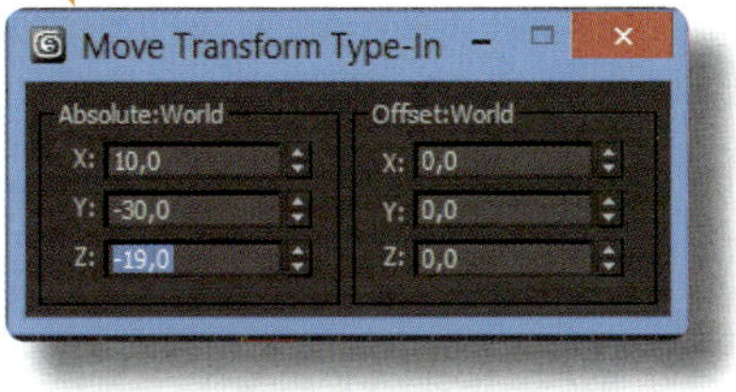

7
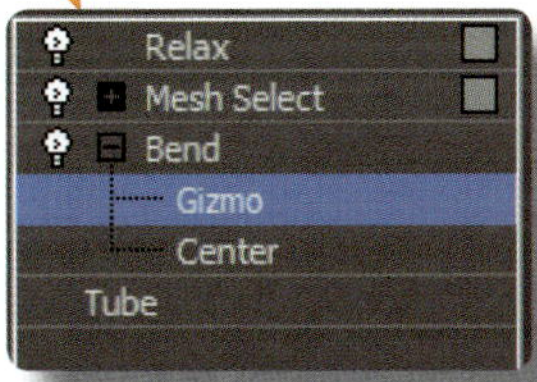

9
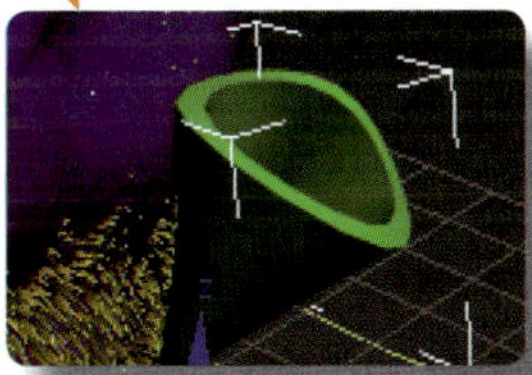

5
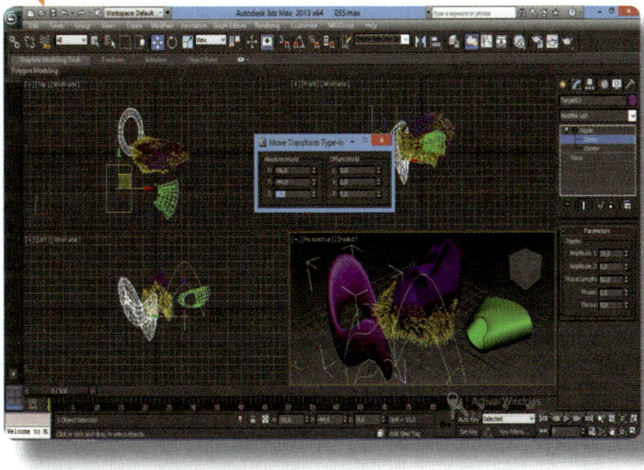

Tenga en cuenta que algunos modificadores como Relax, Tessellate, Shell, etc., no pueden controlarse mediante gizmos.

6
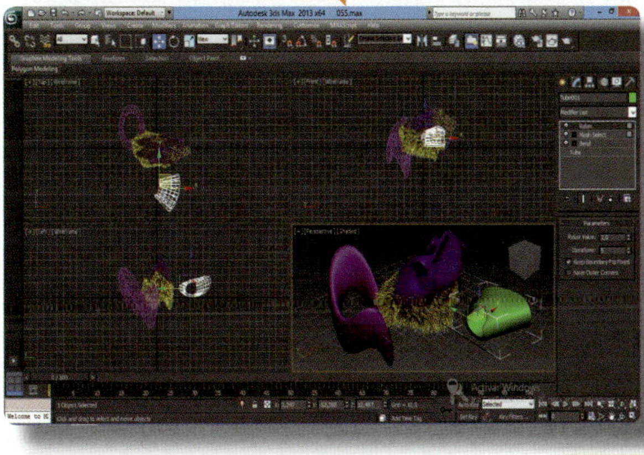

Convertir un objeto en malla poligonal editable

IMPORTANTE

En caso de querer crear modelados con un cierto grado de complejidad, es preferible utilizar las mallas poligonales, ya que disponen de más características propias y, por tanto, son más flexibles a la hora de modificarlas. Además de los modificadores y herramientas de edición (**Edit Poly, Paint Soft Selection, Paint Deformation**...) que ofrecen muchas opciones de deformación de mallas, disponemos de las herramientas de modelado **Graphite**, que elevan a un nivel superior el diseño de formas libres.

LAS MALLAS SE OBTIENEN convirtiendo un objeto o bien aplicándole alguno de los modificadores de malla apropiados. Para convertir un objeto en una malla poligonal editable puede usar la opción adecuada de su menú cuad, o la opción Editable Poly de su menú contextual en el Catálogo de subobjetos. La principal diferencia entre una malla editable y una malla poligonal editable es que la malla editable divide todos los polígonos de un objeto en caras triangulares, mientras que la malla poligonal mantiene los polígonos de cuatro caras.

1. En este ejercicio le mostraremos cómo convertir un objeto en una malla poligonal editable. Trabajaremos con el archivo **023.max**, con el que practicamos en un ejercicio anterior. Al convertir un objeto en una malla poligonal editable pierde sus parámetros originales, por lo que si desea realizar alguna modificación, deberá hacerlo siempre antes de convertirlo. Con la herramienta **Select Object** seleccione el cono. 1
2. Haga clic en la pestaña **Modify** del **Command Panel**.
3. A continuación, haga clic con el botón derecho del ratón sobre el término **Cone** en el panel **Modify** y, del menú contextual que se despliega, seleccione la opción **Editable Poly**. 2
4. Para ver los subobjetos que componen esta malla, pulse el signo + que aparece a la izquierda del término **Editable Poly**. 3

1

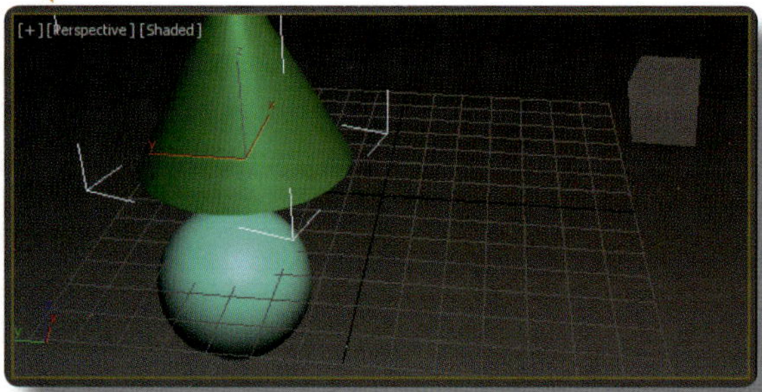

2

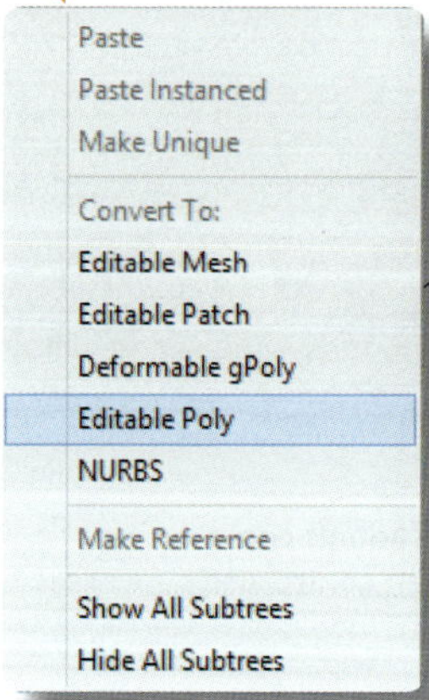

3

Los subobjetos que componen una **malla poligonal** son los vértices, las aristas, los bordes, los polígonos y el elemento.

066

5. Además de los vértices, aristas, polígonos y elementos, aparece también el subobjeto **Border**, el espacio vacío que permanece en la geometría del objeto al suprimir uno de sus polígonos. Sólo podrá seleccionarse en el caso de que exista dicho espacio vacío. Haga clic sobre la etiqueta **Shaded** en el visor **Perspective** y seleccione la opción **Wireframe**. [4]
6. En el apartado **Selection** del panel **Parameters**, pulse sobre el cuarto icono [5] para activar el modo de selección de polígonos.
7. El panel de parámetros de la malla se va adecuando a los subobjetos seleccionados. Ahora, puesto que nos encontramos en el modo de selección de polígonos, ha aparecido la persiana **Edit Polygons**. Seleccione uno de los polígonos centrales del cono [6] y pulse la tecla **Suprimir** para eliminarlo.
8. Active el modo de selección de bordes pulsando sobre el término **Border** en el **Catálogo de subobjetos** y haga clic sobre una de las aristas del polígono que acabamos de suprimir. [7]
9. Se seleccionan las cuatro aristas que forman el espacio vacío de dicho polígono a la vez que el panel de parámetros cambia para mostrar la persiana **Edit Borders**. Pulse sobre el icono **Settings** que aparece a la derecha de la opción **Extrude**. [8]
10. En el primer campo, **Extrusion Height**, de la sección de edición de bordes, inserte el valor **-10** y pulse **Tabulador**; en el campo siguiente **Extrusion Base Width**, escriba el valor **5** y pulse el icono que muestra un signo de verificación. [9]
11. Recupere la visualización **Shaded** del visor **Perspective** y, para acabar el ejercicio, pulse sobre el término **Editable Poly** y haga clic en una zona libre del visor **Perspective** para deseleccionar el cono. [10]

IMPORTANTE

Los botones **Shrink** y **Grow** del apartado Selection permiten reducir o incrementar la selección alrededor del perímetro de la selección actual. Los botones **Ring** y **Loop**, por su parte, sólo se activan en los modos de selección de aristas y de bordes y sirven para seleccionar a la vez todos los subobjetos del mismo tipo adyacentes horizontal y verticalmente al subobjeto seleccionado en primer lugar.

10
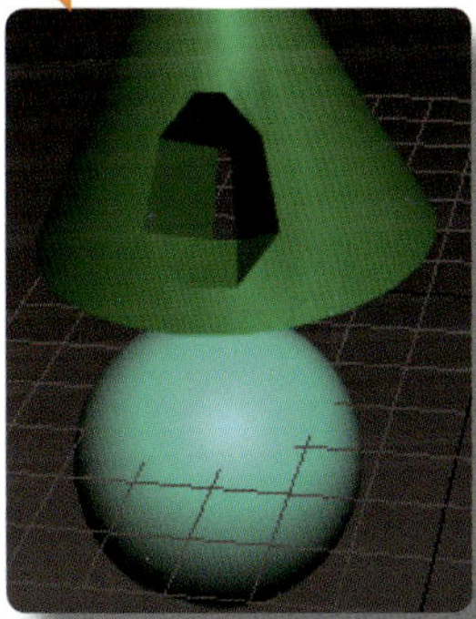

4
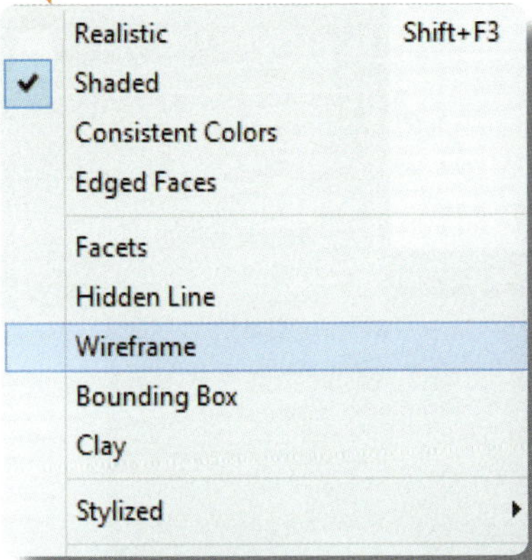

5

6
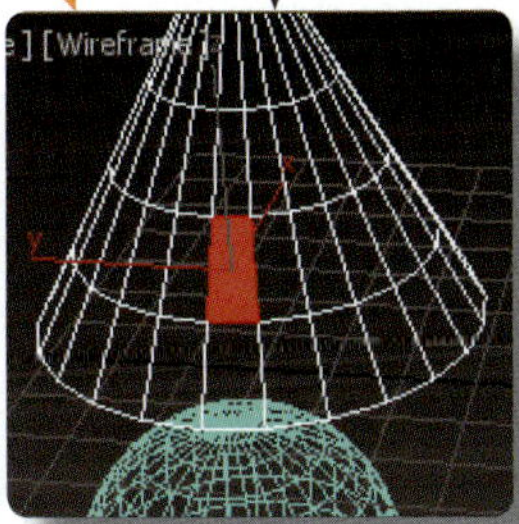

7
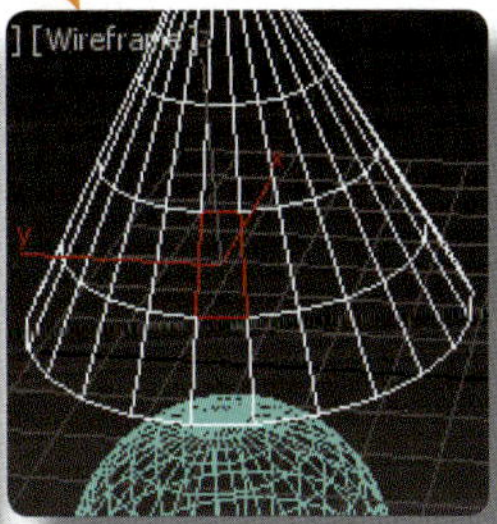

8
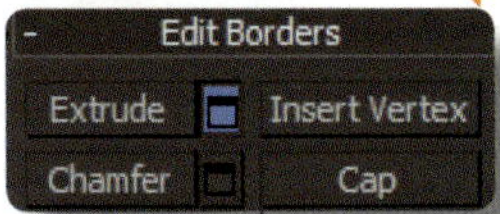

9
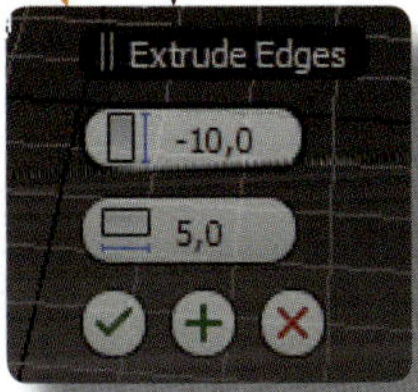

Conocer las herramientas de modelado poligonal

IMPORTANTE

Por defecto, la cinta Graphite Modeling Tools se muestra en su configuración horizontal, pero puede cambiarla a vertical desde el cuadro de personalización de la interfaz de usuario. Desde ese cuadro, deberá crear una nueva barra de herramientas que incluya el botón **Toggle Modeling Ribbon Orientation**, que le permitirá cambiar la orientación de la cinta. Ese botón se encuentra en la categoría Modeling: Graphite Tools. Tenga en cuenta que la visualización vertical de la cinta sólo permite el modo maximizado, por lo que no podemos mostrar sólo sus pestañas o los títulos de los paneles y reduce considerablemente las dimensiones de los visores.

LA CINTA GRAPHITE MODELING TOOLS de 3ds Max incluye más de 100 herramientas para un modelado poligonal rápido, eficaz y avanzado. Su interfaz clara e intuitiva reúne en una sola ubicación central todas las herramientas de modelado, lo que facilita su localización y su uso. El usuario puede personalizar la visualización de las herramientas, ocultar el panel de comandos y modelar en el modo experto.

1. Por defecto, la cinta **Graphite Modeling Tools** se muestra horizontalmente bajo la **Main Toolbar**, pero puede ocultarla desde el teclado o pulsando el icono adecuado de esa barra. Pulse el icono **Graphite Modeling Tools**, que muestra una tabla con una bombilla encendida. 1
2. Desaparece la cinta. 2 Para volver a abrirla, vuelva a pulsar sobre el mismo icono.
3. El subpanel más importante de los que componen la ficha **Graphite Modeling Tools** es el único que aparece cuando no hay ningún objeto seleccionado, **Polygon Modeling**. Contiene los controles globales para mostrar y ocultar otros paneles, seleccionar subobjetos, accionar la selección suave, etc. A este subpanel se añaden otros cuando se selecciona una malla poligonal editable. Seleccione el cono en el visor **Perspective** y active la pestaña **Modify** 3 del **Command Panel**.

1

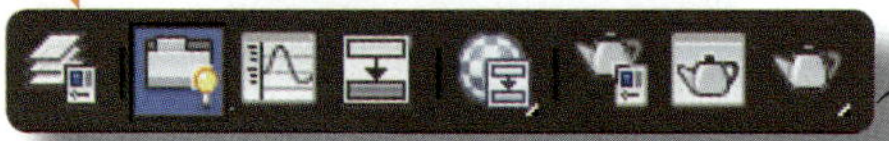

2

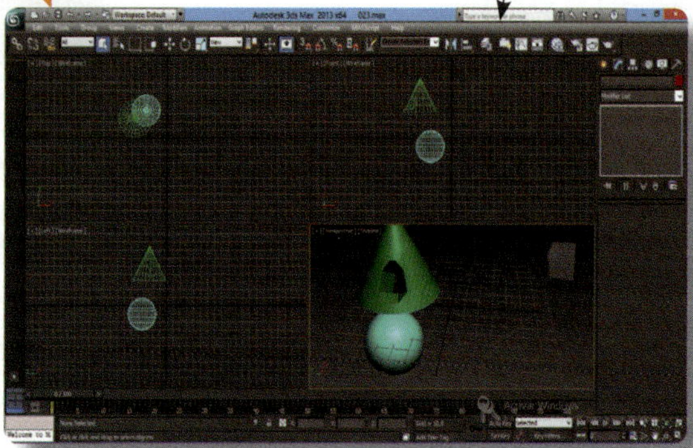

3

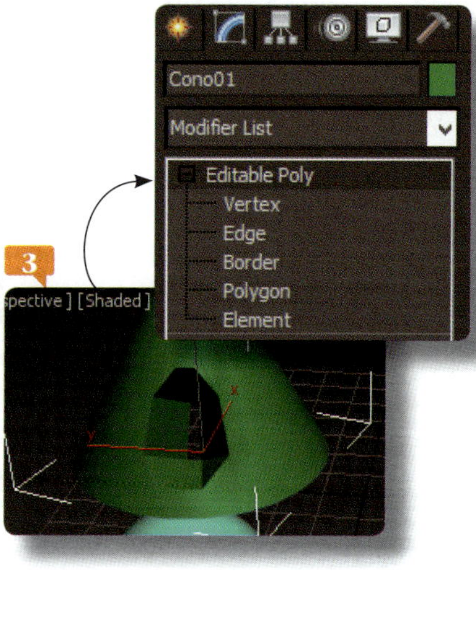

067

4. Aparecen en la cinta nuevas pestañas que contienen las herramientas necesarias para editar el objeto, alinearlo, cambiar sus propiedades, etc. Pulse en la pestaña **Geometry (All)**.
5. Este subpanel ofrece las herramientas de edición habituales que encontrará en la persiana **Edit Geometry** del **Command Panel** y otras como **Quadrify All**, para convertir polígonos en cuadriláteros. Haga clic en la pestaña **Polygon Modeling** y pulse sobre el icono **Polygon**, el cuarto de los que aparecen en la paleta que se despliega.
6. Se activa el modo de selección de polígonos a la vez que aparecen nuevas pestañas en la cinta **Graphite Modeling Tools.** Por defecto, esta cinta se muestra horizontalmente y tiene tres estados de visualización. Para cambiarlos, puede usar el icono a la derecha de la pestaña **Object Paint**, o su menú contextual. Pulse el icono **Show Full Ribbon**.
7. La cinta se muestra así en modo completo. Para recuperar el modo de visualización de títulos de paneles, haga clic sobre el mismo icono, que ahora se denomina **Minimize to Panel Titles**.
8. Salga del modo de selección de polígonos pulsando en el elemento **Editable Poly** del panel **Modify** y haga clic en una zona libre del visor **Perspective** para deseleccionar el cono.

4

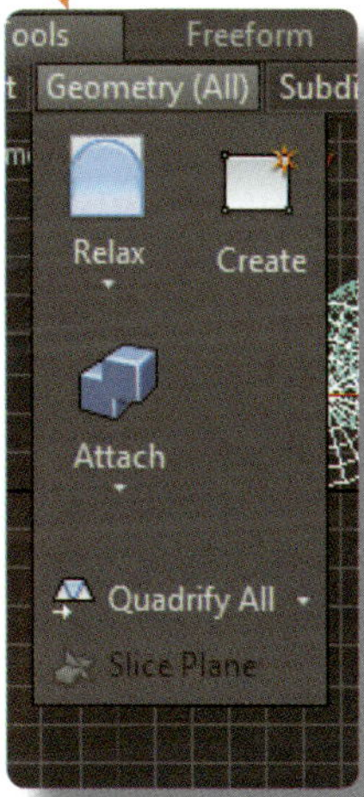

5

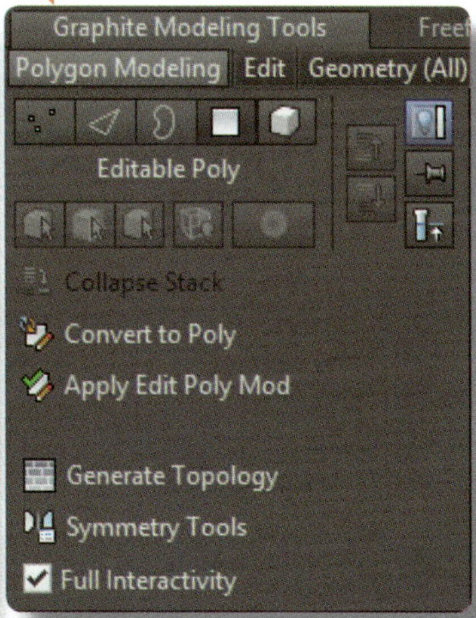

7

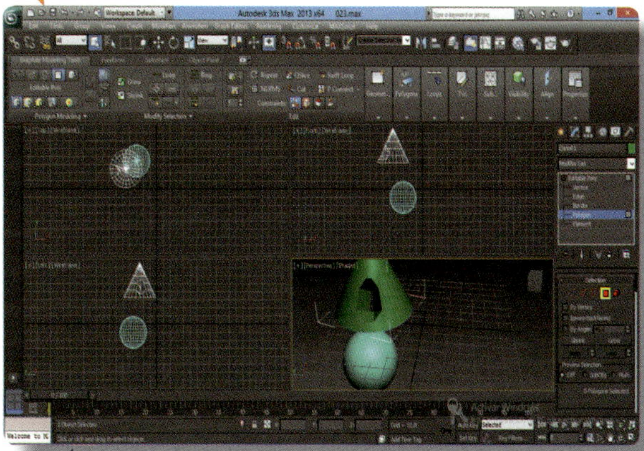

6

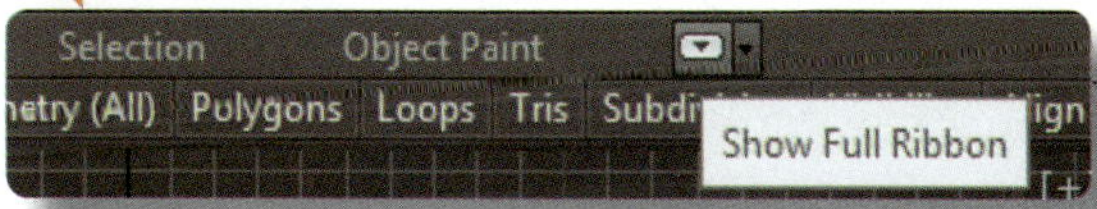

Al mostrar la cinta en **modo completo**, se reduce visiblemente el espacio destinado a los visores.

Aplicar las herramientas de modelado poligonal

DESDE LA CINTA GRAPHITE MODELING TOOLS es posible convertir objetos a mallas poligonales editables, modificar manualmente su geometría y realizar todo tipo de selecciones de subobjetos. La cinta incluye herramientas nuevas para operaciones como la reaplicación rápida de topología, la edición poligonal granular, la escultura con pinceles variados, las transformaciones de bloqueo para cualquier superficie, la creación de vértices de formas libres, la creación y modificación de selecciones inteligentes, el dibujo rápido de superficies y formas y las transformaciones rápidas.

1. Para realizar este ejercicio utilizaremos el archivo **068.max**, que puede descargar desde nuestra página Web. Una vez lo haya copiado en su carpeta de documentos, ábralo en 3ds Max. La escena muestra una caja cuyo punto de pivote se ha colocado en su centro, en lugar de en su base. Selecciónela, despliegue la lista de modificadores y elija la opción **Spherify**. 1
2. De esta forma hemos esferificado la caja. Eliminaremos la parte inferior para convertir después la restante en una forma cónica. Para poder realizar la eliminación, debemos convertir el objeto en una malla poligonal editable. Haga clic con el botón derecho del ratón sobre la esfera, pulse en la opción **Convert To** del menú cuad **transform** y elija **Convert to Editable Poly**. 2
3. Pulse en la cara **Left** del **ViewCube** para visualizar los vértices de la parte inferior de la esfera en el visor **Perspective.** 4

IMPORTANTE

Al situar el puntero del ratón sobre la mayoría de las herramientas de la cinta aparece una **etiqueta informativa** que consta de dos partes: la superior muestra el nombre de la herramienta y una breve descripción de la misma y la inferior resume el modo de utilizarla y, en algunos casos, incluye otras opciones de uso secundarias.

El modificador Spherify forma parte del grupo de modificadores **Object-space Modifiers.**

1

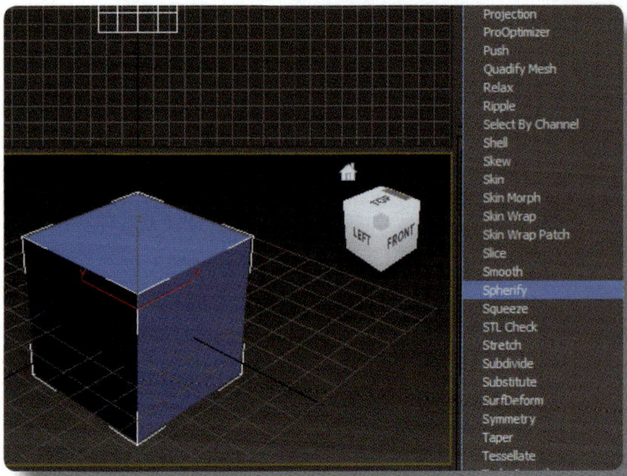

2

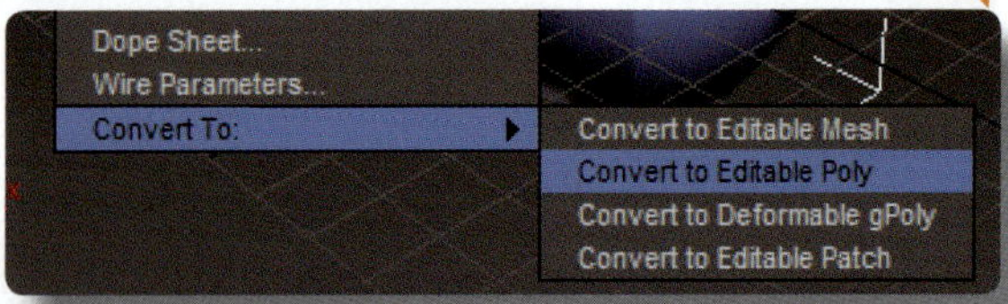

3

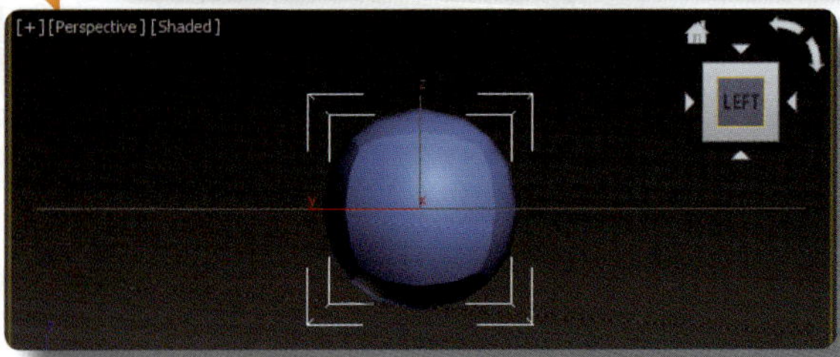

068

4. En la cinta **Graphite Modeling Tools**, pulse en el primer icono del panel **Polygon Modeling**, [4] correspondiente a la selección de vértices, mediante el arrastre, trace una selección que incluya todos los vértices de la parte inferior de la esfera [5] y pulse la tecla **Suprimir** para eliminarlos. [6]
5. Pulse el icono **Home** del **ViewCube**.
6. Seleccione el vértice superior de la semiesfera en el visor **Perspective** y, en el panel **Polygon Modeling**, pulse sobre el icono **Use Soft Selection**, que muestra varios círculos de colores. [7]
7. Al activar esta opción de selección, aparece una nueva sección en la cinta de herramientas de modelado poligonal en la que se pueden controlar sus propiedades. Haga clic en el botón de flecha del panel desplegable **Soft**, haga doble clic en el campo **Falloff**, inserte el valor **30** y pulse la tecla **Retorno**. [8]
8. Los vértices adyacentes al seleccionado se colorean en los visores para indicar que también se verán afectados por la modificación. Active la herramienta **Select and Move**, arrastre hacia arriba la flecha del eje Z del gizmo de transformación para que la esfera adopte una forma cónica [9] y salga del modo **Soft Selection** pulsando en el icono adecuado de la cinta **Graphite Modeling Tools**.
9. Para acabar, suavizaremos la superficie de la malla. Puesto que el modo de selección de vértices continúa activado, pulse la combinación de teclas **Ctrl.+A** para seleccionarlos todos.
10. En la sección **Subdivision** de la cinta **Graphite Modeling Tools**, pulse sobre el icono de la herramienta **MeshSmooth** [10] y vea cómo se suaviza la forma.
11. Pulse en el icono **Vertex** del panel **Polygon Modeling** para salir del modo de selección de vértices, deseleccione el objeto [11] y guarde el documento en su carpeta **Documentos**.

IMPORTANTE

Puede modificar manualmente la geometría de los objetos usando las herramientas de la ficha **Freeform** y realizar todo tipo de selecciones de subobjetos (áreas cóncavas y convexas, puntos en una dirección concreta, etc.) desde la ficha **Selection**.

9
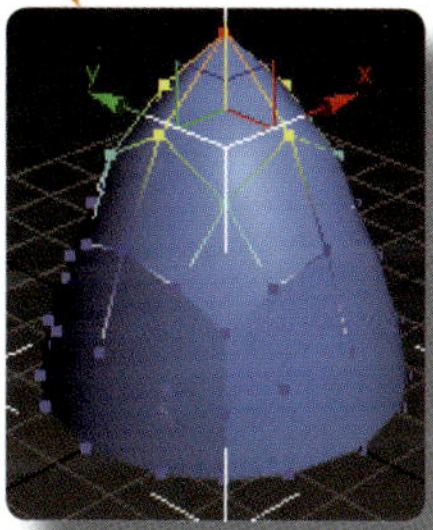

Ese **suavizado** (que aporta mayor detalle) se consigue dividiendo en cuatro partes polígonos de la forma.

10

4
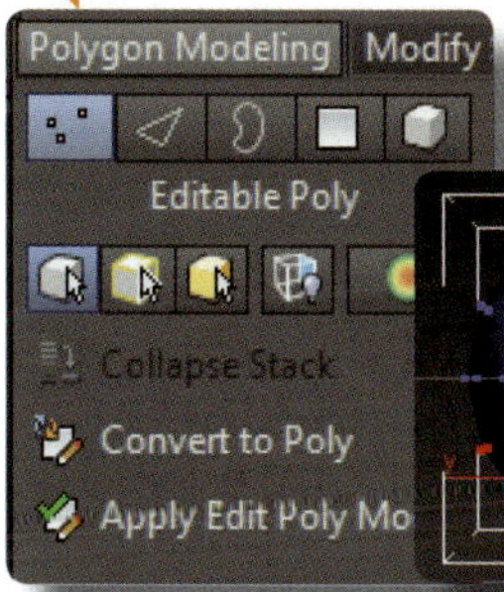

5
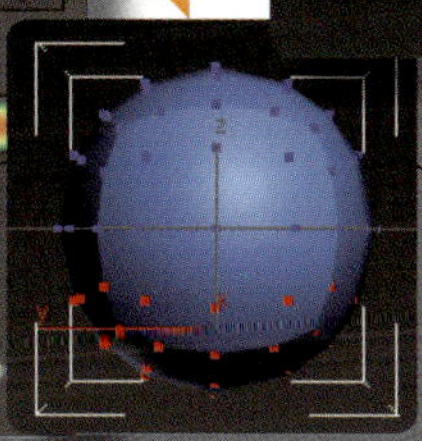

6
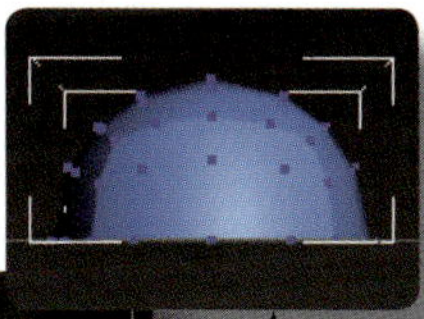

7

8
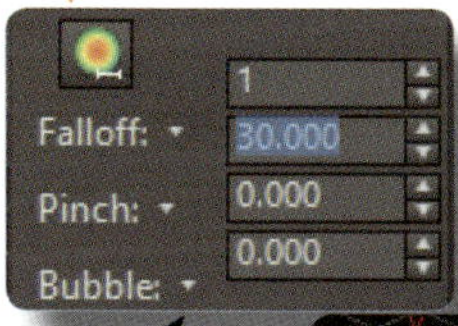

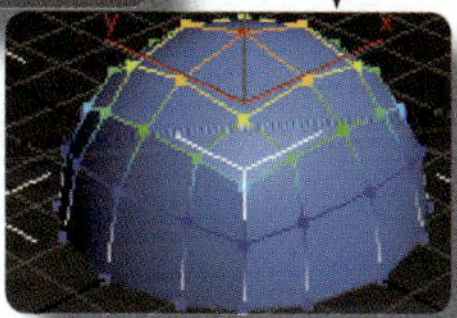

11
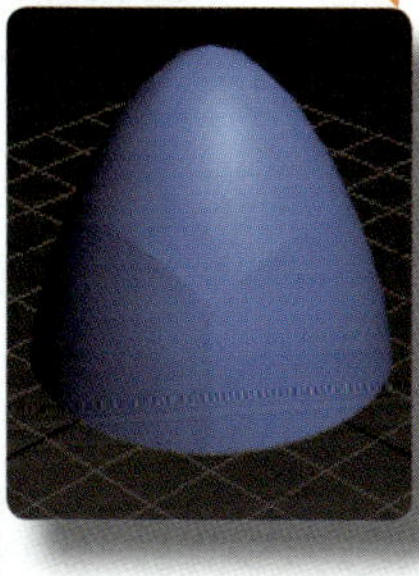

Aplicar superficies de subdivisión

IMPORTANTE

Al añadir **superficies de subdivisión** a un objeto se debe tener en cuenta que cuanto mayor sea el número de iteraciones, mayor será también el tiempo que el equipo necesitará para ejecutar la modificación y más complejo será el resultado al aumentar a la vez su resolución.

AL CONVERTIR UN OBJETO en una malla poligonal editable aparecen en el Command Panel y en la cinta Graphite Modeling Tools la persiana Subdivision Surface desde la que es posible aplicar un efecto de suavizado mediante operaciones algorítmicas que el programa efectúa automáticamente. Este efecto de suavizado puede obtenerse mediante unas superficies de subdivisión conocidas como NURMS, siglas del término inglés Non-Uniform Rational Mesh Smooth, o aplicando los modificadores MeshSmooth y HSDS.

1. En este ejercicio aprenderemos a aplicar una superficie de subdivisión al cono convertido en malla poligonal editable del archivo **023.max**. Una vez abierto el archivo, pulse sobre el cono en el visor **Perspective.** 1
2. En la parte inferior de la ficha **Modify** del **Command Panel** existe una persiana denominada **Subdivision Surface**. Sitúese en esa persiana cerrando las denominadas **Selection** y **Edit Geometry**.
3. Active la opción **Use NURMS Subdivision.** 2
4. La casilla **Smooth Result** hace que el efecto de suavizado sea el mismo para todos los polígonos. Por su parte, la opción **Isoline Display** permite visualizar únicamente las líneas ISO o bien todas las líneas. El número de líneas depende de las iteraciones aplicadas. Desde el apartado **Display** se controlan

2

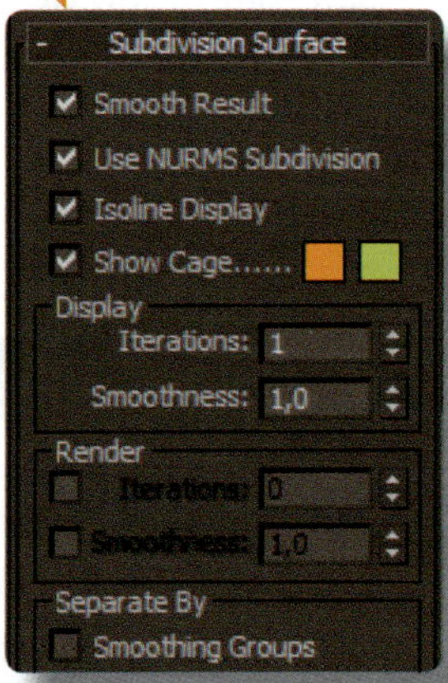

1

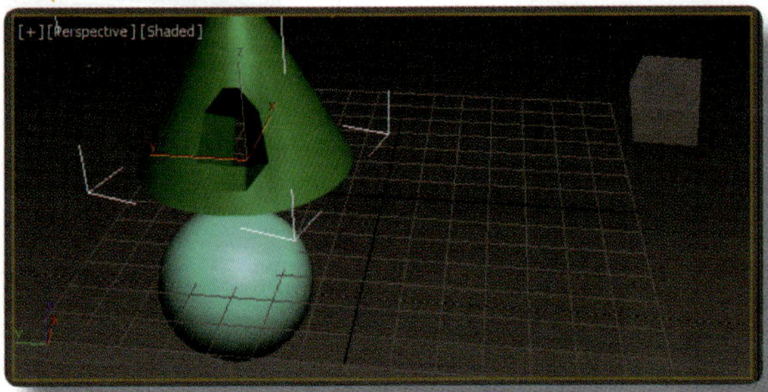

Una de las características más útiles de las **mallas polieditables** es la posibilidad de efectuar este tipo de subdivisiones: así, un objeto con pocas caras puede dividirse en muchas más mediante iteraciones, lo que provocará que la transición entre ellas sea más suave.

069

las iteraciones y el suavizado de la malla en la presentación del visor. Haga doble clic en el campo **Iterations**, inserte el valor **2** y pulse la tecla **Tabulador**. [3]

5. En el contador **Smoothness** se determina la agudeza de las esquinas antes de aplicar las superficies de suavizado. Los valores pueden oscilar entre 0 y 1; el valor 0 no suaviza ninguna de las esquinas mientras que el valor máximo, 1, suaviza todos los polígonos. En este contador, inserte el valor **0,8**, utilizando como separador la coma del teclado alfanumérico, y pulse **Retorno**. [4]
6. Se han añadido varias caras que subdividen la malla del objeto y la transición entre ellas es muy suave. Los contadores del apartado **Render** [5] permiten configurar las iteraciones y el suavizado de malla en el renderizado. La diferencia con el anterior apartado radica en que en este caso puede habilitar o deshabilitar el contador que desee. En el siguiente apartado, **Separate By**, la opción **Smoothing Groups** hace que no puedan crearse nuevos polígonos en aristas que no pertenezcan al mismo grupo de suavizado y la opción **Materials** produce el mismo efecto pero en el caso de que las aristas no compartan el mismo material. Active la opción **Smoothing Groups**. [6]
7. Por último, en el apartado **Update Options** puede elegir el modo en que se producirá la actualización de la subdivisión en el suavizado de la superficie. La opción seleccionada por defecto es **Always**, lo que permite que la actualización sea automática. Si activa la opción **When Rendering**, la actualización se efectuará durante el proceso de renderizado y si marca la opción **Manually** la actualización sólo se llevará a cabo cuando pulse el botón **Update** situado debajo. Para acabar, reinicie la escena guardando los cambios.

IMPORTANTE

Al activar la opción Use NURMS Subdivision en el panel de comandos, aparece el panel flotante Use NURMS. Estos paneles flotantes fueron incluidos como novedad en 3ds Max 2011 y representan una alternativa al uso de los comandos de la correspondiente persiana del Command Panel.

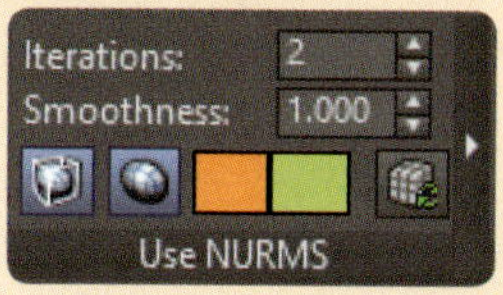

5

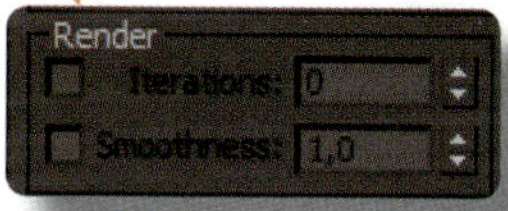

6

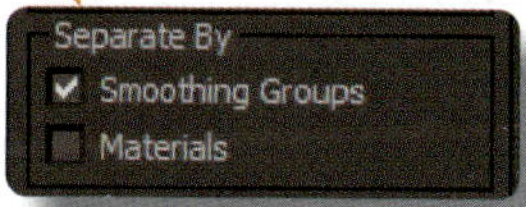

3

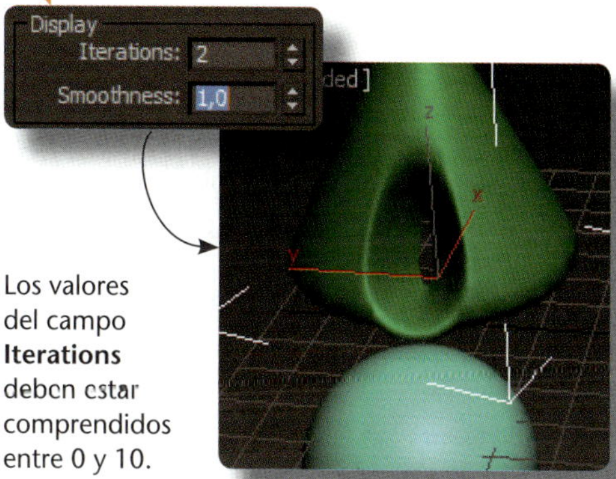

Los valores del campo **Iterations** deben estar comprendidos entre 0 y 10.

4

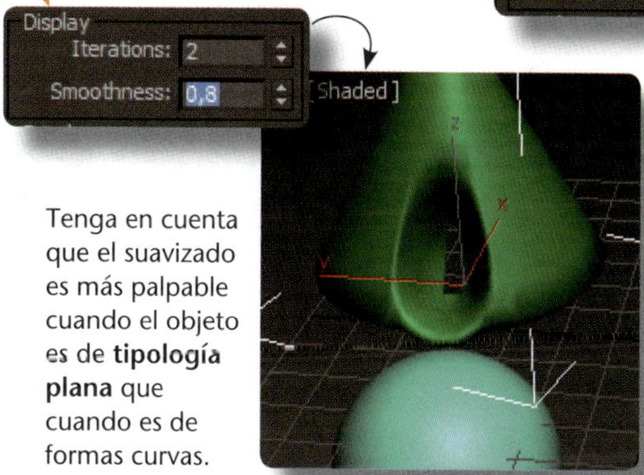

Tenga en cuenta que el suavizado es más palpable cuando el objeto es de **tipología plana** que cuando es de formas curvas.

Editar bordes y polígonos de una malla poligonal

LAS HERRAMIENTAS DE EDICIÓN de los subobjetos de una malla se encuentran en el panel Edit Geometry, en las persianas de edición de cada uno de esos subobjetos y también en la cinta Graphite Modeling Tools y varían en función del subobjeto seleccionado.

1. En este ejercicio practicaremos con la escena **070.max** que puede encontrar en la zona de descargas de nuestra página Web. El objeto de esta escena ha sido convertido en una malla poligonal editable y se han eliminado dos de sus polígonos, lo que nos permitirá trabajar con el subobjeto **Border**. Seleccione la figura en el visor **Perspective** [1] y acceda a la ficha **Modify**.
2. La función **Bridge**, disponible cuando se trabaja con bordes o polígonos, permite crear un puente de unión entre dos de estos elementos. Visualice la ficha **Polygon Modeling** de la cinta **Graphite Modeling Tools** y haga clic sobre el icono **Border**, el tercero del apartado **Editable Poly**. [2]
3. Pulse ahora sobre la ficha **Borders**, despliegue el icono **Bridge** y elija la opción **Bridge Settings**. [3]
4. Con la opción **Use Border Selection**, el programa usará el elemento seleccionado para crear el puente. Active la opción **Use Specific Borders** [4] para que se activen los botones que permiten elegir los subobjetos que se quiere conectar.
5. Pulse el botón **Pick Border 1** [5] y haga clic sobre uno de los lados del espacio vacío del objeto en el visor **Perspective.**

IMPORTANTE

La opción **Segments** divide la longitud del puente en segmentos iguales mientras que los contadores **Taper** y **Bias** controlan el efecto de estrechez de la conexión. Por su parte, la opción **Smooth** permite especificar el grado de suavizado de la superficie del puente.

1

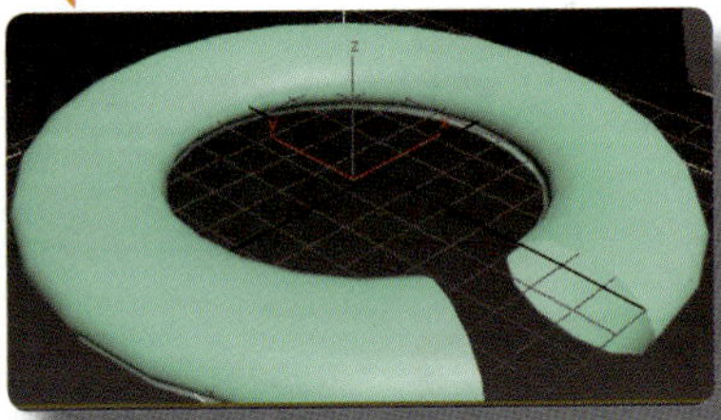

2

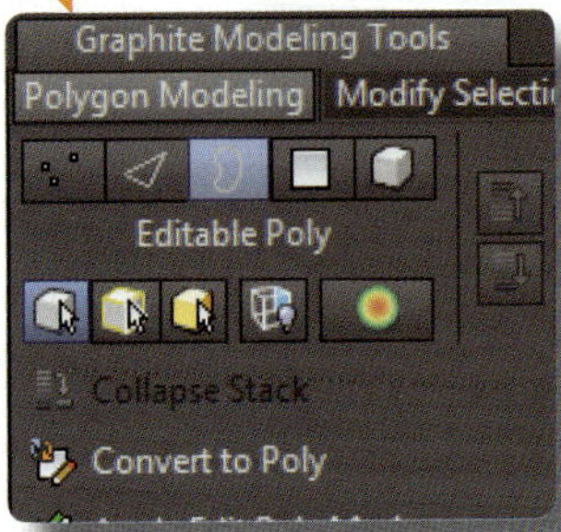

3

Recuerde que los **bordes** son los lados del espacio vacío que queda al eliminar un polígono.

4

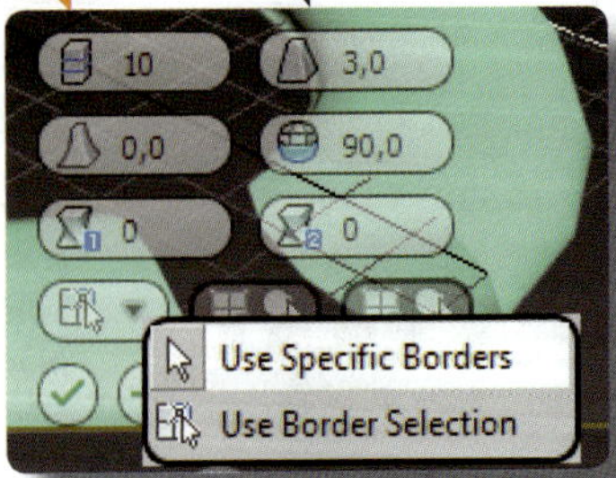

5

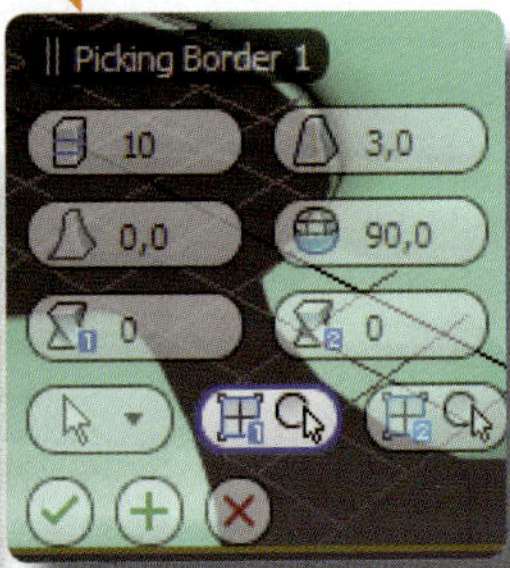

070

6. Los controles **Twist 1** y **Twist 2** permiten girar la dirección de las aristas que se crean en ambos lados del puente. Haga clic sobre el botón **Pick Border 2** y pulse sobre el lado opuesto al borde seleccionado.
7. Al instante se ha creado el puente entre los dos bordes. [6] Haga doble clic en el campo **Twist 1**, inserte el valor **10** y pulse **Retorno**.
8. A continuación, haga doble clic en el campo **Twist 2**, inserte el valor **10** y vuelva a pulsar **Retorno**.
9. Haga doble clic en el campo **Segments**, inserte también el valor **10** y pulse la tecla **Retorno**.
10. Ahora haga doble clic en el campo **Taper**, inserte el valor **3** y pulse **Retorno**.
11. Haga doble clic en el campo **Smooth**, inserte el valor **90** y pulse **Retorno**. Aplique el efecto pulsando el botón **OK**. [7]
12. Una vez creado el puente, aplicaremos sobre una parte del mismo un efecto de mullido. Para ello, pulse sobre la ficha **Polygon Modeling**, haga clic en el icono de selección de polígonos y seleccione los polígonos exteriores de la malla que forma el puente. [8]
13. Haga clic en el apartado **Geometry (All)**, pulse el botón de flecha de la opción **Relax** y elija **Relax Settings**. [9]
14. En el campo **Amount** de los controles del efecto inserte el valor **1** y pulse **Retorno**. Después, haga doble clic en el campo **Iterations**, inserte el valor **5** y pulse de nuevo **Retorno**.
15. Pulse el botón **OK**, haga clic sobre el término **Editable Poly** en el Catálogo de subobjetos para abandonar el modo de selección de polígonos y haga clic en una zona libre del visor activo. [10]

IMPORTANTE

El nombre de los bordes seleccionados aparecen en las etiquetas **Edge**.

10
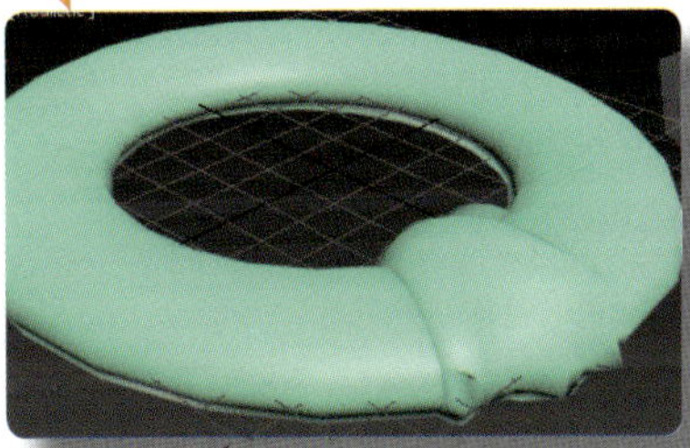

9
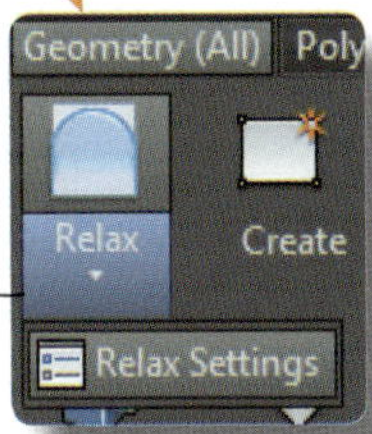

6
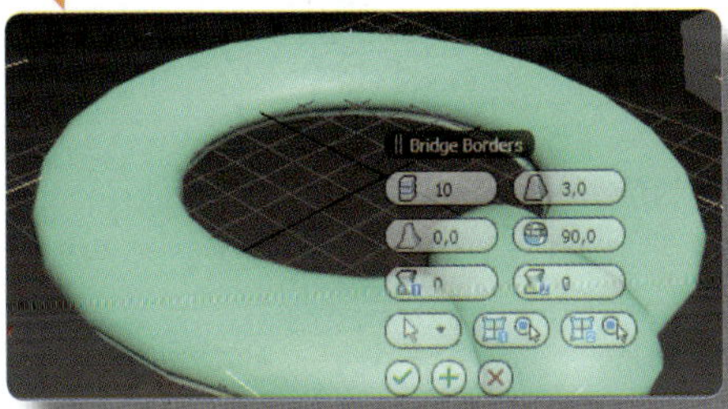

7
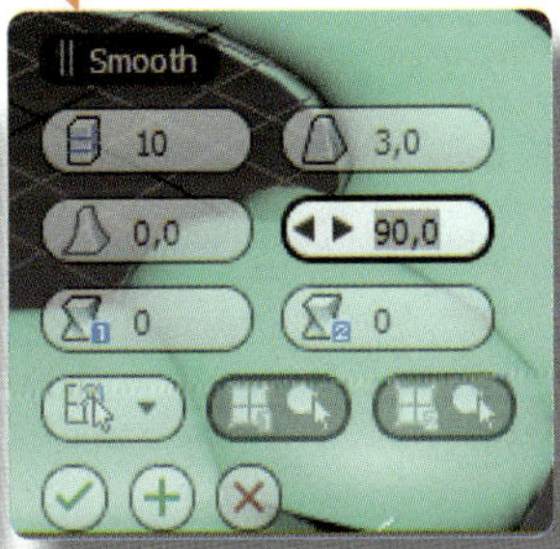

8
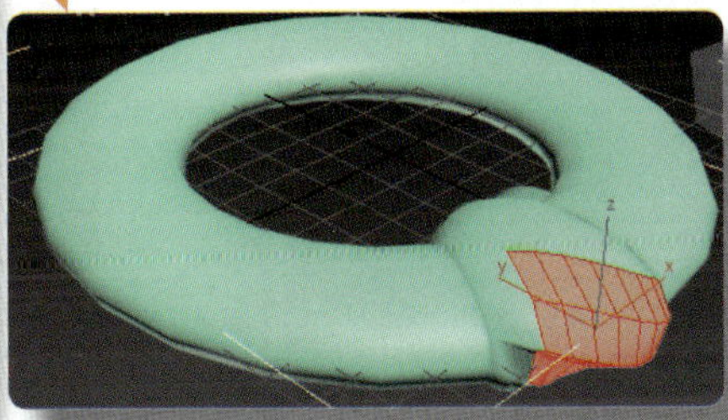

Editar y modificar mallas poligonales

IMPORTANTE

Recuerde que dispone de las mismas herramientas (y de otras adicionales) que en el **Command Panel** en la cinta **Graphite Modeling Tools**.

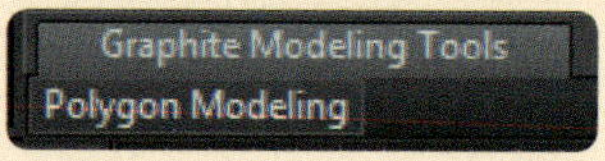

LA FUNCIÓN TURN permite cambiar la dirección de la diagonal de un polígono y la opción Make Planar, alinear un objeto o un grupo de subobjetos especificando el eje, X, Y o Z. La opción By Angle permite seleccionar polígonos coplanares estableciendo su valor angular. La opción Preserve UVs permite conservar las coordenadas UV originales de una malla mapeada cuando ésta es editada, y la opción Delete Isolate Vertices, disponible en cualquiera de los subobjetos excepto en los vértices, borra los vértices aislados al eliminar aristas o polígonos de una malla poligonal editable.

1. Para empezar, reinicie la escena y recupere el archivo **023.max**. (Recuerde que el cono de esta escena fue convertido en malla poligonal editable en un ejercicio anterior.)
2. Seguidamente, haga clic sobre el cono de la escena y, en la pestaña **Modify** del **Command Panel**, active el modo de selección de polígonos pulsando sobre el cuarto icono de los disponibles en el apartado **Selection**. [1]
3. Antes de continuar, vamos a cambiar el modo de visualización en el visor **Perspective** para poder comprobar mejor la utilidad de la función **Turn**. Haga clic sobre la etiqueta **Shaded** y elija la opción **Wireframe**. [2]
4. Con la representación alámbrica podremos manejar mejor la edición de polígonos. [3] El botón **Turn** se halla al final del

1

2

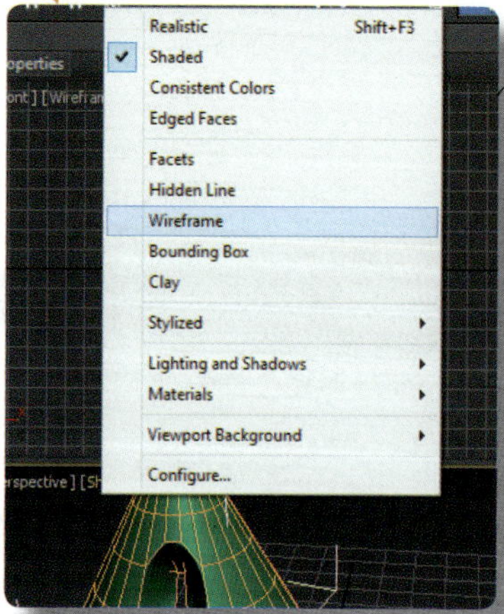

3

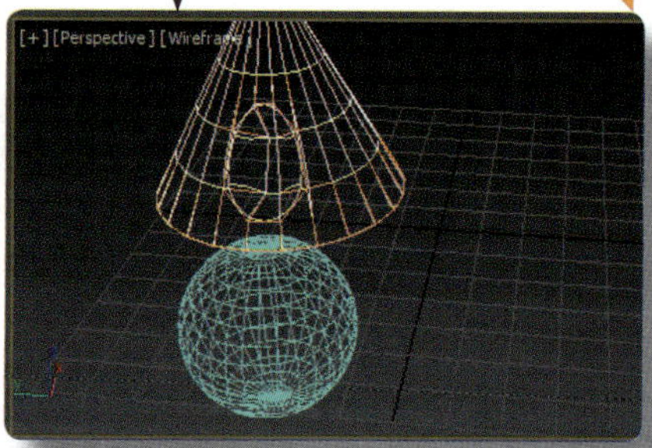

071

apartado **Edit Polygons** por lo que cierre la persiana **Selection** y pulse sobre el mencionado comando. [4]

5. Con el modo **Turn** activado, se visualizan todas las diagonales de los polígonos de una malla. [5] Ahora, al hacer clic sobre cualquiera de los polígonos de la malla, cambiará la dirección de su diagonal, lo que puede resultar muy efectivo y rápido para retriangular polígonos cuadriláteros. Compruébelo [6] y después desactive el modo **Turn** pulsando ese botón.
6. La opción **Preserve UVs** del apartado **Edit Geometry** permite conservar las coordenadas UV de una malla mapeada cuando se edita alguno de sus subobjetos o bien la malla en sí. Por su parte, y tal como veremos a continuación, la opción **Make Planar** permite alinear un objeto o un grupo de subobjetos a lo largo de un eje local específico. Aunque la verdadera utilidad de esta función se apreciaría mejor en una malla rugosa, veamos cómo actúa sobre un polígono de esta malla. Seleccione un par de polígonos de la parte derecha del cono, [7] pulse el botón **X** de la opción **Make Planar** [8] y vea el efecto conseguido. [9]
7. La función **Delete Isolate Vertices**, incluida en el apartado **Named Selections**, permite la eliminación automática de los vértices que permanecen aislados al suprimir aristas o polígonos. Pulse sobre el término **Editable Poly** en el **Catálogo de subobjetos** para abandonar el modo de selección de polígonos, devuelva a la escena el modo de visualización **Shaded** y haga clic en una zona libre del visor activo para deseleccionar la malla. [10]

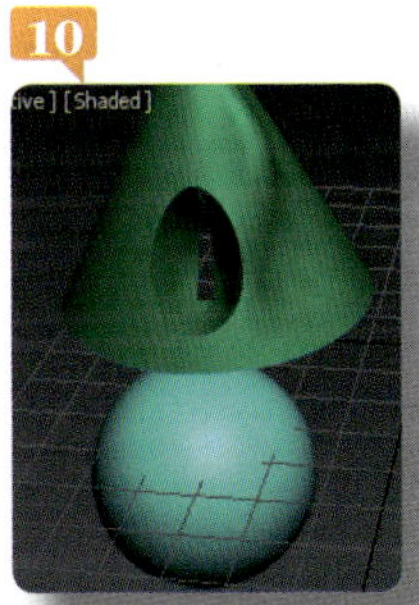

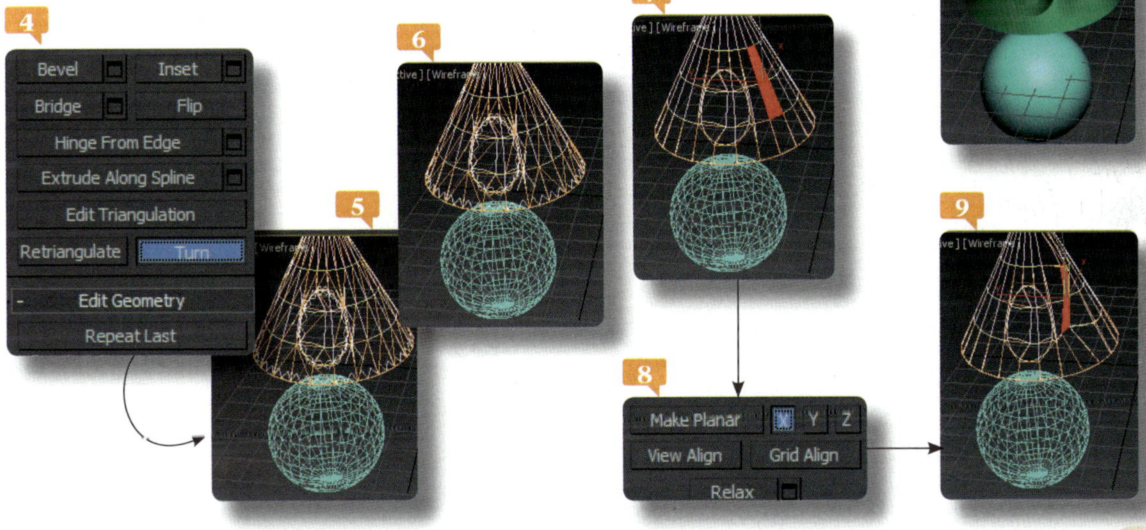

Paint Soft Selection y Paint Deformation

IMPORTANTE

Es posible personalizar las principales propiedades del cepillo con el que se pinta tanto en la opción Paint Deformation como en la opción Paint Soft Selection: para ello, el programa ofrece el cuadro de diálogo **Painter Options** (al que se accede pulsando el botón Brush Options), desde el cual cada usuario puede establecer desde la forma del cepillo hasta su tamaño o la cantidad de presión que debe ejercer sobre el objeto.

LA OPCIÓN PAINT SOFT SELECTION USA los movimientos de cepillo para establecer la influencia de la selección flexible y permitir un mayor control sobre la forma del área de selección. Por su parte, Paint Deformation es una herramienta muy útil para crear formas orgánicas. Dispone de tres modos operativos: Push/Pull, Relax y Revert. El primero desplaza los vértices hacia dentro o hacia fuera de la superficie en función del valor especificado en el campo Push/Pull Value; el segundo actúa igual que el modificador Relax en los vértices sobre los que se pulsa con el pincel y el tercero permite deshacer los cambios realizados desde la última aplicación.

1. Para empezar, haga clic sobre el cono del archivo **023.max** en el visor activo para seleccionarlo y pulse sobre el título de la persiana **Soft Selection** para visualizar su contenido. [1]
2. En el **Catálogo de subobjetos**, pulse sobre el subobjeto **Polygon**. [2]
3. Ahora active la opción **Use Soft Selection** y pulse el botón **Shaded Face Toggle**. [3]
4. Al seleccionar un elemento, se aplica la selección flexible con los valores establecidos por defecto. [4] Visualice ahora el apartado **Paint Soft Selection**.

Si no está activado ningún modo de selección de subobjetos, las opciones de la persiana **Soft Selection** están inactivas.

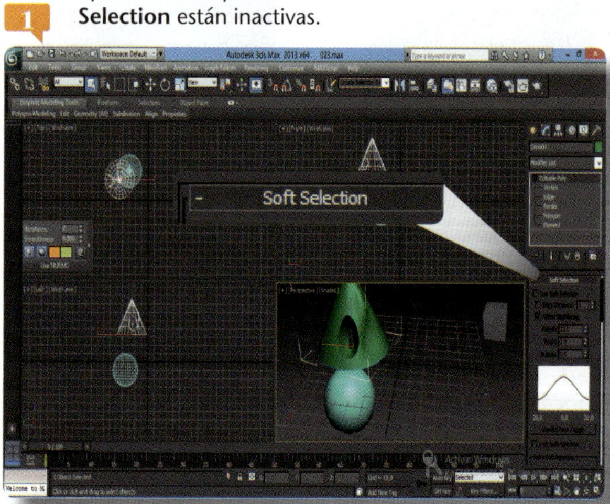

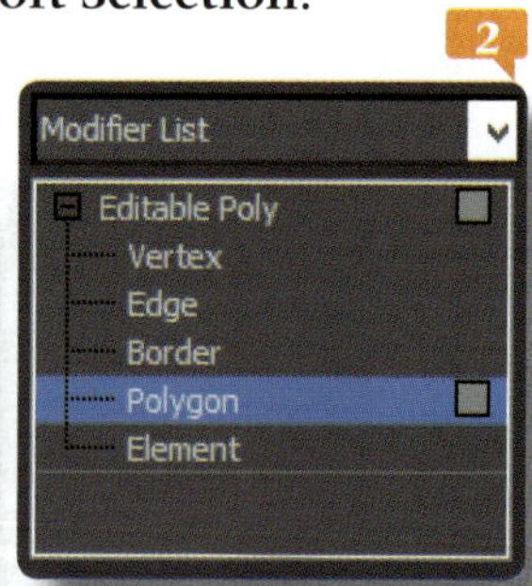

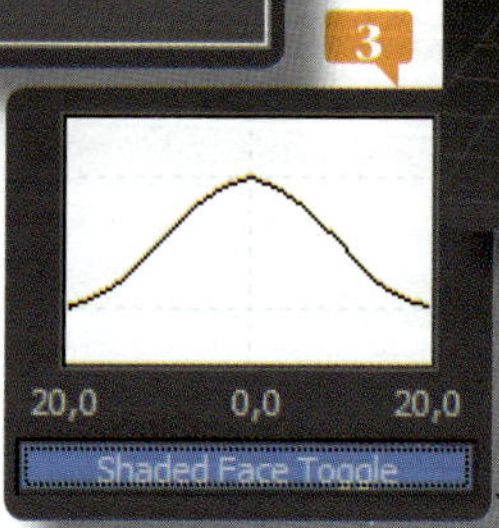

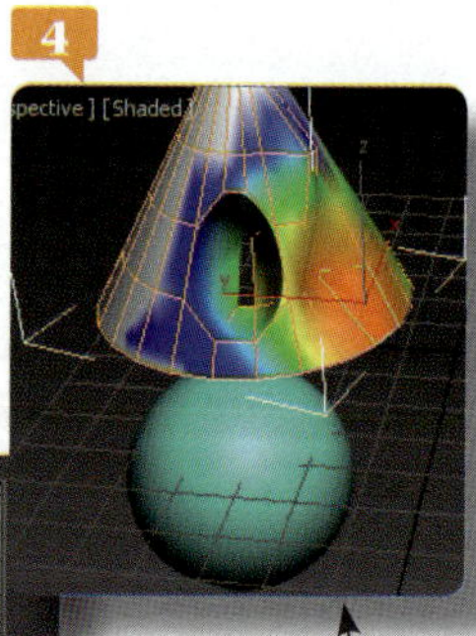

072

5. El botón **Paint** permite empezar a pintar sobre la malla la selección flexible, el botón **Blur** convierte el cepillo en una herramienta para suavizar la selección y el botón **Revert** usa el cepillo para recuperar el estado anterior de la selección. Pulse el botón **Paint**, sitúe el puntero del ratón sobre la malla, haga clic y desplácelo, sin soltar el botón, hasta que quede pintada una zona de la misma. [5] Después, pulse nuevamente ese botón para abandonar este modo operativo.
6. Muestre ahora el contenido de la persiana **Paint Deformation**, la última del panel de comandos.
7. La opción **Paint Deformation** utiliza los movimientos del cepillo para deformar con máxima precisión la superficie de una malla. Pulse el botón **Push/Pull**. [6]
8. El botón **Revert** de esta función también permite recuperar el aspecto de la malla anterior a las modificaciones realizadas con esta herramienta. Haga clic en la parte inferior del cono y, sin soltar el botón del ratón, desplace el puntero por toda esta zona hacia la derecha hasta que ésta quede deformada. [7] Después, pulse nuevamente el botón **Push/Pull** para abandonar este modo operativo.
9. El botón **Cancel** permite indicar que no se aplique la última modificación realizada. Haga clic sobre el término **Editable Poly** en el **Catálogo de subobjetos** para abandonar el modo de selección de polígonos [8] y pulse en una zona libre del visor para eliminar la selección actual y dar por terminado este ejercicio. [8]

IMPORTANTE

Tenga en cuenta que desde 3ds Max 2009, la antigua persiana Polygon Properties ha quedado dividida en tres nuevas persianas, Polygon: Material IDs, Polygon: Smoothing Groups y Polygon: Vertex Colors.

9

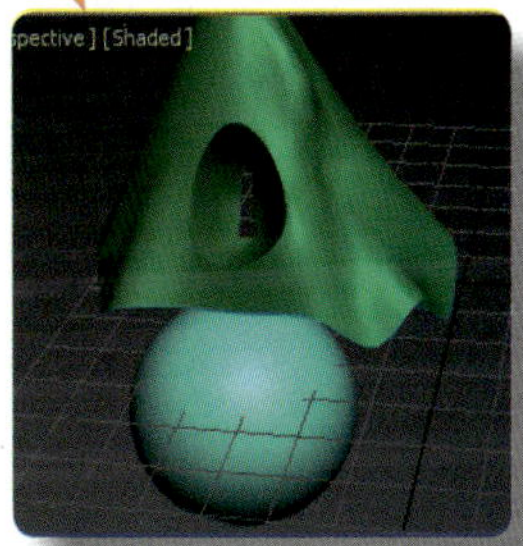

Tenga en cuenta que la opción **Relax** actúa de manera muy similar al modificador del mismo nombre con el que hemos tenido ocasión de practicar anteriormente.

5

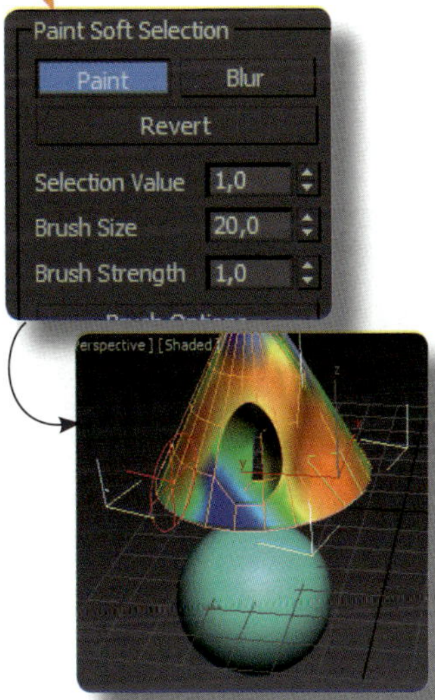

6

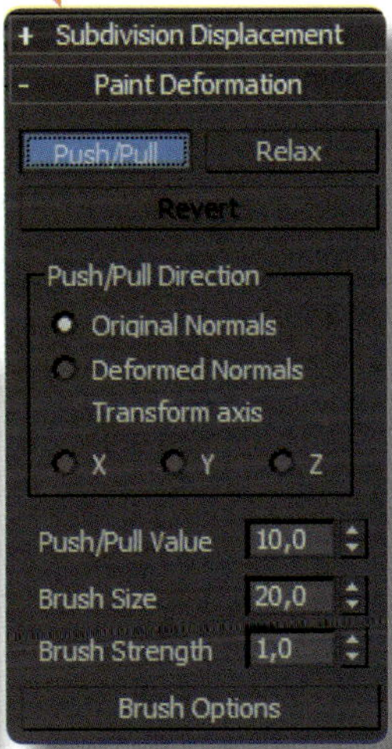

7

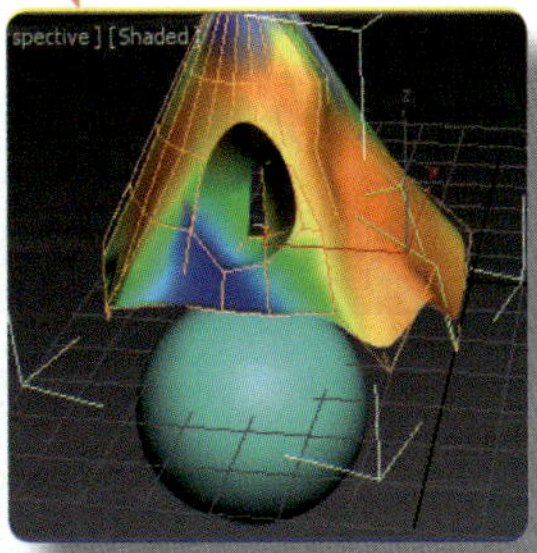

Las deformaciones realizadas con la función **Paint Deformation** pueden producirse mediante la presión o el estiramiento de los vértices o mediante el mullido de dichos elementos.

8

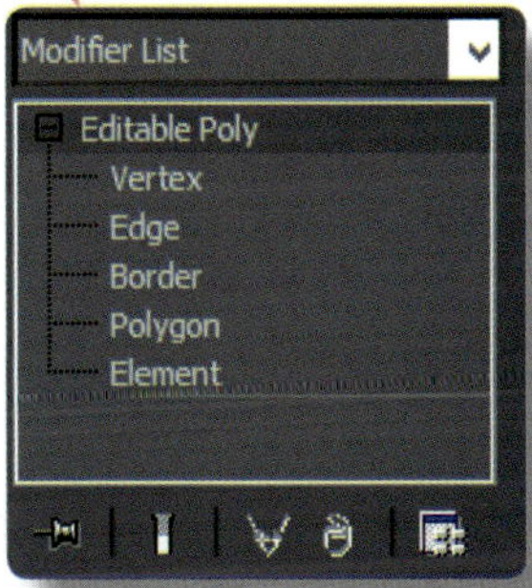

Obtener un objeto de composición BlobMesh

IMPORTANTE

Debe saber que para trabajar con la mayoría de **objetos de composición** es conveniente que el objeto inicial se convierta en malla editable o malla poligonal editable, aunque en el caso del objeto BlobMesh no es imprescindible.

LOS OBJETOS DE COMPOSICIÓN se basan en el tratamiento y combinación de dos o más objetos para crear uno solo más complejo. El objeto de composición BlobMesh crea simples esferas que se conectan o se separan conformando una estructura que imita el efecto de un líquido viscoso o plastilina, por ejemplo.

1. En esta lección le mostraremos cómo crear un objeto de composición **BlobMesh**. Continuamos trabajando con el archivo **023.max**. Los objetos de composición se encuentran en la categoría **Geometry** del panel **Create**, pero también puede acceder a ellos a través de la opción **Compound** del menú **Create**. Pulse sobre esta ficha en el panel de comandos. [1]
2. Haga clic en el botón de punta de flecha del campo que muestra la opción **Standard Primitives** y seleccione la opción **Compound Objects**. [2]
3. Cada uno de los objetos de composición de 3ds Max permite combinar de diferentes maneras dos o más objetos y formas para obtener nuevos y espectaculares modelos. Pulse sobre el objeto de composición **BlobMesh**. [3]
4. Este objeto de composición tiene una serie de características predeterminadas que se pueden modificar según las necesidades de cada caso antes o después de aplicar el efecto. Haga

1

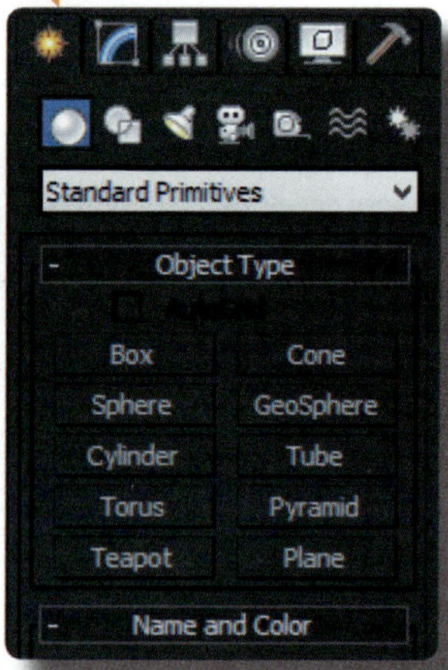

2

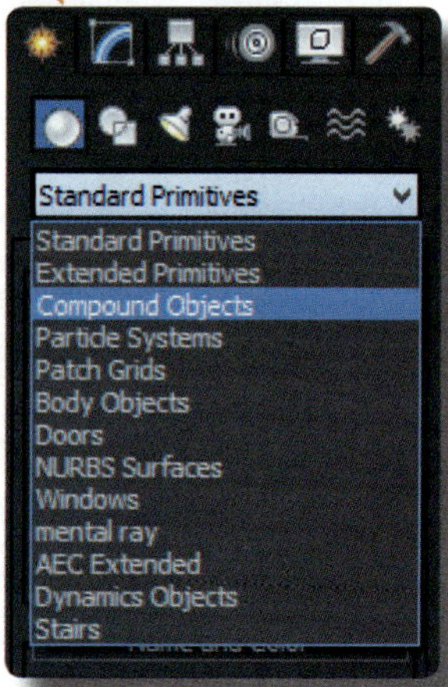

3

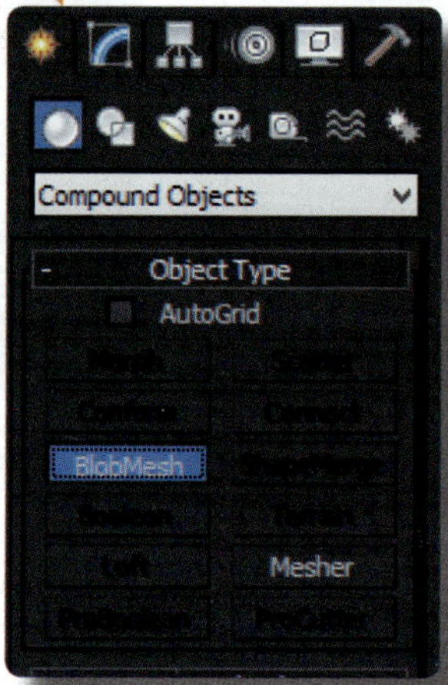

4

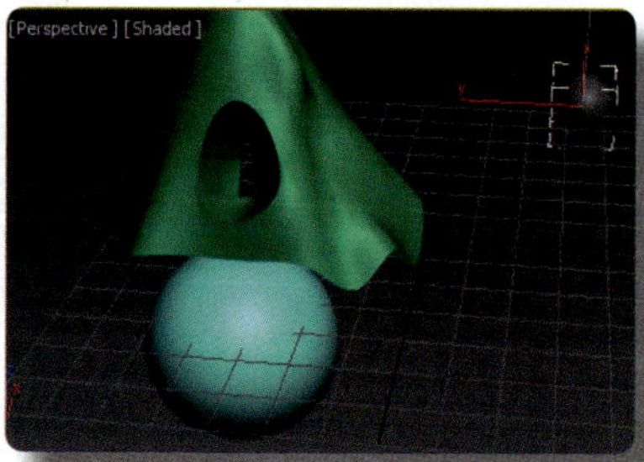

073

clic en una zona libre del visor activo para dibujar el objeto de composición **BlobMesh**.

5. Este objeto de composición es una simple esfera. Pulse en la muestra de color del apartado **Name and Color** y, en el cuadro **Object Color**, elija la última muestra de la primera columna y pulse **OK**.
6. Haga doble clic en el campo **Size** del panel de parámetros, inserte el valor **7,8**, usando la coma del teclado alfanumérico como separador de decimales, y pulse **Retorno**.
7. Aunque parece que el objeto ha desaparecido de la escena, el gizmo nos indica que aún sigue ahí. El siguiente paso consiste en añadir el objeto blob al que se conectará el objeto de composición. Haga clic en la pestaña **Modify** del **Command Panel** y visualice por completo el apartado **Blob Objects**.
8. El botón **Pick** permite seleccionar directamente sobre el visor el objeto mientras que el botón **Add** abre un cuadro en el que se listan todos los objetos de la escena. El botón **Remove** sirve para borrar de la lista objetos blob. Pulse el botón **Add**.
9. En el cuadro de diálogo **Add Blobs**, haga clic sobre el objeto **Sphere001** y pulse el botón **Add Blobs**.
10. Deseleccione la malla blob pulsando en cualquier zona libre del visor **Perspective**.

IMPORTANTE

En el campo **Tension** puede cambiar la firmeza de su superficie, utilizando los controles de tosquedad puede aumentar o disminuir la densidad de la malla en el renderizado o en el visor, etc.

9

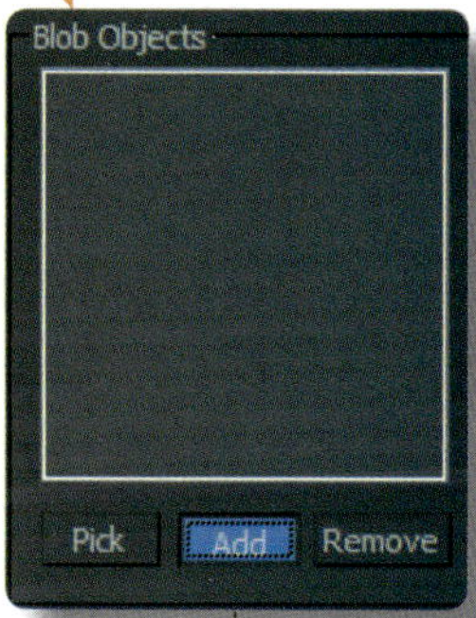

Los botones **Pick**, **Add** y **Remove** sólo están activos en el panel Modify.

5

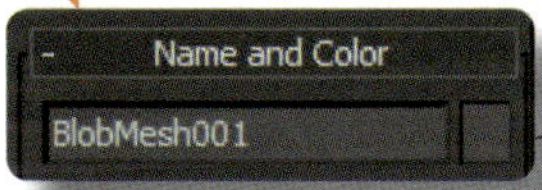

El programa aplica un color aleatorio al objeto blob, color que después puede usted modificar a su gusto.

7

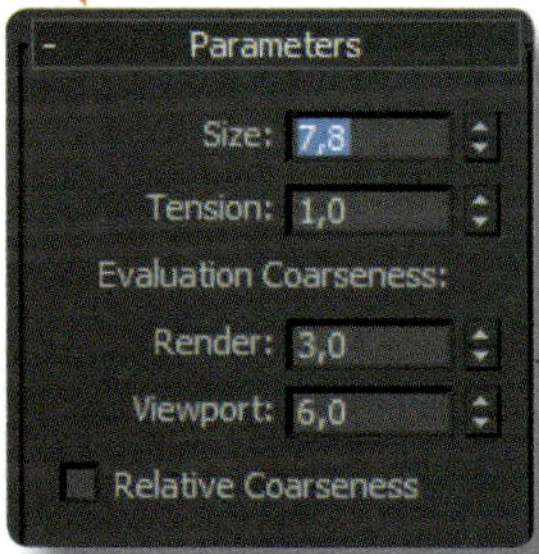

10

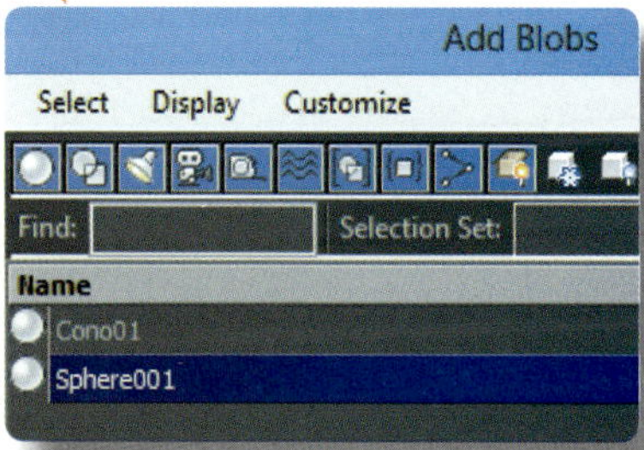

6

8

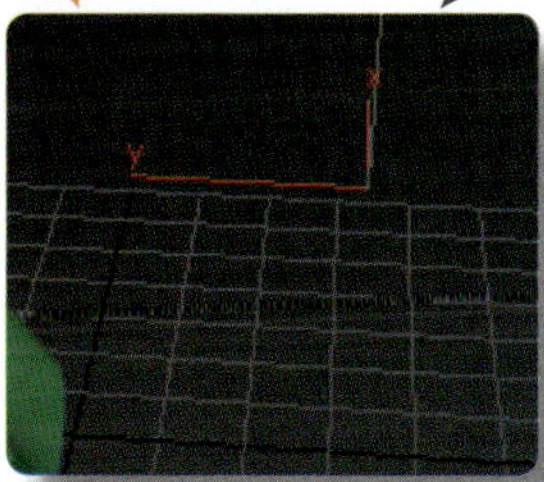

11

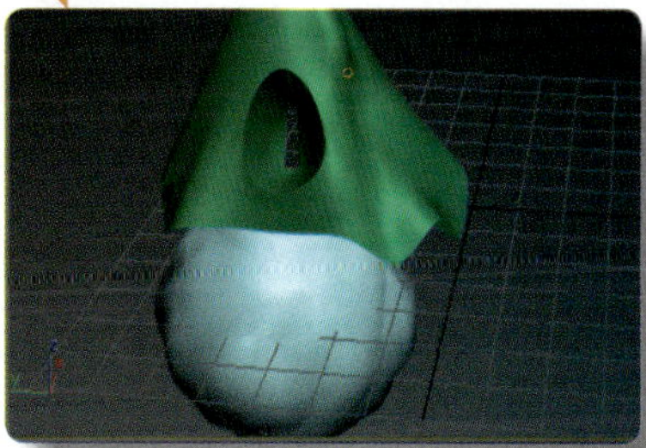

Conseguir prototipos geométricos complejos

LA HERRAMIENTA PROBOOLEAN permite combinar en uno varios objetos a los que se ha aplicado una operación booleana distinta. Se utiliza sobre todo para crear prototipos geométricos, diseños de formato de nivel de juegos y elementos arquitectónicos complejos.

1. Le recomendamos que use la escena **074.max** que encontrará en nuestra zona de descargas. Una vez la haya copiado en la carpeta **Documentos** de su equipo, ábrala en 3ds Max. [1]
2. En el **Command Panel**, despliegue la lista **Standard Primitives** y elija la opción **Compound Objects**. [2]
3. Se muestran así los botones correspondientes a los objetos de composición existentes en 3ds Max. Seleccione la caja de la escena y pulse el botón **ProBoolean**. [3]
4. En la sección **Operation** del apartado **Parameters** del **Command Panel** puede elegir el tipo de operación booleana que desea que se lleve a cabo entre los dos objetos que seleccione. La operación **Attach** combina dos o más entidades separadas en un único objeto booleano sin modificar su topología, y la denominada **Insert** hace que en primer lugar se elimine el volumen del segundo operando del primero para después agrupar los dos objetos. Active la opción **Intersection**. [4]

IMPORTANTE

Una de las características principales de ProBooleans es que **reevalúa la topología** para eliminar los triángulos incorrectos, lo que permite crear mallas de mejor calidad con menos aristas pequeñas y triángulos superficiales.

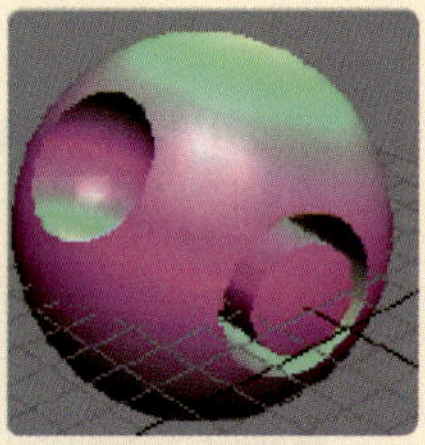

1

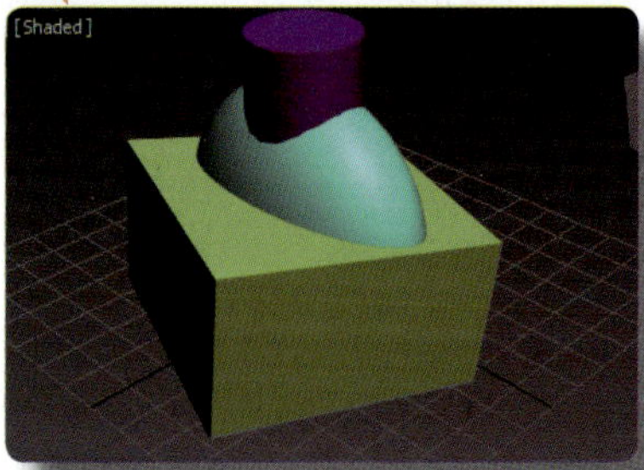

Cuando no hay objetos seleccionados en la escena, la mayoría de objetos de composición se muestran inactivos.

2

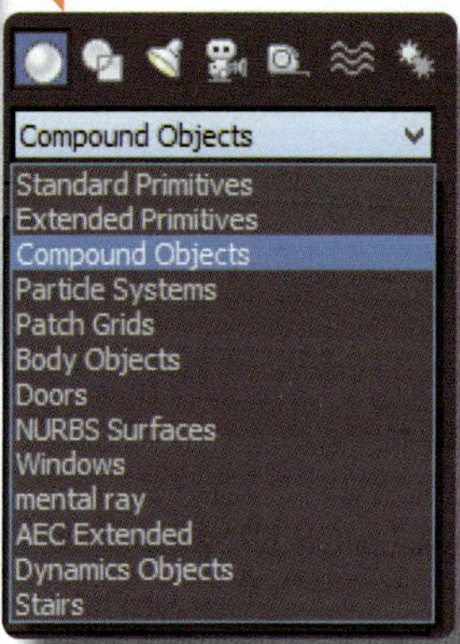

3

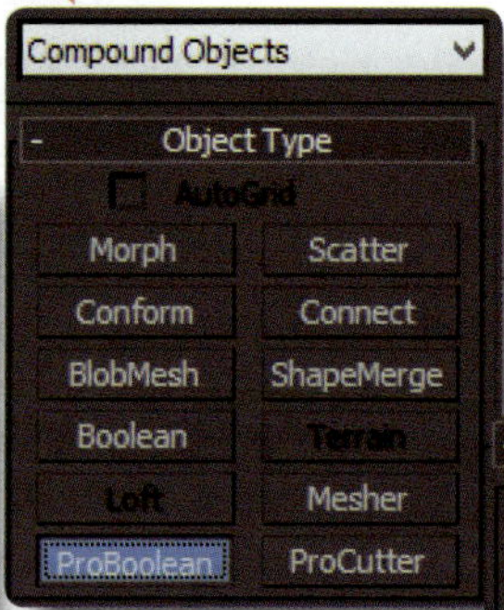

Recuerde que las operaciones booleanas básicas son **unión, intersección y sustracción**.

4

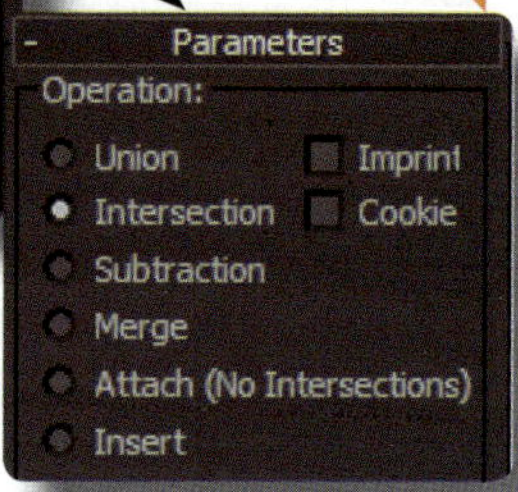

074

5. Nuestro objetivo es crear un objeto a partir de la intersección entre la caja y la esfera. Para ello, en el apartado **Pick Boolean**, pulse el botón **Start Picking**.
6. Ahora debemos designar el objeto con el cual se llevará a cabo la intersección. Pulse en este caso sobre la esfera.
7. El resultado es un nuevo objeto que representa el volumen que ocupaban a la vez la esfera y la caja. El nuevo objeto utiliza el color que asignó el programa por defecto a la caja en el momento en que fue creada. El botón **Start Picking** permanece activo, lo que significa que puede continuar seleccionando objetos y aplicándoles distintas operaciones booleanas. En la sección **Operations**, active la opción **Subtraction** y haga clic sobre el cilindro situado sobre la nueva esfera.
8. Imagine los mil y un objetos que puede crear con esta fantástica herramienta. Una vez aplicado, el objeto **ProBoolean** puede modificarse. Arrastre el **Command Panel** hasta que se vea la sección **Sub-object Operations**.
9. En esta sección se listan todas las operaciones booleanas realizadas junto al objeto modificado. Desde aquí, se puede cambiar estas operaciones, realizar copias o reordenar los objetos. Seleccione con un clic el elemento **2:Subtr - Cylinder01**.
10. Vamos a añadir de nuevo el cilindro a su posición original, combinándolo con la esfera. En el apartado **Parameters**, marque la operación **Merge** y haga clic sobre el botón **Change Operation** de la sección **Sub-Object Operation**.
11. Ha aparecido de nuevo el cilindro, al tiempo que los dos objetos se han fusionado en uno solo (vea las guías de selección que los rodean). Pulse con el botón derecho del ratón en un espacio vacío del visor **Perspective y** haga clic para eliminar la selección.

IMPORTANTE

En la categoría Mesh Editing se encuentra el **modificador Quadify**, que permite aplicar a cualquier objeto un suavizado cuadrilateral desde un objeto ProBoolean. Con este modificador puede limpiar los ángulos de los modelos y mejorar la subdivisión y el suavizado.

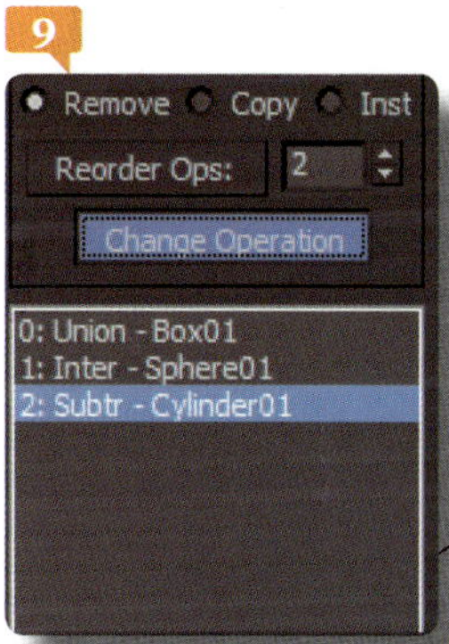

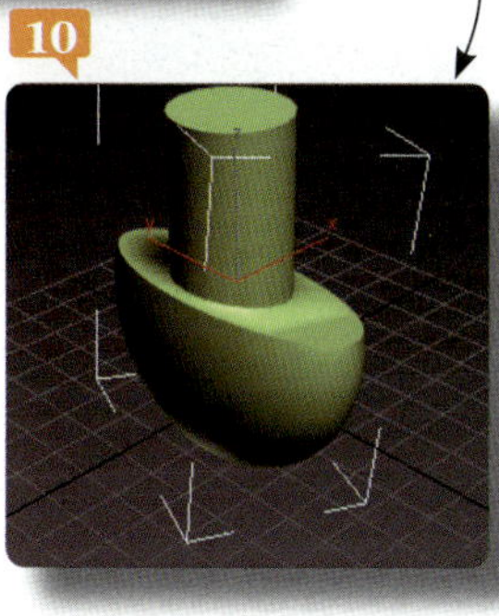

Los **cambios de posición** de los objetos con sus operaciones pueden alterar significativamente el resultado.

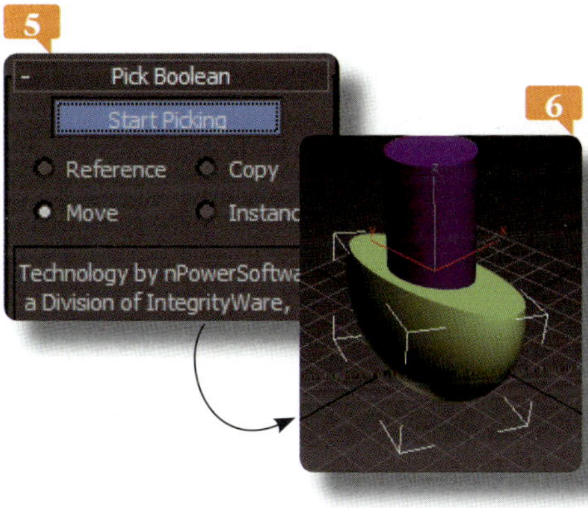

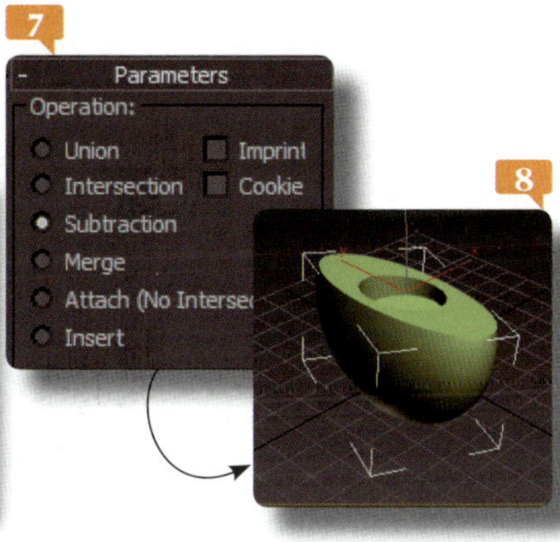

Extruir caras

IMPORTANTE

Vea la diferencia entre activar la opción **Extrude From Center** para la extrusión de un polígono de una malla poligonal editable (caja de la derecha) o no hacerlo (caja de la izquierda).

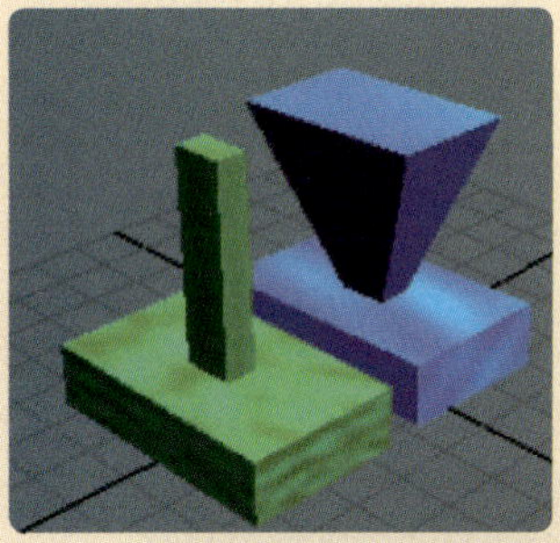

EL CONOCIMIENTO Y LA CORRECTA utilización de los múltiples modificadores que 3ds Max pone a disposición del usuario suponen un gran reto para cualquier persona que desee descubrir el alcance de este programa. En este ejercicio le mostraremos el efecto que produce el modificador Face Extrude, que permite extruir caras a lo largo de sus normales.

1. Para empezar, desplazaremos levemente el objeto creado en el ejercicio anterior, puesto que nos interesa visualizar la parte superior del cilindro. Para ello, active la herramienta **Select and Move**, pulse sobre la figura de la escena y, sin soltar el botón del ratón, arrástrela hacia abajo. 1
2. A continuación, convertiremos la figura en una malla poligonal editable. ¿Recuerda el proceso? Es muy sencillo. Active la herramienta **Select Object.** 2
3. Ahora haga clic con el botón derecho del ratón sobre la figura, pulse sobre la opción **Convert to** del menú cuad **Transform** y seleccione **Convert to Editable Poly.** 3
4. Aplicaremos el modificador **Face extrude** a la parte superior del cilindro. Este modificador extrude la cara seleccionada en

1

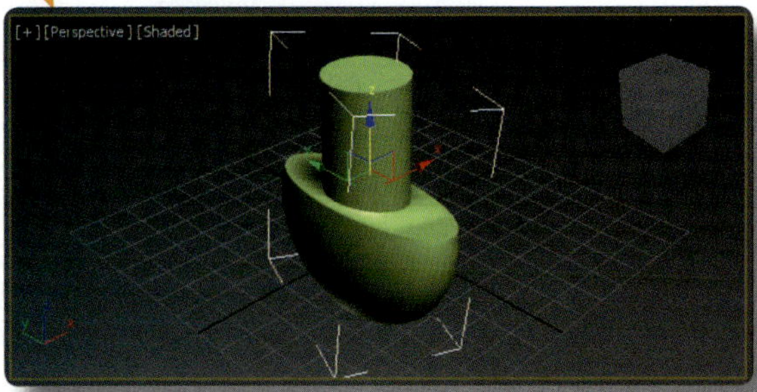

2

3

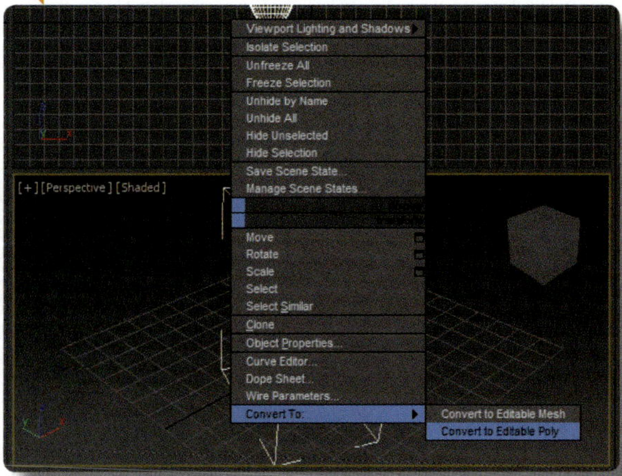

la misma dirección que sus normales. Para ello, debemos activar el modo de selección de polígonos y seleccionar el que nos interesa. En la persiana **Selection** haga clic sobre el cuarto icono, correspondiente al subobjeto **Polygon**. 4

5. Observe que, a la vez que se resalta en color amarillo el término **Editable Poly** en el **Catálogo de subobjetos**, aparece a su derecha un pequeño cuadrado para indicar que el modo de selección activado es el correspondiente al subobjeto **Polígono**. Haga clic, por ejemplo, sobre la tapa del cilindro para seleccionarla. 5
6. A continuación, localizaremos el modificador en el menú **Modifiers**. Haga clic en dicho menú, pulse sobre la opción **Mesh Editing** y haga clic sobre el modificador **Face Extrude**. 6
7. El parámetro **Amount** determina el alcance de la extrusión, mientras que el parámetro **Scale** escala la cara seleccionada de forma independiente respecto a su centro. En el panel de parámetros, haga doble clic en el campo **Amount**, inserte el valor **6** y pulse la tecla **Tabulador**.
8. Ahora en el campo **Scale**, escriba el valor **40** 7 y pulse **Retorno** para comprobar el resultado sobre el objeto. 8
9. Para acabar este sencillo ejercicio, deseleccione la figura y guarde los cambios pulsando el icono **Save File** de la **Barra de herramientas de acceso rápido**.

075

IMPORTANTE

Mediante el uso de varios modificadores de extrusión y cambiando en cada ocasión la escala, se puede lograr un efecto de bisel.

4

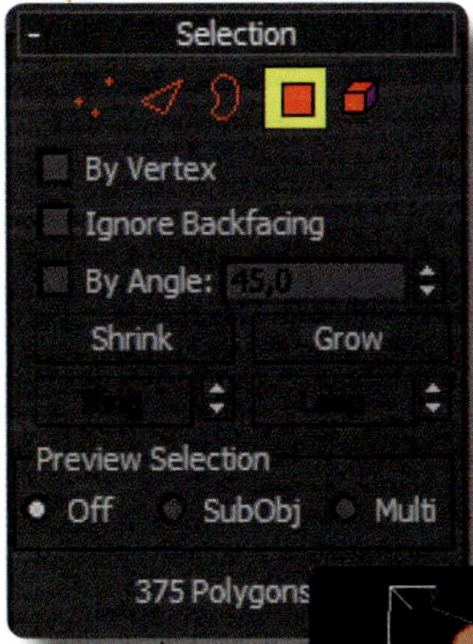

5

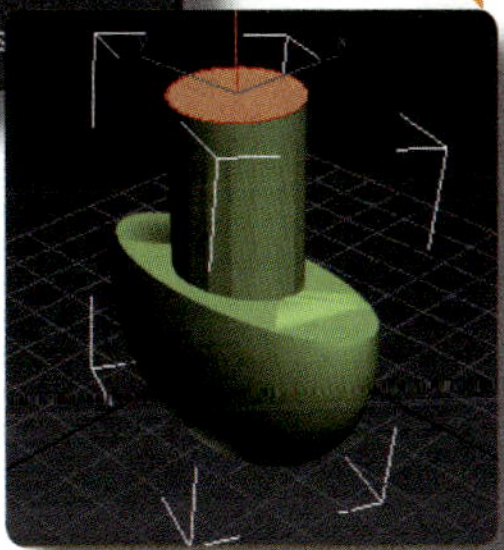

6

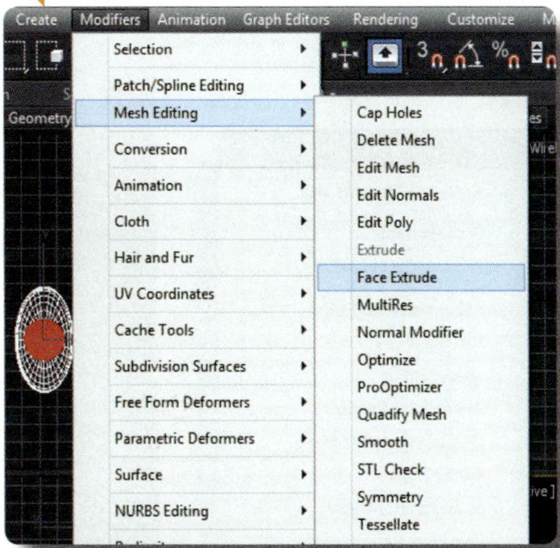

Recuerde que puede aplicar los modificadores tanto desde el panel de comandos como desde el menú **Modifiers**.

7

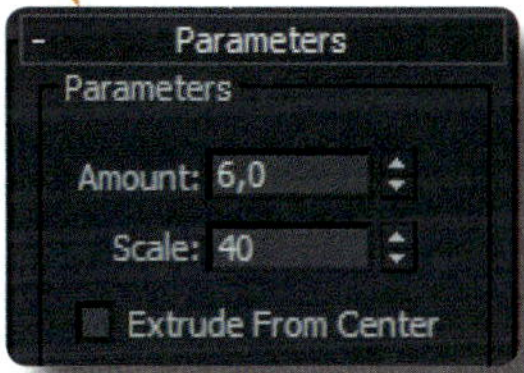

La opción **Extrude From Center** hace que la extrusión se produzca desde el centro hacia el exterior del objeto.

8

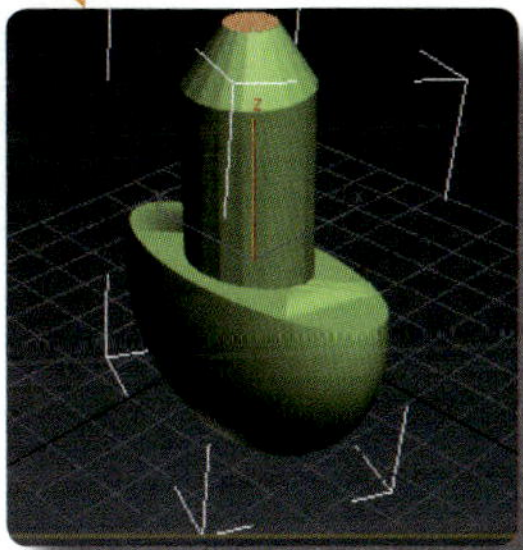

Reflejar objetos

IMPORTANTE

El **modificador Symmetry** se utiliza especialmente para el modelado de personajes y de objetos como barcos, aviones, etc. En la imagen puede ver una tetera a la que se ha aplicado el modificador en cuestión en su eje Z.

EN ESTA LECCIÓN LE MOSTRAREMOS el efecto que produce el modificador Symmetry sobre una caja convertida en malla poligonal editable. Este modificador, como si de un espejo se tratase, hace que se refleje el objeto utilizando el eje que se especifique.

1. Seguimos trabajando con el archivo de ejemplo **074.max**. Aplicaremos otro modificador del conjunto **Mesh Editing** sobre la figura de la escena. Para empezar, selecciónela. [1]
2. Esta vez acudiremos a la lista de modificadores. Para que el conjunto que nos interesa aparezca en primer lugar en la lista, pulse sobre el icono **Configure Modifier Sets**, el último de los que aparecen bajo el **Catálogo de subobjetos** y, en el menú que aparece, active la opción **Mesh Editing**. [2]
3. Haga clic en el botón de punta de flecha del campo **Modifier List** y, en la lista que aparece, pulse sobre el modificador **Symmetry**. [3]
4. El modificador **Symmetry** actúa como un espejo ya que genera un reflejo del objeto en el eje que se seleccione. [4] Haga clic en el signo + que aparece a la izquierda del modificador **Symmetry** en el **Catálogo de subobjetos**.

1

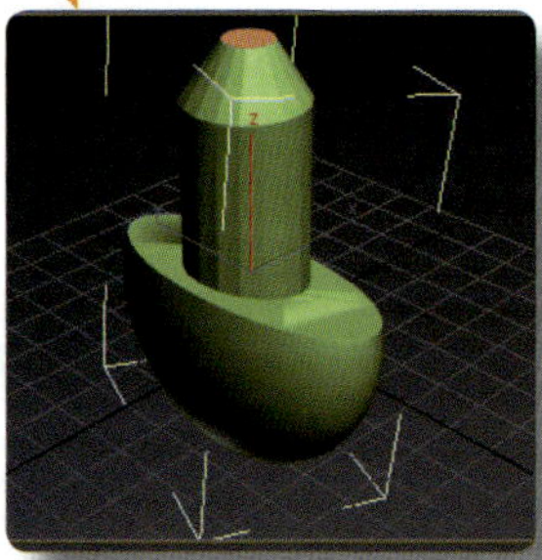

2

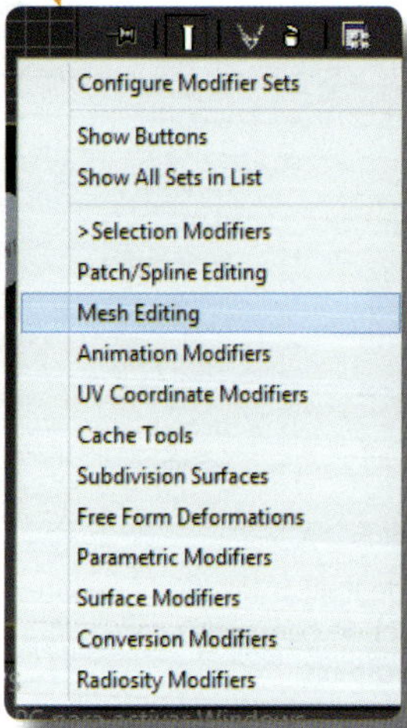

3

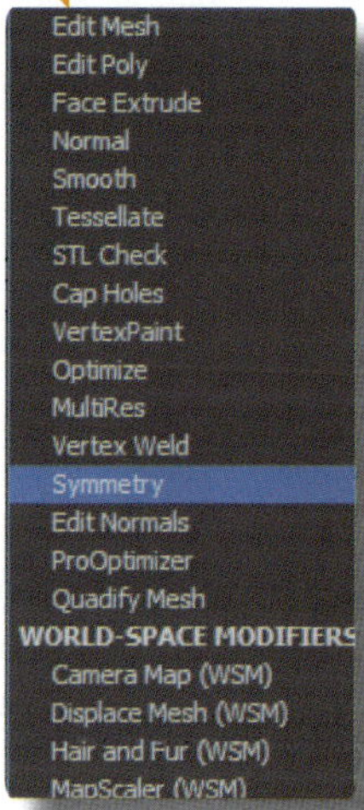

4

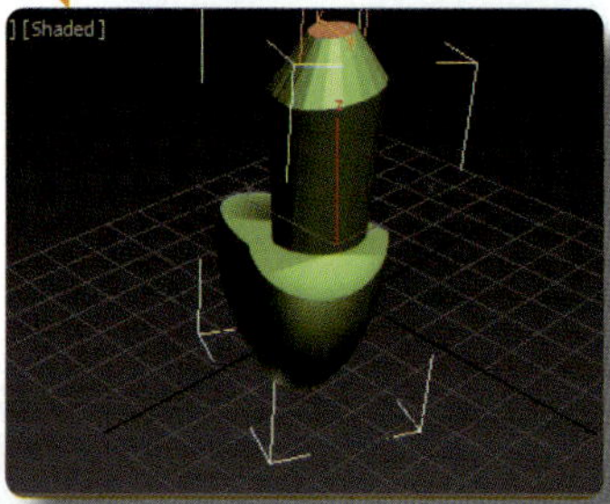

El eje seleccionado por defecto al aplicar el modificador **Symmetry** es el X.

076

5. Como puede ver, en este modificador se sustituye el gizmo por un plano denominado **Mirror**. Pulse sobre este subobjeto para seleccionarlo. [5]
6. En este caso, el plano de simetría se sitúa en la punta superior del cilindro, elemento que se encontraba seleccionado. Vamos a desplazarlo para conseguir así un claro reflejo de nuestra figura. Haga clic con el botón derecho del ratón sobre la herramienta **Select and Move** para abrir el cuadro de diálogo **Move Transform Type-In**.
7. En este cuadro, haga doble clic en el campo **X** del apartado **Absolute:World**, inserte el valor **-90** y pulse **Retorno**. [6]
8. En el campo **Y**, escriba el valor **-40** y en el campo **Z**, el valor **80** y cierre el cuadro de diálogo pulsando el botón de aspa de su **Barra de título**.
9. Ahora cambiaremos el eje de simetría. Para ello, en el apartado **Mirror Axis**, pulse el botón de opción **Y** y compruebe el cambio sobre la figura. [7]
10. Por último, veamos qué ocurre si aumentamos el valor del umbral de la unión de soldadura. Haga doble clic en el campo **Threshold**, inserte el valor **8** [8] y pulse **Retorno**.
11. Compruebe el efecto conseguido. Pulse sobre el modificador **Symmetry** en el **Catálogo de subobjetos** y haga clic en cualquier zona libre del visor **Perspective** para deseleccionar la figura.

IMPORTANTE

La opción **Slice Along Mirror** permite que el gizmo de simetría actúe como un plano de corte cuando se encuentra en el interior de los límites de una malla. Si el gizmo está fuera de estos límites, el reflejo es tratado como parte de la malla de origen. Con la opción desactivada, el reflejo simétrico es tratado como un elemento independiente de la malla de origen.

5

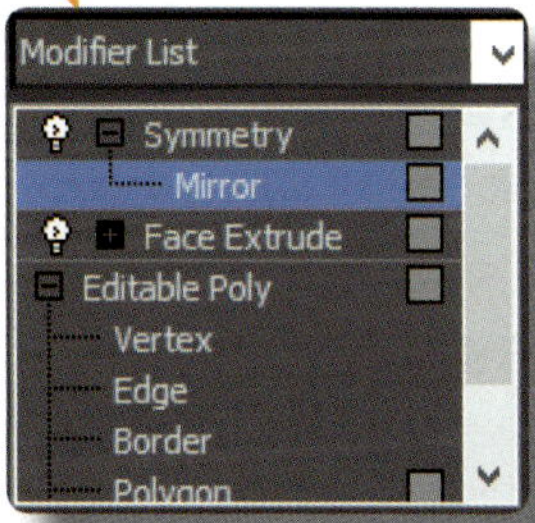

8

6

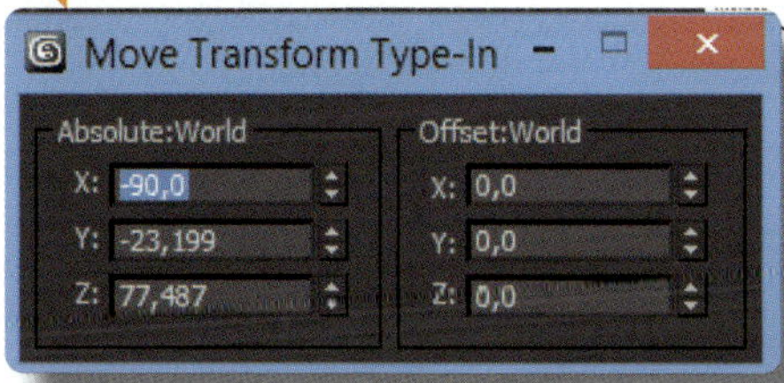

7

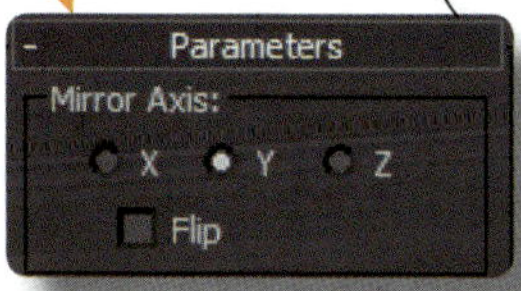

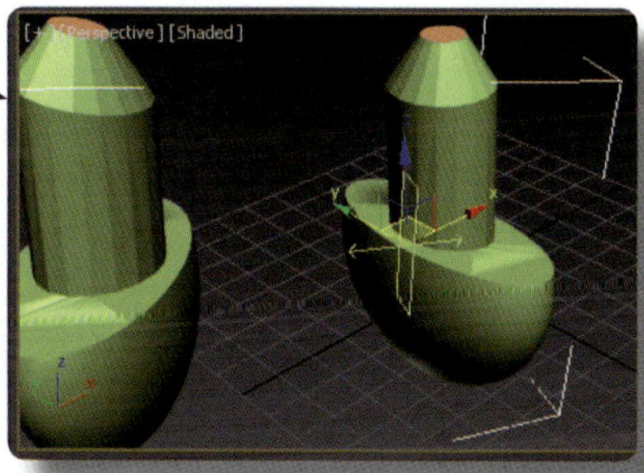

Crear enrejados con el modificador Lattice

EL DEFORMADOR PARAMÉTRICO Lattice cambia el objeto seleccionado por una celosía, sustituyendo las aristas por riostras y los vértices por articulaciones. Ambos componentes de la celosía pueden editarse utilizando los parámetros del panel Parameters.

1. En esta lección aplicaremos un efecto de celosía a una de las pirámides de la escena **036.max**, con la que practicamos la acción de clonación de objetos. (Si no dispone de este archivo modificado, puede descargar el original desde nuestra página web.) Seleccione la figura situada en el vértice más alejado del plano, haga clic con el botón derecho del ratón sobre el término **Pyramid**, en el **Catálogo de subobjetos**, y elija la opción **Editable Poly**. [1]
2. A continuación, desplazaremos la pirámide. Haga clic sobre la herramienta **Select and Move** con el botón derecho del ratón para abrir el cuadro **Move Transform Type-In**.
3. En este cuadro, inserte en el campo **X** el valor **7** y en el campo **Y**, el valor **-5** [2] y cierre el cuadro **Move Transform Type-In** pulsando el botón de aspa de su **Barra de título**.
4. Aplicaremos el modificador **Lattice** a la base de la pirámide. En el apartado **Selection** del **Command Panel**, haga clic sobre el segundo icono, correspondiente al subobjeto **Edge**. [3]
5. En el visor **Top**, haga clic sobre una de las aristas externas de la base de la pirámide y, manteniendo pulsada la tecla **Control**, pulse sobre las otras tres. [4]

IMPORTANTE

Se pueden conseguir múltiples efectos aplicando diferentes valores a los parámetros del **modificador paramétrico Lattice**. En la imagen, sobre una caja debidamente segmentada y convertida en malla editable se ha aplicado el modificador con sus distintas variantes.

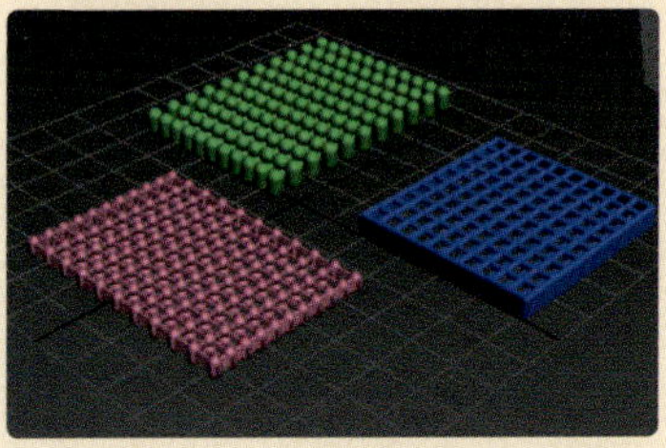

1

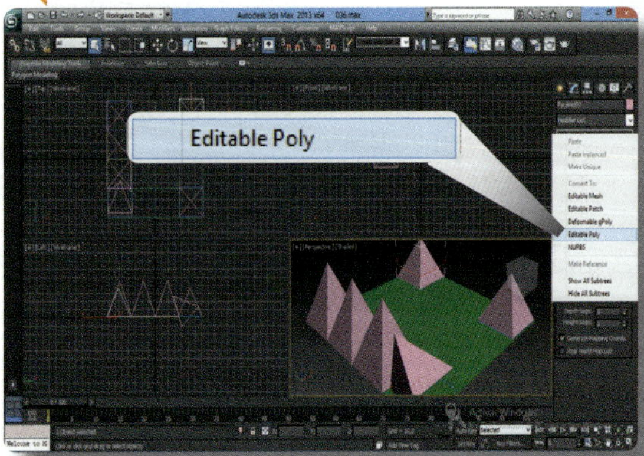

2

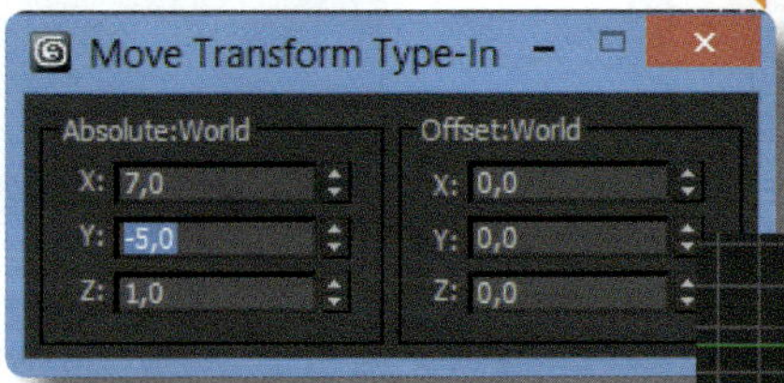

3

4

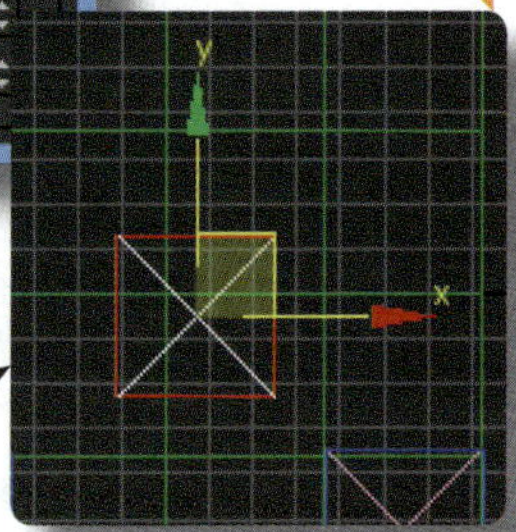

077

6. Seguidamente, pulse el botón de flecha del campo **Modifier List** y localice y seleccione, en la sección **Object-Space Modifiers**, el modificador **Lattice**. [5]

7. El efecto **Lattice** cambia la forma original del objeto por una celosía, sustituyendo las aristas por riostras y los vértices por articulaciones. Por defecto, la celosía se aplica sobre toda la geometría del objeto. [6] En este caso, como sólo queremos aplicar el efecto sobre la base de la pirámide, desactive la opción **Apply to Entire Object** del apartado **Geometry**. [7]

8. En el apartado **Struts** podemos modificar el radio de las riostras, su número de segmentos, su número de lados y el valor del material ID. Para aumentar el radio, inserte en este caso el valor **5** en el campo **Radius**, y para redondear las riostras, inserte el valor **8** en el campo **Sides**. [8]

9. Pasaremos a visualizar los parámetros que se incluyen en el apartado **Joints**. Haga clic junto a dicho apartado y, sin soltar el botón del ratón, arrastre hacia arriba todo lo que pueda.

10. En el apartado **Joints**, podemos elegir el tipo de base geodésica; la opción **Tetra** utiliza un tetraedro como base, la opción **Octa**, un octaedro y la opción **Icosa**, un icosaedro. Active la opción **Tetra** [9] y observe el cambio.

11. También en este caso puede cambiar si lo desea el radio, el número de segmentos y el valor del material ID de las articulaciones, así como suavizar su aspecto. Haga doble clic en el campo **Radius** del apartado **Joints**, inserte el valor **10 y** pulse **Retorno**. [10]

IMPORTANTE

Las opciones **Ignore Hidden Edges, End Caps** y **Smooth** del apartado **Struts** permiten omitir las aristas ocultas, añadir tapas finales y suavizar las riostras de la celosía.

10

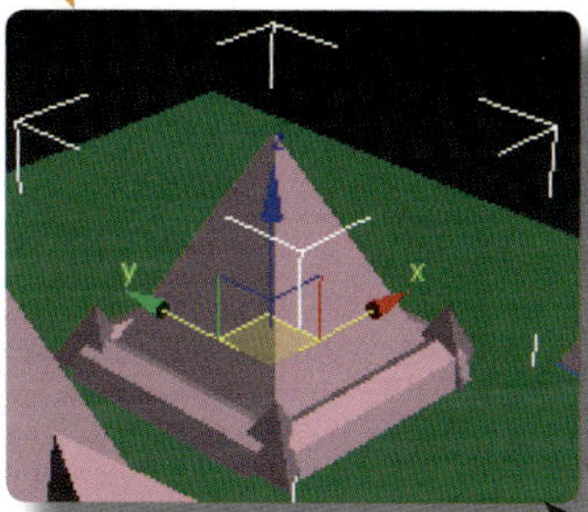

9

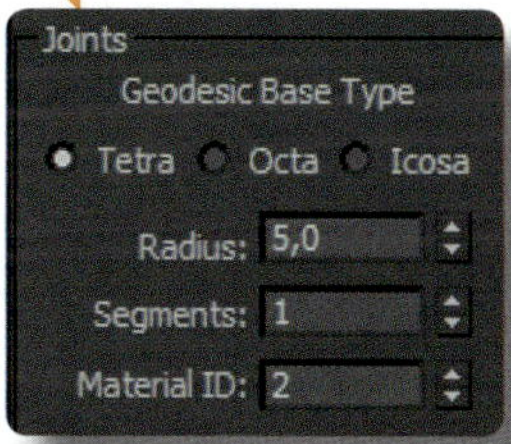

5

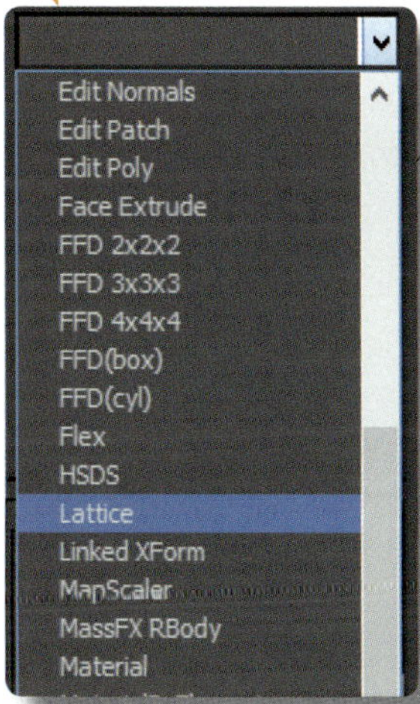

6

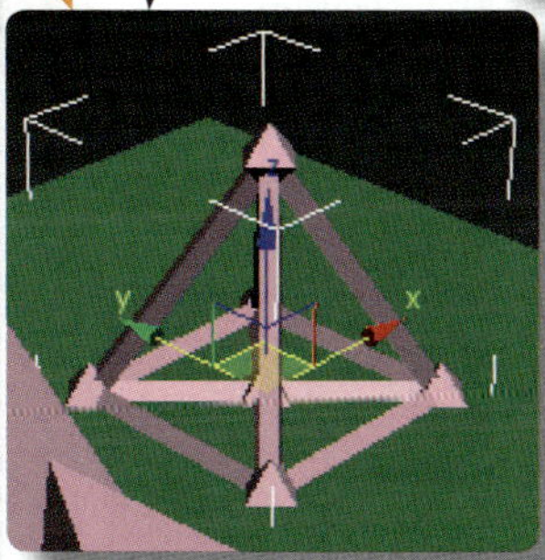

7

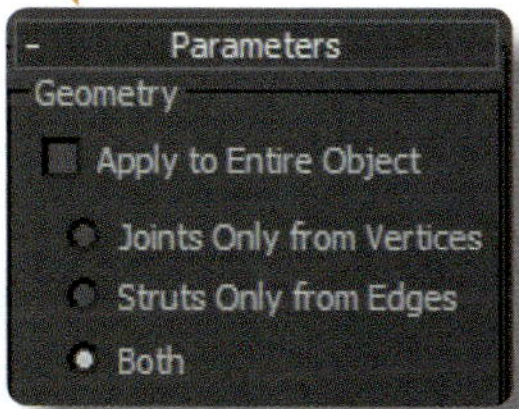

8

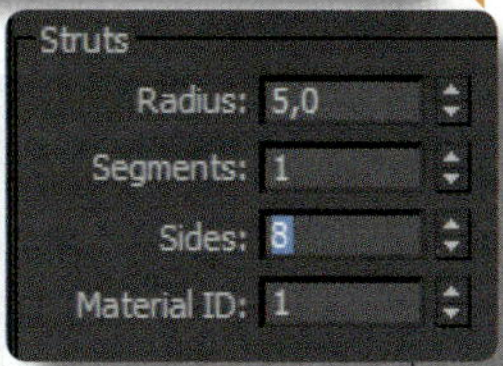

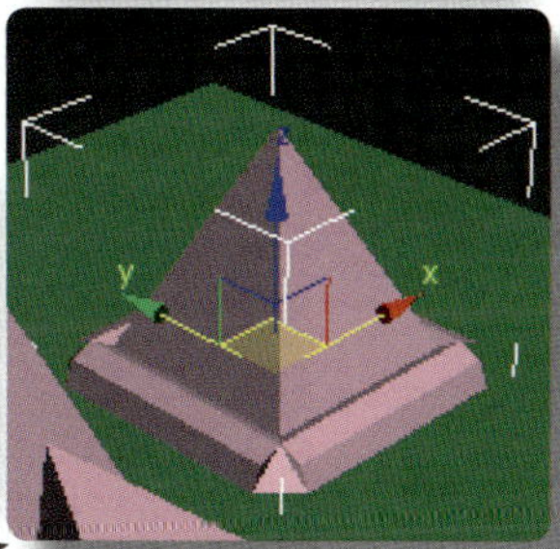

En el apartado **Geometry** puede indicar si desea que aparezcan sólo las articulaciones, sólo las riostras o ambos elementos.

Afilar objetos

EL MODIFICADOR TAPER realiza una operación de deformación afilada y escalada, mayor en un extremo y menor en el extremo opuesto. Como ocurre con el resto de modificadores, puede controlarse el efecto de afilado a través de los parámetros del panel Parameters; así, es posible indicar la cantidad y la curva del afilado y el eje del mismo y limitar el efecto.

1. En este ejercicio recuperaremos una escena creada en un ejercicio anterior a la que renombramos **clones.max**. (Si no dispone de este archivo, puede descargarlo desde nuestra página web.) Aplicaremos el modificador **Taper** a uno de los cilindros. Sin embargo, antes eliminaremos tres de las figuras obtenidas por clonación. Para ello, haga clic sobre el cilindro de color azul y, pulsando la tecla **Control**, haga clic sobre los dos siguientes; [1] pulse la tecla **Suprimir** para eliminarlos de la escena.
2. Pulse sobre la herramienta **Select Object** de la **Main Toolbar** y haga clic sobre el cilindro situado en primer plano en el visor **Perspective**. [2]
3. El modificador **Taper** pertenece también al conjunto de deformadores paramétricos. Haga clic en el menú **Modifiers**, pulse sobre el conjunto **Parametric Deformers** y elija el modificador **Taper**. [3]

IMPORTANTE

El modificador Taper dispone de **gizmo** y de **centro**. Transforme con las herramientas Select and Move y Select and Rotate estos componentes seleccionándolos en el Catálogo de subobjetos y vea las diferentes formas que se pueden obtener.

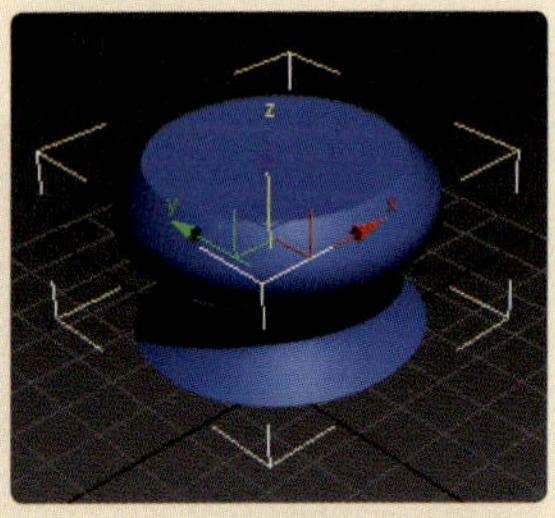

1

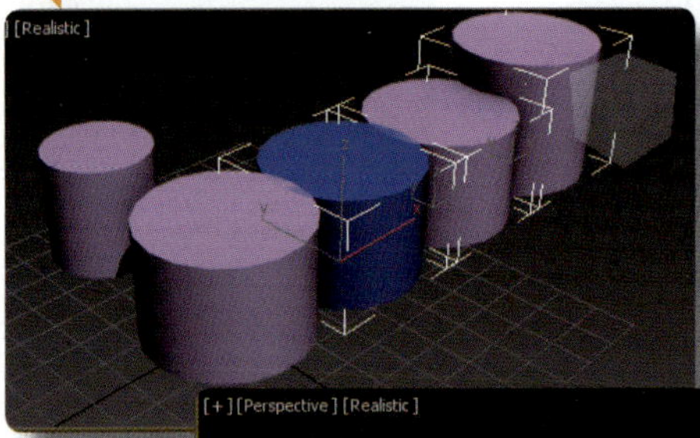

2

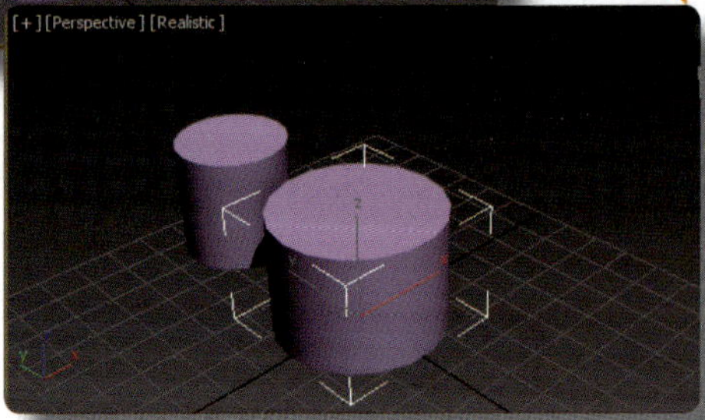

3

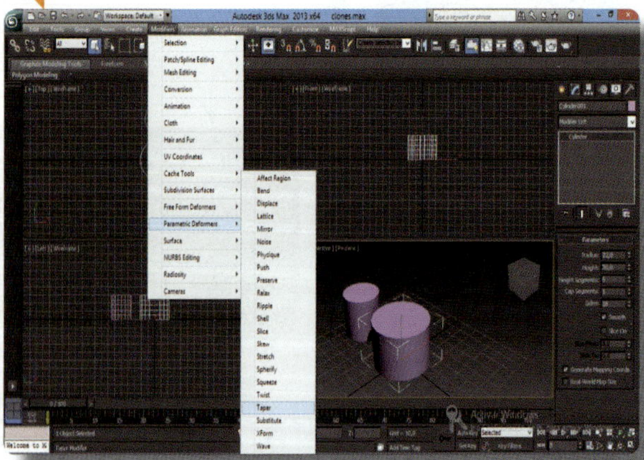

078

4. Como siempre, el panel **Parameters** pasa a mostrar los atributos propios de este modificador, en este caso el valor de extensión en que se escalan los extremos, la curva del afilado, el eje del mismo y los límites. El efecto de afilado es similar al de estirado que hemos visto en una lección anterior: se produce una deformación afilada y escalada que es mayor en un extremo y menor en el opuesto. Haga doble clic en el campo **Amount**, inserte el valor **0,5** y pulse la tecla **Tabulador**. [4]
5. En el campo **Curve** se especifica el valor de curvatura del gizmo del modificador; si este valor es positivo el curvado se produce hacia fuera y si es negativo, hacia dentro. Inserte el valor **3** en dicho campo y pulse la tecla **Retorno**. [5]
6. Como puede comprobar en la imagen, el aspecto del cilindro ha cambiado considerablemente. En el apartado **Taper Axis** se nos permite elegir el eje central del afilado, el eje o par de ejes de la dirección del efecto en relación al eje principal y la simetría. Active la opción **X** del parámetro **Effect** pulsando en su casilla de verificación y vea el efecto conseguido. [6]
7. Para acabar el ejercicio, pulse en cualquier zona libre del visor **Perspective** para deseleccionar la figura [7] y guarde los cambios usando el icono **Save File** de la **Barra de herramientas de acceso rápido**. [8]

Juegue con las diferentes opciones del apartado **Taper Axis** y vea los resultados que se pueden obtener.

4

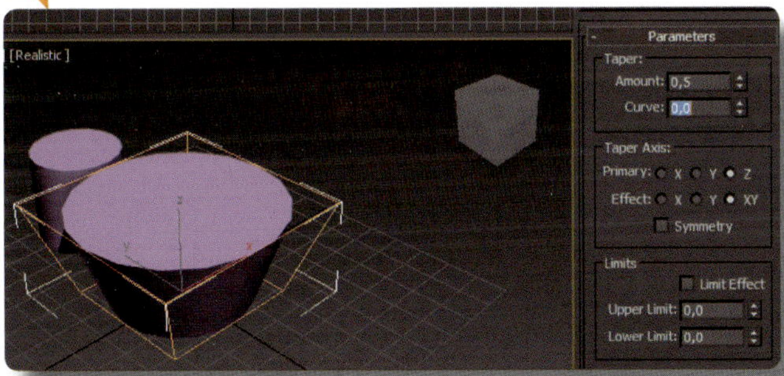

6

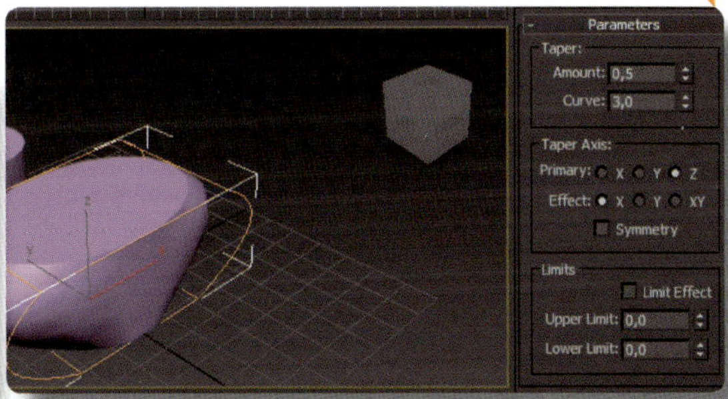

5

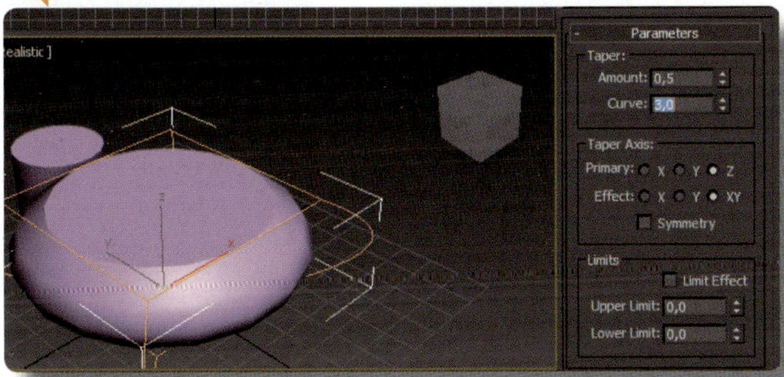

7

8

Tapar agujeros

IMPORTANTE

El modificador **Cap Holes** suele aplicarse especialmente sobre **objetos importados,** ya que durante el proceso de importación pueden producirse pérdidas de caras de esos objetos.

EL MODIFICADOR CAP HOLES se incluye en el grupo Mesh Editing y se utiliza, como su nombre indica, para detectar y tapar automáticamente los espacios vacíos que puedan tener los objetos. Un agujero se define como un bucle de aristas, cada una de las cuales cuenta con una sola cara.

1. Continuamos trabajando en este ejercicio con la escena **clones.max**, sobre la cual modificamos uno de los cilindros con el modificador **Taper**. En esta ocasión, lo que haremos será eliminar la cara superior del cilindro para, a continuación, mostrarle cómo volver a tapar el hueco generado. Empecemos. Con el comando **Select Object** activo, pulse sobre la figura modificada para seleccionarla. [1]
2. Para eliminar la cara superior, debemos convertirla previamente en una malla editable. Para ello, haga clic con el botón derecho sobre la misma figura, pulse en el comando **Convert To** del menú cuad y haga clic sobre la opción **Convert To Editable Poly**. [2]
3. El siguiente paso consiste en, tal y como hemos indicado, eliminar la parte superior de la figura. Para ello, en la persiana **Selection**, pulse sobre el cuarto icono, correspondiente a la opción **Polygon** [3] y haga clic sobre la tapa del cilindro. [4]

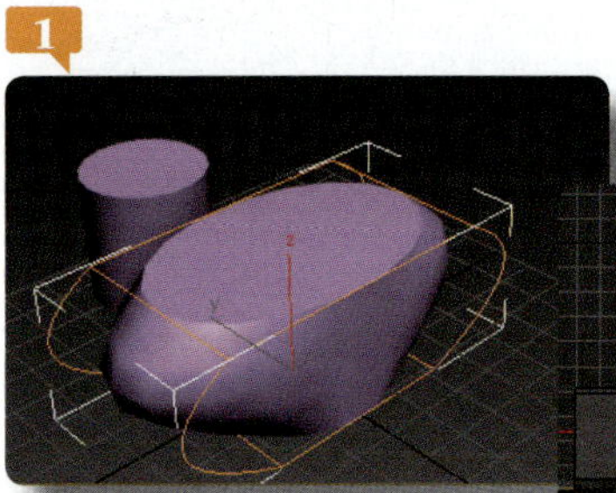

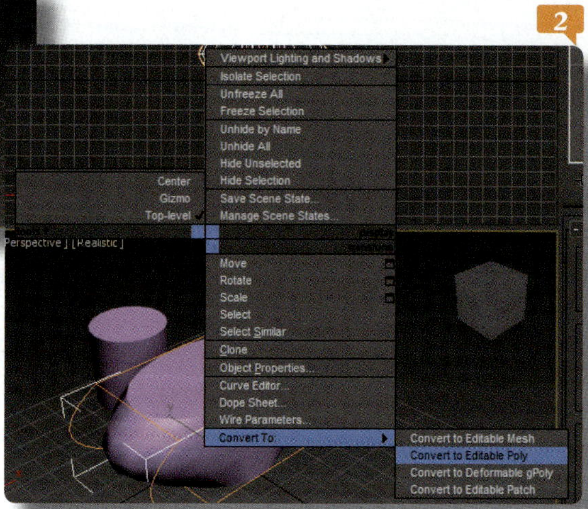

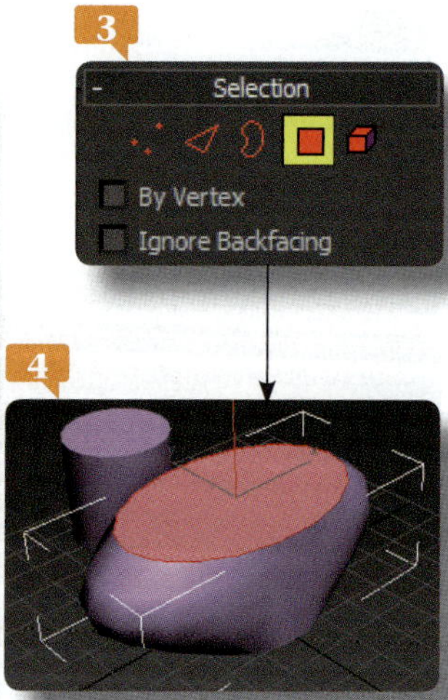

079

4. Para eliminar la tapa seleccionada, pulse la tecla **Suprimir**. [5]
5. A continuación, debemos seleccionar el borde del polígono que hemos eliminado y aplicarle el modificador. El modificador **Cap Holes** detecta y elimina espacios vacíos y crea una nueva cara que cubre las aristas abiertas. Pulse sobre el tercer icono del apartado **Selection** para activar el modo de selección **Border**. [6]
6. Haga clic sobre la arista del polígono que hemos suprimido para seleccionar todo el borde. [7]
7. Si el color del objeto no le deja comprobar la correcta selección que hemos realizado, mire el visor **Top** y verá cómo, efectivamente, el borde queda resaltado de color rojo. [8] Pulse sobre el botón de flecha del campo **Modifier List** y seleccione el modificador **Cap Holes**, en el apartado **Object-Space Modifiers**. [9]
8. Automáticamente, el programa tapa el agujero con una nueva cara. En el apartado **Parameters** puede establecer la forma en que se añade la nueva tapa. Por defecto, la opción activada es **Smooth New Faces**. Active también la opción **Smooth With Old Faces** para que el mismo grupo de suavizado que tienen las caras contiguas se aplique a la nueva cara. [10]
9. Por otro lado, la opción **Triangulate Cap** hace que todos los bordes sean visibles en las caras nuevas. Termine este ejercicio pulsando en una zona libre del visor **Perspective** para deseleccionar el objeto. [11]

IMPORTANTE

La eficacia del modificador Cap Holes es mucho más palpable en **caras planas** que en cualquier otro tipo de caras.

5

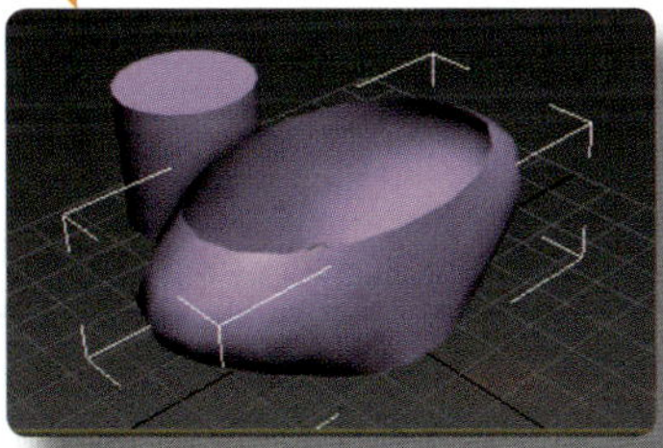

6

7

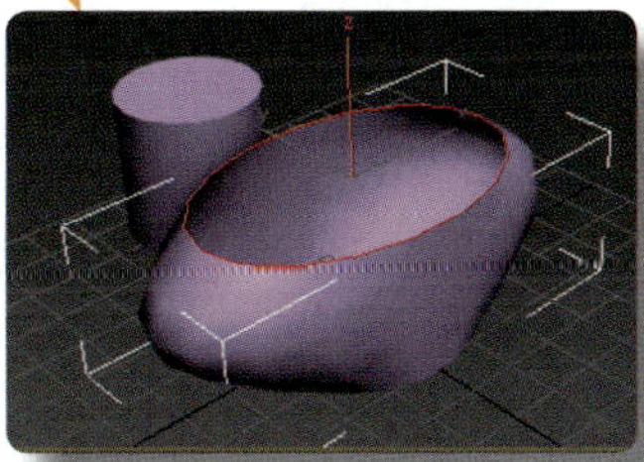

8

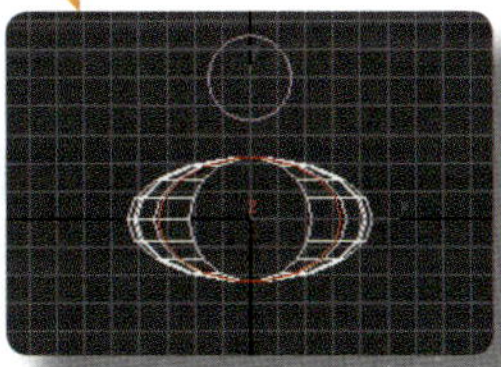

9

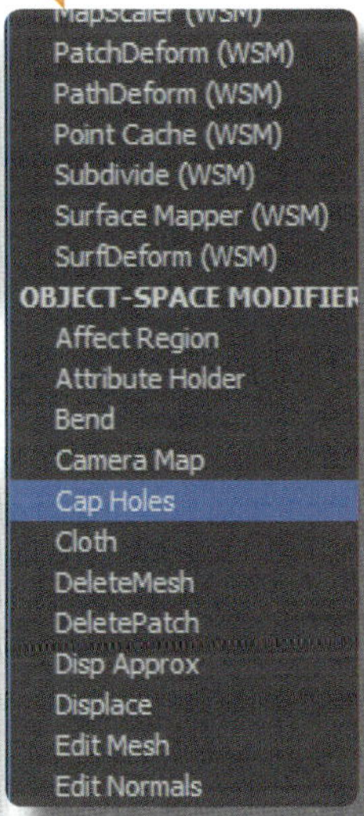

10

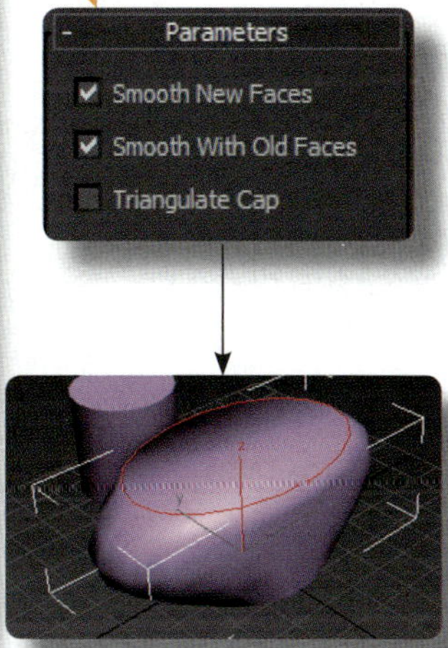

11

Empujar objetos

EL MODIFICADOR PUSH se utiliza para inflacionar el objeto seleccionado. Esta inflación puede ser positiva o negativa según el número que se inserte en el campo Push Value, único parámetro de este efecto.

1. Continuamos trabajando en este ejercicio con la escena manipulada en las lecciones anteriores y compuesta por dos cilindros, uno de los cuales ha sido completamente transformado. Sobre esta figura, precisamente, será sobre la que realizaremos la presente práctica. En este caso, queremos mostrarle el efecto que el sencillo modificador paramétrico **Push** ejerce sobre un borde seleccionado. Empecemos. Seleccione la figura en cuestión con el comando **Select Object** y pulse sobre el elemento **Editable Poly** en el **Catálogo de subobjetos.** [1]
2. Al haber trabajado en el ejercicio anterior sobre uno de los bordes de la figura, este modo de selección ya se encuentra activo en la persiana **Selection** del panel **Modify**, así como el borde en cuestión. [2] De no ser así, en el visor **Perspective**, pulse sobre el borde al que le hemos aplicado en el ejercicio anterior el modificador **Cap Holes** para seleccionarlo.
3. Despliegue el menú **Modifiers**, pulse sobre la opción **Parametric Deformers** y elija el modificador **Push.** [3]

IMPORTANTE

Recuerde que ahora también puede encontrar las herramientas de selección de subobjetos en la cinta **Graphite Modeling Tools**.

1

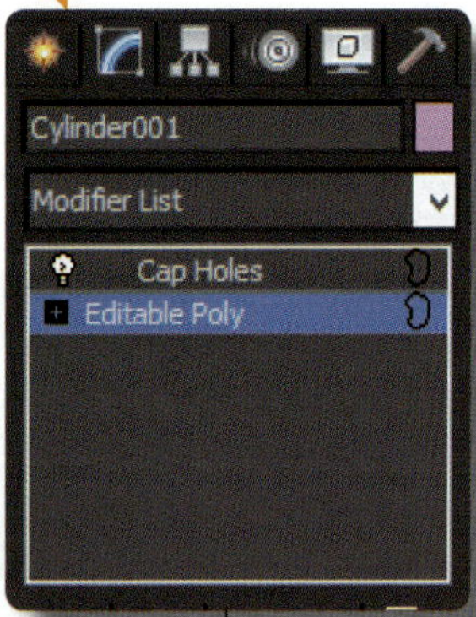

2

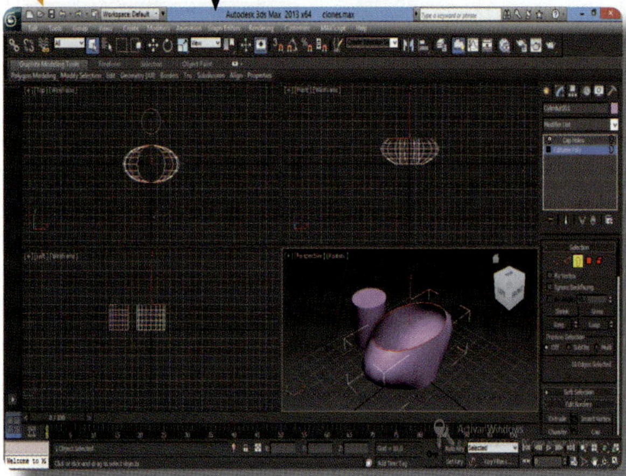

3

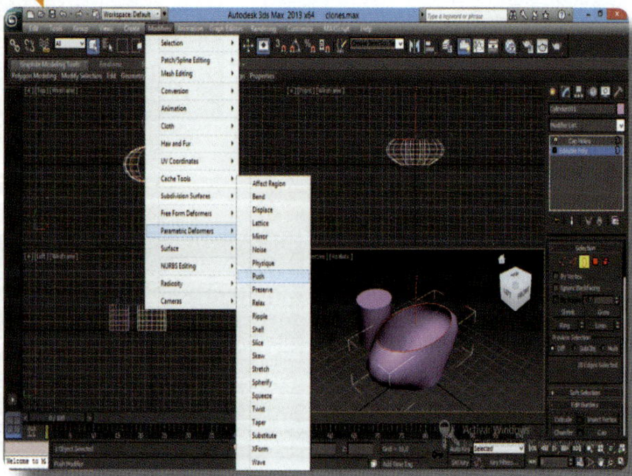

080

4. Como ve, este deformador sólo tiene un parámetro, **Push Value**, que corresponde a la distancia que se desplazará respecto al centro del objeto. En este modificador, los valores positivos hinchan el objeto mientras que los negativos lo hunden. Vamos a comprobarlo. Haga doble clic en el campo **Push Value**, inserte el valor **-20** y pulse **Retorno**. [4]
5. Observe el resultado: la tapa seleccionada se hunde hacia el interior del cilindro. [5] Cambiemos el valor de empuje por uno positivo. Haga doble clic en el campo **Push Value**, escriba el valor **20** y pulse **Retorno**.
6. En efecto, como puede comprobar, el borde seleccionado se aleja del centro. [6] Deseleccione el objeto pulsando en cualquier zona libre del visor **Perspective**.
7. Antes de terminar, cambiaremos el punto de vista del objeto para comprobar su aspecto con mayor facilidad. Para ello, haga clic primero en la cara **Front** del cubo de vistas [7] y compruebe cómo gira el plano.
8. Así podemos ver el objeto de frente. [8] Seguidamente, haga clic en la punta de flecha de la derecha para visualizarlo desde esta perspectiva. [9]
9. Para acabar, guarde la escena pulsando la combinación de teclas **Ctrl. + S**.

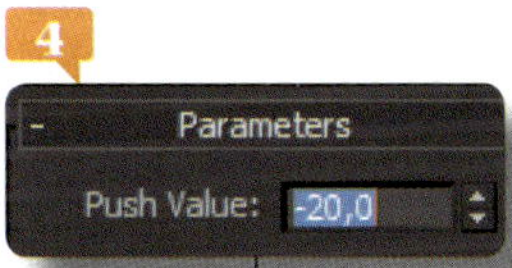

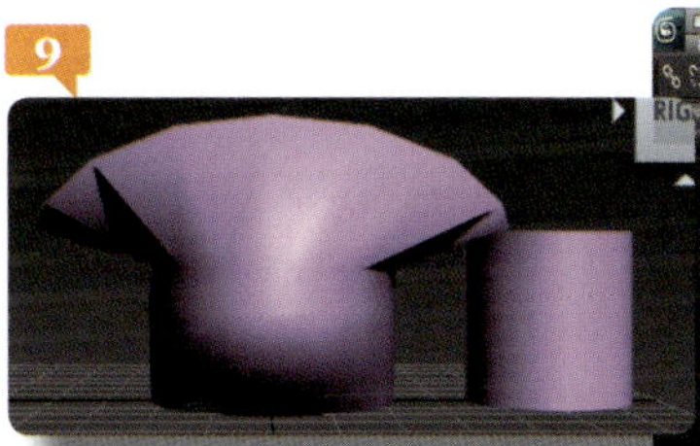

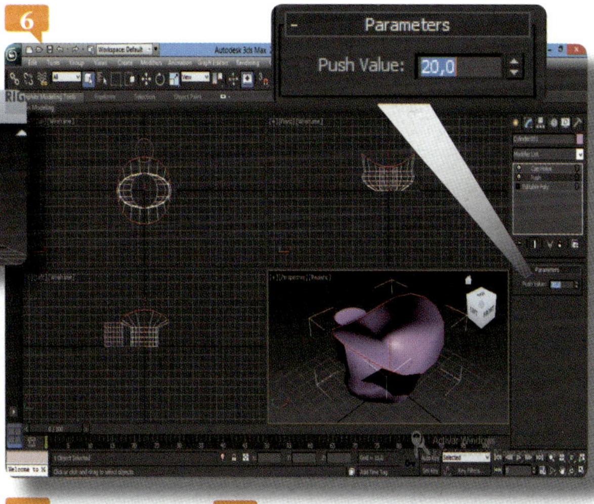

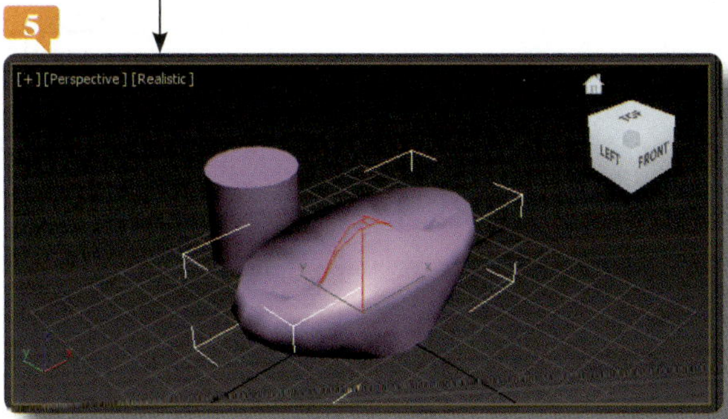

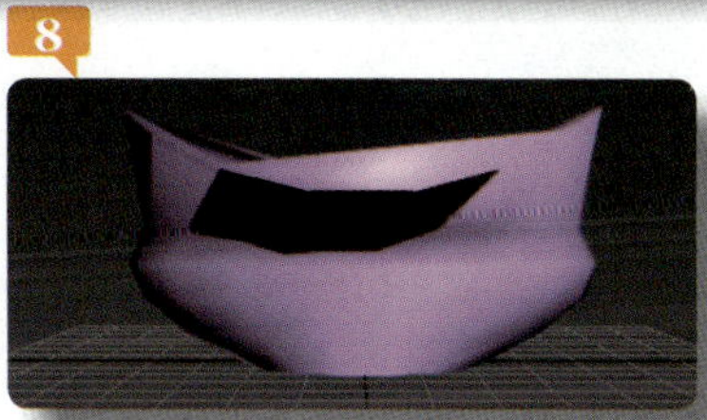

Definir recorridos

INCLUIDO EN EL GRUPO ANIMATION, encontramos el modificador Path Deform, que se utiliza principalmente para la construcción de objetos que se deforman siguiendo un recorrido determinado por una forma spline o una curva NURBS.

1. Llevaremos a cabo este ejercicio sobre el archivo **clones.max**. Vamos a aplicar al cilindro que todavía no hemos manipulado el modificador **Path Deform (WSM)**. Pero antes de hacerlo, cambiaremos, además de la visualización en el visor **Perspective**, su inclinación y sus dimensiones. Empecemos. Haga clic sobre el vértice superior izquierdo de la cara LEFT. [1]
2. Ahora seleccione el cilindro en cuestión, acceda al cuadro **Rotate Transform Type-In** e inserte en él el valor **-90** en el campo **Y**. [2] Después, acceda del mismo modo al cuadro **Scale Transform Type-In** e inserte el valor **200** en el campo **Z**.
3. Ya tenemos la figura preparada para su manipulación. Antes de aplicar el modificador **Path Deform (WSM)** debemos trazar el recorrido que éste deberá seguir. Haga clic en la pestaña **Create** del **Command Panel**, pulse sobre la categoría **Shapes**, el segundo de los iconos, y seleccione el tipo de objeto **Arc**. [3]
4. En esta ocasión, y para agilizar el proceso de creación, utilizaremos la técnica de arrastre para trazar el arco. Para ello, haga clic en un punto del borde inferior derecho del plano y, sin soltar el botón del ratón, arrastre hacia la derecha unas siete u

IMPORTANTE

El último apartado del panel de parámetros del modificador Path Deform permite elegir también el eje de deformación del recorrido y **voltear el objeto** en el caso de que éste se sitúe en el lado contrario.

1

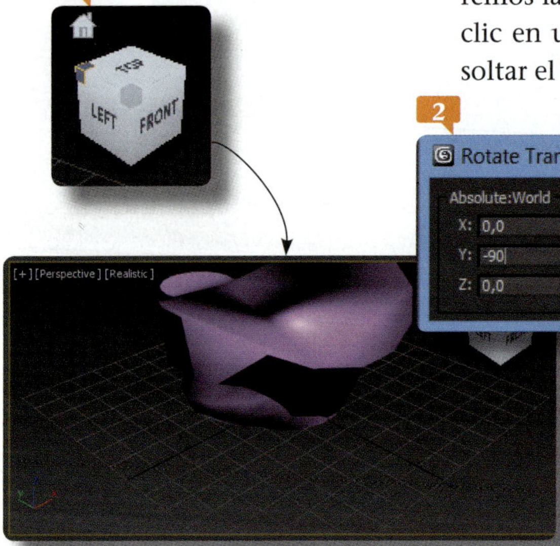

2

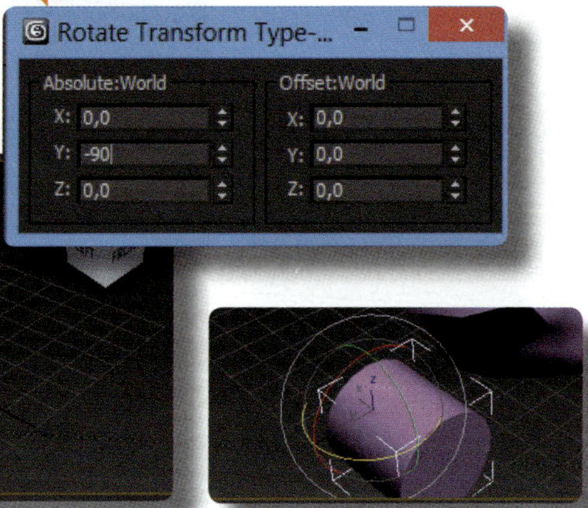

3

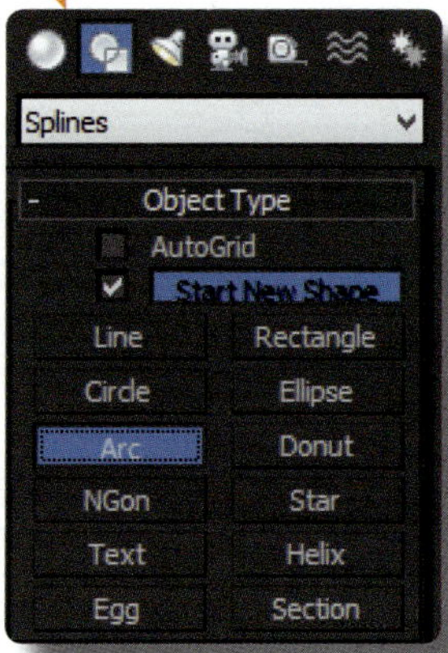

ocho partes de la cuadrícula; una vez fijada la anchura, dirija hacia arriba el puntero hasta cubrir un par de partes de la cuadrícula y haga clic para crear el arco.

5. Para salir del modo de creación de formas, pulse con el botón derecho del ratón en una zona libre del visor **Perspective y**, a continuación, seleccione el cilindro.
6. Como hemos dicho, el modificador **Path Deform (WSM)** pertenece al grupo **Animation**. Despliegue el menú **Modifiers**, pulse sobre dicho grupo y, en el submenú que se despliega, seleccione el modificador **Path Deform (WSM)**.
7. Ahora debemos designar la spline que determinará el recorrido del objeto. En el panel **Parameters**, haga clic sobre el botón **Pick Path** y pulse sobre el arco.
8. El panel **Parameters** nos informa del elemento que hemos seleccionado como recorrido, en este caso **Arc001**. El siguiente paso consiste en mover el cilindro hasta situarlo sobre el recorrido. Para ello, pulse el botón **Move to Path**.
9. El cilindro se sitúa automáticamente sobre la forma spline, aunque debido a sus dimensiones no llega cubrir todo el arco. Para hacer correr el cilindro por la spline, haga doble clic en el campo **Percent**, inserte el valor **75** y pulse la tecla **Retorno.**
10. Puede estirar, rotar y torcer el objeto modificando los valores de los tres campos siguientes del panel **Parameters**, aunque en este caso los mantendremos tal y como se muestran por defecto. Termine este ejercicio haciendo clic en el comando **Select Object** y pulsando en una zona libre del visor.

081

IMPORTANTE

La versión correspondiente al modificador Espacio Universal, que puede identificar por las siglas WSM, del inglés *World Space Modifier*, no altera el recorrido y traslada el objeto hasta él.

7

8

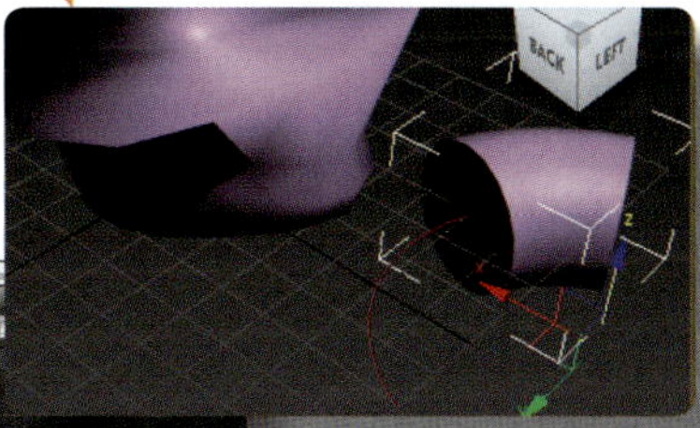

4

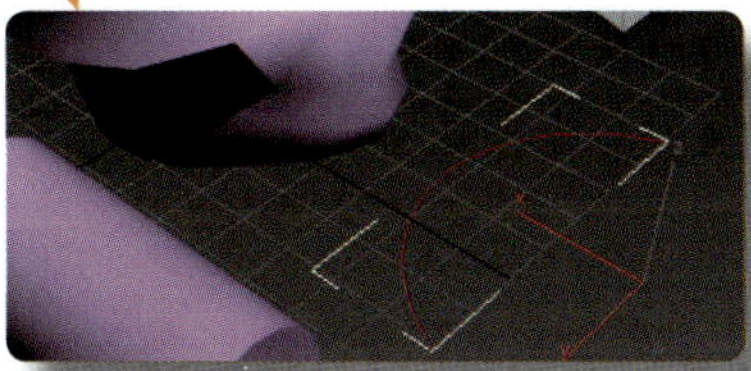

Observe que el modificador **Path Deform** tiene dos versiones.

5

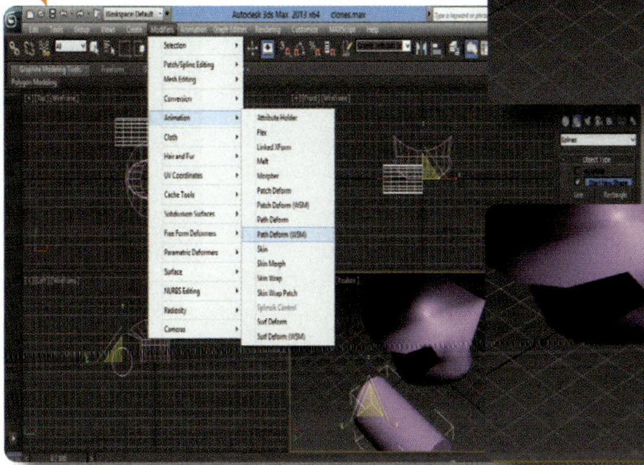

6

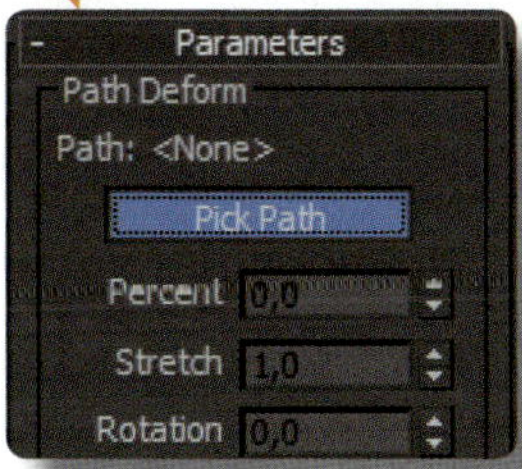

9

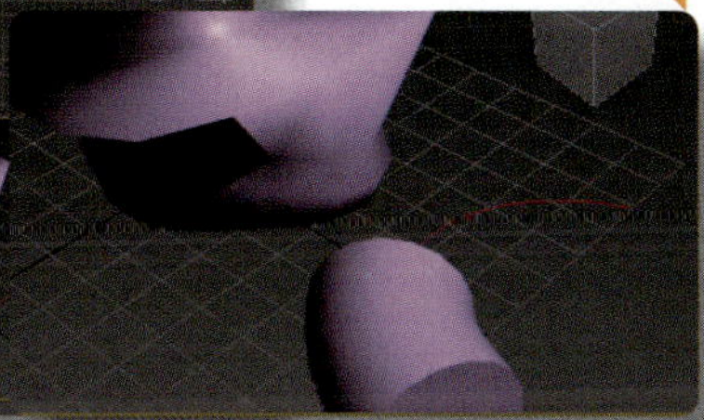

Suavizar objetos con el modificador Smooth

IMPORTANTE

Al seleccionar la opción **Auto-Smooth**, el objeto se suaviza automáticamente con el umbral especificado en el campo Threshold. El suavizado automático establece los grupos de suavizado basado en el ángulo entre las caras. Los pares de caras adyacentes se colocan en el mismo grupo de suavizado, si el ángulo entre las normales es menor que el ángulo de umbral.

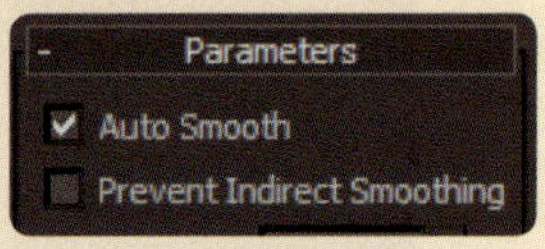

EL MODIFICADOR SMOOTH, que pertenece al grupo Mesh Editing, permite aplicar un suavizado automático al objeto. Lógicamente, dependiendo del número de segmentos del modelo, la visualización de las aristas que definen sus caras o sus polígonos será más o menos marcada. Este modificador elimina las facetas en su geometría uniendo las caras en diferentes zonas de suavizado, hasta un máximo de 32.

1. Imagine que desea suavizar el aspecto del cilindro de la escena de ejemplo que hemos modificado en el ejercicio anterior para que las aristas que conforman sus polígonos no estén tan marcadas. Para ello utilizaremos el modificador **Smooth**. Con la herramienta **Select Object**, seleccione el cilindro en el visor **Perspective**. 1
2. Haga clic en el botón de punta de flecha del campo **Modifier List**.
3. Como hemos dicho en la introducción, el modificador que nos interesa se incluye en el grupo **Mesh Editing**. Pulse sobre la opción **Smooth**. 2

1

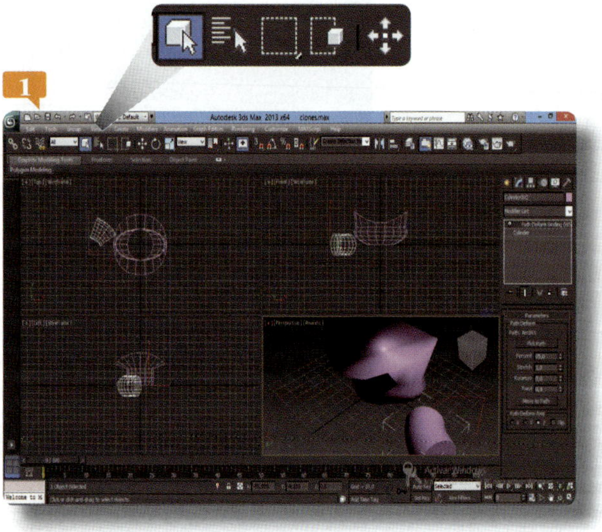

2

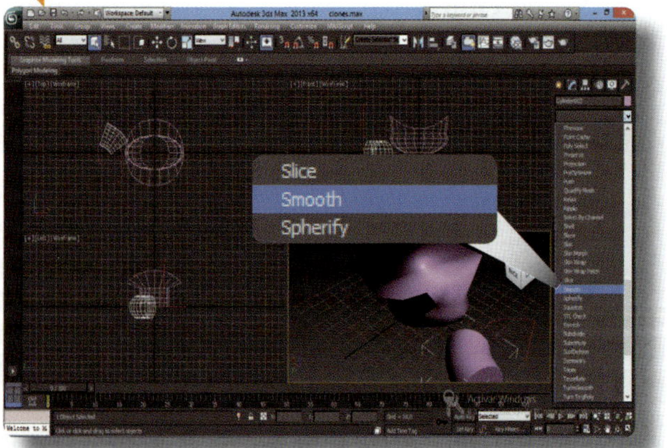

Ya sabe que en lugar de utilizar el panel de comandos también puede activar el modificador desde el menú **Modifiers**.

4. Este modificador permite suavizar las aristas de un objeto asignándoles un grupo de suavizado que puede estar comprendido entre 1 y 32. Si activa la casilla **Auto Smooth** se marcarán también las opciones **Prevent Indirect Smoothing** y **Threshold** y se desactivarán los grupos de suavizado. La primera de estas opciones permite impedir posibles "fugas" al aplicar el suavizado automático y la segunda determina el valor del ángulo de umbral. En esta ocasión mantendremos estos controles tal y como se muestran por defecto y pasaremos a aplicar un grupo de suavizado al tubo. En el apartado **Smoothing Groups** del panel **Parameters**, haga clic sobre el botón **1**. [3]
5. Automáticamente el aspecto del cilindro se suaviza notablemente. [4] Haga clic en una zona libre del visor **Perspective** para deseleccionar el cilindro. [5]
6. Antes de acabar este ejercicio, queremos recomendarle que investigue por su cuenta para descubrir la utilidad del resto de modificadores de mallas poligonales que, por las limitaciones lógicas de este libro, no podemos describir con detalle. Tenga especialmente en cuenta el modificador **Edit Poly**, con el cual se incrementa significativamente la velocidad y facilidad a las que pueden crearse, editarse e incluso animarse las complejas superficies poligonales, con lo que se consigue una mejora evidente en el proceso creativo. Pulse el **Botón de aplicación** y haga clic en la opción **Save** [6] para guardar los cambios.
7. Por último reinicie la escena y dé por acabado el ejercicio.

082

IMPORTANTE

Vea la diferencia que existe entre asignar el mínimo (imagen izquierda) o el máximo (imagen derecha) **valor de umbral** (Threshold) al modificador Smooth aplicado sobre una malla editable.

3

5

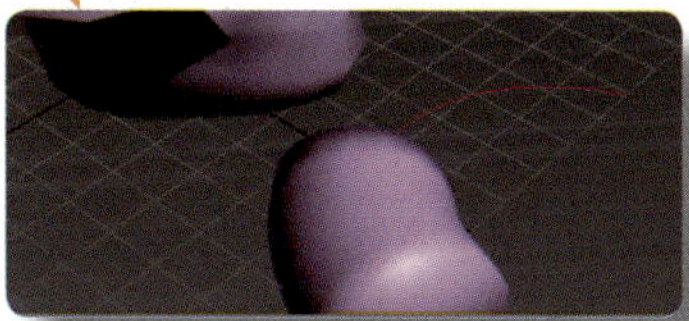

4

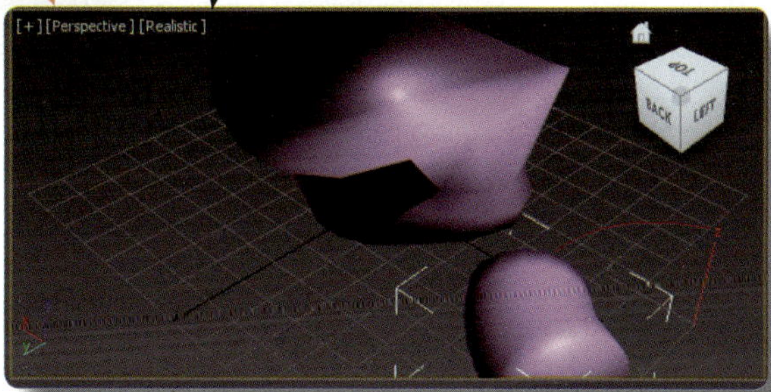

Si se aplica **Auto-Smooth** a un objeto, y algunas partes no se suavizan, marque la opción **Prevent Indirect Smoothing** para intentar corregir el problema.

6

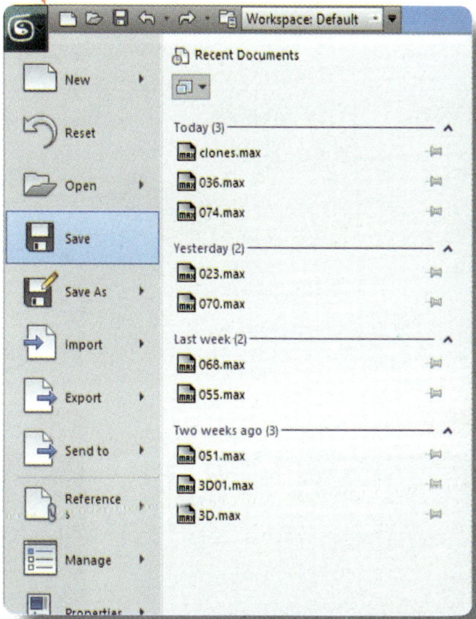

Copiar modificadores

ALGUNOS MODIFICADORES disponen de la herramienta gizmo, que permite desplazar, rotar o escalar el efecto. Puede seleccionarla en el Catálogo de subobjetos del panel Modify. Del mismo modo, modificando los parámetros en dicho panel, el efecto puede cambiar espectacularmente. También es posible usar las herramientas del menú contextual del Catálogo de subobjetos para, por ejemplo, obtener una copia de un modificador que mantenga los mismos parámetros y aplicarla sobre otro objeto o subobjeto.

1. En este ejercicio veremos cómo copiar un modificador aplicado a un subobjeto y pegarlo sobre otro objeto. Para ello, recuperaremos el archivo de ejemplo **clones.max**, modificado en los ejercicios anteriores. Active la herramienta **Select Object** y seleccione el cilindro de mayor tamaño y, en el panel **Modify**, haga clic sobre el modificador **Push**.
2. En este caso, copiaremos el efecto **Push** sobre el otro objeto, pero antes cambiaremos su valor de empuje. En el panel **Parameters**, haga doble clic en el campo **Push Value**, inserte el valor **-20** y pulse **Retorno**.
3. Observe el cambio en el cilindro. Pulse con el botón derecho del ratón sobre el modificador **Push** en el **Catálogo de subobjetos**.

IMPORTANTE

Hay determinados modificadores que no pueden tener otros modificadores situados sobre ellos en el catálogo; éste es el caso del modificador Path Deform. Si abriéramos el menú contextual de este modificador tras haber copiado otro, veríamos que la opción **Paste** está desactivada.

1

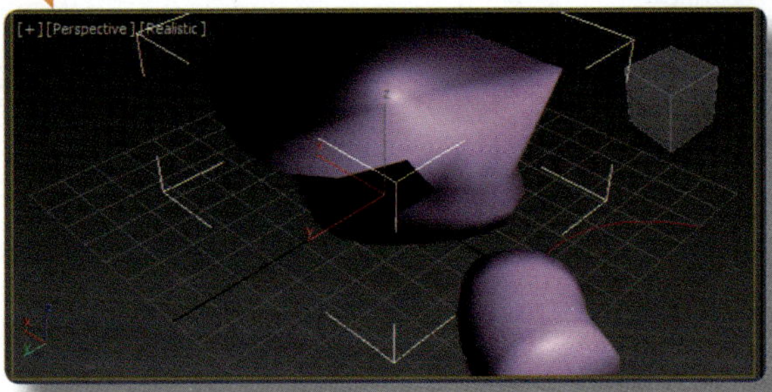

4

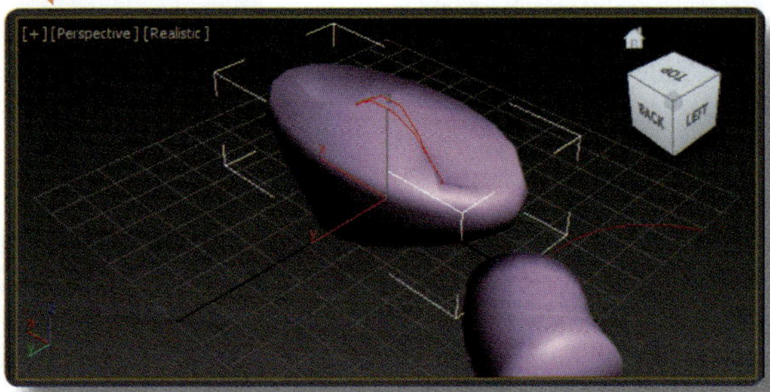

2

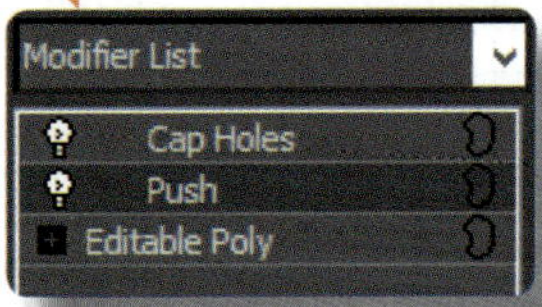

3

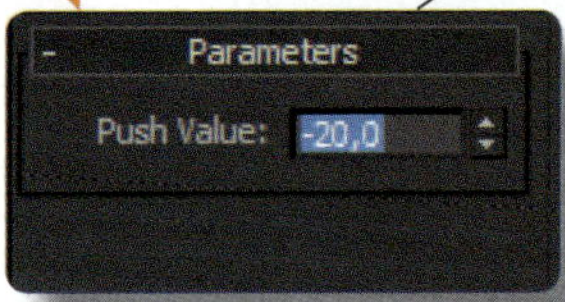

Para poder aplicar uno de estos modificadores sobre otro subobjeto del cilindro sin que se vea afectado el resultado obtenido, tiene que **volver a convertirlo** en malla poligonal editable.

4. Los comandos **Cut**, **Copy** y **Paste** funcionan igual que en cualquier programa del entorno Windows. La opción **Cut** elimina el modificador de este subobjeto y lo mantiene en la memoria del programa pendiente de ser aplicado en otro objeto. Por su parte, el comando **Copy** permite obtener una copia del modificador para aplicarla con los mismos parámetros en otro objeto. Pulse sobre esa opción. 5
5. El siguiente paso consiste en seleccionar el objeto sobre el cual se desea aplicar el modificador. Haga clic sobre el otro cilindro para seleccionarlo.
6. Haga clic con el botón derecho del ratón sobre el modificador **Smooth** en el **Catálogo de subobjetos** y, en el menú que se despliega, pulse sobre el comando **Paste**. 6
7. El modificador **Push** se pega encima del modificador **Smooth**. Sin embargo, no nos convence el resultado 7 por lo que accederemos al panel **Parameters** del nuevo modificador para cambiar el valor de empuje. En el **Catálogo de subobjetos**, haga clic sobre el modificador **Push**.
8. Observe que, efectivamente, el modificador se ha pegado con el mismo valor de empuje que le aplicamos al principio del ejercicio. Haga doble clic en el campo **Push Value** del panel **Parameters**, inserte el valor -30 y pulse la tecla **Retorno**. 8
9. Deseleccione el cilindro 9 pulsando en una zona libre del visor y acabe guardando los cambios realizados en la escena mediante la combinación de teclas **Ctrl.+S**.

5
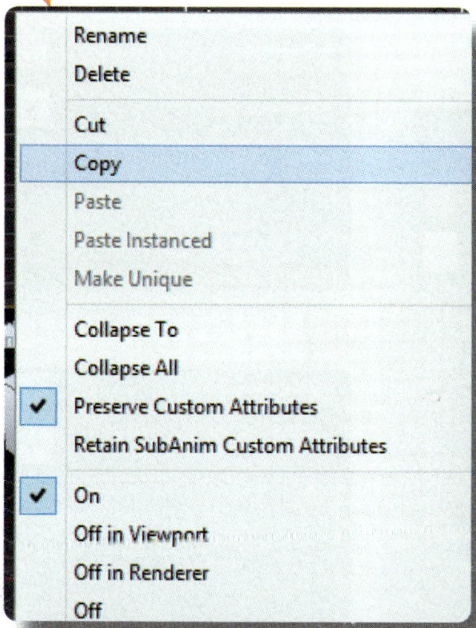

6
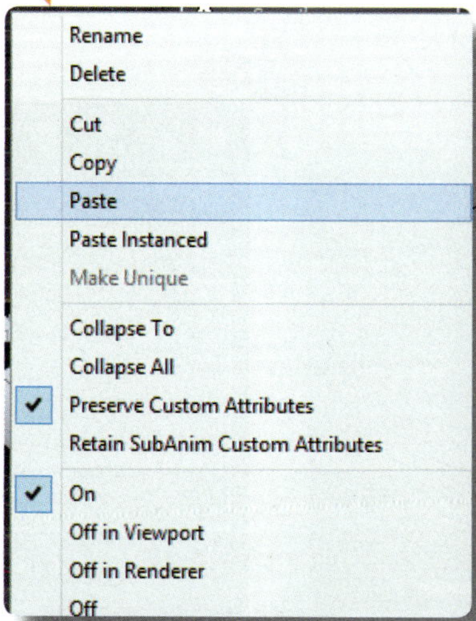

083

IMPORTANTE

Las funciones de copia y pegado de modificadores son especialmente útiles cuando sus parámetros son complejos y cuesta más conseguir el resultado deseado.

8

9
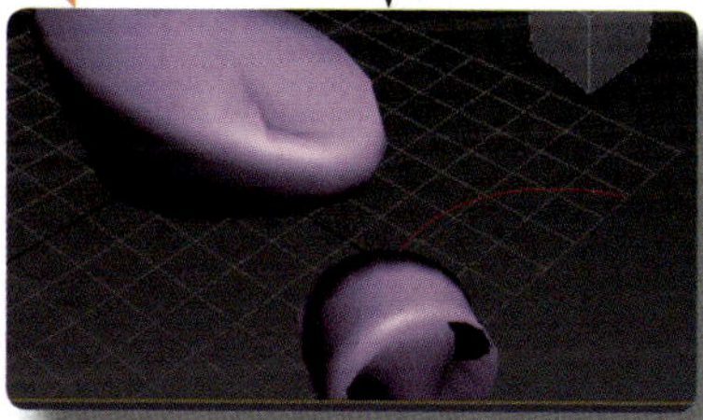

7
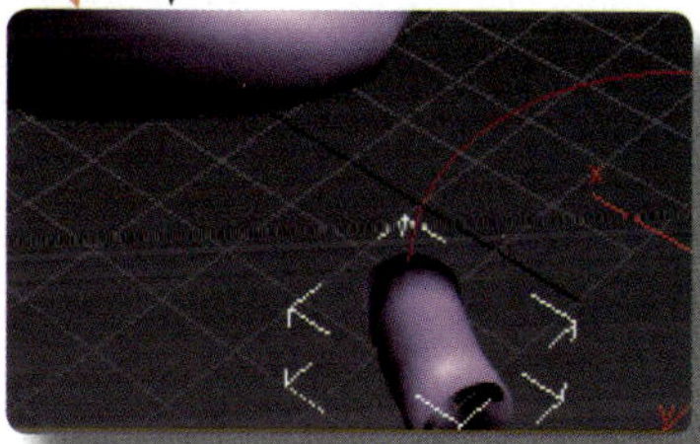

Cambiar el gizmo de un modificador

IMPORTANTE

Recuerde que el campo **Amount** del modificador **Taper** determina el valor de extensión en que se escalan los extremos y el campo **Curve** multiplica el afilado hacia el interior en el caso de que el valor sea negativo o hacia el exterior si es positivo.

COMO YA SABE, EL SIMPLE HECHO de aplicar un modificador no representa dificultad alguna; lo que realmente tiene importancia es saber combinar sus diferentes parámetros y entender cada una de sus funciones. En este ejercicio modificaremos algunos de los parámetros del modificador Taper y trabajaremos con su herramienta dinámica gizmo.

1. Para llevar a cabo este ejercicio, utilizaremos un nuevo archivo de ejemplo, la escena **084.max**, que puede encontrar en la zona de descargas de nuestra página Web. Cuando disponga de él, verá que se trata de una esfera a la cual se ha aplicado el modificador **Taper**. Para comprobarlo, con la herramienta **Select Object**, seleccione la esfera deformada.
2. En el **Command Panel**, haga clic sobre la pestaña **Modify** para que aparezcan todos los subobjetos y modificadores aplicados a la esfera.
3. Observe en el **Catálogo de subobjetos** que el modificador **Taper** muestra un signo + a su izquierda, lo que indica que contiene uno o varios elementos. Pulse sobre ese signo.
4. En este caso, el modificador está compuesto por el gizmo y el centro. Pulse sobre el término **Gizmo** para seleccionar este elemento.

1

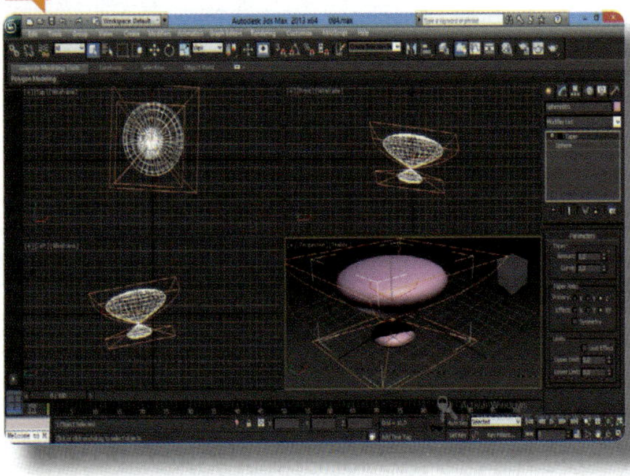

2

3

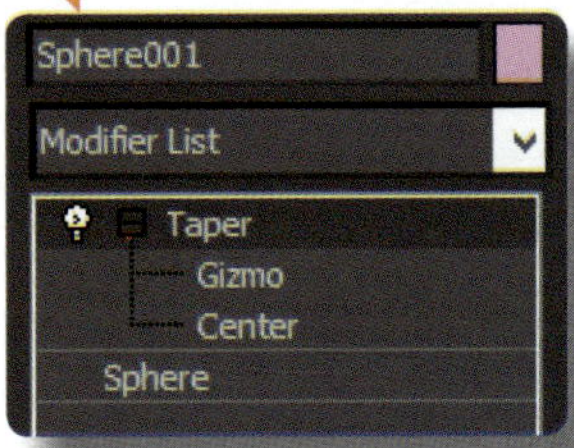

4

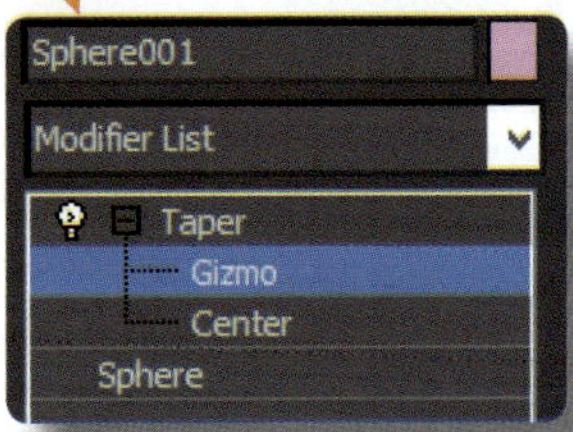

084

5. La caja amarilla que rodea la esfera es el denominado gizmo, herramienta a través de la cual se puede controlar el efecto del modificador en cualquiera de los ejes de coordenadas. [5] Pulse con el botón derecho del ratón sobre la herramienta **Select and Rotate** [6] para abrir el cuadro **Rotate Transform Type-In**.
6. En este cuadro, haga doble clic en el campo X del apartado **Absolute:World**, inserte el valor **-20** y pulse **Retorno**.
7. A continuación, haga doble clic en el campo **Z**, inserte el valor **-120** y pulse **Retorno**. [7]
8. La esfera gira en las coordenadas indicadas a la vez que se transforma el gizmo del modificador. [8] Cierre el cuadro **Rotate Transform Type-In** pulsando su botón de aspa.
9. Haga doble clic en el campo **Amount** del panel **Parameters**, inserte el valor **3** y pulse la tecla **Tabulador**.
10. En el campo **Curve** inserte el valor **-6** y pulse **Retorno** para comprobar el efecto resultante. [9]
11. Tenga en cuenta que los valores propuestos en estos ejercicios son orientativos. Ajústelos a sus necesidades en cada caso. En el **Catálogo de subobjetos**, pulse sobre el modificador **Taper** y para acabar, haga clic en una zona libre del visor activo. [10]

9

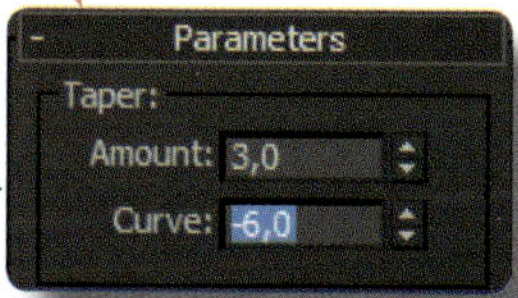

10

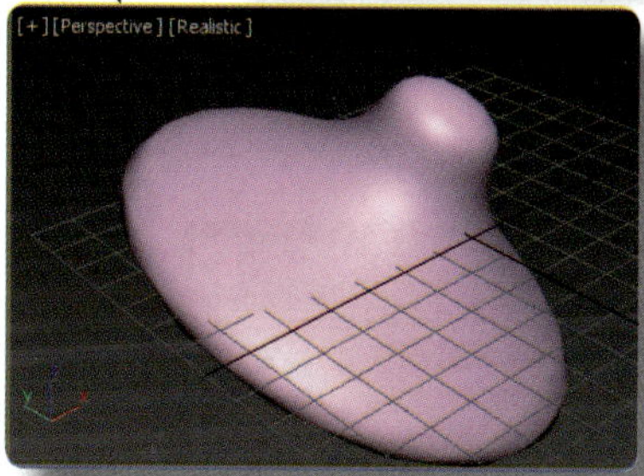

5

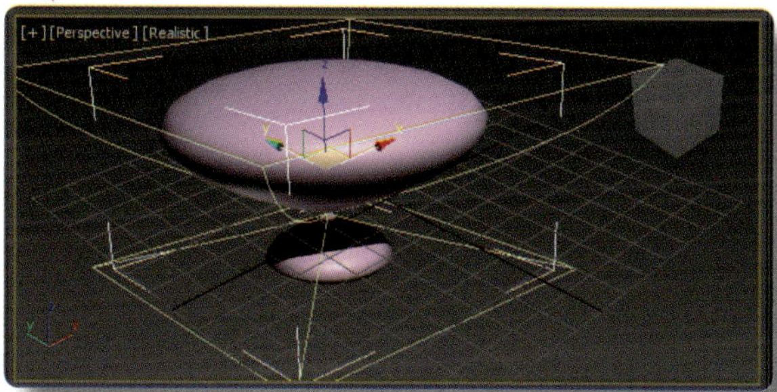

7

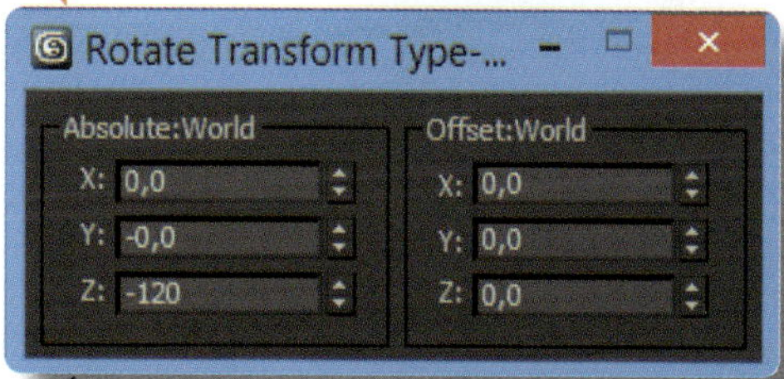

6

Ya sabe que puede **rotar el objeto** utilizando la técnica de arrastre o introduciendo los valores exactos en el cuadro **Rotate Transform Type-In**.

8

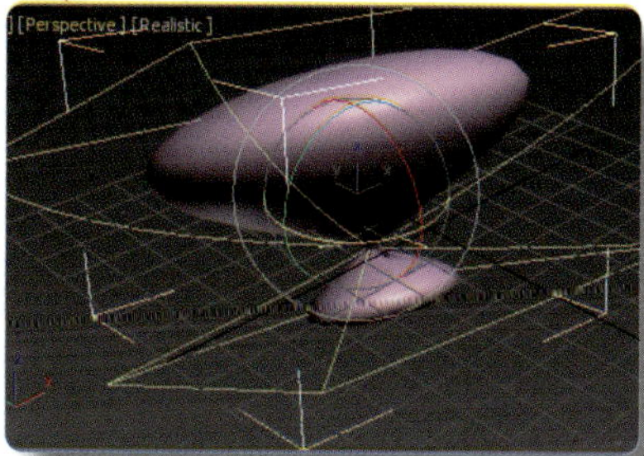

Puede utilizar las herramientas de transformación **Select and Move, Select and Rotate** o **Select and Scale** para modificar este gizmo y cambiar así el aspecto del objeto.

Aplicar varios modificadores a un objeto

IMPORTANTE

Cuando aplique un modificador sobre uno de los subobjetos de una malla editable o de una malla poligonal editable debe tener en cuenta que, si selecciona otro elemento en el Catálogo de subobjetos y después vuelve a activar el modificador, éste se aplicará sobre el último y desaparecerá del primero.

SI DESEA MANTENER UN MODIFICADOR aplicado a un subobjeto de una malla y añadir nuevos modificadores a ese elemento o a otros, es necesario que convierta de nuevo el objeto en una malla editable o en una malla poligonal editable.

1. En este ejercicio reiniciaremos la escena para recuperar el documento **033.max**, sobre el cual practicamos con el modificador **Lattice**. Cuando disponga de esta escena abierta en el área de trabajo del programa, seleccione la pirámide central con la herramienta **Select Object**.
2. Aparece sombreado el último modificador aplicado, en este caso **Lattice**. [1] Si ahora seleccionamos alguno de los subobjetos de la malla, el efecto del modificador desaparecerá momentáneamente. Haga clic sobre el signo + situado a la izquierda del término **Editable Poly** y pulse en la opción **Polygon**. [2]
3. Se activa el modo de selección de polígonos. En el visor **Left**, haga clic sobre el único polígono visible de la pirámide. [3]
4. Pulse ahora en el **Catálogo de subobjetos** sobre el modificador **Lattice** y observe el resultado.
5. La celosía se aplica sobre el polígono seleccionado manteniendo los parámetros establecidos en su momento. [4] En el panel **Parameters**, active la opción **Apply to Entire Object**. [5]
6. Las aristas se convierten en riostras y los vértices en articulaciones. [6] En el apartado **Joints** del panel de parámetros, haga

1

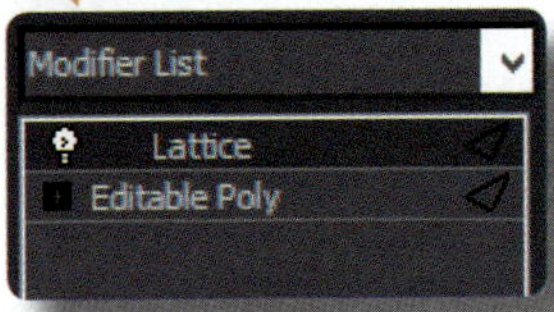

2

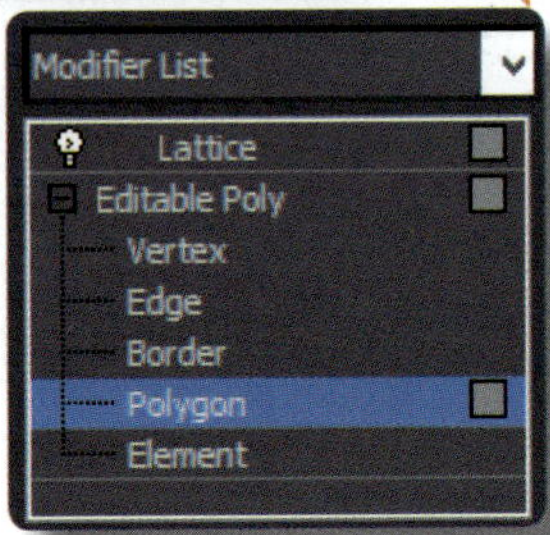

3

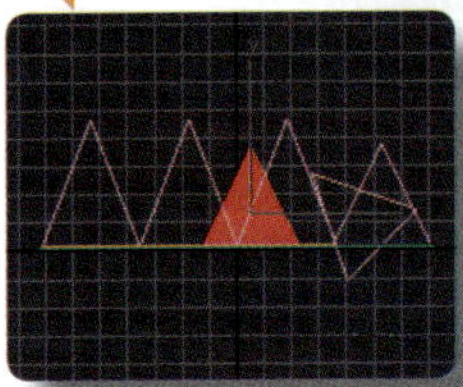

4

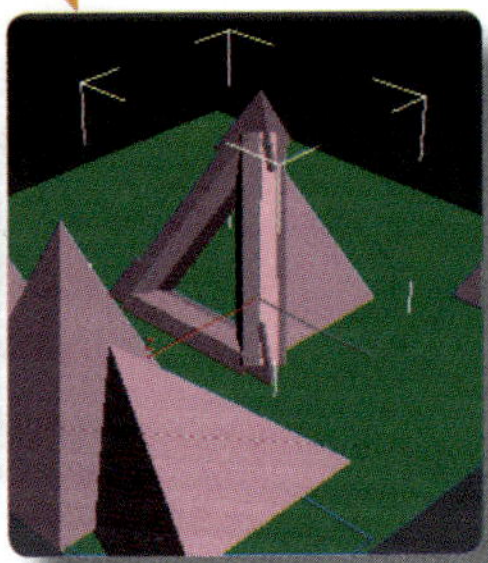

5

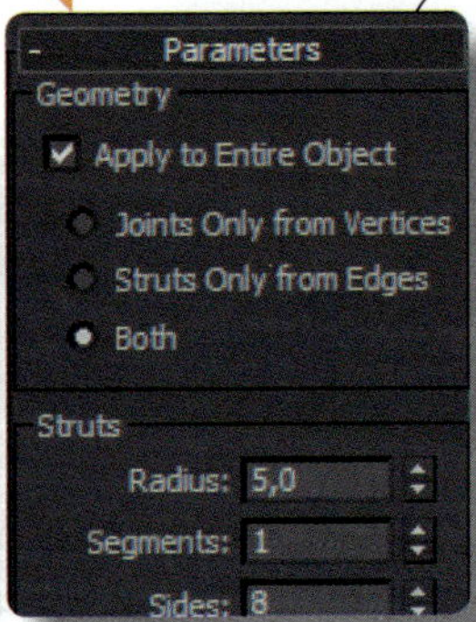

6

doble clic en el campo **Segments**, inserte el valor **10** y pulse **Retorno** para suavizar la forma de las articulaciones. [7]

7. Las articulaciones se redondean y aumentan su tamaño. [8] Para aplicar un modificador a uno de los elementos de la celosía, debemos convertir de nuevo la pirámide en una malla editable o en una malla poligonal editable. Haga clic con el botón derecho del ratón sobre ella en el visor **Perspective**, en el menú cuad **Transform** pulse sobre la opción **Convert to** y elija **Convert to Editable Poly**.
8. En el **Catálogo de subobjetos**, pulse sobre el signo + que aparece a la izquierda del término **Editable Poly**, active el subobjeto **Element** y pulse sobre la esfera superior de la pirámide. [9]
9. Abra el menú **Modifiers**, haga clic sobre la opción **Parametric Deformers** y pulse sobre el modificador **Squeeze**.
10. Este modificador produce un efecto de reducción sobre el objeto. Usando los controles del apartado **Axial Bulge** se puede aplicar un efecto de protuberancia a lo largo del eje Z. Haga doble clic en el campo **Amount** de este apartado, inserte el valor **1** y pulse **Retorno**. [10]
11. Los campos **Amount** y **Curve** del apartado **Radial Squeeze** permiten definir la reducción alrededor del eje Z local del gizmo del modificador. Haga doble clic en el campo **Amount** de ese apartado, inserte el valor **-5** y pulse **Tabulador**; en el campo **Curve** inserte el valor **0,1** y pulse **Retorno**. [11]
12. Haga clic en una zona libre del visor **Perspective** para deseleccionar la figura [12] y pulse la combinación **Ctrl. + S** para guardar los cambios.

085

IMPORTANTE

Los apartados **Limits** y **Effect Balance** del panel de parámetros del modificador Squeeze permiten limitar los efectos de la reducción a lo largo del eje Z local y cambiar los efectos de protuberancia y reducción.

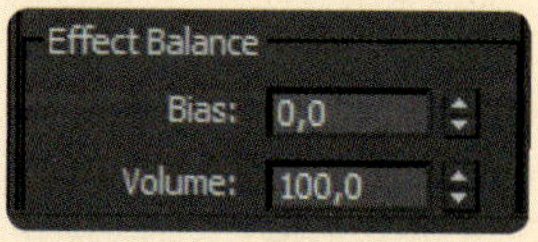

10

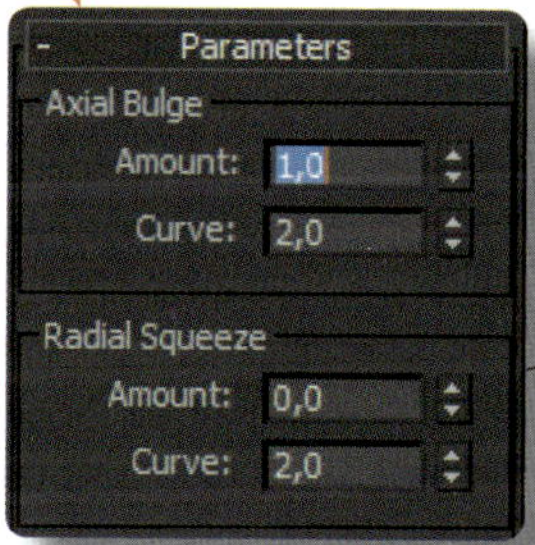

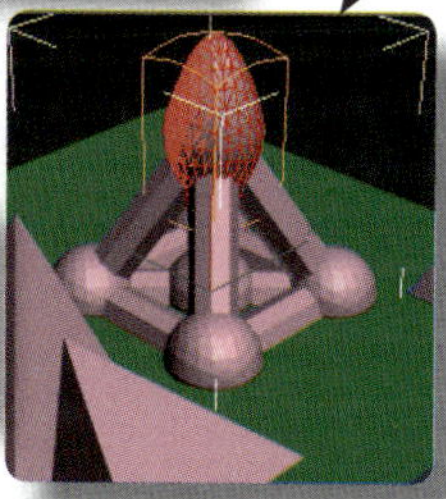

9

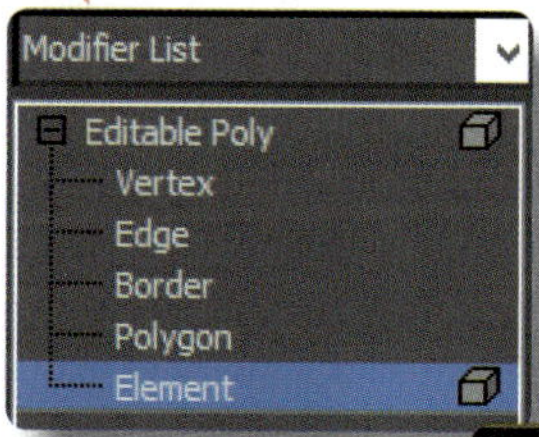

11

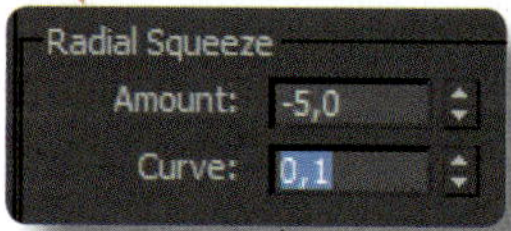

7

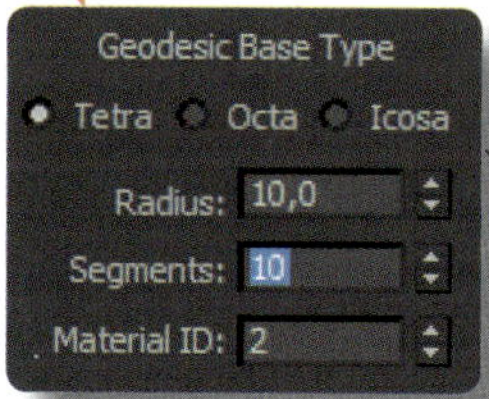

Como recordará, el apartado **Joints** le permite escoger el tipo de base geodésica así como establecer su radio, su número de segmentos y el valor de su ID de material.

8

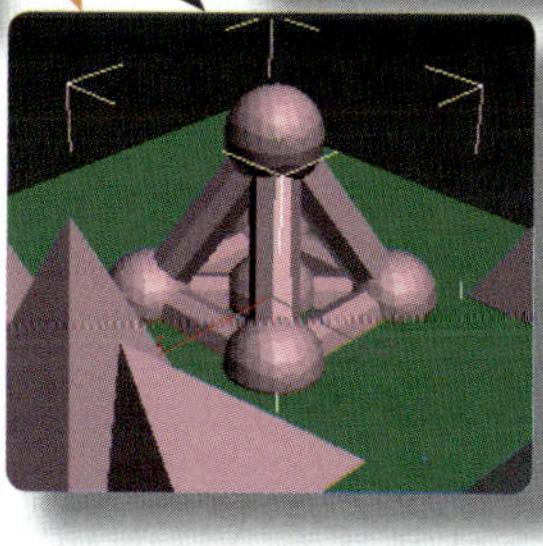

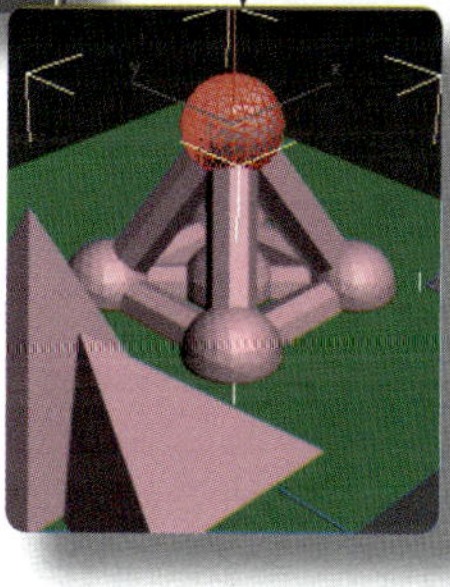

12

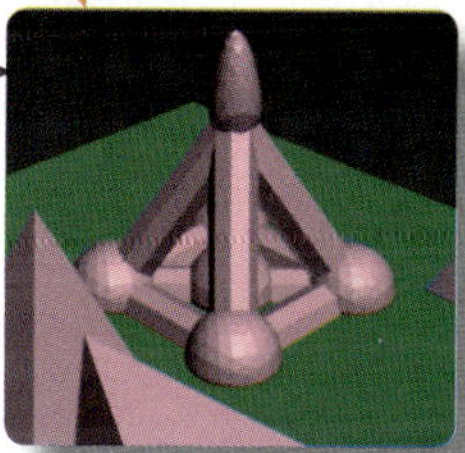

Fijar el catálogo de subobjetos

PRACTICAREMOS EN ESTA LECCIÓN con algunos de los parámetros de los modificadores añadidos al objeto de la escena 074.max. Ya sabe que combinando los valores de estos parámetros se pueden obtener los más espectaculares resultados.

1. Una vez recuperado el archivo **074.max**, compruebe que la herramienta **Select Object** está activada y pulse sobre el objeto manipulado para seleccionarlo.
2. Aparece ordenada en el **Catálogo de subobjetos** la lista de modificadores que este objeto tiene aplicados. Antes de continuar, queremos mostrarle la utilidad del icono **Pin Stack**, situado en primer lugar bajo el catálogo. Al activarlo, aunque cambiemos la selección en los visores, el listado de modificadores y subobjetos se mantendrá inalterable. Pulse sobre dicho icono y haga clic fuera del objeto para eliminar la selección.
3. Efectivamente, el **Catálogo de subobjetos** no cambia sino que sigue mostrando los elementos del objeto. Desactive la opción **Pin Stack** pulsando de nuevo sobre su icono.
4. De este modo se muestran los subobjetos y los modificadores correspondientes al objeto seleccionado en estos momentos. Pulse sobre el objeto.

1

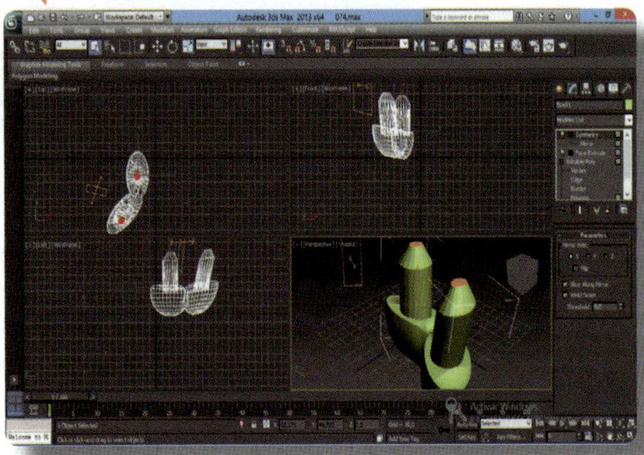

3

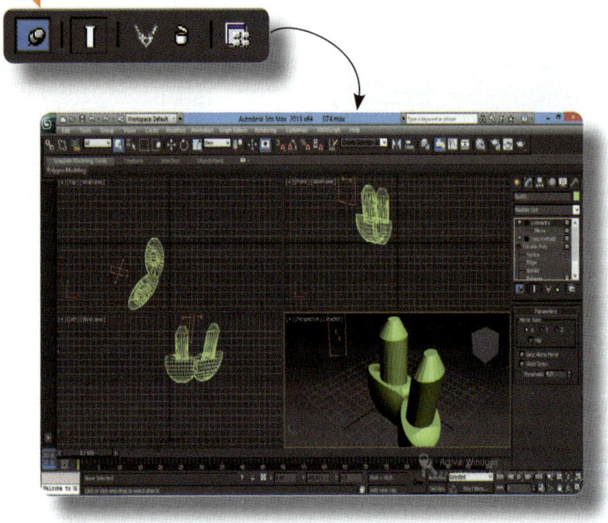

2

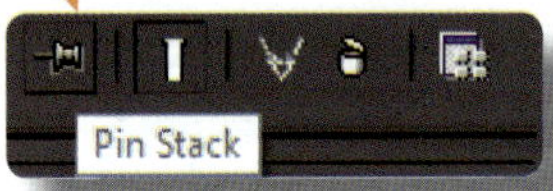

086

5. Como recordará, aplicamos a este objeto los modificadores **Symmetry** y **Face Extrude**. En primer lugar, cambiaremos el eje de simetría. En el apartado **Mirror Axis** del panel **Parameters**, haga clic sobre el botón de opción **Z**.
6. A continuación, seleccionaremos en el **Catálogo de subobjetos** el eje de simetría para después acceder al cuadro **Move Transform Type-In** y desplazarlo. En el **Catálogo de subobjetos**, haga clic sobre el subobjeto **Mirror** para seleccionarlo.
7. Se desactiva la herramienta **Select Object** y se activa la herramienta **Select and Move**. Haga clic con el botón derecho del ratón sobre ella.
8. En el cuadro **Move Transform Type-In**, haga doble clic en el campo **Z** del apartado **Absolute:World**, inserte el valor **60** y pulse la tecla **Retorno**.
9. Cierre el cuadro **Move Transform Type-In** pulsando el botón de aspa de su **Barra de título**.
10. Seguidamente disminuiremos el valor del campo **Threshold** para modificar la unión de soldadura. Haga doble clic en dicho campo del panel **Parameters**, inserte el valor **5** y pulse **Retorno**.
11. El cambio es evidente. Pulse sobre el modificador **Symmetry** y haga clic en una zona libre del visor **Perspective** para eliminar la selección.
12. Por último, guarde los cambios realizados pulsando la combinación de teclas **Ctrl + S**.

IMPORTANTE

La opción **Weld Seam** asegura que los vértices a lo largo del eje de simetría serán automáticamente soldados si se encuentran dentro del valor indicado en el campo **Threshold**.

4

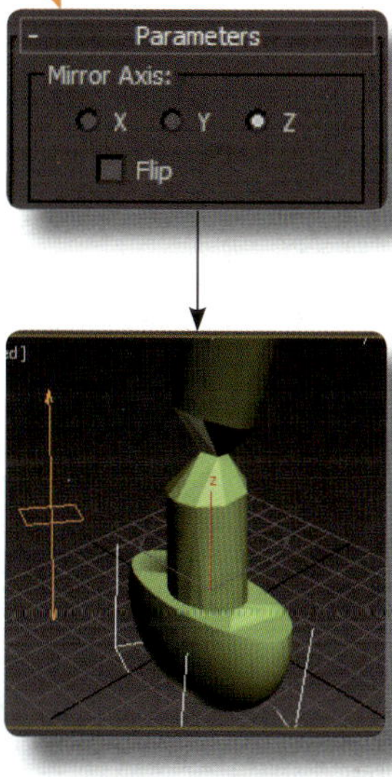

6

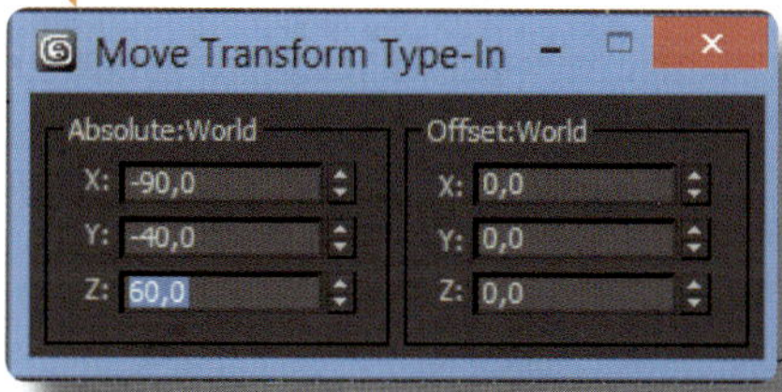

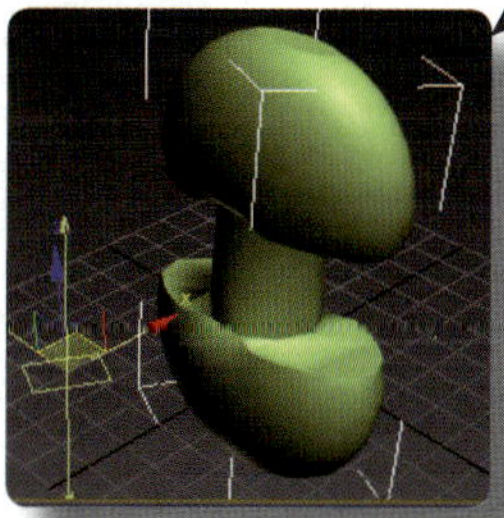

5

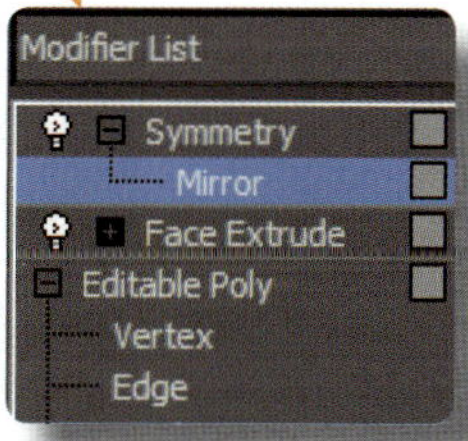

7

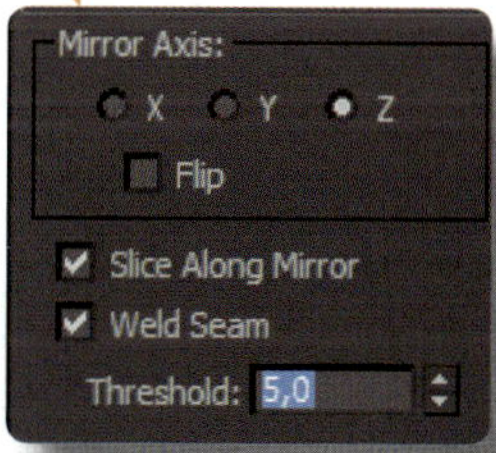

8

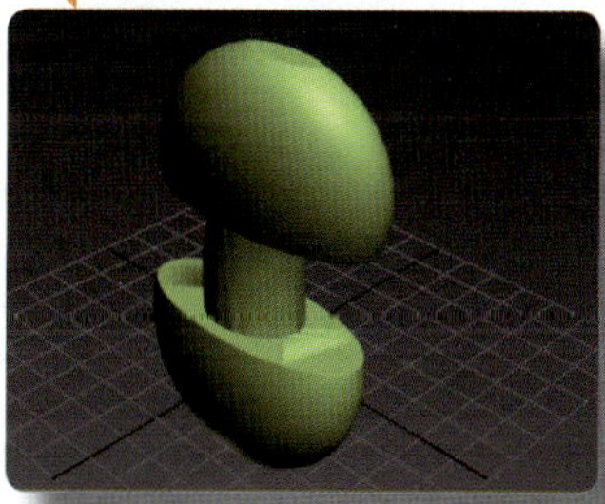

Modelado con cuadrículas de corrección

IMPORTANTE

Podemos dividir las **herramientas de creación de superficies** en cuatro grandes grupos: Cuadrículas de corrección, Mallas, Mallas poligonales, y Curvas y superficies NURBS.

LAS SUPERFICIES SON UN TIPO de modelado que puede modificarse usando sus puntos de control. Las cuadrículas de corrección son superficies planas directas que pueden convertirse en superficies 3D mediante la aplicación de modificadores y la transformación de asas y vértices. Dependiendo del número de vértices de sus aristas, estas cuadrículas pueden estar constituidas por facetas cuadradas (Quad Patch) o triangulares (Tri Patch).

1. Empezamos trabajando sobre una nueva escena. Las cuadrículas de corrección se incluyen en la categoría **Geometry**. Pulse el botón de punta de flecha del campo que muestra el término **Standard Primitives** y elija la opción **Patch Grids**. [1]
2. Pulse sobre el tipo de objeto **Quad Patch**. [2]
3. A continuación, despliegue la persiana **Keyboard Entry** pulsando sobre ella, haga doble clic en el campo **X**, inserte el valor **50** y pulse **Retorno**.
4. Una vez definida la situación de la cuadrícula pasaremos a especificar su longitud y su anchura. Haga doble clic en el campo **Length**, inserte el valor **100** y pulse la tecla **Tabulador**.
5. En el campo **Width**, inserte el valor **70** y pulse el comando **Create** [3] para que la cuadrícula aparezca en la escena. [4]
6. A continuación aumentaremos el número de segmentos de altura y anchura de la cuadrícula para que ésta se divida en varias caras. En el apartado **Parameters**, haga doble clic en el campo **Length Segs**, inserte el valor **3** y pulse **Tabulador**.

Existen dos tipos de cuadrículas de corrección. Los **correctores triangulares** tienen tres vértices en cada cara y los **cuadrados**, cuatro.

1

Podemos crear una cuadrícula de corrección usando las opciones del menú **Create** o del panel del mismo nombre.

2

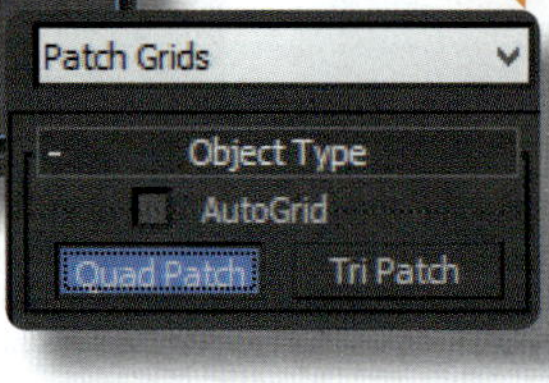

3

4

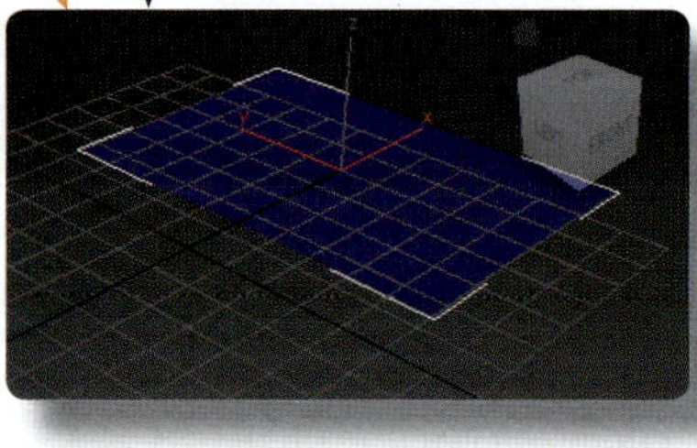

087

7. Y en el campo **Width Segs**, teclee el valor **3** y pulse **Retorno**.
8. Observe en el visor **Top** cómo la superficie se divide en varias caras de cuatro lados. [5] Pulse sobre el tipo de objeto **Tri Patch**. [6]
9. Abra la persiana **Keyboard Entry** pulsando sobre su título, haga doble clic en el campo **X** e inserte el valor **-50**.
10. Haga doble clic en el campo **Length**, inserte el valor **70** y pulse la tecla **Tabulador**.
11. En el campo **Width** inserte el valor **100** y pulse el botón **Create**.
12. Observe en el visor **Top** la diferencia entre ambos tipos de correctores. [7] Las caras del segundo son triangulares. Como las cuadrículas de corrección son planas, su funcionalidad es limitada. Para poder modificar sus subobjetos hay que convertirlas en correctores editables. Active la ficha **Modify**.
13. El modificador **Turn to Patch** hace que el objeto actúe de manera similar a un objeto convertido en corrector editable, sin embargo en el segundo caso se listan los subobjetos del corrector en el **Catálogo de subobjetos**. La conversión en corrector editable requiere menos memoria que la adición del modificador. Haga clic con el botón derecho del ratón sobre el término **TriPatch** en el **Catálogo de subobjetos** y, en el menú que se despliega, pulse sobre la opción **Editable Patch**. [8]
14. Haga clic sobre el signo + que aparece a la izquierda del término **Editable Patch** en el **Catálogo de subobjetos**.
15. Como ve, los componentes de una malla editable son **Vertex**, **Edge**, **Patch**, **Element** y **Handle**. [9] Deseleccione la cuadrícula pulsando en cualquier zona libre del visor **Perspective** y guarde la escena con el nombre **Cuadrículas** en su carpeta de documentos.

IMPORTANTE

El **número de segmentos** determina la cantidad de correctores cuando la cuadrícula se convierte en editable; así, a mayor cantidad de segmentos, mayor cantidad de correctores, lo que puede ser favorable para la edición y definición del modelo pero perjudicial para el rendimiento del programa si el equipo no es demasiado potente.

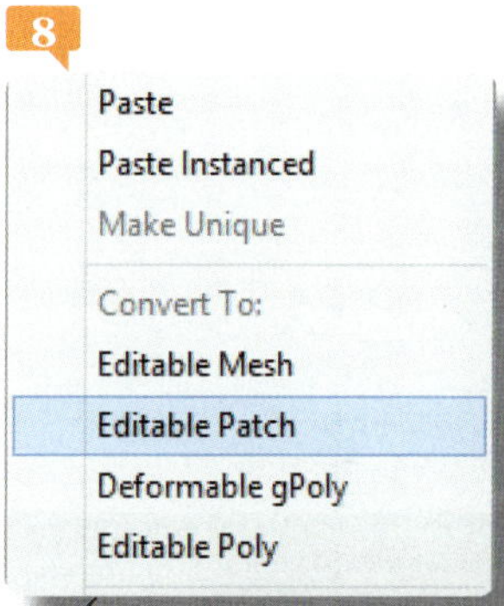

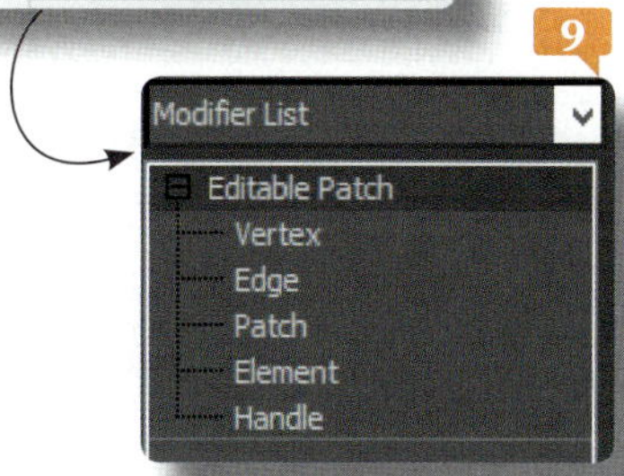

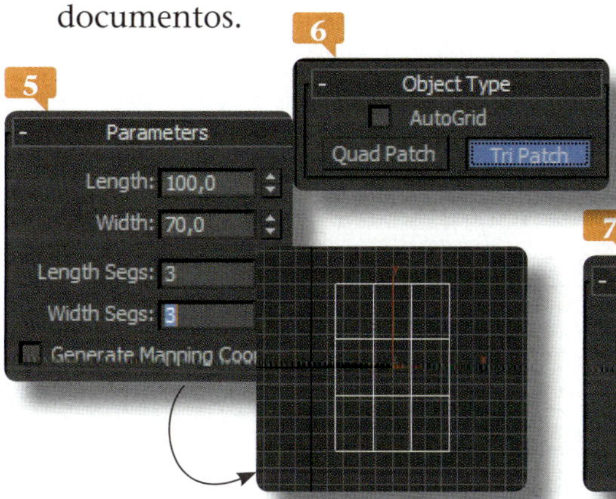

En la **cuadrícula de corrección triangular** no es posible la segmentación, por lo que el número de caras también es inalterable.

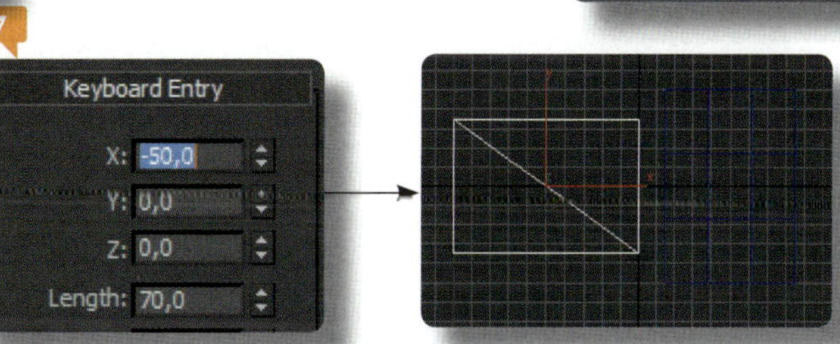

Subdividir una cuadrícula de corrección

IMPORTANTE

Como se ve en este ejercicio, para aplicar la subdivisión a una cuadrícula de corrección editable debe seleccionar la arista o aristas que desea dividir y pulsar el **botón Subdivide**. Cada vez que pulsa dicho botón, aumenta el número de subdivisiones, lo que puede afectar al rendimiento del equipo.

EN EL PANEL PARAMETERS de una cuadrícula de corrección editable encontramos el apartado Subdivision. Al seleccionar los subobjetos Edge, Patch o Element se activa el botón Subdivide, que se usa para incrementar la resolución de una superficie dividiendo una arista en dos desde su centro.

1. Seleccione con la herramienta **Select Object** el corrector cuadrado, el primero creado en el ejercicio anterior. 1
2. Antes de convertirlo en editable, disminuiremos su número de segmentos. En el panel **Parameters**, haga doble clic en el campo **Length Segs**, inserte el valor **1** y pulse la tecla **Tabulador**.
3. En el campo **Width Segs**, escriba el valor **1** y pulse **Retorno**. 2
4. El subobjeto **Edge** puede subdividirse en dos aristas nuevas para aumentar la definición de la cuadrícula. Para poder seleccionar sus subobjetos, debemos aplicarle el modificador **Edit Patch** o convertirla en un corrector editable. Haga clic con el botón derecho del ratón sobre la cuadrícula de corrección cuadrada y, en el menú cuad **Transform**, pulse sobre la opción **Convert to** y seleccione **Convert to Editable Patch**. 3
5. En la persiana **Selection** del panel **Parameters**, haga clic sobre el tercer icono, correspondiente al subobjeto **Edge**. 4

1

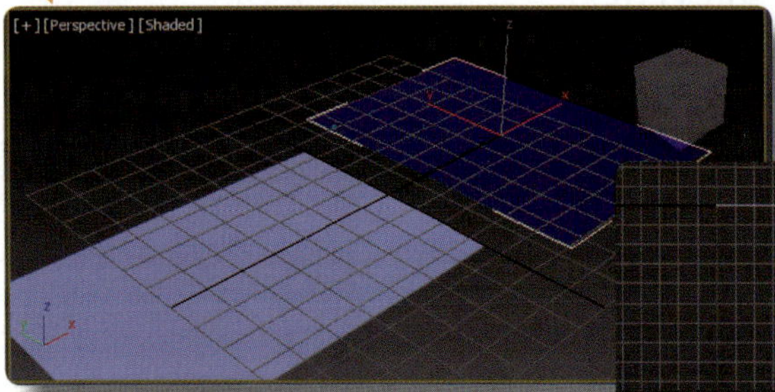

2

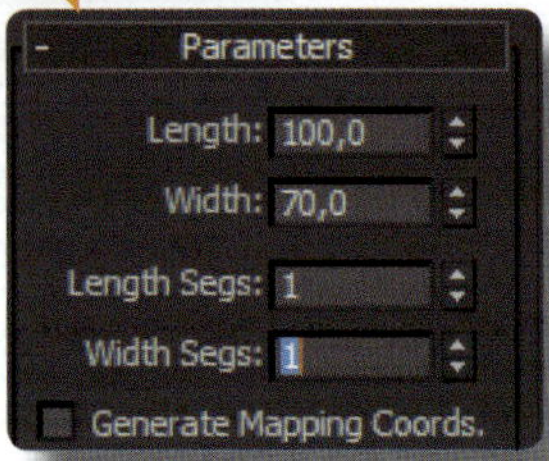

3

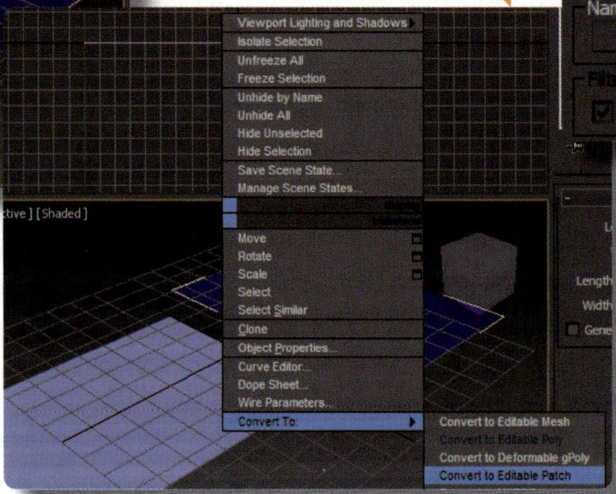

4

Como recordará de la lección anterior, los subobjetos que componen un corrector editable son: **vértice, arista, corrector, elemento y asa**.

6. En el visor **Top**, haga clic sobre la arista inferior del corrector cuadrado para seleccionarla. [5]
7. Arrastre el panel de parámetros hasta visualizar el apartado **Geometry** y pulse el botón **Subdivide**. [6]
8. Del centro de la arista seleccionada sale una nueva arista que divide la superficie de la cuadrícula de corrección en dos partes iguales. [7] Seleccione en el visor **Top** la arista de la izquierda [8] y pulse de nuevo el botón **Subdivide**.
9. Haga clic en la herramienta **Undo Scene Operation** de la **Barra de herramientas de acceso rápido**.
10. Active la opción **Propagate**, pulse el botón **Subdivide** y observe el resultado en el visor **Top**. [9]
11. Haga clic en el signo + situado a la izquierda del término **Editable Patch** en el **Catálogo de subobjetos**, active el modo de selección de vértices y, en el visor **Top**, seleccione el vértice superior central de la cuadrícula. [10]
12. Active la herramienta **Select and Move** de la **Main Toolbar**.
13. Haga doble clic en el campo **Z** de la **Barra de coordenadas**, inserte el valor **40** [11] y vea el efecto. [12]
14. Deseleccione el vértice pulsando en una zona libre del visor **Top**, pulse sobre el término **Editable Patch** y deseleccione el corrector pulsando en una zona libre del visor **Perspective**.

088

IMPORTANTE

Si desea que la operación de subdivisión se extienda a los correctores contiguos debe activar la casilla **Propagate**.

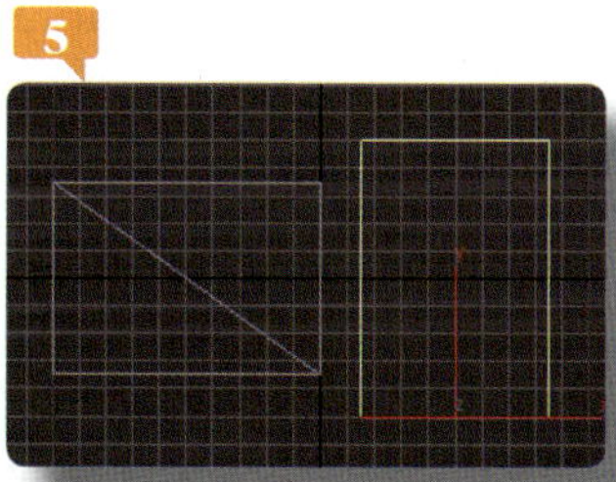

Al **subdividir una cuadrícula** aumenta la resolución de la misma, al tiempo que es posible manipular independientemente cada una de sus partes.

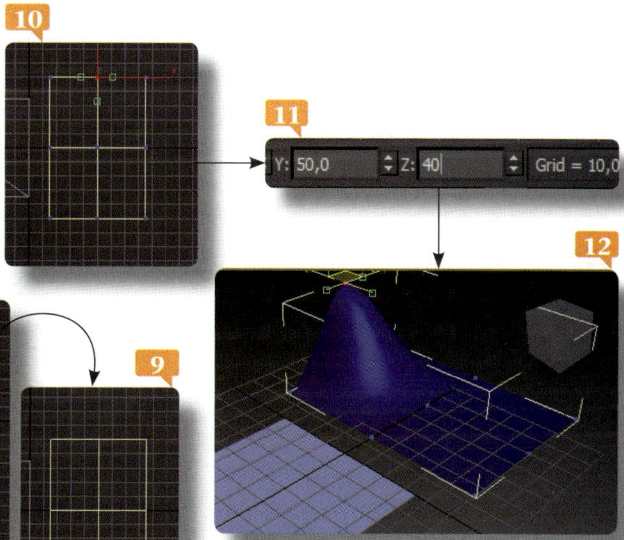

Al subdividir una cuadrícula aumenta también su número de vértices y **asas de control**.

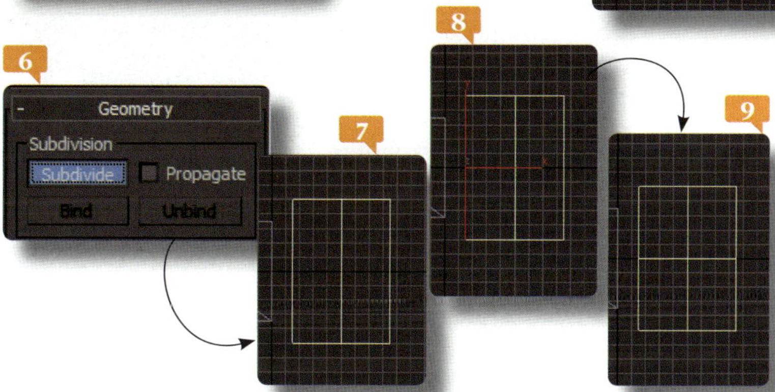

Distribuir copias de objetos aleatoriamente

LOS OBJETOS DE COMPOSICIÓN se consideran objetos avanzados que, mediante el tratamiento y la combinación de dos o más modelos, conforman uno solo más complejo. La herramienta Scatter dispersa aleatoriamente varias copias de un objeto denominado objeto origen sobre una escena o un objeto de distribución.

1. En el siguiente ejercicio vamos a utilizar el objeto de composición **Scatter** para añadir al corrector cuadrado de la escena **Cuadrículas.max** varias plantas. (Si no ha realizado los dos ejercicios anteriores, puede descargar esta escena desde nuestra página web.) Para empezar, crearemos el primer árbol. Pulse sobre la pestaña **Create** del **Command Panel**.
2. 3ds Max ofrece una serie de árboles y arbustos que puede encontrar en el conjunto **AEC Extended** de la categoría **Geometry**. Haga clic en el botón de punta de flecha del campo que muestra la categoría de objeto, elija la opción **AEC Extended** 1 y pulse sobre el tipo de objeto **Foliage**. 2
3. Al seleccionar este objeto se despliega una lista con las plantas que presenta el programa. Use la **Barra de desplazamiento vertical** de la persiana **Favorite Plants** para localizar la planta **Society Garlic** 3 y selecciónela.

IMPORTANTE

Puede orientar los **duplicados** perpendicularmente o limitar la distribución a las caras seleccionadas. También puede elegir el modo en que se distribuirán los duplicados en la superficie del objeto de distribución. Las opciones All Vertices, All Edge Midpoints y All Face Centers ignoran el número de duplicados especificado en el campo Duplicates y crean un duplicado en cada vértice, en cada centro de arista o en cada centro de cara respectivamente. En el apartado Transforms se pueden configurar los límites de la transformación en relación a la rotación, la traslación y el escalado. Si en el apartado Distribution se encuentra seleccionada la opción Use Transforms Only, la dispersión se efectuará a partir de los valores especificados en estos campos y no sobre el objeto de distribución.

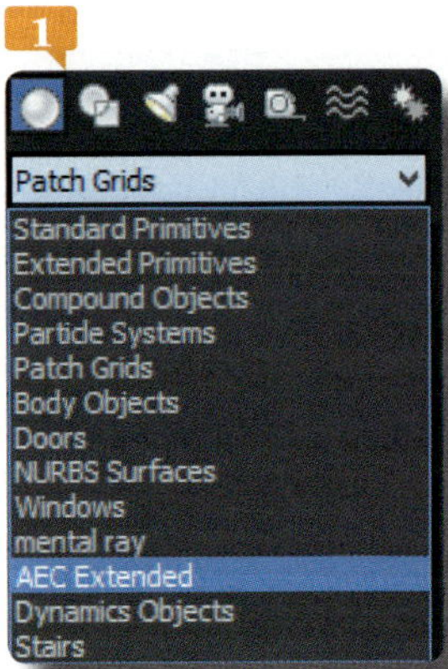

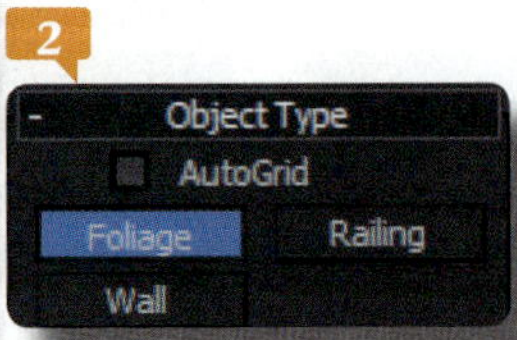

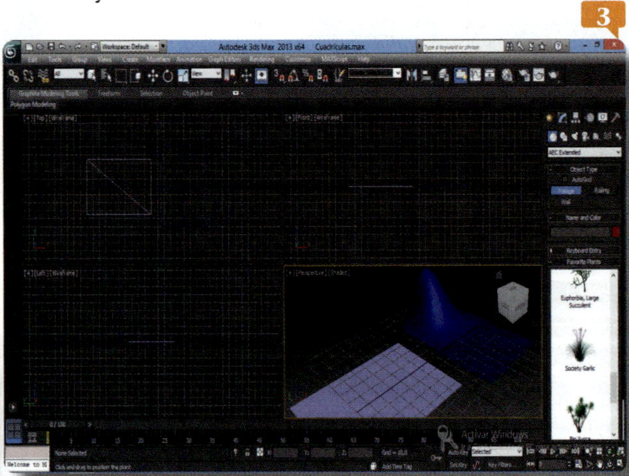

Los **objetos de composición**, más que objetos propiamente dichos, son herramientas que, mediante la combinación y el tratamiento de dos o más modelados, forman un nuevo objeto más complejo.

089

4. En el visor **Top**, pulse en el extremo inferior derecho del corrector de la izquierda para crear la planta seleccionada.
5. Haga clic en el botón de punta de flecha del campo que ahora muestra la opción **AEC Extended** y elija **Compound Objects**.
6. En la persiana **Object Type**, pulse sobre el botón **Scatter**.
7. Puesto que el objeto origen, la planta, ya está seleccionado, elegiremos el que será el objeto sobre el cual éste se dispersará. Haga clic en el botón **Pick Distribution Object**.
8. Pero antes determinaremos el número de duplicados que queremos obtener. En el apartado **Source Object Parameters** se pueden especificar el número de duplicados y el valor al que se escala el objeto antes de dispersarse. El campo **Vertex Caos** distribuye aleatoriamente los vértices del objeto origen y la opción **Animation Offset** permite especificar el número de cuadros clave en el caso de que se anime la escena. Haga doble clic en el campo **Duplicates**, inserte el valor **4** y pulse la tecla **Retorno**.
9. Haga clic ahora sobre el corrector de la izquierda en el visor **Perspective** y observe el resultado.
10. Aparecen cuatro copias de la planta distribuidas de manera aleatoria sobre toda la superficie del corrector. Haga clic con el botón derecho del ratón en una zona libre del visor **Perspective** para abandonar el modo de creación, pulse de nuevo para deseleccionar el objeto y, por último, pulse la combinación de teclas **Ctrl.+S** para guardar los cambios.

IMPORTANTE

La herramienta de composición Scatter se utiliza sobre todo para crear fácil y rápidamente **objetos erizados, con púas,** etc.

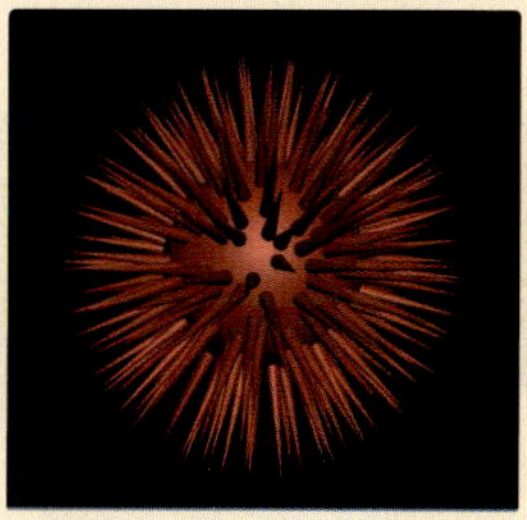

5

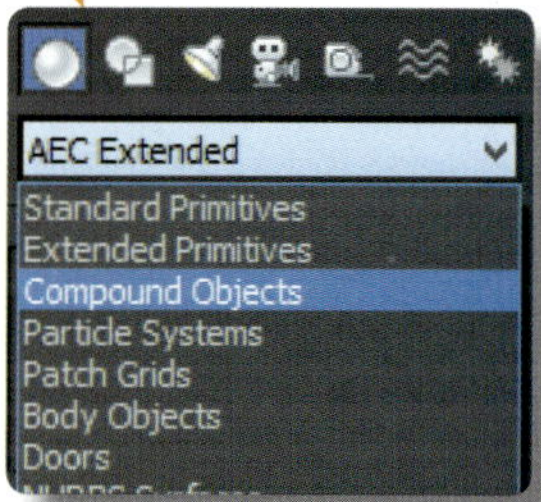

4

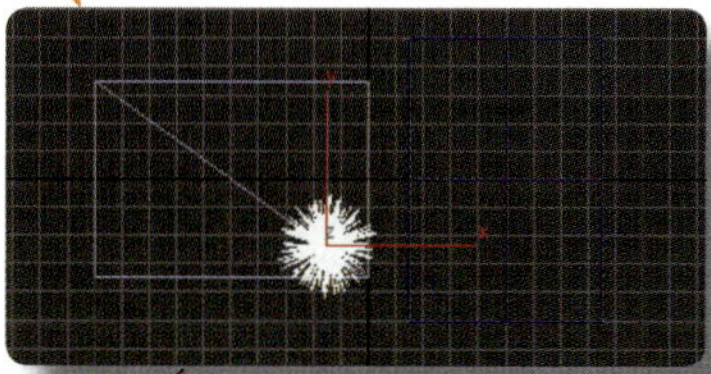

6

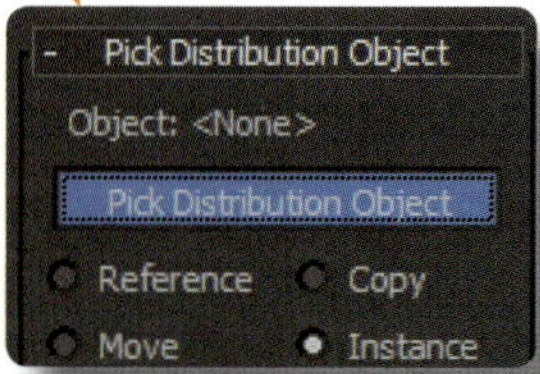

7

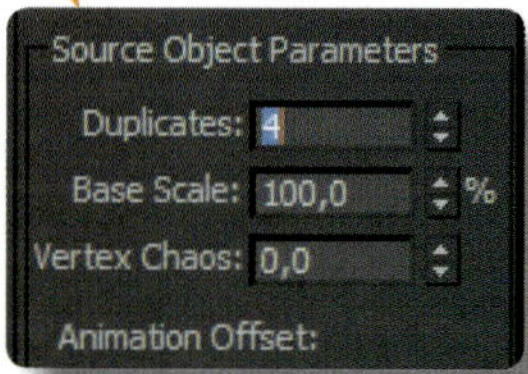

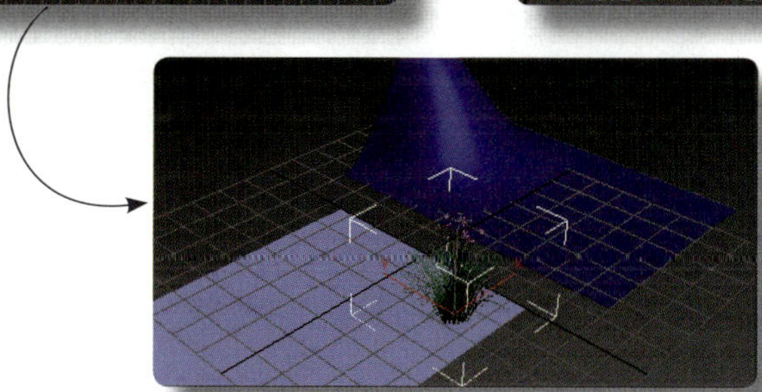

8

Deformar superficies con el modificador Noise

IMPORTANTE

El modificador Noise suele aplicarse sobre objetos o superficies planas para crear efectos tales como **banderas que ondean, terrenos escarpados, el mar,** etc.

EL MODIFICADOR NOISE, incluido en el grupo de paramétricos, deforma una malla variando la posición de los vértices y de sus tres ejes, lo que produce un efecto similar al del modificador Wave.

1. En el siguiente ejercicio aplicaremos el modificador **Noise** en la escena **Cuadrículas.max**. Con la herramienta **Select Object** seleccione el corrector de la derecha en el visor **Perspective** y active la ficha **Modify** del **Command Panel**.
2. Puesto que el modificador con el que vamos a trabajar pertenece al grupo de paramétricos, configuraremos la lista de modificadores para que, al ser desplegada, muestre en primer lugar dicho grupo. Haga clic sobre el icono **Configure Modifiers Sets**, el último de los iconos que aparecen bajo el **Catálogo de subobjetos**, y active la opción **Parametric Modifiers.** 1
3. A continuación, haga clic en el botón de punta de flecha del campo **Modifier List** y pulse sobre el modificador **Noise.** 2
4. El panel **Parameters** muestra los campos que controlan el efecto de la deformación. Haga doble clic en el campo **Seed**, inserte el valor **4** y pulse la tecla **Tabulador.** 3
5. En el siguiente campo, **Scale**, debemos indicar el tamaño del ruido ajustándonos al tamaño del objeto. Inserte el valor **60** y pulse **Retorno.** 4

1

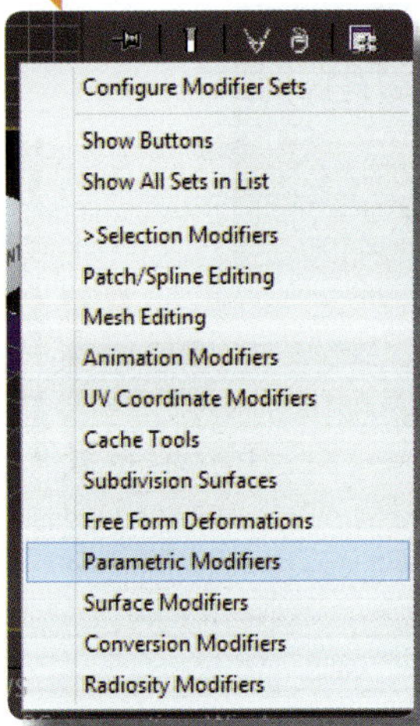

2

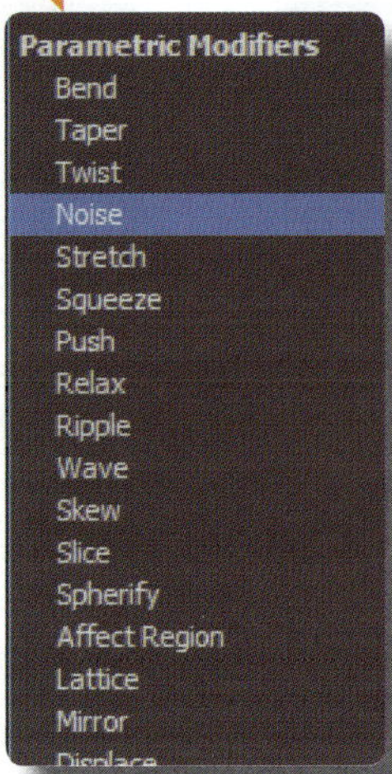

3

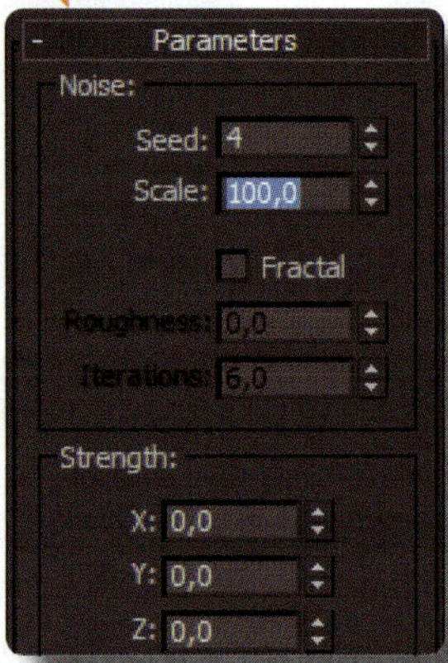

El parámetro **Seed** indica la aleatoriedad del ruido.

4

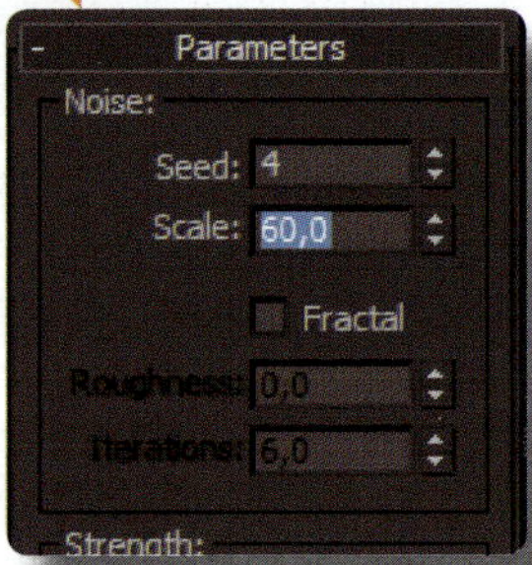

Tenga en cuenta que cuanto mayor sea el valor en el campo **Scale**, el efecto de aspereza será menor, es decir, la forma quedará más suavizada.

090

6. Active la opción **Fractal** para obtener un efecto de iteraciones fractales y, por tanto, una superficie más escarpada.
7. Al activar esta opción, se muestran operativos los campos **Roughness** e **Iterations**, que controlan la uniformidad del efecto. El primero de ellos determina la cantidad de variación, y el segundo define el número de veces que se repite la variación fractal. Haga doble clic en el campo **Roughness**, inserte el valor **0,5** y pulse **Retorno.** [5]
8. Para poder comprobar los efectos del modificador **Noise**, debemos cambiar los valores de uno o más ejes de coordenadas en el apartado **Strength**. Haga doble clic en el campo **Y**, inserte el valor **30** y pulse la tecla **Tabulador**.
9. En el campo **Z** inserte el valor **40** y pulse **Retorno.** [6]
10. Vea cómo va cambiando el aspecto del corrector. [7] Desde el apartado **Animation** podemos animar el ruido indicando en el campo **Frequency** la velocidad en que se producirán los cambios y en el campo **Phase**, el punto donde empieza y acaba la onda que genera el efecto de ruido. Active la opción **Animate Noise**.
11. Para animar el ruido es imprescindible que el valor del campo **Frequency** sea superior a 0. Haga doble clic en el campo **Phase**, inserte el valor **6** y pulse **Retorno.** [8]
12. El corrector muestra otro momento de la animación. [9] Haga clic en una zona libre del visor **Perspective** para deseleccionarlo y pulse la combinación de teclas **Ctrl.+S** para guardar los cambios.

IMPORTANTE

Si desea que el efecto ruido sea aún más acusado en determinadas zonas del objeto, puede editar su malla **estirando vértices**, por ejemplo, para aplicarle posteriormente el modificador.

5

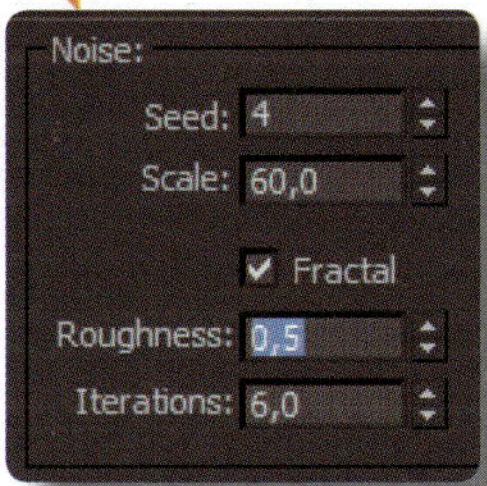

Si se aumenta el valor del campo **Iterations** el equipo necesitará más tiempo para ejecutar la modificación.

6

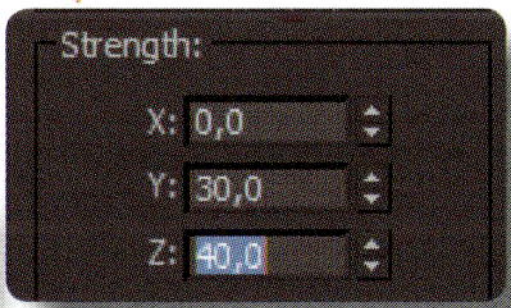

7

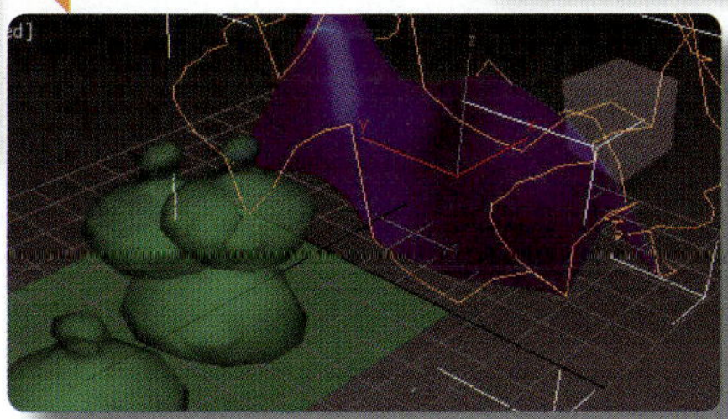

8

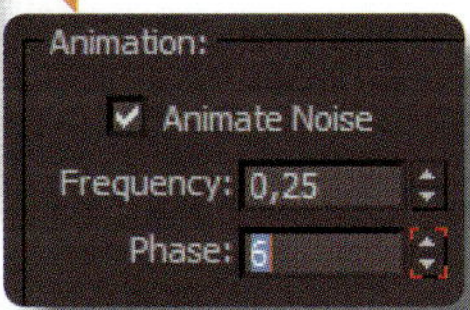

Tenga en cuenta que el efecto que se aprecia en los visores al aplicar determinados modificadores no es exactamente el mismo que se verá en la renderización final.

9

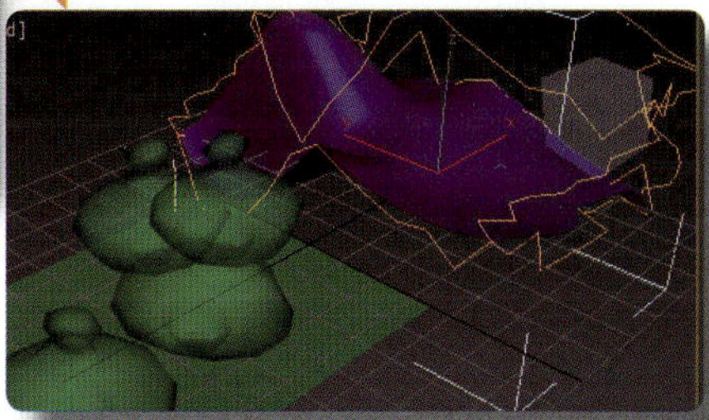

Para poder apreciar claramente el efecto de la animación le recomendamos que pulse varias veces las flechas de control que aparecen a la derecha del campo **Phase**.

Editar correctores

IMPORTANTE

La principal **diferencia entre convertir un corrector en editable y aplicarle el modificador Edit Patch** es que la aplicación del modificador no implica la pérdida de los parámetros iniciales del corrector, de manera que éstos pueden ser modificados en cualquier momento desde el panel de parámetros.

PARA PODER MANIPULAR LOS SUBOBJETOS de un corrector puede transformarlo en editable o aplicarle el modificador Edit Patch, incluido en el grupo Patch/Spline Editing.

1. En lecciones anteriores ha aprendido a convertir un corrector en editable y a aplicarle modificadores. Imagine que, tras ello, desea manipular uno de los subobjetos del corrector sin perder los efectos de dichos modificadores. Para ello, puede usar el modificador **Edit Patch**. Seleccione el corrector de la derecha.
2. Para apreciar mejor el efecto del modificador que vamos a aplicar al corrector, desactive el modificador **Noise** pulsando la bombilla que aparece a su izquierda en el **Catálogo de subobjetos**. 1
3. Abra el menú **Modifiers**, pulse sobre la opción **Patch/Spline Editing** y seleccione el modificador **Edit Patch**. 2
4. Subdividiremos la superficie del corrector para aumentar el número de vértices y de aristas y demás componentes, lo que hará que los efectos de la transformación sean más espectaculares. Active el modo de selección de aristas pulsando el tercer icono del apartado **Selection** del panel de parámetros. 3
5. En el visor **Top**, haga clic sobre la arista horizontal central del corrector de la derecha para seleccionarla. 4

1
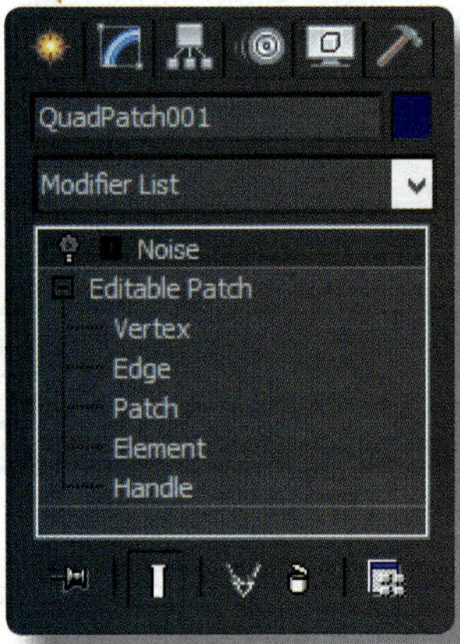

2
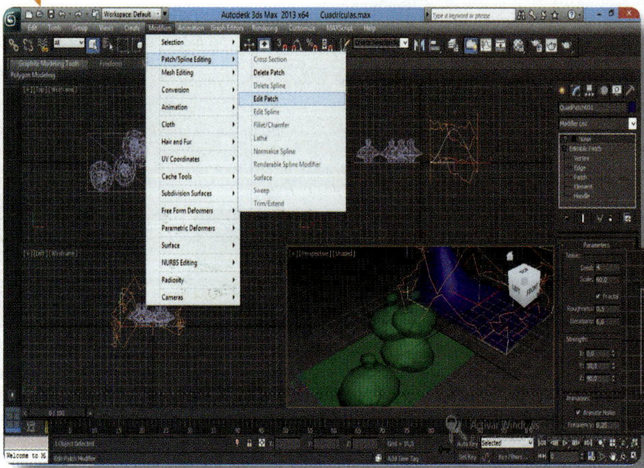

3

4
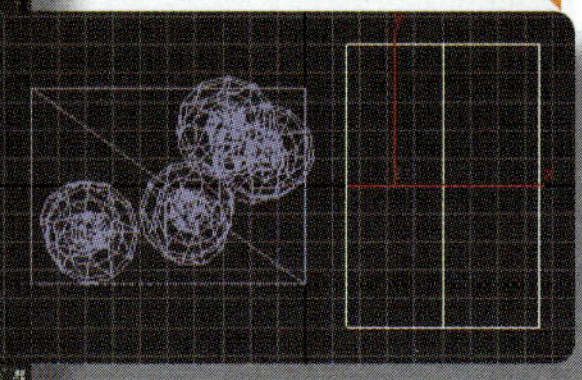

091

6. En la persiana **Geometry**, pulse el botón **Subdivide**.
7. La arista seleccionada se divide en varias partes y el aspecto del corrector se vuelve algo más rugoso. Pulse el signo + que aparece a la izquierda del término **Edit Patch** y en el subárbol elija el subobjeto **Vertex**.
8. Sólo transformaremos el vértice central. Selecciónelo en el visor **Top** y active la herramienta **Select and Move**.
9. Para obtener un efecto de elevación aumentaremos el valor del eje Z. Haga doble clic en el campo **Z** de la **Barra de coordenadas**, inserte el valor **25** y pulse **Retorno**.
10. Ahora aplicaremos un efecto de biselado al mismo corrector. En el **Catálogo de subobjetos**, haga clic sobre el subobjeto **Patch** y, en el visor **Perspective**, pulse sobre la parte más elevada del objeto.
11. En el apartado **Extrude & Bevel** del panel de parámetros, pulse el botón **Bevel**.
12. Haga doble clic en el campo **Extrusion**, inserte el valor **-20** y pulse la tecla **Tabulador**.
13. En el campo **Outlining** escriba el valor **-15** y pulse la tecla **Retorno** para comprobar el resultado.
14. Active de nuevo el modificador **Noise** pulsando en la bombilla que aparece a su izquierda en el **Catálogo de subobjetos**, haga clic sobre el modificador **Edit Patch** y pulse en una zona libre del visor **Perspective** para deseleccionar el corrector.

IMPORTANTE

Se recomienda usar el estado **Editable Patch** en vez del modificador puesto que éste puede ser más lento y ocupa más espacio de memoria.

8

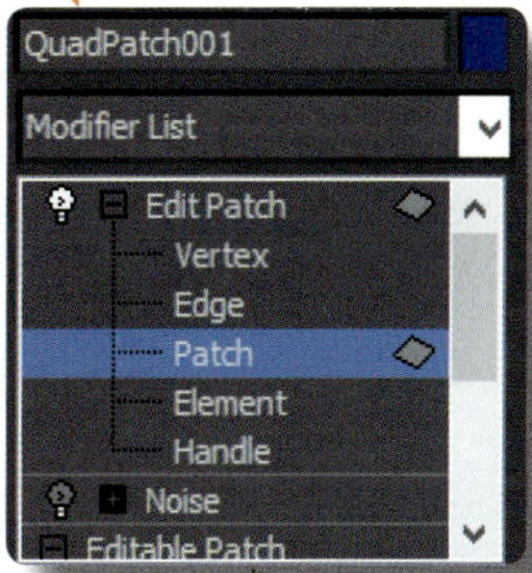

9

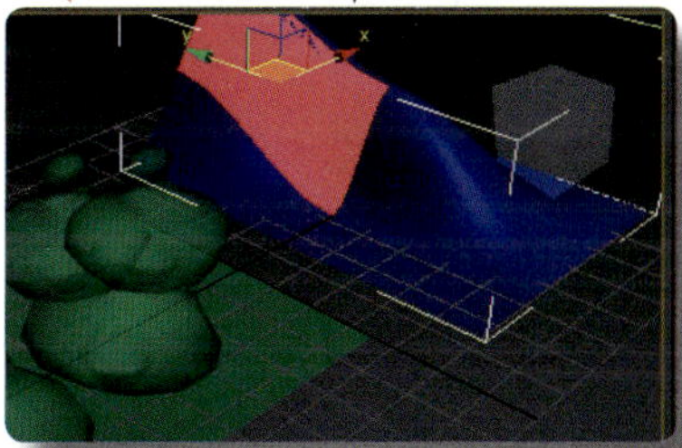

5

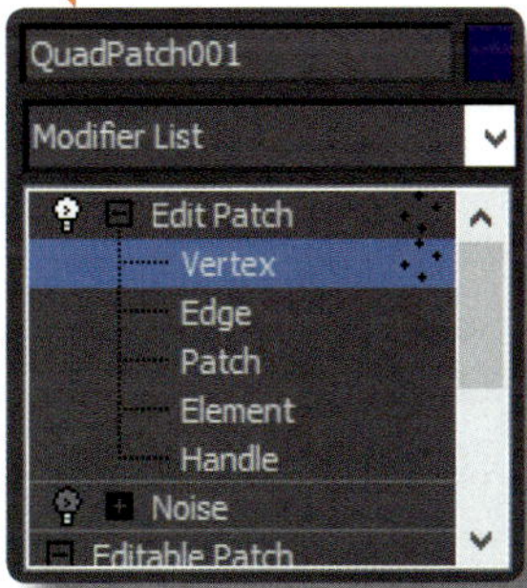

6

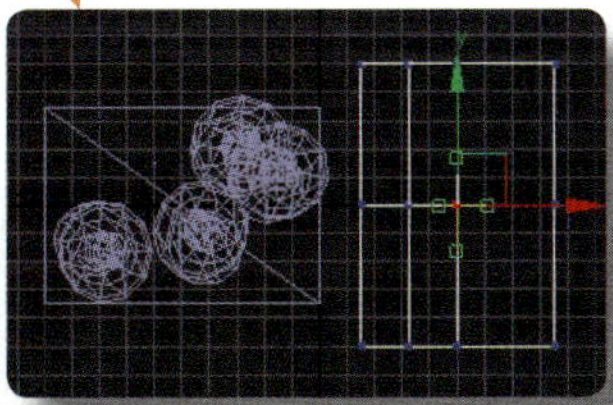

7

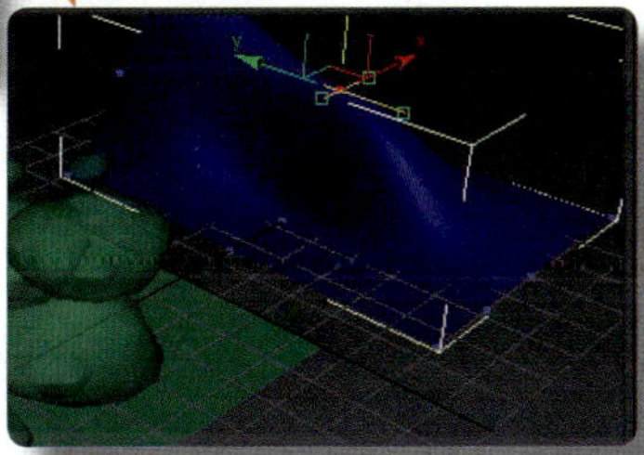

Puede realizar la deformación Bevel utilizando el arrastre o introduciendo los valores en los campos **Extrusion** y **Outlining**.

10

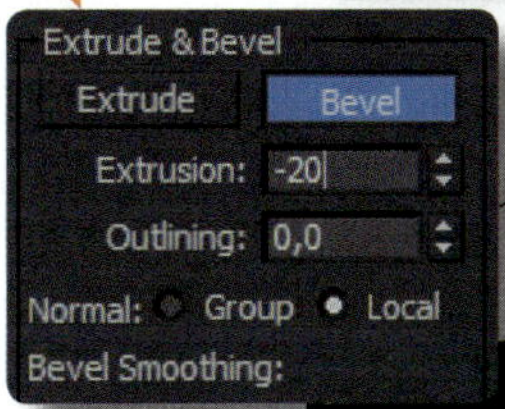

11

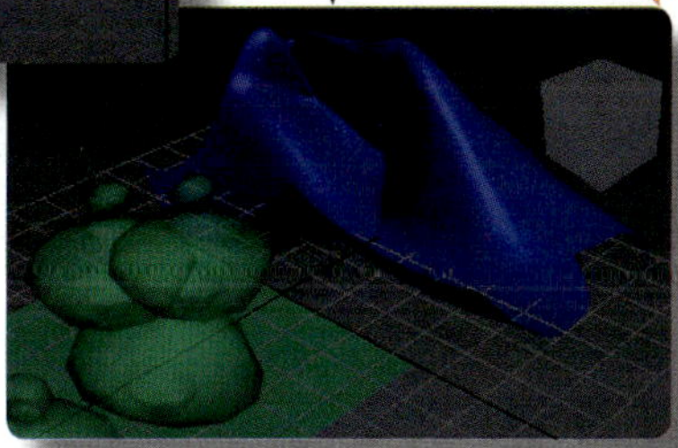

Ya sabe que puede seleccionar un solo vértice o varios a la vez manteniendo pulsada la **tecla Control**.

Dar volumen a un objeto

IMPORTANTE

Las opciones Bevel Edges y Bevel Spline del modificador Shell permiten **biselar las aristas de la carcasa**. Si activa la segunda opción, podrá seleccionar una spline que definirá la forma del biselado. Utilizando los tres controles siguientes puede sustituir el ID material de la sección interior, de la exterior y de las aristas.

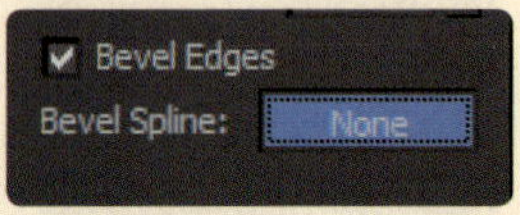

LOS CORRECTORES SON MODELOS DEFORMABLES similares a las splines, que se usan principalmente para la creación de superficies de curvatura leve. Al convertirlas en correctores editables, (utilizando el modificador Edit Patch o cambiando su estado a corrector editable), su geometría se transforma en un grupo de correctores Bézier que pueden manipularse independientemente.

1. En este ejercicio utilizaremos la escena **092.max**, que puede descargar desde nuestra página Web y abrir en el área de trabajo de 3ds Max, no sin antes guardar los cambios en la escena **Cuadrículas.max**. Este documento muestra únicamente un corrector triangular editable, sobre el cual trabajaremos. Empecemos. Con la herramienta **Select Object** seleccione el corrector editable en el visor **Perspective**. 1
2. Usando el modificador **Shell** daremos grosor a la superficie del corrector. Abra el menú **Modifiers**, pulse sobre el grupo **Parametric Deformers** y elija el modificador **Shell**.
3. En los campos **Inner Amount** y **Outer Amount** debemos especificar la distancia desde la posición inicial hasta la parte interior y exterior de la superficie. Haga doble clic en el campo **Inner Amount**, inserte el valor **30** y pulse **Tabulador**. 2
4. La parte inferior de la cuadrícula se desplaza hacia abajo convirtiéndose así en un objeto tridimensional. 3 En el campo **Outer Amount**, inserte el valor **10** y pulse la tecla **Retorno**.

1

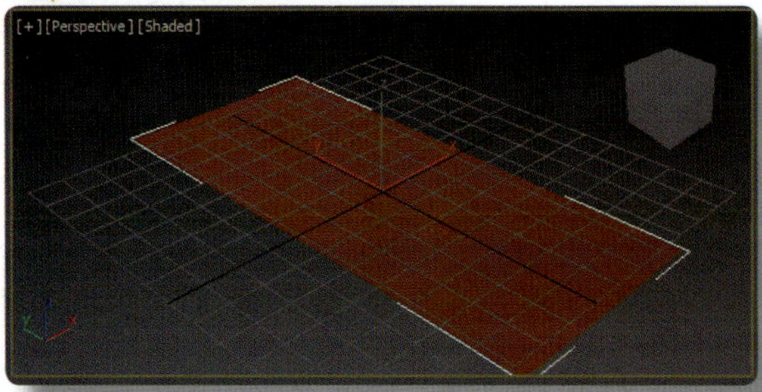

2

3

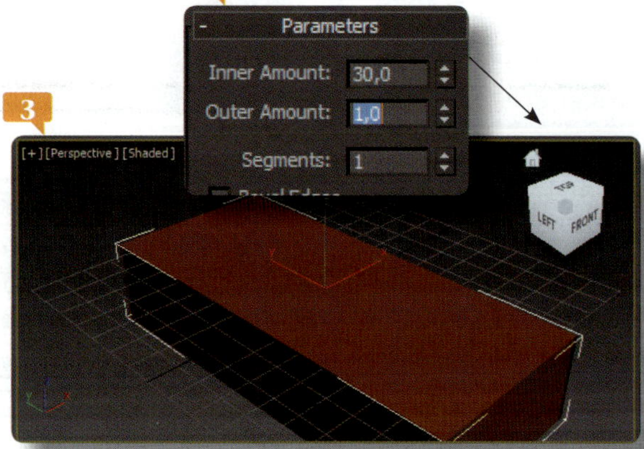

Los valores Inner Amount y Outer Amount del modificador Shell determinarán la **densidad de la carcasa**.

5. Aumentando el número de segmentos, la manipulación y edición del corrector será más precisa y los resultados de las modificaciones, más espectaculares. Haga doble clic en el campo **Segments**, inserte el valor **5** y pulse **Retorno**. [4]

6. En los visores **Front** y **Left** puede ver que aumenta el número de segmentos de división de la cuadrícula. [5] Pulse en la parte inferior de la **Barra de desplazamiento** del panel **Parameters**.

7. Los comandos **Auto Smooth Edge** y **Override Edge Smooth Grp** permiten suavizar las aristas que se encuentran en el umbral del ángulo o modificar su grupo de suavizado. Como la opción **Auto Smooth Edge** está activada, haga doble clic en el campo **Angle**, inserte el valor **90** y pulse **Retorno**. [6]

8. Las aristas pueden ser mapeadas utilizando las opciones incluidas en el desplegable **Edge Mapping**. [7] Dejaremos seleccionada la opción **Copy**, por la cual se mantiene el mismo mapeado que en la cara original. En la parte inferior del panel **Parameters** se encuentran las opciones que permiten seleccionar las aristas, las caras interiores y exteriores y rectificar las esquinas. Active la opción **Select Inner Faces**, vea en los visores **Front** y **Left** cómo se selecciona la cara inferior del corrector editable y active la opción **Select Outer Faces**. [8]

9. Tanto las caras de la sección interior como las de la exterior quedan remarcadas en rojo en todos los visores. [9] Haga clic en una zona libre del visor **Perspective** para deseleccionar el corrector [10] y pulse la combinación de teclas **Ctrl.+S** para guardar los cambios.

092

IMPORTANTE

El **estado editable** de una cuadrícula de corrección es parecido a la malla editable aunque la edición de cada uno de sus componentes se produce de manera más suave.

8

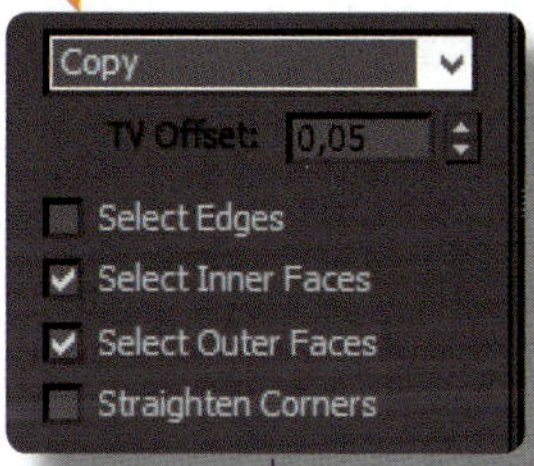

9

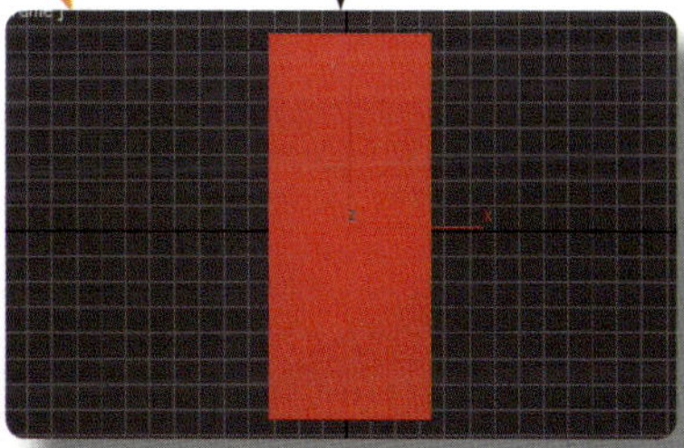

4

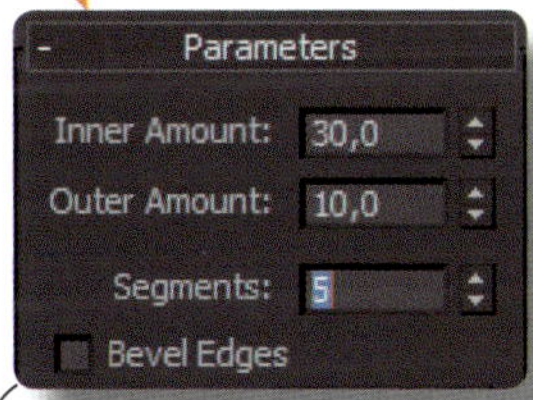

Cualquier objeto, además de las cuadrículas de corrección, es susceptible de ser convertido en **corrector editable**.

7

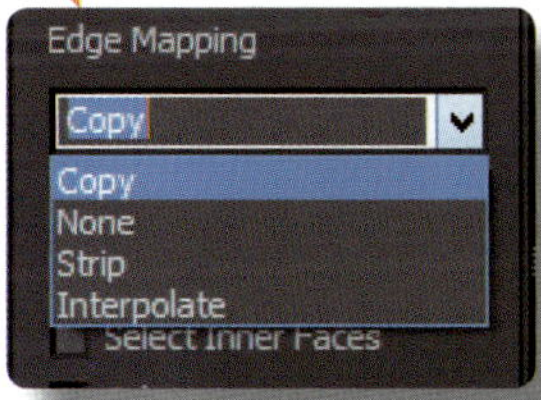

5

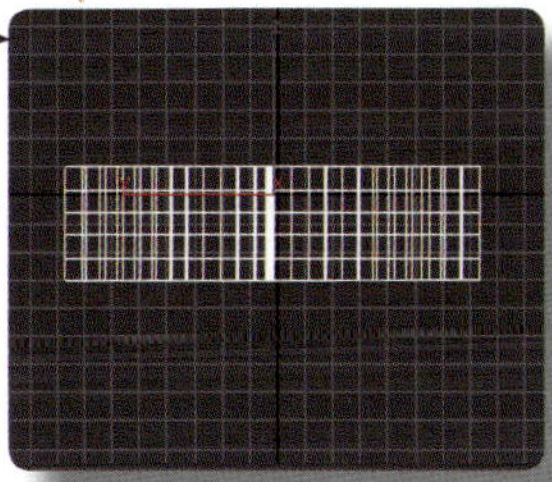

6

10

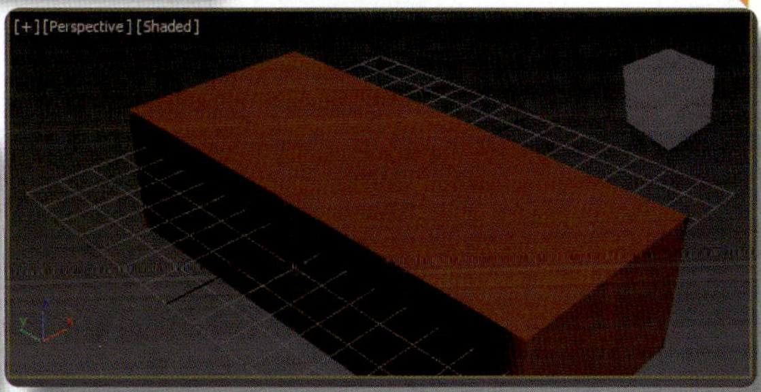

Crear superficies que simulan terrenos

IMPORTANTE

Para que el resultado final al aplicar el modificador Displace tenga un aspecto suavizado se recomienda trabajar con un **objeto suficientemente segmentado**.

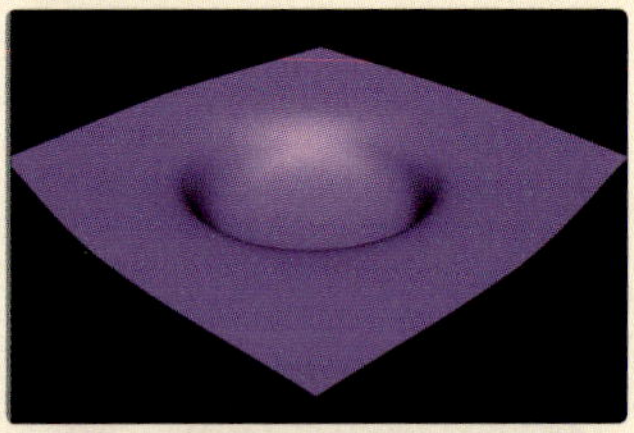

EL MODIFICADOR PARAMÉTRICO Displace se utiliza principalmente para simular terrenos, ya que permite modificar la geometría de un objeto desplazando el gizmo del modificador o usando la escala de grises de una imagen bitmap o de un mapa.

1. En este ejercicio vamos a aplicar el modificador **Displace** sobre el corrector editable de la escena **092.max**. Para empezar, selecciónelo en el visor **Perspective.** [1]
2. Haga clic en el botón de punta de flecha del campo **Modifier List** y seleccione el modificador **Displace**, incluido en el grupo de modificadores paramétricos.
3. Accederemos al visor de materiales para escoger uno de los mapas que ofrece 3ds Max. En el apartado **Image** del panel **Parameters**, pulse el botón **None** del subapartado **Map.** [2]
4. En el cuadro **Material/Map Browser**, pulse sobre la opción **Swirl** [3] y haga clic en **OK**.
5. Para aplicar el desplazamiento haga doble clic en el campo **Strength** del apartado **Displacement**, inserte el valor **15** y pulse la tecla **Tabulador**.
6. Para suavizar el efecto inserte en el campo **Decay** el valor **1** y pulse **Retorno** para comprobar el resultado. [4]

1

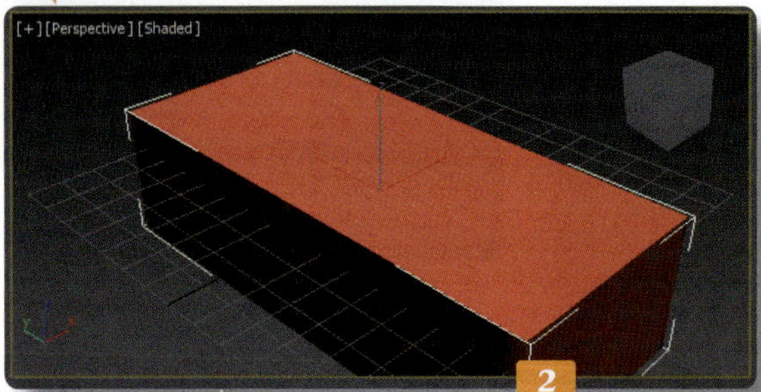

El resultado que se obtiene al aplicar el **modificador Displace** es similar al de modificadores como Noise o a la creación del efecto especial del mismo nombre.

2

3

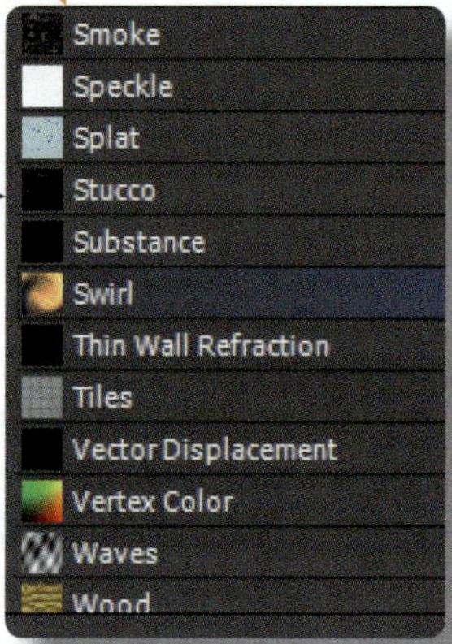

4

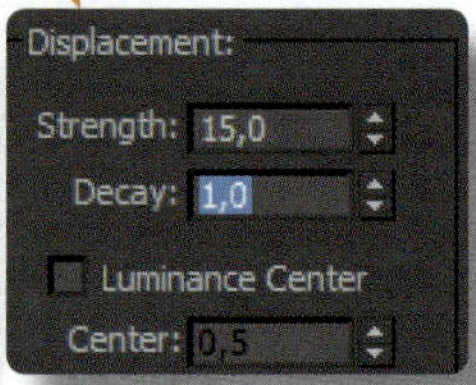

Los campos **Strength** y **Decay** del modificador Displace determinarán el aspecto final del objeto.

093

7. El gizmo del modificador **Displace** puede tener cuatro formas: Planar, Cilyndrical con o sin tapa, Spherical y Shrink Wrap. Muestre el apartado **Map** y haga clic en el botón de opción **Spherical**. 5
8. Ahora, haga doble clic en el campo **Width**, inserte el valor **30** y pulse la tecla **Retorno**. 6
9. Puede usar las herramientas de transformación de la **Main Toolbar** para modificar la situación del gizmo, lo que hará que el aspecto del objeto también cambie. En el **Catálogo de subobjetos**, pulse sobre el signo + que aparece a la izquierda del modificador **Displace** y seleccione el subobjeto **Gizmo**. 7
10. Se activa la herramienta **Select and Move**. Para desplazar el gizmo del modificador hacia la izquierda del corrector haga doble clic en el campo **Y** de la **Barra de coordenadas**, inserte el valor **50** y pulse la tecla **Retorno**. 8
11. En el apartado **Alignment**, en la parte inferior del panel de comandos, puede seleccionar el eje al cual desea alinear el gizmo. En este caso, puesto que el gizmo es esférico, el efecto que produciría un cambio de alineación sería casi imperceptible, por lo que mantendremos la opción que se encuentra seleccionada por defecto. Pulse el botón **Center** para que el gizmo vuelva al centro del corrector. 9
12. En el **Catálogo de subobjetos**, haga clic sobre el modificador **Displace** para deseleccionar el gizmo, pulse en una zona libre del visor **Perspective** para deseleccionar el corrector y guarde los cambios pulsando la combinación de teclas **Ctrl.+S**.

IMPORTANTE

El grupo de botones que aparecen al final del panel de parámetros del modificador **Displace** permite reorganizar el gizmo hasta situarlo en el punto adecuado.

7

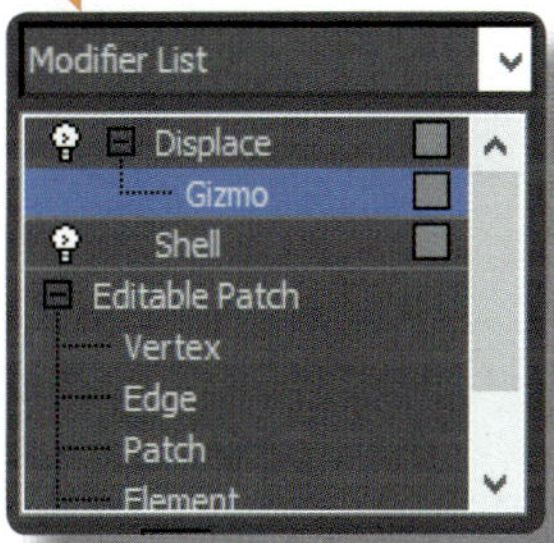

8

5

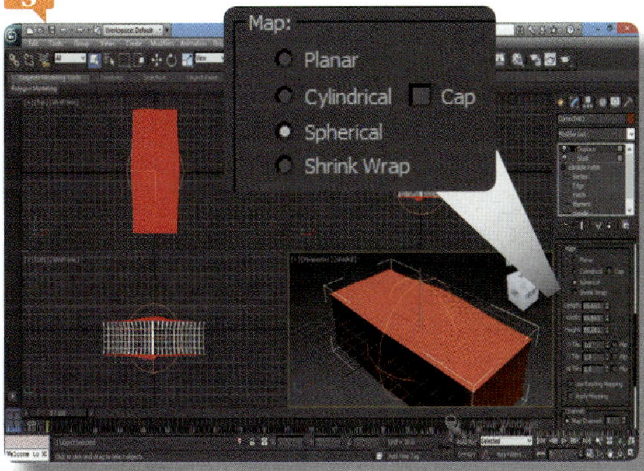

6

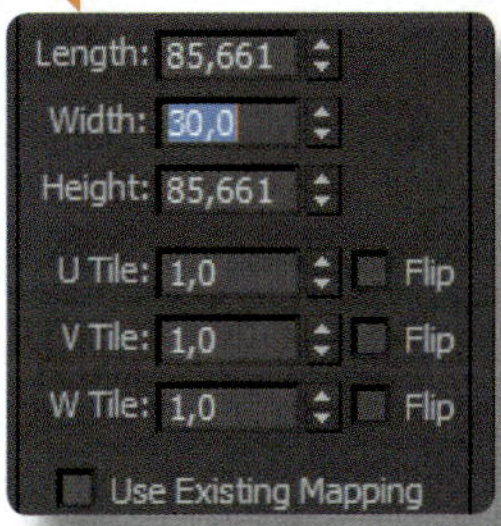

Es posible modificar las **dimensiones del gizmo** usando los controles Length, Width y Height.

9

Modificar objetos de composición

IMPORTANTE

El botón **Extract Operand** de la persiana Scatter Objects del objeto de composición Scatter realiza una copia o un calco, según la opción escogida, del operando seleccionado, situándola encima del original. Recuerde que una copia es un duplicado exactamente igual al original pero totalmente independiente del mismo mientras que un calco es un duplicado igual al original y dependiente de éste.

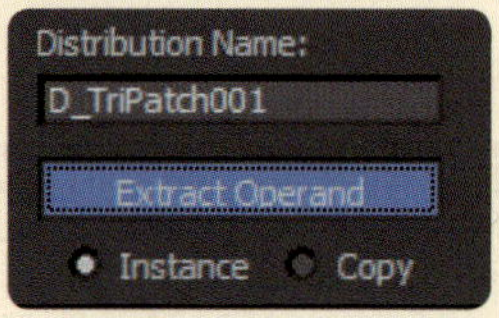

AL UTILIZAR EL OBJETO DE COMPOSICIÓN SCATTER, el objeto origen y el de distribución se unen en uno solo, que se muestra en el Catálogo de subobjetos con el nombre Scatter. Los elementos que componen este objeto pasan a llamarse Operands y pueden ser manipulados individualmente.

1. En este ejercicio vamos a trabajar de nuevo con el archivo de ejemplo **Cuadrículas.max**, en el que usando el objeto de composición **Scatter** creamos un terreno con arbustos en su superficie. Con la herramienta **Select Object**, seleccione ese objeto.
2. Tanto en la persiana **Pick Distribution Object** como en el apartado **Objects** puede ver que el objeto de dispersión es, en este caso, el corrector triangular. [1] Recuerde que, al seleccionar este objeto como elemento de dispersión, debe indicar el modo en que desea que se produzca la dispersión del objeto origen. Haga clic sobre el botón de la opción **Use Transforms Only**, en el apartado **Distribution**. [2]
3. Ahora la dispersión del objeto origen no se produce sobre el objeto de distribución [3] sino cumpliendo los valores especificados en la persiana **Transforms** del panel de parámetros. La persiana **Transforms** cuenta con cuatro apartados, cada uno de los cuales incluye la opción **Use Maximum Range** [4] que hace que los contadores se igualen mostrando el valor del

1

3

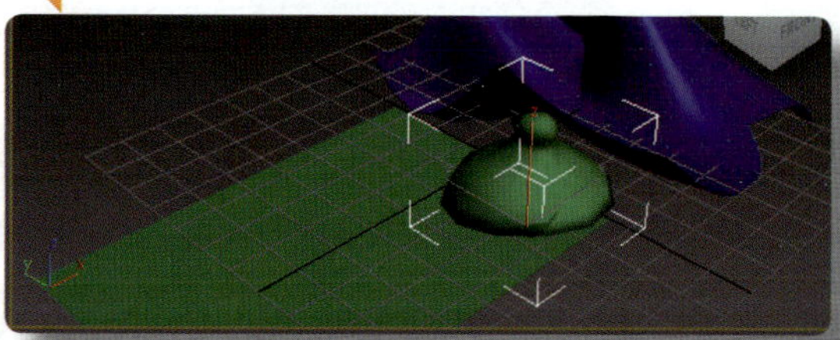

2

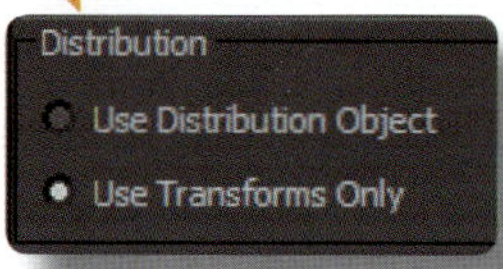

4

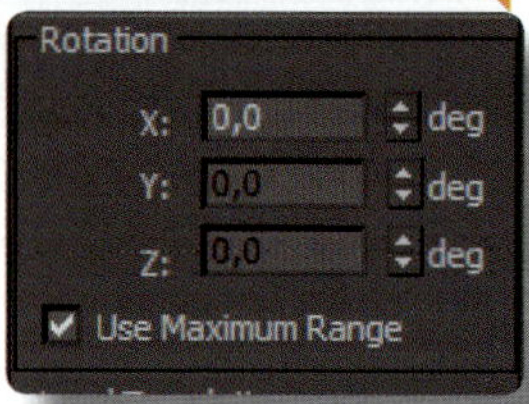

máximo en uso. Haga doble clic en el campo **Y** del apartado **Local Translation**, inserte el valor **20** y pulse **Retorno**. [5]

4. De este modo hemos definido el eje vertical de la traslación de los objetos origen. [6] Active la opción **Use Maximum Range** de este apartado y observe el resultado. [7]
5. Los tres contadores de este apartado muestran ahora el máximo valor utilizado, a la vez que se redistribuyen los objetos origen. [8] En el **Catálogo de subobjetos** haga clic en el signo + que aparece junto al objeto **Scatter**.
6. Los operandos de este objeto son el follaje y el corrector. Para poder acceder a sus parámetros de creación, puede activar el subelemento **Operands** y seleccionarlos en el visor o seleccionarlos en el cuadro **Objects** de la persiana **Scatter Objects**. Haga clic sobre dicho subelemento en el **Catálogo de subobjetos** y pulse sobre uno de los arbustos en el visor activo. [9]
7. En el **Catálogo de subobjetos** se muestra el objeto **Foliage**. Veremos que, al seleccionarlo, aparece su correspondiente panel de parámetros que nos permitirá modificar sus principales atributos. Haga clic sobre el objeto **Foliage**.
8. Se abre el panel **Parameters** del objeto seleccionado. A modo de ejemplo, cambiaremos la altura del follaje. Haga doble clic en el campo **Height**, inserte el valor **15** y pulse **Retorno**. [10]
9. Para acabar este ejercicio, haga clic en cualquier zona libre del visor **Perspective** para deseleccionar el objeto y guarde los cambios pulsando la combinación de teclas **Ctrl.+S**.

094

IMPORTANTE

También puede modificar otros aspectos del objeto de distribución como el número de duplicados del objeto origen que desea obtener, la escala de dicho objeto, etc. Para ello debe acceder a la persiana **Scatter** objects del panel de parámetros del objeto de composición.

10

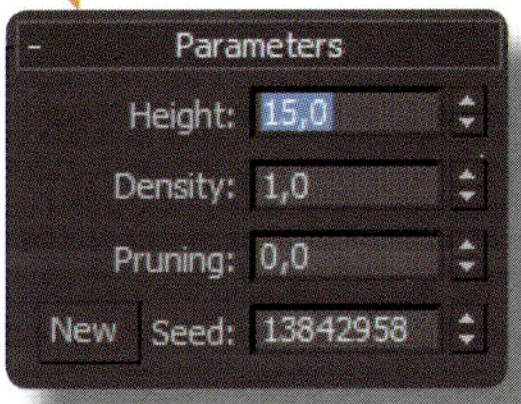

9

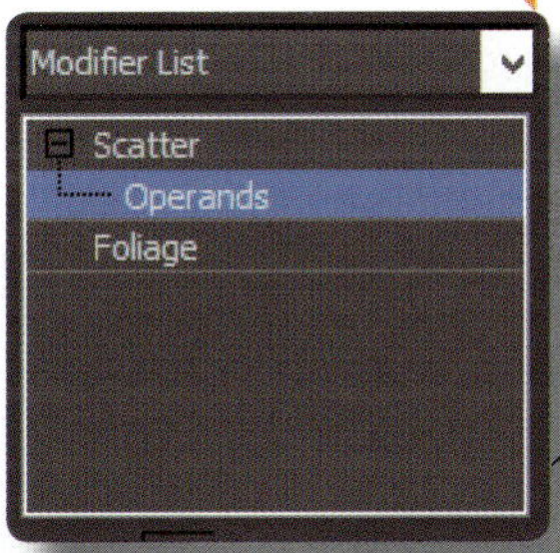

El **objeto de distribución** puede ser seleccionado directamente, sin necesidad de activar el subelemento Operands.

5

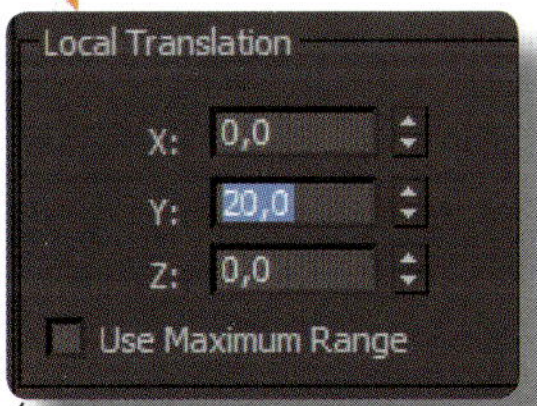

7

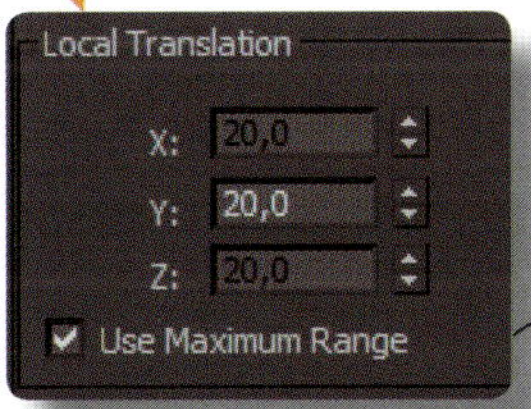

6

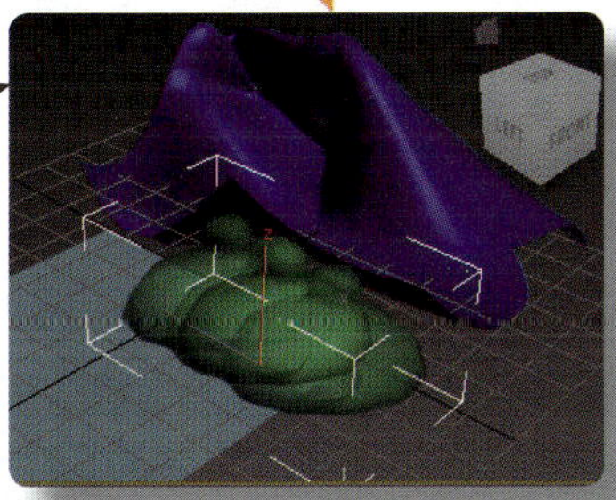

8

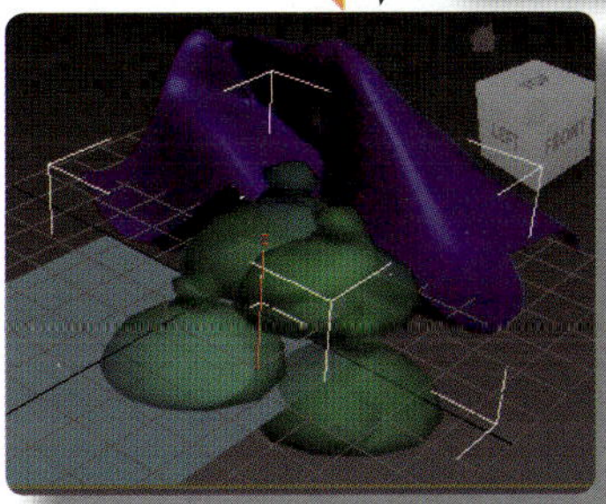

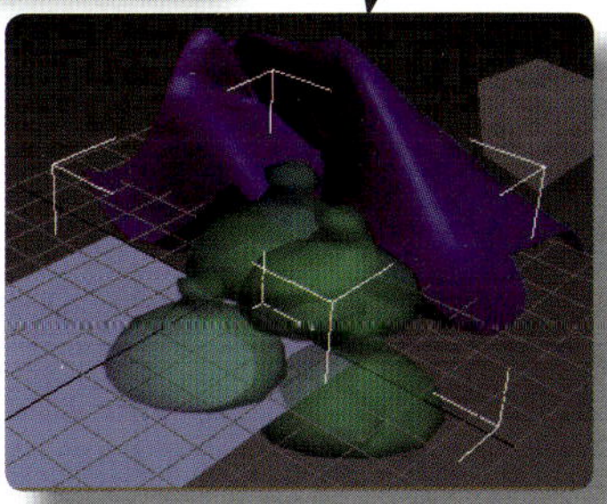

Eliminar modificadores

PARA ELIMINAR MODIFICADORES debe acceder a su menú contextual en el Catálogo de subobjetos y elegir la opción Delete. En muchos programas la función Delete puede llevarse a cabo también desde el menú Edit o mediante la tecla Suprimir, pero en 3ds Max no.

1. Para empezar, con la herramienta **Select Object** seleccione el corrector cuadrado que aparece en la escena **Cuadrículas.max.** [1]
2. Como recordará, a este corrector le hemos añadido dos modificadores: **Edit Patch** y **Noise**. Antes de proceder a la eliminación, vamos a desactivar uno de ellos para ver cómo quedaría el objeto. Puede utilizar la bombilla situada a la izquierda del nombre del modificador en el **Catálogo de subobjetos** o las opciones correspondientes de su menú contextual. Pulse sobre la bombilla del modificador **Edit Patch.** [2]
3. Supongamos que prefiere el objeto tal y como se muestra ahora, [3] sin el efecto del modificador **Edit Patch**. Para suprimirlo definitivamente, haga clic con el botón derecho del ratón sobre él y, en el menú contextual que se despliega, elija la opción **Delete.** [4]

1

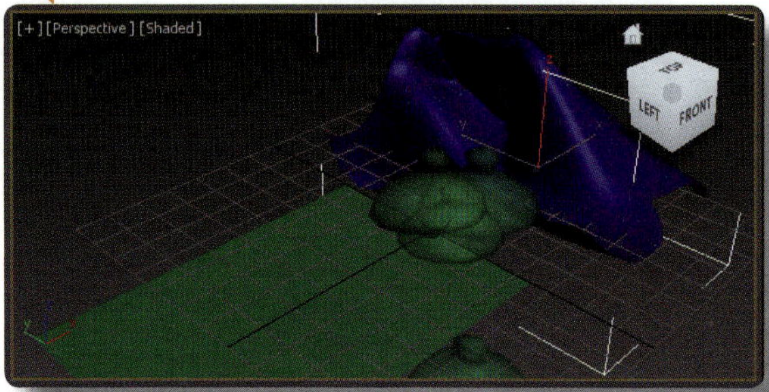

4

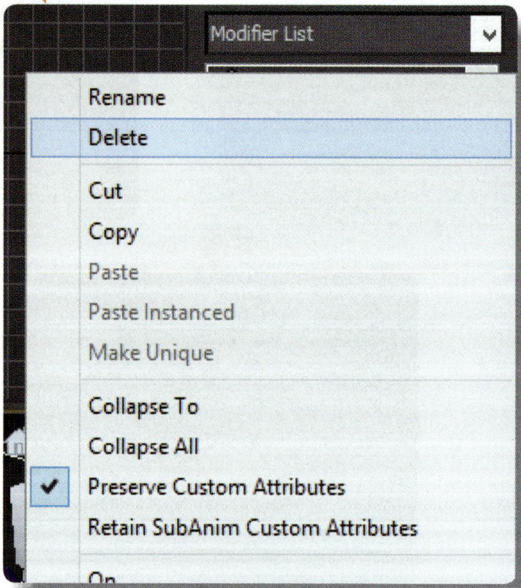

2

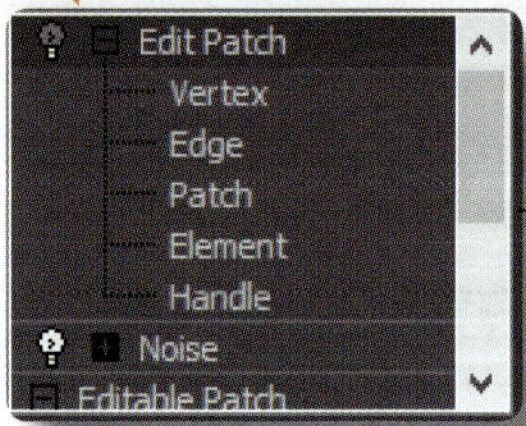

3

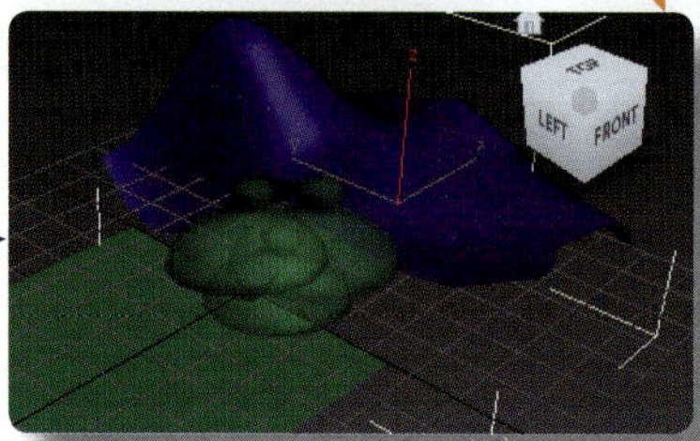

095

4. Automáticamente el modificador desaparece del **Catálogo de subobjetos** a la vez que sus efectos dejan de actuar sobre el objeto. También podemos borrar el efecto de un modificador sobre un objeto y aplicarlo sobre otro. Para ello, es posible utilizar las funciones complementarias **Cut** y **Paste**. Haga clic con el botón derecho del ratón sobre el modificador **Noise** y, del menú contextual, elija la opción **Cut**.
5. Ahora el modificador se encuentra en la memoria del programa, listo para ser aplicado con los mismos parámetros sobre el objeto que seleccionemos. Pulse en el corrector triangular.
6. A continuación, haga clic con el botón derecho del ratón sobre el término **Editable Patch**, en el **Catálogo de subobjetos** y, del menú contextual, elija la opción **Paste**.
7. El efecto del modificador **Noise** se ha aplicado sobre el corrector seleccionado, manteniendo los parámetros que establecimos en su momento. A partir de ahora, puede cambiar estos parámetros hasta conseguir el efecto deseado. Como ejemplo, inserte el valor **80** en el campo **Z** del apartado **Strenght**, en el panel **Parameters**, y pulse **Retorno**.
8. De esta forma intensificado el efecto del modificador de ruido sobre el objeto. Termine este ejercicio reiniciando la escena y guardando los cambios en ella realizados.

IMPORTANTE

El uso de la opción Delete del menú contextual de un modificador es la única manera de eliminar modificadores. La opción **Delete** incluida en el menú **Edit**, y la tecla **Suprimir** no eliminan el modificador seleccionado, sino que suprimen todo el objeto.

8

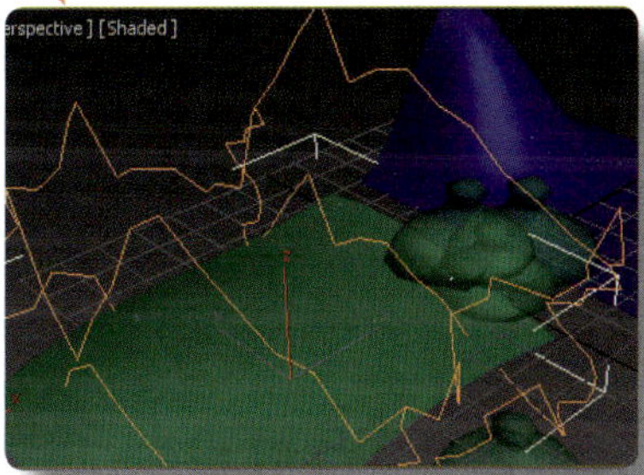

5

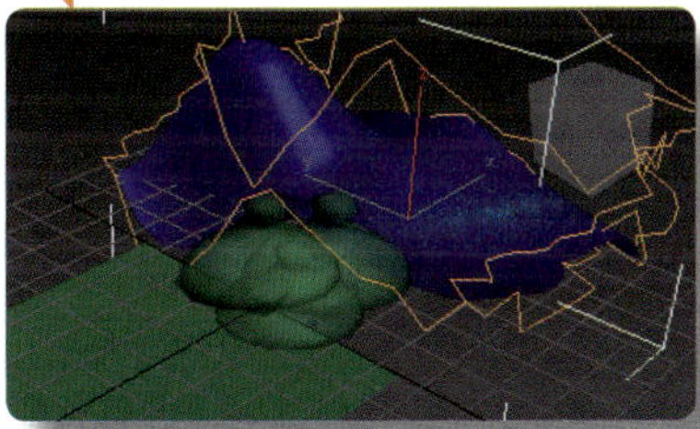

7

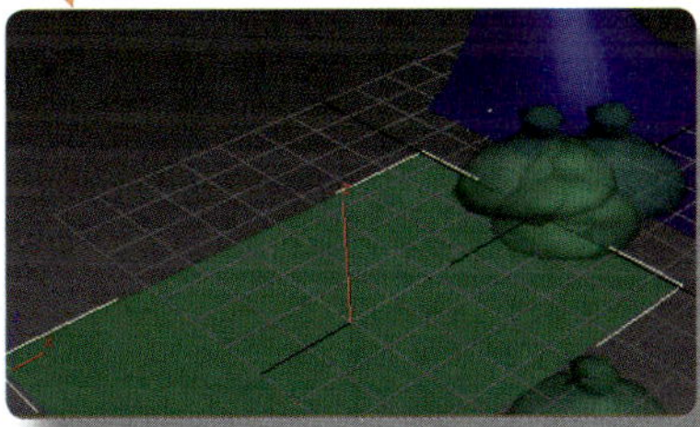

9

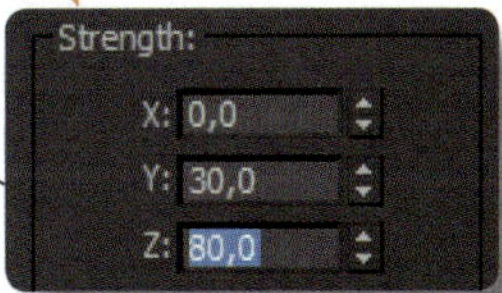

6

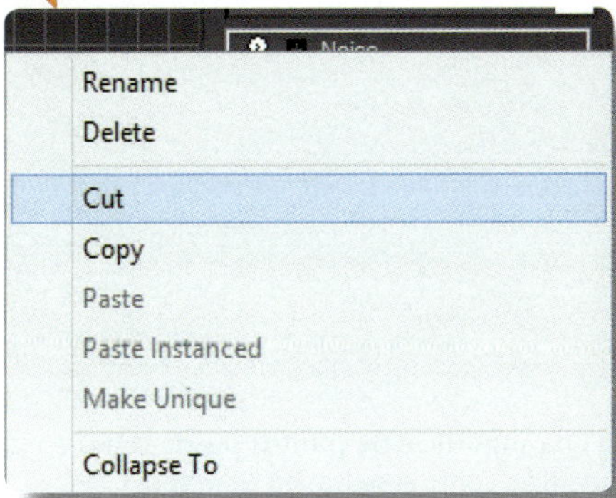

10

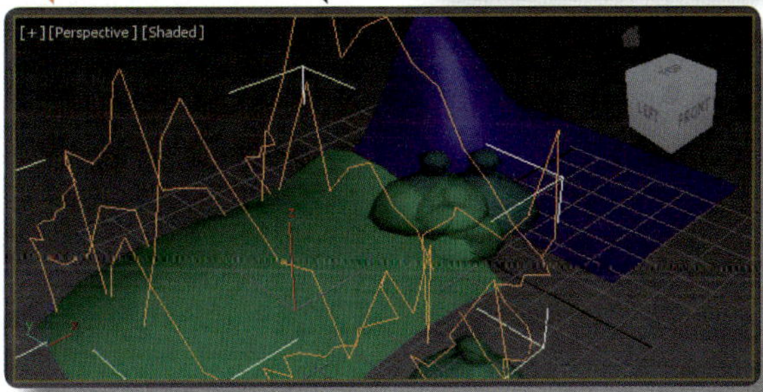

Crear superficies NURBS

IMPORTANTE

Las curvas también pueden estar controladas por **vértices de control** externos a ellas, situados en la celosía que las envuelve, o por puntos de control, que se encuentran sobre la propia curva.

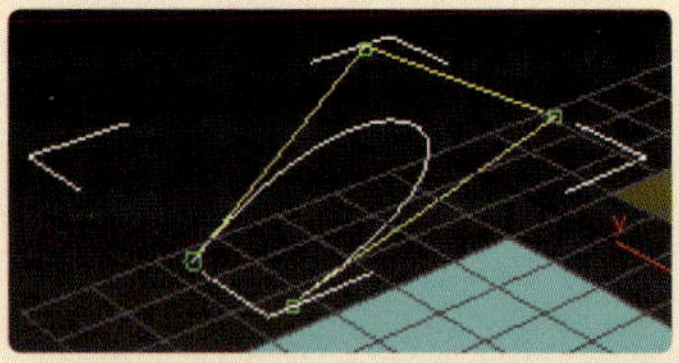

EL TÉRMINO NURBS ES EL ACRÓNIMO de *Non Uniform Rational B-Splines* y corresponde a un método de creación que se sirve de curvas bézier racionales no uniformes. Aunque su cálculo matemático es bastante complejo, su manipulación es sencilla, intuitiva, interactiva y precisa. Existen dos componentes del modelado con NURBS: las superficies NURBS y las curvas NURBS.

1. En el panel de comandos **Create**, haga clic en el botón de punta de flecha para desplegar la lista de objetos de la categoría **Geometry** y pulse sobre la opción **NURBS Surfaces**. [1]
2. Las superficies de puntos están controladas por puntos insertados en la propia superficie y las superficies VC por vértices de control, separados de la superficie y formando normalmente una celosía. Haga clic sobre el tipo de objeto **Point Surf**. [2]
3. En la persiana **Keyboard Entry**, haga doble clic en el campo **X** e inserte el valor **50**.
4. Haga doble clic en el campo **Length**, inserte el valor **80** y pulse la tecla **Tabulador**; en el campo **Width**, escriba el valor **80** y pulse el botón **Create**. [3]
5. Ya tenemos la primera superficie NURBS. [4] Haga clic sobre el tipo de objeto **CV Surf** y en la persiana **Keyboard Entry** inserte el valor **-50** en el campo **X**.

1

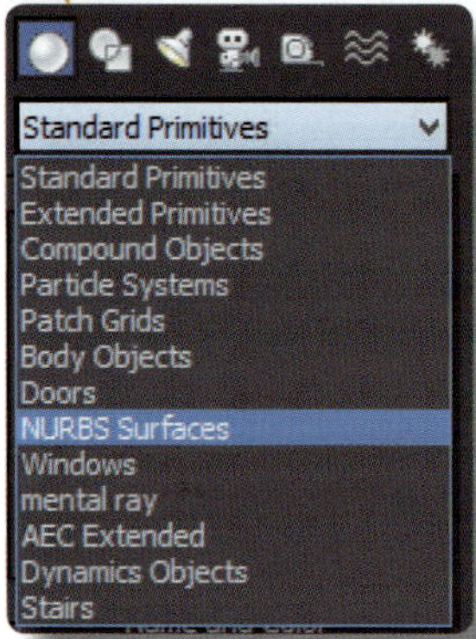

Las **superficies NURBS** como objetos se componen de la propia superficie, de curvas y de puntos o vértices de control.

2

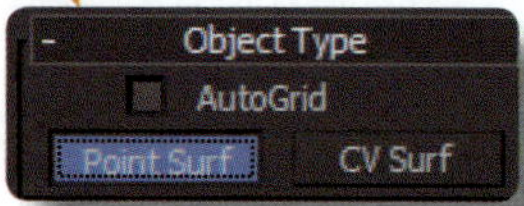

Las superficies NURBS pueden ser de dos tipos.

3

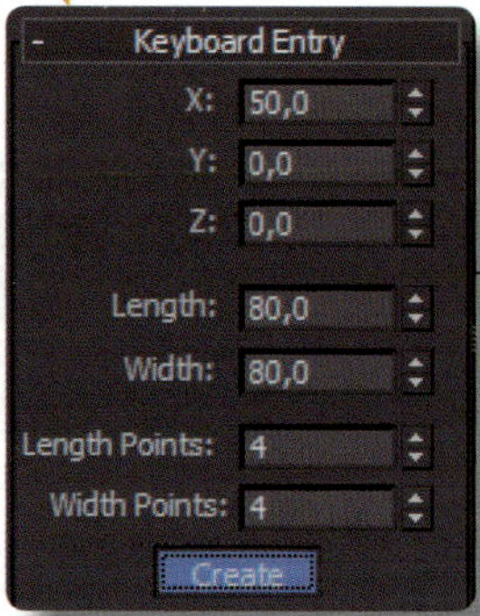

4

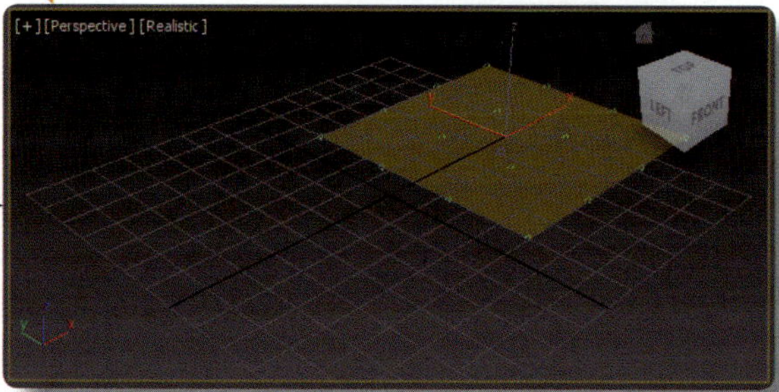

En una **superficie de puntos** puede verlos en la propia superficie como si se tratara de vértices.

096

6. Haga doble clic en el campo **Length**, inserte el valor **80** y pulse **Tabulador**; en el campo **Width**, inserte el valor **80** y pulse el botón **Create**.
7. Aparentemente estas dos superficies son muy similares; 5 será al manipularlas cuando encontremos las diferencias. Ahora añadiremos a la escena dos curvas NURBS. Abra el menú **Create**, pulse sobre la opción **NURBS** y elija **CV Curve**.
8. Haga clic en un punto libre del visor activo para crear el primer vértice de control; sin pulsar el botón del ratón, arrastre el puntero y pulse cuando la línea tenga la longitud deseada.
9. Ahora arrastre nuevamente el puntero para definir la curva y vuelva a hacer clic. 6
10. Para terminar el proceso, pulse con el botón derecho del ratón sobre el punto final de la curva. 7
11. En el panel **Create**, pulse sobre el tipo de curva **Point Curve**, 8 haga clic en un punto libre del visor **Perspective** para crear el primer punto de la curva, sin pulsar el botón del ratón, arrastre el puntero y haga clic en un segundo punto. 9
12. Por último, arrastre nuevamente hasta que la curva adopte la forma deseada, haga clic y después pulse con el botón derecho del ratón sobre el punto final para acabar el proceso. 10
13. Haga clic con el botón derecho del ratón en una zona libre del visor **Perspective** para abandonar el modo de creación y pulse de nuevo para deseleccionar la última curva trazada. 11
14. Pulse la combinación de teclas **Ctrl.+S**, localice su carpeta **Documentos**, en el campo **File name** escriba **NURBS** y pulse el comando **Save** para concluir el ejercicio.

IMPORTANTE

Los **subobjetos** de la superficie de vértices de control son los propios vértices, componentes exteriores que forman parte de la celosía de control, y la superficie en sí misma. Y los subobjetos de una superficie de puntos son la propia superficie y los puntos que forman parte de la misma.

9

10

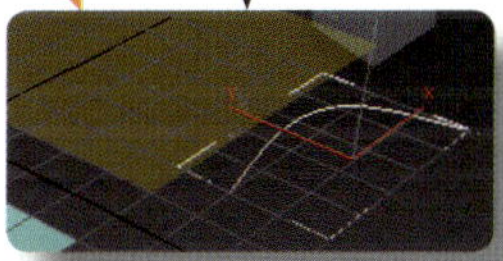

Las **curvas NURBS** se utilizan de manera similar a las splines y se incluyen, al igual que éstas, en la categoría Shapes.

5

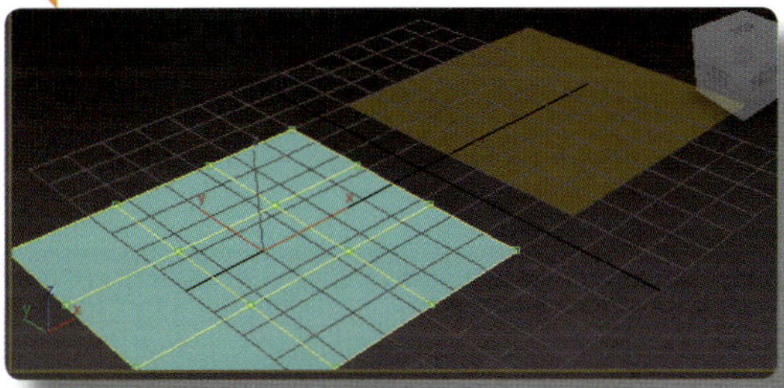

8

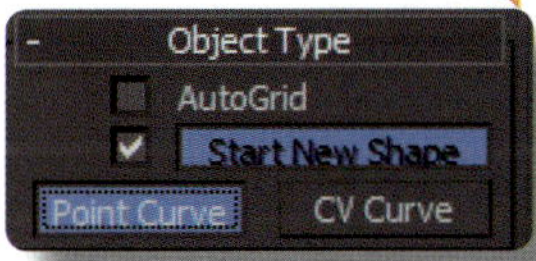

11

6

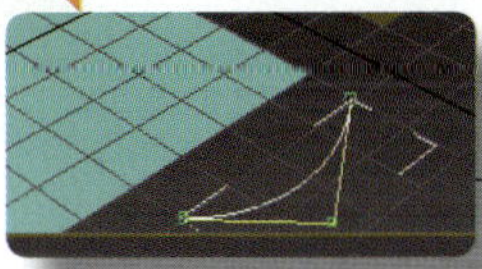

7

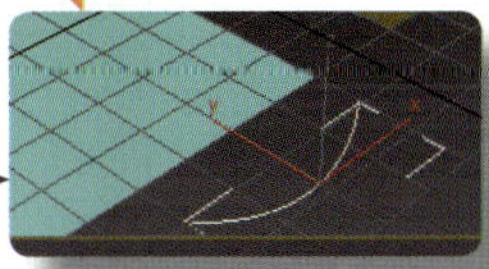

Subdividir una superficie NURBS

> **IMPORTANTE**
>
> La línea que se añade al partir una superficie de puntos dispone de sus correspondientes **puntos de control**, lo que permitirá manipular la superficie con más detalle.

AL CREAR UNA SUPERFICIE NURBS, 3ds Max le asigna un número de filas y columnas predeterminado. Para subdividirla y aumentar así el número de vértices o puntos de control, se debe activar el modo de selección del subobjeto Surface, elegir la superficie que deseamos subdividir y utilizar los botones Break Row, Break Column o Break Both del apartado Surface Common.

1. Haga clic sobre la superficie de puntos de su escena **NURBS.max** y active la ficha **Modify** del **Command Panel**.
2. Para ver con más detalle en el visor **Perspective** los efectos de la subdivisión, activaremos el modo de visualización **Wireframe.** Haga clic sobre la etiqueta del visor que muestra el modo de visualización y pulse sobre esa opción.
3. Pulse sobre el signo + que precede al subobjeto **NURBS Surface** del **Catálogo de subobjetos** y haga clic en el subobjeto **Surface.**
4. Hemos activado el modo de selección de superficies. En el apartado **Selection** se muestran dos iconos: el primero de ellos, activado por defecto, permite seleccionar una superficie única, y el otro permite seleccionar todas las superficies conectadas. Pulse sobre la superficie NURBS seleccionada en el visor **Perspective.**

1

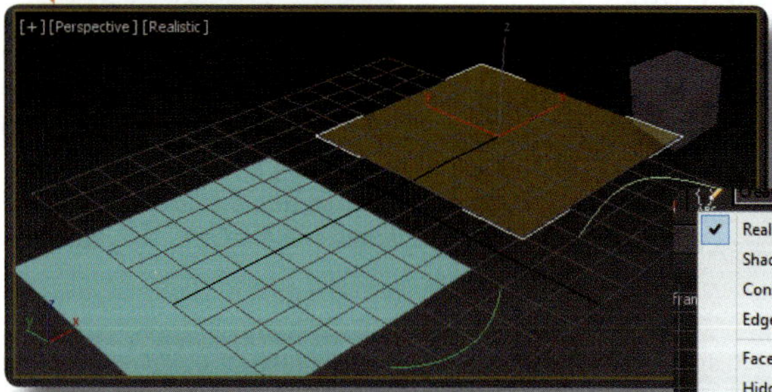

2

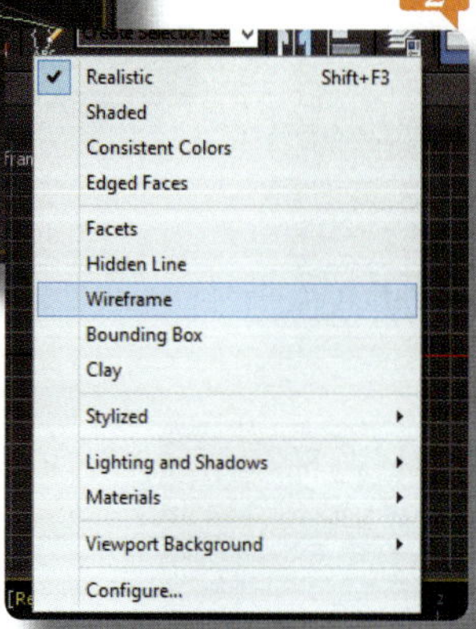

3

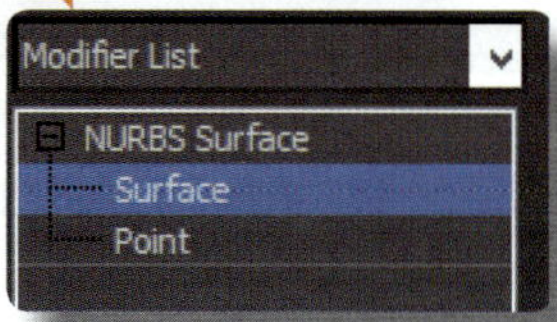

4

5

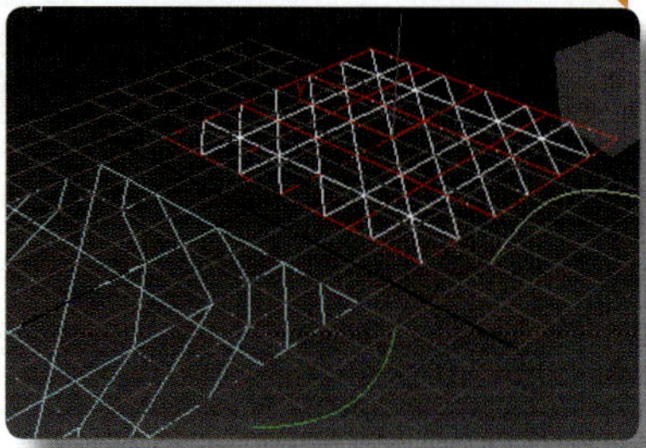

097

5. Ahora la representación alámbrica de la superficie queda resaltada en rojo. Los botones que nos permitirán dividir la superficie en filas, columnas o ambos elementos a la vez se encuentran en la parte inferior de la persiana **Surface Common**. Subdividiremos la superficie añadiéndole columnas. Haga clic en el botón **Break Col**, [6] pulse sobre la superficie [7] y desactive el modo de partición en columnas pulsando el mismo botón.
6. Ahora, gracias a la partición, son dos los subobjetos **Surface** que conforman la superficie de puntos. Haga clic en la esquina derecha de la superficie.
7. Sólo se selecciona una parte de la superficie, que puede ser modificada independientemente. [8] Moveremos una fila de puntos. Pulse en el subobjeto **Point** del **Catálogo de subobjetos**.
8. Los iconos del apartado **Selection** permiten seleccionar un solo punto, una fila, una columna, ambas a la vez o todos los puntos de una superficie. Pulse sobre el segundo icono, correspondiente al modo de selección de una fila de puntos, [9] haga clic sobre uno de los puntos de la superficie y observe que se selecciona toda la fila de puntos de la superficie. [10]
9. En el campo **Y** de la **Barra de coordenadas**, inserte el valor **-25** y en el campo **Z** inserte el valor **-50**. [11]
10. Pulse sobre la etiqueta que muestra el modo de visualización del visor **Perspective** y elija la opción **Realistic**.
11. Haga clic en el término **NURBS Surface** del **Catálogo de subobjetos** para salir del modo de selección de puntos y pulse en una zona libre del visor para deseleccionar la superficie. [12]

12

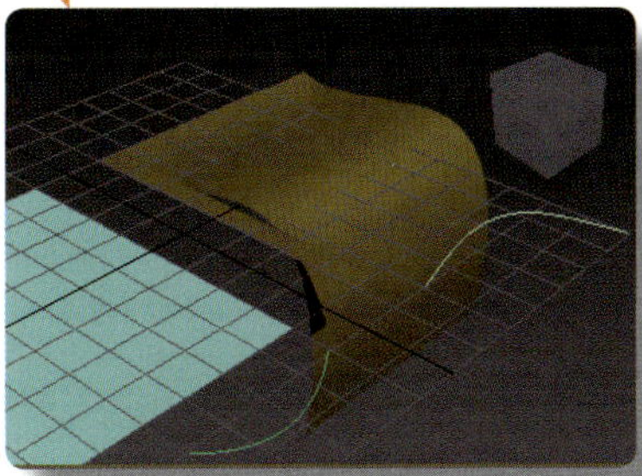

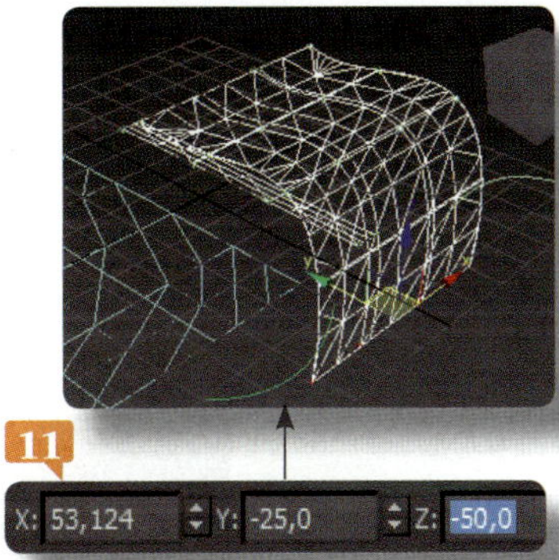

11

Puede efectuar **particiones** en filas, en columnas o en ambos elementos.

6

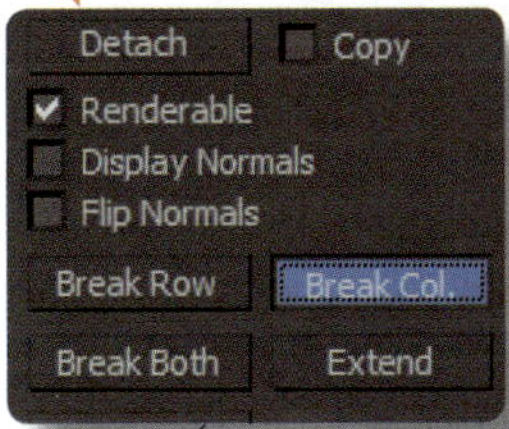

8

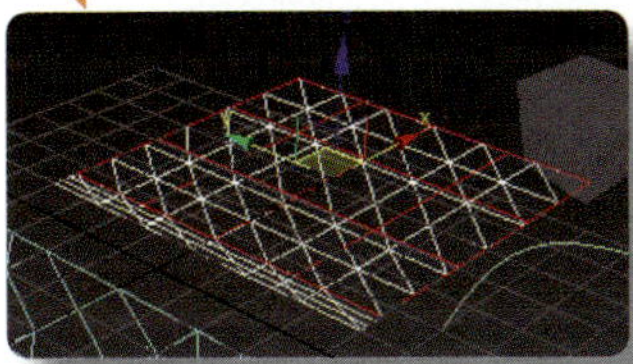

7

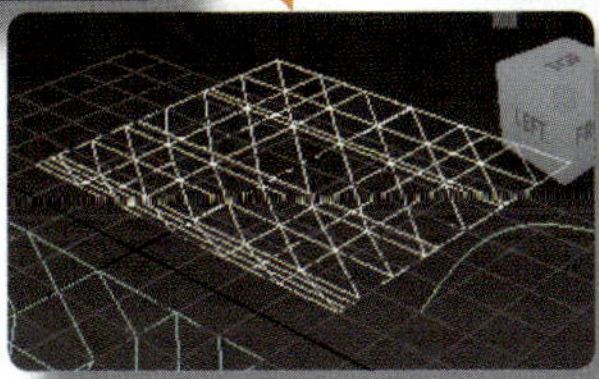

9

10

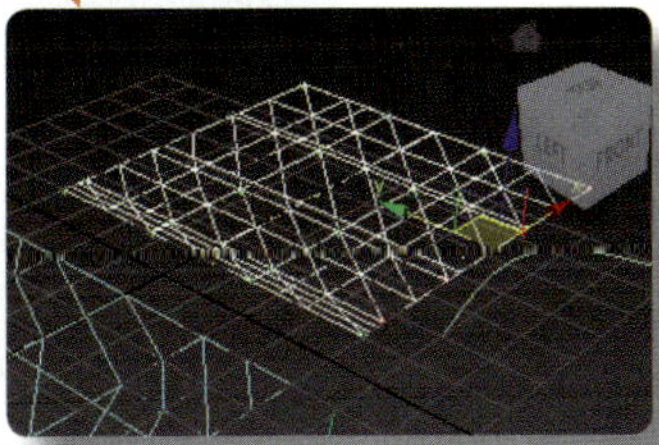

Conocer otros métodos de creación de NURBS

TAMBIÉN ES POSIBLE OBTENER SUPERFICIES NURBS convirtiendo curvas NURBS, rectángulos planos, primitivas estándar, splines, cuadrículas de corrección o solevados. Puede hacerlo accediendo al panel Modify y seleccionando la opción correspondiente del menú contextual del Catálogo de subobjetos o eligiendo el comando Convert to NURBS del menú cuad del objeto.

1. Realizaremos esta práctica con el archivo de ejemplo **NURBS2.max**, una actualización del archivo NURBS al cual hemos añadido un cilindro y que puede descargar desde nuestra página Web y guardar en su carpeta de documentos. Cuando disponga de él, con la herramienta **Select Object**, seleccione el cilindro.
2. Para convertirlo en una superficie NURBS, haga clic con el botón derecho del ratón sobre el objeto; en el menú cuad **Transform**, pulse sobre la opción **Convert to** y en el submenú que aparece, seleccione **Convert to NURBS**. 1
3. La superficie del cilindro se divide en varios segmentos y el **Catálogo de subobjetos** muestra ya el término **NURBS Surface**. Pulse sobre el signo + situado a su izquierda, haga clic sobre el subobjeto **Surface** 2 y seleccione la tapa del cilindro.
4. Pulse la tecla **R** para activar la herramienta **Select and Scale** y la tecla **F12** para acceder al cuadro de transformación.

IMPORTANTE

Para crear subobjetos dependientes de otros puntos, curvas o superficies, se usa el cuadro de herramientas de creación de NURBS, cuyo icono se encuentra en la persiana General de una curva o de una superficie NURBS. Las herramientas del **cuadro NURBS** se agrupan en tres apartados: **Points**, **Curves** y **Surfaces**. Tenga en cuenta que si modifica el objeto principal, los subobjetos dependientes también se verán afectados por dicha modificación. Del mismo modo, debe recordar que algunos de estos subobjetos dependientes requieren dos objetos para poder ser creados.

1

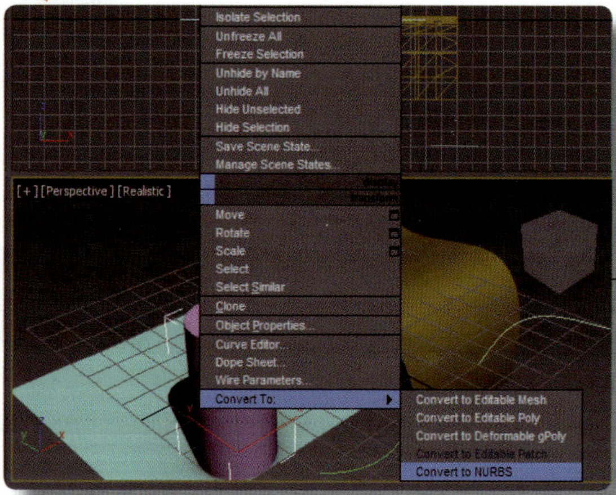

2

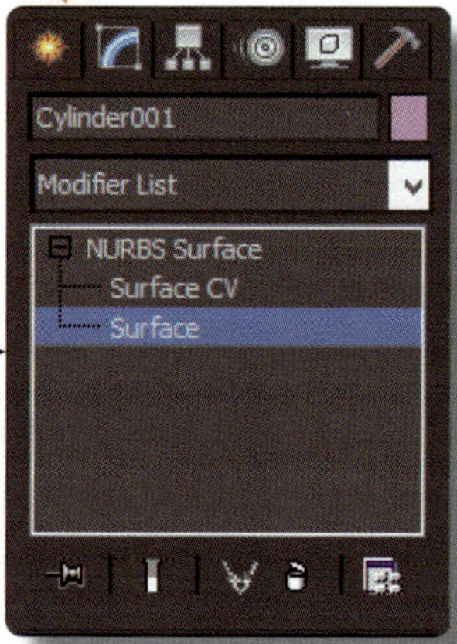

El cilindro se transformará así en una **superficie NURBS** controlada por vértices de control.

098

5. Haga doble clic en el campo % del apartado **Offset:World**, inserte el valor **120** y pulse **Retorno**. Después, cierre el cuadro **Scale Transform Type-In** pulsando su botón de aspa.
6. Salga del modo de selección de superficies, pulsando en el término **NURBS Surface** del catálogo y vea el resultado. 3
7. El botón **Attach** permite asociar un objeto a una superficie. Pulse la tecla **Q** para activar la herramienta **Select Object**, haga clic sobre la superficie NURBS situada detrás del cilindro y, en la persiana **General**, pulse el botón **Attach**. 4
8. Ahora debemos seleccionar el objeto que queremos asociar a la superficie. Haga clic, en este caso, sobre el cilindro.
9. El cilindro queda asociado a la superficie y se convierte en una de ellas. 5 Pulse el icono **NURBS Creation Toolbox**, situado a la derecha de la sección **Display** de la persiana **General**. 6
10. En el cuadro **NURBS** pulse sobre el cuarto icono del apartado **Surfaces**, correspondiente a la herramienta **Create Blend Surface**, 7 haga clic en la esquina inferior derecha de la superficie a la que se ha asociado el cilindro y, sin soltar el botón del ratón, arrastre hacia arriba y haga clic en la cara superior del cilindro. 8
11. En el panel de parámetros **Blend Surface**, haga doble clic en el campo **Tension 1**, inserte el valor **3** y pulse **Retorno**.
12. Cierre el cuadro **NURBS**, pulse con el botón derecho del ratón en cualquier zona libre del visor **Perspective y** haga clic de nuevo en cualquier zona libre del visor **Perspective** para deseleccionar el objeto. 9

IMPORTANTE

En el caso de querer asociar varios elementos, debería usar el comando **Attach Multiple**, que abre un cuadro de diálogo en el que se deben indicar los objetos que interesa asociar.

7
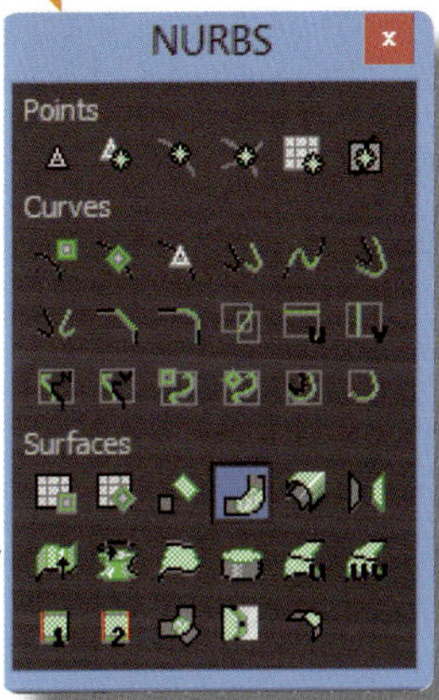

3
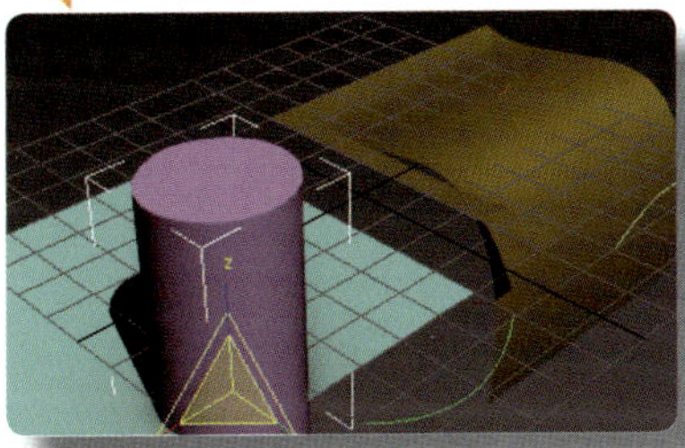

6
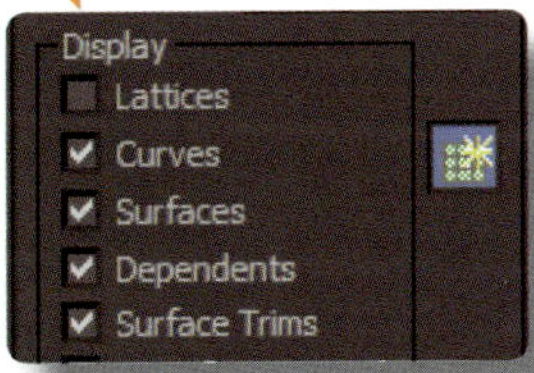

8
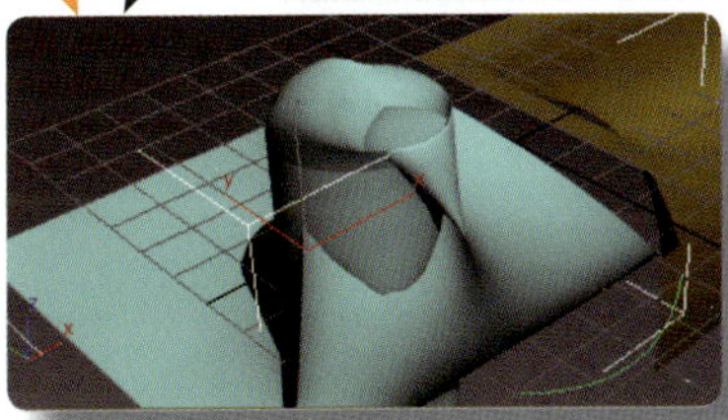

4
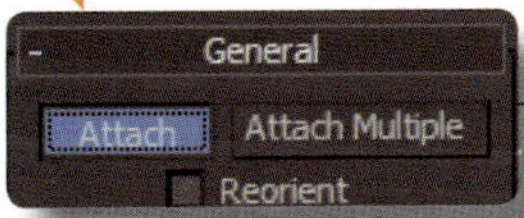

5
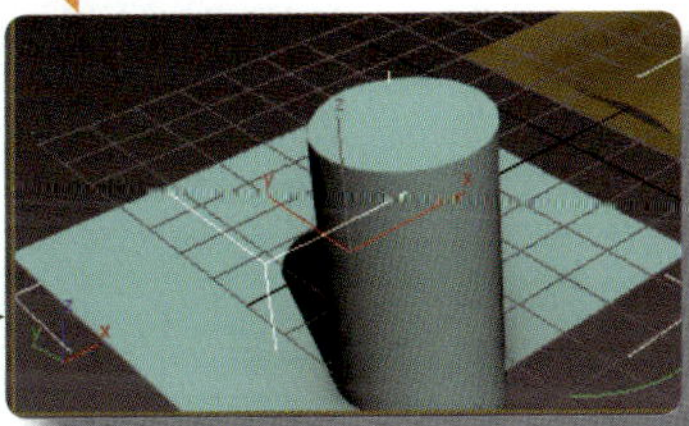

9
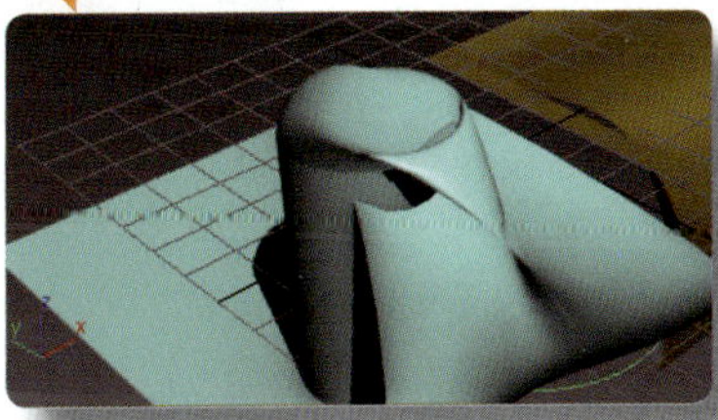

Torcer objetos

IMPORTANTE

Al aplicar el modificador **Twist**, el centro del gizmo del modificador se ubica en el punto de pivote del objeto, alineándose con el eje local del objeto.

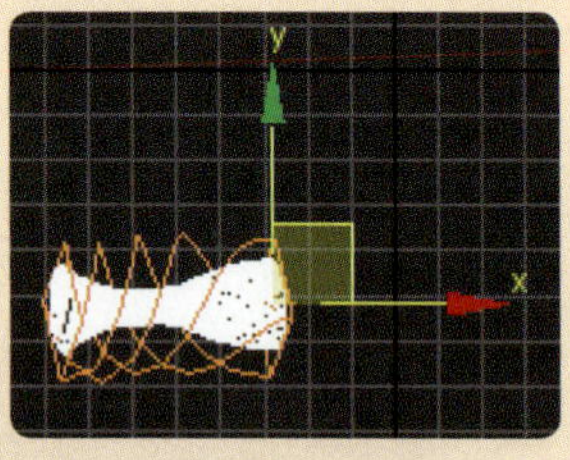

LA MAYORÍA DE MODIFICADORES pueden añadirse a una superficie NURBS. Algunos de ellos, aplicados en el nivel de subobjetos punto o vértice de control, hacen a la malla no editable por lo que se conserva como NURBS, pero otros ejercen el efecto contrario, es decir, la convierten en malla editable, lo que puede provocar resultados no deseados.

1. Vamos a trabajar con la escena de ejemplo **099.max**, que puede descargar desde nuestra página Web. Una vez la haya guardado en su carpeta **Documentos**, ábrala en 3ds Max.
2. Antes de aplicarle el modificador, queremos mostrarle una de las funciones que nos ofrece el subpanel **Create Surfaces** del panel de parámetros. Para ello, debemos transformar la primitiva estándar en una superficie NURBS. Con la herramienta **Select Object** seleccione el cilindro, pulse con el botón derecho del ratón sobre su nombre en el **Catálogo de subobjetos** y, del menú contextual, elija la opción **NURBS.** [1]
3. Vamos a eliminar la tapa del cilindro para crearla de nuevo utilizando una de las herramientas del panel de parámetros de la superficie NURBS. Pulse sobre el signo + situado a la izquierda del término **NURBS Surface** en el **Catálogo de subobjetos.**
4. Pulse la tecla **2** para activar el modo de selección **Surface** [2] y haga clic sobre la tapa del cilindro. [3]

1

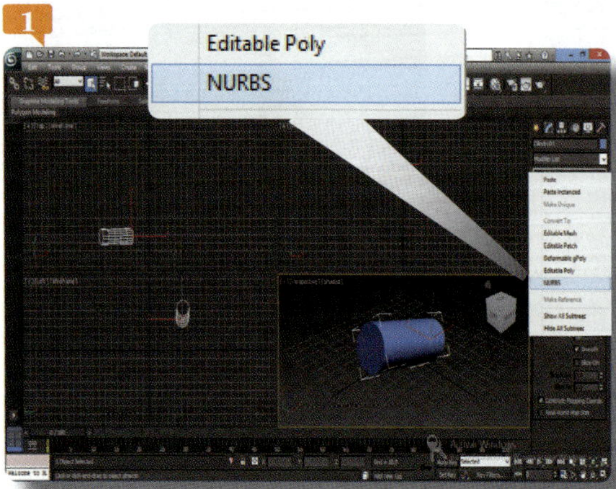

2

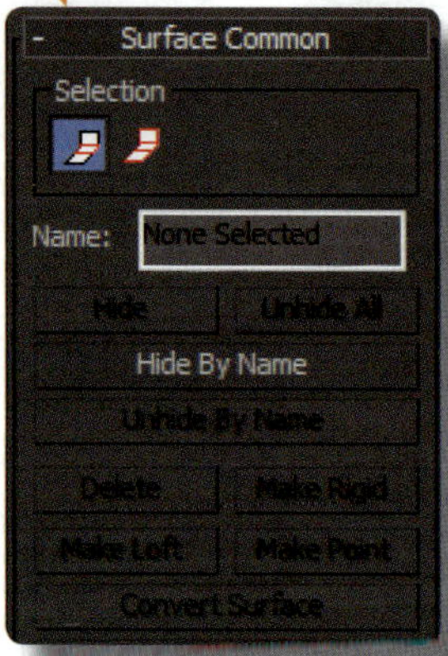

3

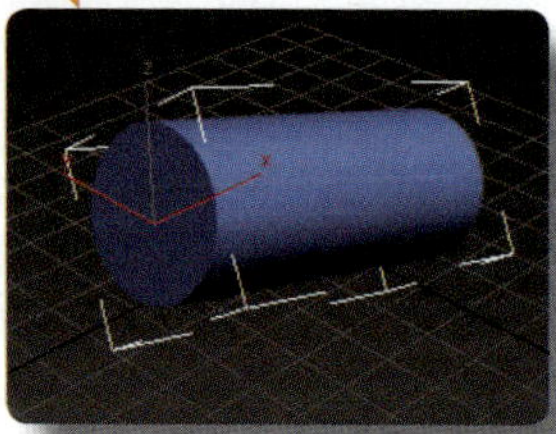

Hemos convertido el cilindro en una superficie NURBS; a partir de ahora, puede editar y modificar cada uno de sus subobjetos hasta conseguir el efecto deseado.

099

5. Para borrar la superficie seleccionada pulse el comando **Delete** de la persiana **Surface Common** [4] y para abandonar el modo de selección de subobjetos en el **Catálogo de subobjetos**, pulse sobre **NURBS Surface**.
6. Cierre la persiana **General** y abra la persiana **Create Surfaces**.
7. El comando **Cap** del apartado **Dependent Surfaces** permite generar una tapa sobre una curva cerrada que forme parte de una arista del modelo. Haga clic sobre ese botón, [5] sitúe el puntero del ratón sobre la curva superior del cilindro, y cuando ésta quede remarcada en azul, [6] haga clic.
8. Vuelve a aparecer la superficie que actúa como tapa del cilindro. [7] Abra el menú **Modifiers**, pulse sobre el grupo **Parametric Deformers** y elija la opción **Twist**.
9. Este modificador realiza la operación de torcer la geometría del objeto hasta un ángulo máximo de 360 grados. Haga doble clic en el campo **Angle** del apartado **Twist**, en el panel **Parameters**, inserte el valor **360** y pulse la tecla **Tabulador**. [8]
10. En el campo **Bias** podemos definir una deformación no uniforme. Inserte en este campo el valor **40** y pulse **Retorno**. [9]
11. Las opciones del apartado **Twist Axis** permiten aplicar el ángulo de torsión en cualquiera de los ejes de coordenadas. En este caso, mantendremos la opción Z que aparece seleccionada por defecto. Haga clic en cualquier zona libre del visor **Perspective** para deseleccionar el cilindro [10] y pulse la combinación de teclas **Ctrl.+S** para guardar los cambios.

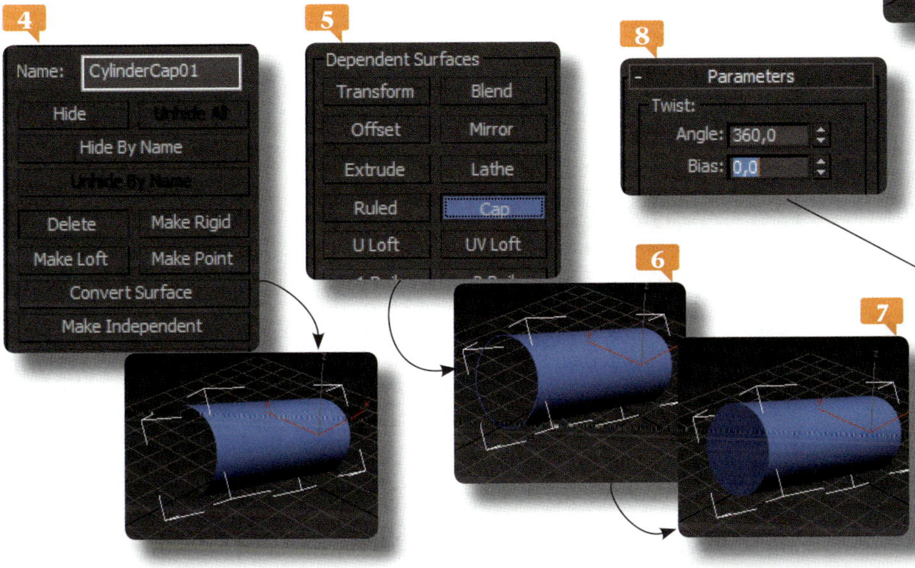

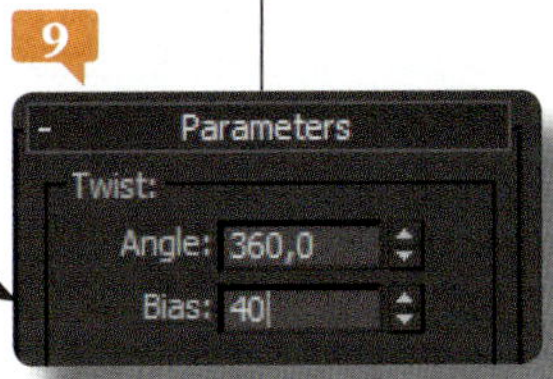

Los valores positivos en el campo **Bias** del modificador Twist concentran la deformación en los extremos, mientras que los negativos la concentran en el centro.

Dar forma esférica a un objeto

IMPORTANTE

Si se pone a 0 uno de los contadores **U Lines** y **V Lines** del panel **Display Line Parameters** se mostrará sólo la arista del objeto en la dimensión correspondiente.

EN ESTA OCASIÓN TRABAJAREMOS con el modificador paramétrico Spherify, que deforma el objeto dándole forma esférica. Para conseguir mejores resultados es conveniente que el objeto esté creado con los suficientes segmentos de altura y de tapa, ya que dependiendo de éstos, el efecto será de esfera o de barril.

1. Empezaremos eliminando el modificador **Twist** aplicado en el ejercicio anterior sobre el cilindro de la escena **099.max**. Active la herramienta **Select Object** [1] y haga clic sobre el cilindro en el visor activo para seleccionarlo.
2. Haga clic con el botón derecho del ratón sobre el modificador **Twist** en el **Catálogo de subobjetos** y, del menú contextual que se despliega, elija la opción **Delete**. [2]
3. El efecto del modificador **Spherify** puede variar dependiendo del número de segmentos de altura y de tapa del objeto. En este caso, puesto que estamos trabajando con una superficie NURBS, aumentaremos los valores en el apartado **Display Line Parameters**. En este subpanel es posible configurar el modo en que se muestra la superficie en el visor. Haga clic en el título de la persiana **Create Surfaces** para cerrarla.
4. A continuación, pulse sobre la persiana **Display Line Parameters** [3] para abrirla.

1

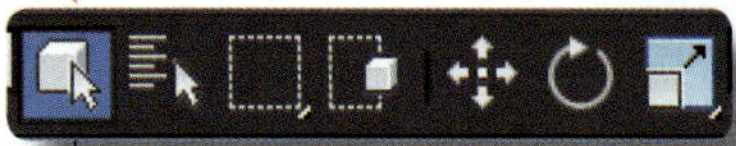

Puede activar la herramienta Select Object **pulsando la tecla Q** de su teclado.

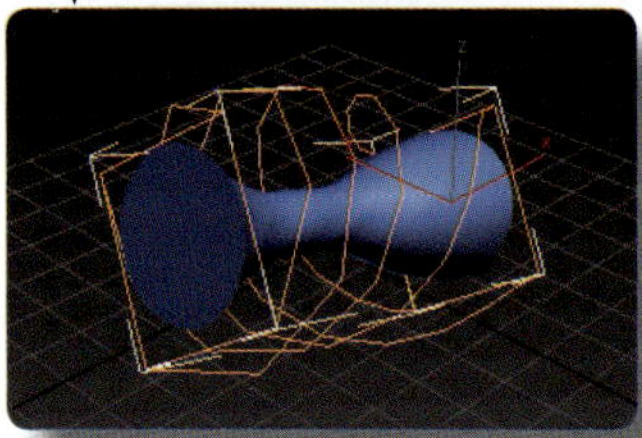

2

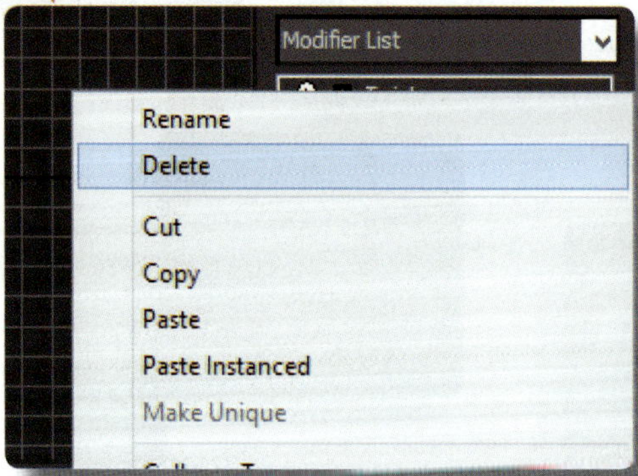

3

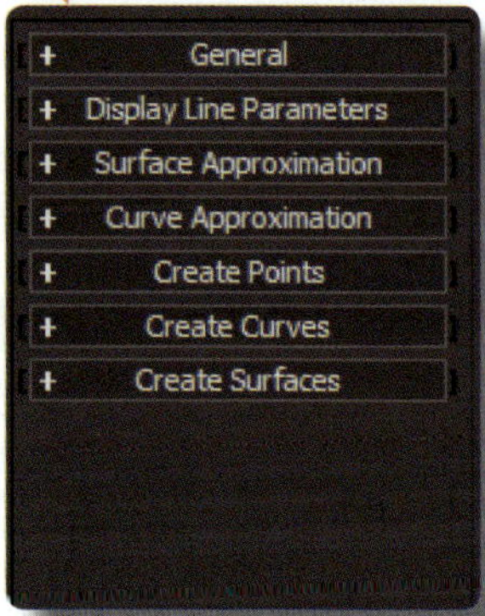

100

5. Como puede ver, la opción seleccionada por defecto es **Iso and Mesh**; si desea que el visor sólo muestre las isolíneas U y V deberá activar la casilla **Iso Only**, mientras que si quiere que se muestre únicamente la malla, deberá seleccionar la opción **Mesh Only**. Haga doble clic en el campo **U Lines**, inserte el valor **10** y pulse la tecla **Tabulador** para pasar al campo siguiente.
6. En el siguiente contador, **V Lines**, inserte el valor **5** y pulse la tecla **Retorno**. 4
7. Despliegue el menú **Modifiers**, pulse sobre el grupo **Parametric Deformers** y, del submenú que se despliega, seleccione la opción **Spherify**. 5
8. Éste es el resultado: el modificador deforma la superficie dándole forma esférica. 6 Como ve, el único parámetro de este modificador es el contador **Percent**, mediante el cual puede aumentar o disminuir el efecto. Haga doble clic en este campo, inserte el valor **85** y pulse **Retorno**. 7
9. Acabaremos este sencillísimo ejercicio girando el objeto para comprobar mejor su nuevo aspecto. Para ello, haga clic sobre el comando **Select and Rotate** e inserte el valor **0** en los campos **X**, **Y**, y **Z** de la barra de coordenadas. 8
10. Haga clic en cualquier zona libre del visor activo para deseleccionar la superficie. 9

9

8

6

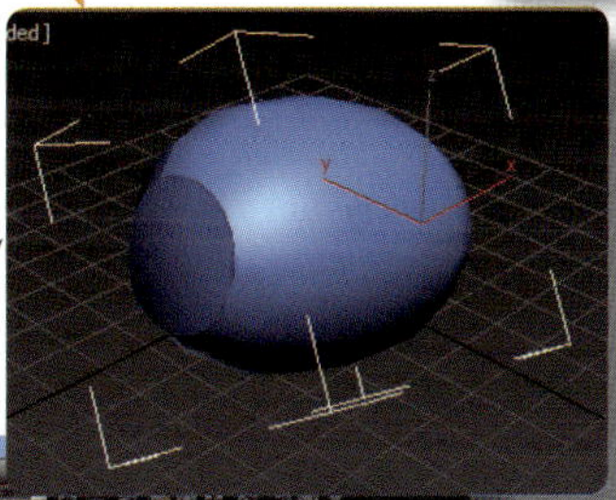

4

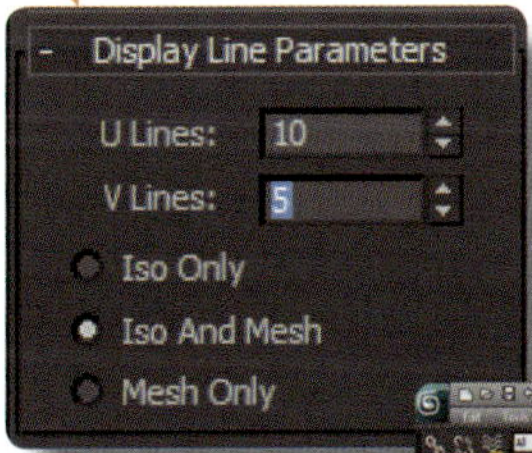

5

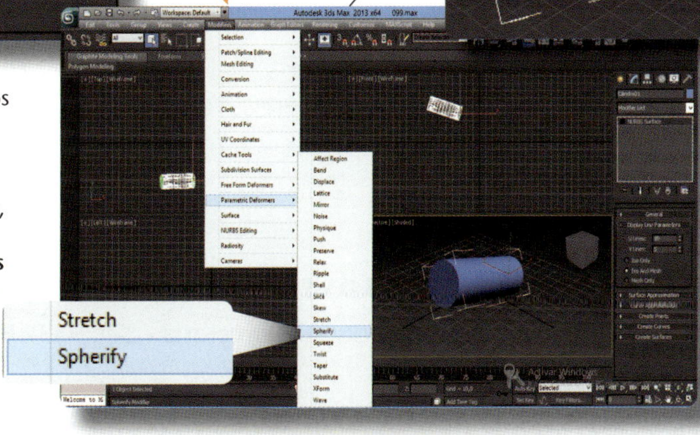

7

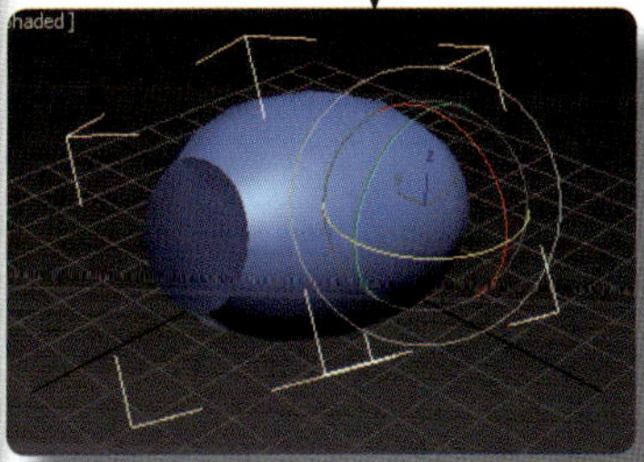

Recuerde que los modificadores se encuentran organizados alfabéticamente, tanto en el menú **Modifiers** como en la lista del panel de comandos.

Para continuar aprendiendo...

SI ESTE LIBRO HA COLMADO SUS EXPECTATIVAS...

Este libro forma parte de una colección en la que se cubren los programas informáticos de más uso y difusión en todos los sectores profesionales.

Todos los libros de la colección tienen el mismo planteamiento que éste que acaba de terminar. Así que, si con éste hemos conseguido que tenga una primera toma de contacto con las principales herramientas de diseño de 3ds Max y se inicie en el mundo del desarrollo y la animación tridimensional, no se detenga aquí; en la página siguiente encontrará otros libros de la colección que pueden ser de su interés, entre los cuales se encuentra el dedicado a aspectos más avanzados de 3ds Max.

DIBUJO VECTORIAL

Si lo que le interesa son las aplicaciones de dibujo vectorial, entonces "Aprender Illustrator CS5 con 100 ejercicios prácticos" es, sin duda, el libro que está buscando.

Illustrator CS5, la aplicación de dibujo vectorial de Adobe, es una excelente herramienta de diseño asistido por ordenador. Gracias a sus increíbles y potentes funciones, usted podrá crear originales ilustraciones utilizando para ello dibujos e imágenes. No dude en realizar los 100 ejercicios de este libro para descubrir las mil y una posibilidades que esconde este genial programa, tan defendido por los profesionales.

Con este libro:

- Dibuje realistas pinceladas
- Convierta dibujos en 2D en increíbles objetos en 3D
- Conozca la nueva herramienta Creador de formas
- Dibuje escenas en perspectiva con apariencia realista

DISEÑO ASISTIDO POR ORDENADOR

Por otro lado si su interés está más cerca del diseño de interiores y, en general, al diseño técnico, entonces su libro ideal es "Aprender AutoCAD 2012 con 100 ejercicios prácticos".

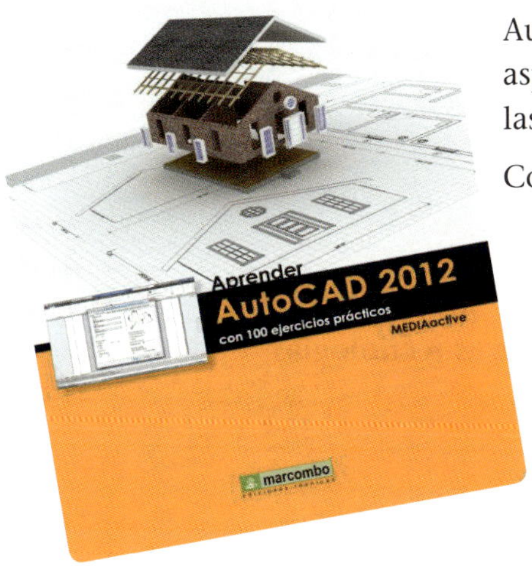

AutoCAD es en la actualidad una de las aplicaciones más respetadas y utilizadas por diseñadores, ingenieros y arquitectos. Con este manual aprenderá a manejarla de forma cómoda. En AutoCAD 2012 se presentan interesantes novedades, tanto en su aspecto como en sus herramientas y funciones, que incrementan las posibilidades de creación y diseño técnico.

Con este libro:

- Reduzca el tiempo de revisión de sus diseños
- Cree y edite mallas tridimensionales
- Cree objetos de sección que actúen como plano de corte con sólidos, superficies, mallas o regiones
- Consiga impresiones en tres dimensiones

COLECCIÓN APRENDER...CON 100 EJERCICIOS PRÁCTICOS

DISEÑO Y CREATIVIDAD ASISTIDOS

- 3ds Max 2012
- 3ds Max 2012 Avanzado
- AutoCAD 2012 Avanzado
- Flash CS5 (TAMBIÉN EN CATALÁN)
- Flash CS6
- Illustrator CS6
- Indesign CS5
- Indesign CS6
- Dreamweaver CS5
- Dreamweaver CS6
- Photoshop CS5 (TAMBIÉN EN CATALÁN)
- Photoshop CS6
- Retoque fotográfico con Photoshop CS5.5
- Retoque fotográfico con Photoshop CS6
- Maya 2012 Avanzado
- Aprender integración entre Photoshop, Illustrator e Indesign

EDICIÓN DE VIDEO

- Final Cut Pro 7
- Premiere Pro CS5.5
- After Effects CS5.5
- After Effects CS5.5 Avanzado
- Pinnacle HD Studio Ultimate Collection

INTERNET

- Internet Explorer 8
- Windows Live

OFIMÁTICA

- Access 2010 (TAMBIÉN EN CATALÁN)
- Excel 2010 (TAMBIÉN EN CATALÁN)
- Office 2010
- Outlook 2010
- Word 2010

SISTEMAS OPERATIVOS

- Las novedades de Windows 7
- Windows 7 Avanzado
- Windows 7 Multimedia y Nuevas tecnologías

DIVULGACIÓN Y ENTRETENIMIENTO

- Sudoku
- Diseñar la dieta perfecta